Das Buch

Dan Browns atemberaubende Verwirrspiele mit Fakten und Fiktion, Theorien und Tatsachen, Glaube und Geschichte begeistern mittlerweile ein Millionenpublikum. In seinem Thriller *Sakrileg* verbindet der Bestsellerautor hochaktuelle Themen mit Jahrhunderte alten Kunstwerken und Verschwörungstheorien für und gegen die Grundfesten des Christentums. Dabei wirft er unzählige Fragen nach der Wahrheit auf, die seine Leserschaft auf ihre ganz eigene Gralssuche schickt.

Sharan Newman, Mittelalterhistorikerin und Romanautorin, liefert in *Der Schlüssel zum Da-Vinci-Code* einen Wegweiser durch die Schlingen und Fallstricke von Dan Browns Romanwelt. Alphabetisch aufgebaut wie ein Lexikon bietet die Autorin mit kurzen Aufsätzen einen sachlichen und zugleich spannenden Abriss über das faszinierende Puzzle aus Personen, Orten und geschichtlichen Ereignissen.

Die Autorin

Sharan Newman promovierte in mittelalterliche Geschichte. Bekannt wurde sie vor allem durch ihre international erfolgreichen historischen Romane. Sie lebt in Santa Barbara, Kalifornien.

Sharan Newman

Der Schlüssel zum Da-Vinci-Code

Die wahren Hintergründe von »Sakrileg«

Aus dem Amerikanischen von
Biene van de Laar und Heiko Langhans

Ullstein

Die amerikanische Originalausgabe erschien 2005 unter dem Titel
»The Real History Behind the Da Vinci Code«
bei Berkley Books, New York.

Besuchen Sie uns im Internet:
www.ullstein-taschenbuch.de

Umwelthinweis:

Dieses Buch wurde auf chlor-und säurefreiem Papier gedruckt.
Deutsche Erstausgabe im Ullstein Taschenbuch
1. Auflage Juli 2005
2. Auflage 2005

Redaktion: Angela Troni
Umschlaggestaltung: Büro Hamburg
Titelabbildung: © The Last Supper, 1495 – 97 (fresco) (post restoration),
Vinci, Leonardo da (1452 – 1519)/Santa Maria della Grazie, Milan, Italy/
www.bridgeman.co.uk
Gesetzt aus der Janson
Satz: LVD GmbH, Berlin
Druck und Bindearbeiten: Ebner & Spiegel, Ulm
Printed in Germany
ISBN-13: 978-3-548-36785-9
ISBN-10: 3-548-36785-2

Für alle wahren Historiker,
die sich durch die Archive kämpfen
und auf nichts anderes hoffen,
als der Wahrheit ein wenig näher zu kommen.

Inhaltsverzeichnis

EINLEITUNG

»Tatsachen von Legenden zu trennen ist schwierig … Ich habe keine Übereinstimmung darüber feststellen können, was als Tatsache betrachtet gilt; es kommt ganz auf den Standpunkt an. Interessanterweise liefert die Legende – die per Definition ein Zerrbild ist – eine weitaus stärker akzeptierte Sicht der Ereignisse. Über Legenden sind sich alle einig, aber niemand stimmt in Bezug auf die Tatsachen überein.«

MICHAEL CONEY
Die galaktische Dampflokomotive

Wir alle glauben in der einen oder anderen Form an Legenden. Wir alle glauben an Mythen. Die Gesellschaft existiert durch den gemeinsamen Glauben.

Die Beliebtheit von Dan Browns Roman *Sakrileg* ist ein gutes Beispiel dafür. Es handelt sich dabei um einen Thriller klassischer Machart: ein Unschuldiger unter Mordanklage, die Jagd nach einem wertvollen Gegenstand, Geheimbünde, die in der Schattenwelt wirken, um dem Helden beizustehen oder um ihn aufzuhalten. All diese Elemente sind uns vertraut. Außerdem findet sich darin eine überwältigende Menge an esoterischen Informationen und Details, die möglicherweise der historischen Wahrheit entsprechen. Sie umgeben das Ganze mit ihrem eigenen Geheimnis. Die Geschichte wird abgerundet mit einer bunten Mischung aus einigen der bekanntesten Legenden der abendländischen Zivilisation:

dem Heiligen Gral, den Templern, den Kreuzzügen. Schließlich kommt noch die Möglichkeit hinzu, dass einige der berühmtesten Männer (und immer sind es Männer) der Geschichte ein Doppelleben geführt haben könnten. Alles in allem eine fabelhafte Mischung.

Als *Sakrileg* veröffentlich wurde, erhielt ich eine wachsende Anzahl von Anfragen, ob ich nicht die Tatsachen von den Legenden trennen könnte. In meinen Eigenschaften als Mittelalter-Historikerin und Romanautorin hatte ich mich bereits mit dem Hintergrund vieler der erwähnten Themen befasst, und zwar sowohl mit denen, die für die Handlung wesentlich waren, als auch mit jenen, die gewissermaßen in Nebensätzen Erwähnung finden. Nachdem ich einige Monate lang immer wieder mit Fragen bombardiert wurde, fasste ich den Entschluss, die Antworten zu Papier zu bringen, anstatt mich ständig zu wiederholen. Das Ergebnis liegt Ihnen nun vor.

Ungeachtet dessen, was die meisten von uns in der Schule gelernt haben, geht es in der Geschichte nicht nur um Könige, Schlachten und Jahreszahlen. Es geht vielmehr um Menschen. Um widersprüchliche, unberechenbare, unordentliche Menschen.

Als ich meine Lehrtätigkeit begann, erklärte mir ein Kollege, dass mir zwei Möglichkeiten zur Auswahl ständen: Ich könnte die Studenten entweder anlügen oder aber in Verwirrung stürzen. Ich glaube, er meinte damit, dass es unmöglich ist, sämtliche komplexen Zusammenhänge der Geschichte in einem zehnwöchigen Einführungskurs unterzubringen, der vom Anbeginn der Zeit bis zu Karl dem Großen reicht. Auch ein engerer Abschnitt, wie beispielsweise die industrielle Revolution, muss zusammengefasst und vereinfacht werden. Dabei wird zwangsläufig vieles ausgelassen, was die Menschen der damaligen Zeit unmittelbar betraf. Nicht zuletzt müssen wir schubladenartige Kategorien einrichten, wie »Renaissance« oder »industrielle Revolution«, um den gewaltigen Umfang der Themen überhaupt bewältigen zu können.

Da ich mich damals für die Verwirrtaktik entschied, ist es vielleicht besser, dass ich keine Universitätslaufbahn einschlug, sondern einen großen Teil meiner Forschungen in Romanform veröffentlichte. Dies birgt allerdings auch Nachteile, da Romane per Definition erfundene Geschichten sind. Ich versuche meine Werke so akkurat wie möglich zu verfassen, stelle jedoch immer wieder fest, dass hier und da das eine oder andere Informationsfitzelchen existiert, das ich übersehen habe, oder dass ich bestimmte Zusammenhänge nicht richtig verstanden hatte.[i] Ein weiteres Problem, das die Genauigkeit von historischen Romanen betrifft, besteht darin, dass sämtliche Leser mit ihren eigenen Bedürfnissen und Vorstellungen an das Buch herangehen. Wenn ich ein Buch lese, mache ich es genauso. Kommen darin also ein heuchlerischer Bischof, ein habgieriger Ritter oder eine verprügelte Ehefrau vor, dann gehen die Leser vielleicht davon aus, dass sämtliche Bischöfe, Ritter und Ehefrauen der damaligen Zeit diesem Bild entsprachen.

Diese Reaktion liegt in unserer Natur. Ebenso liegt es in unserer Natur, Informationen aus einem Roman oder einem Film aufzunehmen und sie als Tatsachen zu verbuchen. Das ist nichts Neues. Die Menschen im Mittelalter neigten ebenfalls dazu, Romanen zu vertrauen, was

---

[i] Ich habe *bis heute* noch nicht begriffen, wie man mit einer Armbrust umgeht.

besonders auf den Inbegriff der abendländischen Sage zutrifft: auf die Geschichten über König Artus.

Die »ernsthafteren« Autoren jener Zeit beschwerten sich bitterlich darüber. Im dreizehnten Jahrhundert beklagte sich etwa Gottfried von Straßburg, dessen Gralsgeschichte nicht an die Beliebtheit von Wolfram von Eschenbachs spannenderer Version heranreichte: »[Diese Autoren sind] Erfinder wilder Geschichten ... die mit rasselnden Ketten betrügen und stumpfe Geister übertölpeln, die in den Augen der Kinder Tand in Gold verwandeln.«[ii] Ein Jahrhundert zuvor versuchte der Historiker William of Newburgh, der selbst die eine oder andere nette Geschichte zu spinnen vermochte, die Leser verzweifelt von seiner Ansicht zu überzeugen, dass Geoffrey of Monmouths außerordentlich populäre *Historia Regum Britanniae [die Geschichte der Könige Britanniens]*, in der die ersten Anekdoten über Merlin und König Artus zu finden sind, kompletter Unsinn sei und daher »verschmäht werden sollte«.

Ich hege keinerlei ähnlich geartete Absichten. Dieses Werk ist als Begleitlektüre zu *Sakrileg* gedacht. Ich liefere den Hintergrund zu zahlreichen Themen und Orten, die in dem Buch erwähnt werden. Die einzelnen Einträge habe ich in alphabetischer Reihenfolge angeordnet, damit die Leser jeweils die Dinge nachlesen können, die sie gerade interessieren.

Für diejenigen, die ein brennendes Interesse an dem einen oder anderen Thema des Buches entwickeln, beispielsweise am Prozess der Templer, findet sich jeweils am Ende der Einträge eine Liste mit weiterführender Literatur. Da die meisten Leute nicht ganz so versessen auf

---

ii Zitiert und übertragen aus Malcolm Barber, *The New Knighthood*, S. 74

Nachforschungen sind wie ich, habe ich versucht, nur einigermaßen lesbare Bücher aufzuführen.

Für alle, die meine spezielle Form des Wahnsinns teilen, habe ich zahlreiche Fußnoten eingefügt, auf dass Sie alles nachprüfen können, was ich Ihnen hier erzähle, und anhand des Materials Ihre eigenen Schlussfolgerungen ziehen können. Sollten Sie jedoch mit den hier aufbereiteten Hintergründen zufrieden sein, so steht es Ihnen frei, diese zu ignorieren.

Und wenn mich das nächste Mal jemand nach der einen oder anderen Tatsache fragt, auf die er oder sie bei der Lektüre von *Sakrileg* gestoßen ist, werde ich einen Seufzer der Erleichterung von mir geben und ihnen dieses Buch in die Hand drücken.

Ich hoffe, es ist von Nutzen.

Die Apokryphen

Die Wurzel des Wortes »Apokryph« entstammt dem griechischen *apokryphos*, was wiederum »verborgen« bedeutet. Die heutige Bedeutung des Wortes weicht allerdings von ihrer ursprünglichen ab. Mittlerweile bezeichnet man damit Informationen, die falsch sind oder aus einer nicht vertrauenswürdigen Quelle stammen – wie bei einer »apokryphen Geschichte«.

Zahlreiche frühchristliche Schriften hat man später aus verschiedenen Gründen als apokryph erachtet. Die Gründe dafür sind unterschiedlich. So konnte in einigen Beispielen der genannte Autor die entsprechende Schrift gar nicht verfasst haben. Das Petrusevangelium ist lange nach dem Tod des Apostels geschrieben worden und fand daher keine Aufnahme in das Neue Testament. Einige Texte wiederholten einfach nur die Inhalte anderer, ohne mit neuen Informationen aufzuwarten. Manche wurden als ketzerisch oder unmöglich eingestuft. Viele → **gnostische** Schriften fallen in diese Kategorie. Andere sind im Stil beliebter griechischer Volksstücke verfasst und waren daher verdächtig. Wieder andere entsprachen zwar ganz und gar der Lehre, aber der Zeitpunkt stimmte nicht. Nur die Schriften der Apostel oder ihrer unmittelbaren Nachfolger waren akzeptabel.

Allerdings ist der Ausschluss eines Textes nicht gleichbedeutend mit seiner Unterdrückung. Einige apokryphe Texte gingen verloren. Vielleicht brachte niemand das nötige Interesse auf, um sie abzuschreiben. Vielleicht wurden alle Kopien im Laufe der Zeit verlegt. Uns sind zahlreiche Werke nur deswegen bekannt, weil auf sie Bezug genommen wird. Dennoch verfügen wir nicht mehr über die Originaltexte, weil Brände, Überflutungen, Kriege, Mäuse oder mangelndes Interesse zu ihrer Vernichtung beitrugen. Sehr vieles von dem, was die Zeit überstand, ist uns lediglich durch schieres Glück erhalten geblieben. Das gilt auch für die hohe Literatur. Das angelsächsische Epos *Beowulf* beispielsweise existiert in nur einer einzigen handschriftlichen Ausfertigung.

Es mag das Wissen um diese Möglichkeit gewesen sein, das Kaiser → **Konstantin** einst bewog, seinen Hofschreiber Eusebius damit zu beauftragen, fünfzig Abschriften der Bibel (und zwar ausschließlich des Neuen Testaments) anzufertigen. Eusebius stellte eine Liste all jener Bücher zusammen, die darin enthalten sein sollten.[1] Allerdings oblag ihm nicht das letzte Wort in dieser Sache. Man war sich recht früh über die vier Evangelien einig, ebenso über das Schaffen der Apostel und die Episteln des Paulus. Spätere Herausgeber fügten jedoch weitere Bücher hinzu oder ließen andere weg, die ihren Ansichten nicht entsprachen.

Auch über das Alte Testament war man in den ersten christlichen Jahrhunderten nicht völlig einer Meinung. Die Torah, welche die ersten fünf Bücher umfasst, bildete die Grundlage des jüdischen Glaubens. Welche weiteren Bücher hinzugefügt werden sollten, darüber bestand allerdings kein Konsens. Aus diesem Grund galten die Schriftrollen vom Toten Meer (populärwissenschaftlich auch bekannt als die Schriftrollen von → **Qumran**) als so aufregender Fund, bewiesen sie doch, welche Teile des Alten Testaments bereits im Jahr 75 n. Chr. Aufnahme gefunden hatten.[2] Einige der Bücher, welche die Christen akzeptierten, bezeichneten wiederum die Rabbis als apokryph.

Von einem Großteil des apokryphen Materials existierten genügend Abschriften, so dass die darin enthaltenen Geschichten sich dem allgemeinen Bewusstsein als orthodox eingeprägt haben. Die Legende der heiligen Veronika, die mit ihrem Schleier das Antlitz Jesu reinigt, findet sich weltweit auf dem Kreuzweg jeder katholischen Kirche. Dennoch steht Veronika nicht in der Bibel. Auch die Anekdote von Petrus, der während seiner Flucht aus Rom Christus begegnet und wieder zurückgeschickt wird, um sein Martyrium zu erleiden, entstammt den Apokryphen. Dass diese Erzählungen die Hürde nicht genommen haben, bedeutet nicht, dass sie verschmäht wurden. Selbst die gnostischen Geschichten fanden ihren Weg in andere Sammlungen.

Die folgenden Bücher enthalten eine Liste apokrypher Texte, die in Übersetzung vorliegen. Vielleicht werden Sie überrascht feststellen, wie viele davon Ihnen vertraut erscheinen.

Literaturempfehlungen

Bart D. Ehrman: Lost Scriptures. Books That Did Not Make It into the New Testament. Oxford UP 2003

Derselbe: The Orthodox Corruption of Scripture. The Effect of Early Christological Controversies of the Text of the New Testament. Oxford UP 1993

J. K. Elliot (Hg.): The Apocryphal Jesus: Legends of the Early Church. Oxford UP 1996
Alfred Läpple: Verborgene Schätze der Apokryphen. Ludwig 2002
Alexander Roberts und James Donaldson (Hg.): The Anti-Nicene Fathers Bd. VIII. Überarbeitet von A. Cleveland Coxe. Wm. Be. Eerdmans Publishing 1995
Alfred Schindler: Apokryphen zum Alten und Neuen Testament. Manesse-Verlag 1988
Erich Weidinger: Die Apokryphen – Verborgene Bilder der Bibel. Pattloch 1985

---

1 Eusebius: *The History Of The Church*. Übers. von G. A. Wiliams. Penguin Books 1965, S. 424 [vgl. Eusebius von Cäsarea: *Kirchengeschichte*. Hg. und Einl. von Heinrich Kraft, Übers. von Philipp Haeuser 1932. Neu durchgesehen von Hans Armin Gärtner. Wissenschaftliche Buchgesellschaft 1967]

2 Norman Colb: *Who Wrote The Dead Sea Scrolls*? Simon and Schuster 1995, S. 327–361)

Aringarosa, Manuel

Der Name des spanischen → **Opus-Dei**-Bischofs in *Sakrileg* bedeutet im Italienischen »roter Hering«; im Englischen wiederum ist dies ein Ausdruck für eine falsche Fährte oder einen irreführenden Hinweis. Dan Browns Vorliebe für Wortspiele und Bilder ist hinreichend bekannt, daher würde ich nichts für bare Münze nehmen.

Da Opus Dei eine Personalprälatur ist, die nur dem Papst Rechenschaft schuldet, hat Aringarosa keine ortsgebundene Diözese, sondern gehört zum Opus-Dei-Netzwerk. Zudem finden sich auch innerhalb der normalen Kirchenhierarchie Bischöfe und Kardinäle, die den Zielen von Opus Dei nicht abgeneigt sind.

Baphomet

Im Prozess gegen die Templer wurde unter anderem die Anklage erhoben, dass sie einen Götzen namens »Baphomet« anbeteten. Die Inquisitoren nahmen dies als gegeben hin, da ihnen der Name bereits etwas sagte. Im Mittelalter wussten die meisten Europäer jedoch nur wenig über den islamischen Glauben. Um 1140 war der Koran auf Verlangen von Peter dem Ehrwürdigen, Abt von Cluny[1], ins Lateinische übersetzt worden. Die meisten Menschen bezogen ihr Wissen allerdings aus Geschichten und Erzählungen.

Die französischen *chansons de geste*, Erzählungen über die Taten großer Krieger, waren voller Schlachten gegen die »Sarazenen«, dem damaligen Namen für Moslems. In diesen Geschichten wurden die Sarazenen als Heiden dargestellt, die vielerlei Götter anbeteten, darunter Apollo und Baphomet.

Baphomet taucht in den *chansons de geste* in mannigfacher Gestalt auf und wird stets mit dem Islam assoziiert. In der aus dem zwölften Jahrhundert stammenden epischen Erzählung *Aymeri de Narbonne* ist er beispielsweise einer der Sarazenenkönige von Narbonne, gegen die Aymeri in den Kampf zieht.

Rois Baufumez …
Avec aus .xx. paien armé
Qui Deu ne croient le roi de mejesté
Ne sa mere hautisme

König Baphomet …
Mit zwanzig heidnischen Kriegern,
die nicht an Gott glauben, den König der Könige,
noch an Seine Allerhöchste Mutter.

II 302–306[2]

Aus dem späten zwölften oder frühen dreizehnten Jahrhundert stammt das Kreuzzugsgedicht *Chanson d'Antiodie.* Darin taucht eine Figur namens Bausumés oder Baufremé auf, der Onkel eines Sarazenenkriegers.[3] Im *Enfances Guillaume* des dreizehnten Jahrhunderts findet sich ebenfalls ein Moslem namens Balfumés.[4]

Allgemein herrscht die Ansicht, dass »Baphomet« eine Verballhornung von »Mohammed« sei. Linguistisch gesehen ist das durchaus wahrscheinlich. Allerdings habe ich den Namen nur im Zusammenhang mit Sarazenenkönigen oder -fürsten gefunden.

Indes deutet nichts darauf hin, dass Baphomet der Name eines Fruchtbarkeitsgottes aus alter Zeit ist. In den Beschreibungen verschiedener Templer rangiert das Aussehen des »Götzen« vom Kopf eines bärtigen Mannes, »der den Baphomet darstellte, über eine Figur namens Yalla (ein Sarazenenwort [das möglicherweise Allah bezeichnet]) bis zu einem schwarzweißen oder hölzernen Götzenbild«.[5]

Ich komme zu dem Schluss, dass die Templer sehr wohl eine Art von Reliquie in ihren Kirchen aufbewahrt haben könnten. Kopfförmige Reliquien waren nichts Ungewöhnliches, auch wenn es sich lediglich um ein Schädelstück des verehrten Heiligen handelte. Vielleicht war auch eine Heiligenbüste präsent. Wenn man sich die Methoden der Inquisitoren vergegenwärtigt, so mag es eine Reliquie in Paris gegeben haben oder auch nicht. Ein geschickter Fragensteller kann einen Menschen auch ohne Anwendung von Gewalt oder Folter fast immer zu einem Geständnis gleich welcher Art bringen. Die Anschuldigungen gegen die Templer hätten auch aus einem Leitfaden mit dem Titel *Ketzerei für Anfänger* stammen können. Baphomet ist damit nur eine von vielen Möglichkeiten.

---

[1] Charles Bishko: *Peter The Venerable And Islam*. Princeton UP 1964, S. 32

[2] *Aymeri de Narbonne*. Hg. von Louis Demaison. Société des anciens textes Francais 1887, S. 13 f.

[3] *La Chanson de Jérusalem*. Hg. von Nigel R. Thorp. Alabama UP 1992, S. 236

[4] *Les Enfances Guillaume*. Société des anciens textes Francais 1935, S. 117

[5] Malcolm Barber: *The Trial of the Templars*. Cambridge UP 1978, S. 78

Bouillon, Gottfried von

In *Sakrileg* ist Gottfried von Bouillon – auch als Godefroi de Bouillon bekannt – ein französischer König, der die → **Prieuré de Sion** kurz nach seiner Eroberung von Jerusalem im Jahr 1099 gründete.[1] Später wird er außerdem als Nachkomme des → **Merowinger**-Königs → **Dagobert** bezeichnet.[2]

Gottfried von Bouillon war in der Tat der Held des ersten Kreuzzuges und einer der Heerführer, die Jerusalem einnahmen. Allerdings trug er nicht die französische Königskrone, sondern den Titel des Herzogs von Niederlothringen. Im Mittelalter befassten sich mehrere *chansons de geste* oder Heldenlieder mit seiner Person. Darin waren nicht nur seine Heldentaten Gegenstand der Verherrlichung, sondern auch seine Herkunft.

Ida von Bouillon gebar Gottfried um 1060 als zweiten Sohn ihres Ehemannes Eustachius II. (auch bekannt als Eustace aux Grenons[3]), dem Grafen von Boulogne. Im Jahr 1096 folgte er mit seinen beiden Brüdern Eustachius III. und Balduin dem Aufruf zur Befreiung Jerusalems.[4] Ursprünglich hatte er wohl vor, alle Juden zu massakrieren, denen er unterwegs begegnen sollte. Der deutsche König Heinrich bat ihn jedoch, davon abzulassen. Also erlaubte er stattdessen den Juden während seines Zuges durch das Rheinland, ihm Schutzgeld zu zahlen, anstatt sie gleich an Ort und Stelle niederzumetzeln.[5]

Gemeinsam mit Robert, dem Herzog der Normandie, Raimund von Toulouse und Graf Robert von Flandern – den anderen Anführern des Kreuzzuges – nahm er zuerst Antiochia und dann Jerusalem ein. Die Kreuzfahrer machten dabei keinen Unterschied zwischen Juden, Christen und Moslems. Sie metzelten alle nieder. Als sein älterer Bruder Eustachius beschloss, nach Hause zurückzukehren, wurde Gottfried zum Herrscher von Jerusalem. Allerdings lehnte er den Titel eines »Königs« ab und nannte sich stattdessen »Beschützer des Heiligen Grabes«. Dennoch blieb er nur einige Monate in der Stadt. In dieser Zeit beauftragte er zwanzig Geistliche damit, eine ewige Messe in der wieder erbauten Grabeskirche zu lesen. Dies ist der einzige Hinweis darauf, dass er einen religiösen Orden begründet haben könnte. In keiner Chronik wird eine Prieuré de Sion erwähnt. Auf dem Berg Sion wurde noch vor dem Kreuzzug ein Kloster gegründet, aber eine Verbindung zu Gottfried scheint es nicht zu geben.

Kurz darauf verließ Gottfried die Stadt, um die Einnahme des Heiligen Landes zu festigen. Im Juli 1100 erkrankte er und starb am achtzehnten des Monats, ohne Jerusalem je wiederzusehen. Er wurde mit großen Ehren in der Nähe des Heiligen Grabes beigesetzt und sein jüngerer Bruder Balduin zum ersten latinischen König von Jerusalem.[6]

Gottfried stammte zwar nicht von Dagobert ab, aber er hat ihm offenbar die gleiche Zuneigung entgegengebracht, die auch viele karolingische Könige äußerten. Vor seinem Kreuzzug, spendete Gottfried zweimal für die Kirche von Sankt Dagobert in Stenay in der Champagne.[7]

So weit zu den belegten Tatsachen in Gottfrieds Leben. Kaum ins Grab gebettet, beginnen sich aber auch Legenden um ihn zu ranken. Die ersten Berichte, das »Antiochia-« und das »Jerusalem-Lied«, schwelgten noch in seiner Kriegskunst und Frömmigkeit während des Kreuzzugs. Dann wandten sie sich auch den Taten seiner Familie und seiner Vorfahren zu. Im Laufe der nächsten fünfzig Jahre schufen Dichter zahlreiche *chansons de geste* über seine tatsächlichen und erfundenen Taten. Etwa um diese Zeit verwoben sich die Anekdoten um Gottfried mit der lothringischen Sage des »Schwanenritters«. Diese mündliche Überlieferung berichtete von einem zauberkräftigen Ritter. Ein Schwan zieht das Boot, das ihn an den Hof Karls des Großen bringt. Jahrhunderte später schuf Richard Wagner auf dieser Grundlage seine Oper *Lohengrin*. Die stetig weiterrankende Legende machte Gottfried zum Enkel dieses Ritters.[8] Tatsächlich benannte man ihn nach seinem echten Großvater, Gottfried (oder Godfrey) dem Bärtigen.

In der vollständigsten Geschichtensammlung um Gottfried werden die Geburt und das frühe Leben des Schwanenritters wiedergegeben. Den Lesern, die mit den Märchen der Brüder Grimm aufgewachsen sind, wird diese Geschichte bekannt vorkommen. Der Schwanenritter ist der Sohn eines menschlichen Königs und einer Fee. Diese gebiert sieben Kinder – sechs Jungen und ein Mädchen. Jedes Kind trägt eine goldene Halskette. Die böse Mutter des Königs raubt die Kinder und verbannt sie in den Wald, damit sie darin umkommen. Ein Einsiedler rettet die Kinder und zieht sie auf. Als die alte Königin davon erfährt, schickt sie einen Dieb aus, auf dass dieser die goldenen Ketten stehle. Den sechs Jungen kann er sie entwenden, woraufhin sie sich in Schwäne verwandeln und davonfliegen. Ihre Schwester errettet sie am Ende – bis auf einen, der in Schwanengestalt verbleibt. Dieser entscheidet, sich seinem Bruder anzuschließen, den nun alle den »Schwanenritter« nennen. Sie machen sich auf den Weg, um Abenteuer zu bestehen und die Erbin von Bouillon zu finden, die Großmutter Gottfrieds.[9]

Das Faszinierende daran ist, dass diese Geschichten in Umlauf kamen, obwohl Gottfrieds wirkliche Ahnen durchaus bekannt waren. Beide Seiten der Familie zählten Karl den Großen zu ihren Vorfahren. Aber er stammte nicht von Dagobert ab, sondern vielmehr von Pippin von Heristal, Karls Großvater. Allerdings zählt auch Pippin Merowinger zu seinen Ahnen. Eine um 1100 verfasste Ahnentafel von Gottfrieds Vater zieht Familienbande von den Franken über Merovech bis zu Priamus von Troja.[10] Was vor dem Merowingerkönig Chlodwig angegeben wird, mag strittig sein im Hinblick auf die Zuverlässigkeit der Tafel, andererseits müsste er sich seiner Abstammung jedoch auch nicht gerade schämen. Die Familie seiner Mutter Ida ist durchaus beeindruckend. Ihr Vater, Gottfried der Bärtige, war der Herzog von Niederlothringen und stammte über dessen Urenkelin Judith von Karl dem Großen ab. Idas Onkel wiederum war Papst Stephan IX.[11]

Aber für jene, die die Legenden des Mittelalters schufen, war ein Held mit übernatürlichen Vorfahren viel interessanter als selbst einer von edelstem Geblüt, obwohl trojanische Vorfahren sich ebenfalls großer Beliebtheit erfreuten. Die Grafen von Anjou führten ihre Ahnen stolz auf einen Dämon in Gestalt einer Frau zurück. Andere Familien nahmen Melusine für sich in Anspruch, die je nach Bericht entweder zur Hälfte eine Schlange oder zur Gänze eine Meerjungfrau war. So war es unabdingbar, den frommen Befreier Jerusalems mit einer heidnischen Urgroßmutter zu versehen.

Diejenigen, die sich das Märchen anhörten, störten sich offensichtlich nicht an den Beweisen, die diese Geschichte in die Welt der Sagen verwiesen. Vielleicht glaubten einige der Zuhörer sogar daran, dass Gottfried einer Familie mit übernatürlichem Einschlag entstammte. Woher hätte ein überlebensgroßer Held auch sonst kommen können? Den meisten Menschen war bewusst, dass sie einem Märchen lauschten. Aber damals wie heute ist das kein Grund, eine gute Geschichte abzulehnen.

Englische Quellen zu Gottfried sind mir nicht bekannt, aber es gibt etliche in französischer Sprache.

---

[1] *Sakrileg*, S. 218

[2] Ebenda, S. 353

[3] *Aux Grenons* bedeutet »mit einem sehr großen Schnurrbart«.

[4] Heather J. Tanner: »Between Scylla and Charybdis. The Political Role of the Comital Family of Boulogne in Northern France and England (879–1159).« Unveröffentlichte Dissertation an der Universität von Kalifornien 1993

[5] »The Chronicle of Simon bar Samson.« In: Shlomo Eidelberg (Hg. und Übers.): *The Jews and the Crusaders*. Winsconsin UP 1977, S. 24 f.

[6] Der erste Kreuzzug ist sowohl durch Berichte aus erster Hand als auch durch spätere Chronisten gut dokumentiert. Der Einfachheit halber habe ich die Informationen über Gottfried folgendem Buch entnommen: Pierre Aubé, *Godefroy de Bouillon*, Fayard 1985, S. 271–352

[7] »Godefridi Regis Diplomata.« In: *Patrologiae Latina*. CLV 1854, Spalten 593–598

[8] *The Old French Crusade Cycle. Bd. II: Le Chevalier au Cygne*. Hg. von Jan A. Nelson. Alabama UP 1985, S. 4

[9] *La Naissance du Chevalier au Cygne*. Bibliothèque Nationale ff mss 12 558. Eine sehr kurze Zusammenfassung von etwa 3300 Zeilen Länge.

[10] *Genealogia Comitum Buloniensium*. Ed. L. C. Betheman. *Patrologiae Latina* CLV. Spalten 462–466

[11] Ebenda

Die Vorfahren des Gottfried von Bouillon

Pippin von Heristal † 714
Karl Martell (der Hammer) † 741
Pippin der Kurze † 768
Karl der Große † 814
Ludwig I., der Fromme † 840
Karl I., der Kahle † 877
Ludwig II., der Stammler † 879
Karl III., der Einfältige † 929
Ludwig IV. d'Outremer † 954
Karl, Herzog von Luxemburg

- Ermengarde
  - Godefroi
  - Gozelon † 1044
  - Gottfried (Godfrey) der Bärtige h. Doda
  - Ida von Bouillon
- Gerberga
  - Heinrich von Brüssel
  - Mathilde
  - Eustachius II.

Ida von Bouillon ⚭ Eustachius II.

- Eustachius III.
- **Gottfried von Bouillon**
- Balduin, König von Jerusalem

Der Bussgürtel

Der Bußgürtel wird im Englischen als *cilice* bezeichnet, was uns zu einer bemerkenswerten Etymologie führt. Ein *cilice* ist ein Haarhemd oder auch härenes Hemd, das deshalb so hieß, weil es ursprünglich aus der ausgesprochen rauen Ziegenhaarwolle Killikiens hergestellt wurde, einer Provinz in Kleinasien. In meiner *Lewis and Short*-Ausgabe[1] (einem unschätzbar nützlichen lateinischen Wörterbuch) steht, dass die Killiker »berüchtigt für die Einhaltung der Privatsphäre« waren. Das allein bringt die Leser schon ins Grübeln.

Diese Ziegenhaarhemden wurden an römische Legionäre und Seeleute ausgegeben, die um einiges zäher gewesen sein müssen als jene Sünder im Mittelalter, die sie zur Buße trugen. Nach der Ermordung von Thomas Becket stellte man fest, dass er unter seinen prächtigen Erzbischofsgewändern ein Haarhemd trug, das »vor Läusen und Gewürm nur so strotzte«.[2] Es entzieht sich immer noch meiner Vorstellungskraft, wie jemand so etwas tragen und gleichzeitig rudern oder Barbaren bekämpfen kann.

Im Mittelalter bezeichnete *cilice* ausschließlich das Haarhemd. Später verwendete man das Wort offenbar auch für ein anderes Mittel der tätigen Reue, und zwar

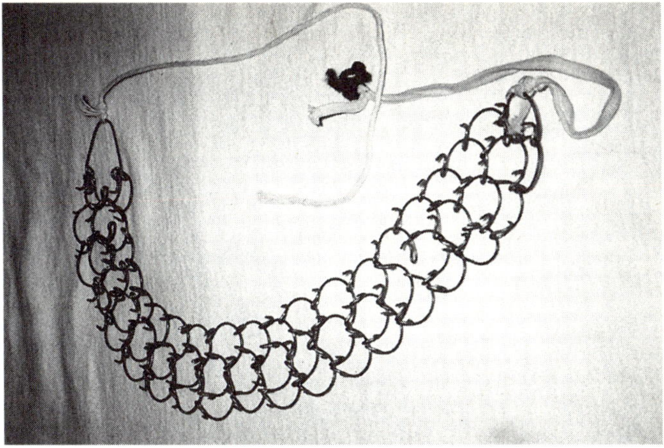

Cilice.
Mit freundlicher Genehmigung von ODAN

für den eingangs erwähnten Bußgürtel, ein Metallband mit nach innen gerichteten Stacheln, das man um den Oberschenkel tragen soll. Ich habe ein solches Band selbst in Händen gehalten (allerdings nicht angelegt) und festgestellt, dass die Stacheln extrem spitz sind. Sie sind gekrümmt und graben sich einem wie winzige Angelhaken ins Fleisch. Das Ding soll den Geschlechtstrieb unterdrücken. Als ich im Internet nach weiteren Informationen suchte, stellte ich fest, dass es heutzutage bei einigen Leuten offenbar gerade das Gegenteil bewirkt. Diesem Aspekt widmete ich mich jedoch nicht weiter.

Diesen Bußgürtel haben einige katholische Mönche noch in den fünfziger Jahren des letzten Jahrhunderts angewendet. Heute ist er allerdings nicht länger Bestandteil des üblichen Prozedere – mit Ausnahme der Opus-Dei-›Disziplin‹. Der Gründer Josemaría Escrivá schrieb: »Gesegnet sei der Schmerz. Geliebt sei der

Schmerz. Geheiligt sei der Schmerz. […] Ruhm sei dem Schmerz.«[3]

Für den Fall, dass uns das Leben nicht genug Schmerz zur Heiligung bereithält, steht uns also der Bußgürtel zur Verfügung.

---

1 Charlton T. Lewis und Charles Short: *A Latin Dictionary*. Oxford UP 1879 (Nachdruck 1989), S. 330

2 »… *cilicio pediculis et vermibus referto involutum*.« John of Salisbury, *Letters Bd. II. The Later Letters 1163–1180*). Hg. von W. J. Millor und C. N. L. Brooke. Oxford Medieval Texts 1979, S. 734

3 *The Way* (die englische Übersetzung von *Camino*). Scepter Press 2002, S. 49

Das Château de Villette

Das Château de Villette liegt eine halbe Autostunde nordwestlich von Paris, nördlich der Seine. Dan Brown hat diesen Ort zum Heim von Sir → **Leigh Teabing,** dem britischen Geschichtsforscher und Mitglied der British Royal Society, auserkoren. Das Château befindet sich immer noch in Privatbesitz, ist aber für Urlaubsaufenthalte, Hochzeiten und andere besondere Ereignisse anzumieten. Sie können dort auch einwöchige Studienurlaube verbringen, einschließlich der *Sakrileg*-Tour, einem Kurs in französischer Küche oder bildender Kunst, Tennis oder Golf. Des Weiteren bieten sich Tagesausflüge nach Paris, Versailles, zu Monets Garten in Giverny, in die Normandie und zu anderen interessanten Orten an.[1]

Das Château entwarf einst Francois Mansart (1598 bis 1666) für Jean Dyel. Dyel war Graf von Aufflay und Botschafter Ludwigs XIV. in Venedig. Mansarts bekannteste Arbeit ist das Château de Maisons-Lafitte in der Nähe von Saint Germain-en-Laye, dem Geburtsort von Ludwig XIV. Den Auftrag erteilte René de Longueil, der Vorsteher der *maisons* und spätere Marquis, der dem Architekten bei dem Entwurf völlig freie Hand ließ.[2] Mansart versah das Gebäude daher mit seinem Markenzeichen, dem Mansart-Dach.

Château de Villette.
Mit freundlicher Genehmigung von Olivia Decker

Mansart starb allerdings noch vor Baubeginn, daher führte sein Großneffe und Erbe Jule Hardouin Mansart (1646–1708) den Bau nach seinen Plänen aus.

Zu jener Zeit, als er Château de Villette erbaute, arbeitete Jules Hardouin Mansart auch für König Ludwig XIV. am Palast zu Versailles, rund fünfundzwanzig Kilometer südöstlich von Villette. Mansart war Ludwigs wichtigster Architekt. Er entwarf nicht nur den Petit Trianon und die Königinnentreppe, sondern auch den berühmten Spiegelsaal von Versailles.[3]

Das Château de Villette ruht inmitten eines rund 75 Hektar großen Grundstückes mit zwei rechteckigen Seen, einem spektakulären Stufenspringbrunnen und einem von Andre Le Notre entworfenen Garten. Le Notre plante außerdem die berühmten Gärten von Versailles, Château Chantilly und Vaux le Vicomte. Auf dem

Die Bibliothek im Château de Villette.
Mit freundlicher Genehmigung von Olivia Decker

Der Große Salon im Château de Villette.
Mit freundlicher Genehmigung von Olivia Decker

Anwesen stehen noch weitere Gebäude, darunter eine Kapelle, ein Treibhaus, eine Weinpresse aus dem dreizehnten Jahrhundert und ein Pferdestall.

Im Inneren befinden sich achtzehn Schlafzimmer, die alle mit neuen Privatbädern ausgestattet sind – im siebzehnten Jahrhundert wäre dies wohl kaum der Fall gewesen. Das Dekor ist längst nicht so bizarr wie jenes, das Dan Brown für Sir Leigh Teabing entworfen hat. Es ist wunderschön im zeitgenössischen Stil des achtzehnten Jahrhunderts gehalten.

Die Bibliothek hat vertäfelte Wände und ist mit einem Kamin ausgestattet. Dort *könnte* sich durchaus ein Zugang verbergen, an den sich Geheimgänge anschließen. Genauso gut ließe sich ein geheimnisvolles Päckchen unter dem Sofa verbergen. Aber sie ist auch der perfekte Ort, um es sich an einem verregneten Frühlingsabend mit einem Buch bequem zu machen.

Wie Sie auf der Fotografie sehen können, ist der Große Salon keinesfalls zu einem Arbeitszimmer für Gralsstudien umfunktioniert worden.[4]

Auch ohne die Gralskulisse kann ich mir keinen besseren Ort denken, der das elegante Heim eines reichen Gelehrten perfekter widerspiegelt. Wenn wir doch nur alle so leben könnten!

---

1 Siehe auch www.frenchvacation.com/indexfo.html

2 Jacques Marec, »Francois Mansart.« Societé des Amis du Château de Maisons, maisonslaffitte.net/BiogrMansart.htm

3 »Jules Hardouin Mansart«. the free Dictionary.com/Hardoui%20Marsant

4 Mit Dank an Olivia Decker, die Besitzerin des Château de Villette. Sie können sich mit ihr unter Villette@frenchvacation.com in Verbindung setzen.

Chauvel, Marie

Bei Marie Chauvel de Chauvignie (1842–1927) handelt es sich um die erste »*Sophia*«, die ihre Weihen von der gnostischen Kirche Frankreichs empfing. Eine Person dieses Namens hat einen kleinen Auftritt als Sophies Großmutter in *Sakrileg*, aber der Einfluss ihrer Namenscousine auf die Handlung des Romans ist immens.

Die gnostische Kirche wurde 1890 von Jules-Benoit Stanislaus Doinel de Val Michel (1842–1903) gegründet. Bei ihrer Erschaffung leitete ihn die Literatur über die → **Gnostiker** des dritten nachchristlichen Jahrhunderts und die Geschichte der Katharer. Sie waren dualistische Ketzer, die im frühen dreizehnten Jahrhundert besonders in Südfrankreich viel Macht besaßen.[1] Hinzu kam eine Vision, in der Jesus ihn zum gnostischen Bischof weihte. Doinel folgte dieser Vision und verbrachte zahlreiche Nächte mit gnostischen Séancen. Dabei nahm ein Geistwesen mit ihm Verbindung auf, das sich als »Sophia-Achamôth, das ewig Androgyne« bezeichnete.[2]

Aufgrund dieser und anderer Visionen gelangte Doinel »allmählich zu der Überzeugung, es sei seine Bestimmung, dem *weiblichen Aspekt der Göttlichkeit* den gebührenden Platz im Glauben zurückzugeben«.[3] Doinel nahm den Namen Valentin II. an und begründete die gnostische Kirche in Frankreich. Deren Lehren beruhten neben dem Glauben der Gnostiker und der Katharer auf dem Johannesevangelium und der Theosophie des neunzehnten Jahrhunderts.

Die Kirche wurde von gemischtgeschlechtlichen Paaren aus Bischöfen und Sophias angeleitet. Marie Chauvel nannte sich »Escalarmonde«, nach einer berühmten Katharerin.[4] Sie wurde die Sophia von Varsovie.[5]

Doinel war zudem Großmeister der → **Freimaurer** und seine Kirche sollte »das System der mystischen Freimaurerei wiedergeben«.[6]

Die gnostische Kirche teilte die Menschheit in drei Klassen ein: die Gnostiker, die dem Lichte Achamôths folgen; die Psychiker, die auf der Schwelle zwischen Licht und Finsternis stehen, und die Hyliker, die ganz der materiellen Welt angehören und Satan ausgeliefert sind.[7] Diese Aufteilung folgt in etwa den Traditionen der Gnostiker und Katharer. Die Kirche war hierarchisch gegliedert: An ihrer Spitze stand ein Patriarch, darunter die Bischöfe und Sophias, es folgten die Priester und Priesterinnen, dann die Diakone und Diakonissen und schließlich die Laienschaft.

Im Jahr 1895 verließ Doinel seine Kirche und konvertierte zum römischen Katholizismus.[8] Er schloss sich G. A. Jogand-Pages an, einem beliebten Autor jener Zeit, der unter dem Namen Leo Taxil mehrere Bücher veröffentlicht hatte, in denen er »bewies«, dass die Freimaurer, die → **Rosenkreuzer** und andere Gruppen ohne Ausnahme satanische Organisationen waren, die wiederum eine streng geheime Gesellschaft, das Palladium, kontrollierte. Die Bücher berichteten von Orgien, Kindesopfern und Teufelsverehrung. Jogand-Pages behauptete, seine Informationen stammten von einer reuigen abtrünnigen Palladierin namens Diana Vaughn. Am 18. April 1897 enthüllte er allerdings, dass die gesamte Buchserie ein einziger Schwindel war. Es gab gar kein Palladium. Und Diana Vaughn war seine Sekretärin. Er hatte die Bücher geschrieben und sich der Unterstützung durch die katholische Kirche versichert, um ihre Leichtgläubigkeit aufzuzeigen und den Papst und die Bischöfe der Lächerlichkeit preiszugeben.[9]

Die Freimaurer lachten sich halb tot und die Katholiken zogen sich in ihrer Eitelkeit gekränkt wütend in die Schmollecke zurück. Allerdings komme ich nicht umhin, mich zu fragen, wie viele der Menschen, die die Bücher von »Leo Taxil« lasen und für bare Münze nahmen, später auch erfuhren, dass diese pure Erfindung waren. Mir kommt es vielmehr so vor, als hingen die Gerüchte über satanische Riten auch dann noch in der Luft, nachdem ihre Quelle längst vergessen war. Worte zu Papier zu bringen ist sehr gefährlich – man weiß nie, wo sie letztendlich hinführen.

Doinel kehrte schließlich wieder in den Schoß der gnostischen Kirche zurück.

Im zwanzigsten Jahrhundert spaltete sich die gnostische Kirche in verschiedene Zweige auf. Sie wandte sich mehr dem okkulten und weniger dem traditionellen Gnostizismus zu. Eine Zeit lang wurden Frauen in die zweite Reihe zurückgedrängt, aber die meisten Kirchen praktizieren heutzutage die Gleichheit der Geschlechter und es gibt mehrere weibliche Bischöfe.

Ich glaube, die moderne gnostische Kirche diente als Quelle für einige der besonderen Aspekte der in *Sakrileg* agierenden → **Prieuré de Sion**, insbesondere in Hinblick auf die Betonung des → **göttlich Weiblichen**. Was Marie Chauvel angeht, so habe ich bisher lediglich eine

Erwähnung hinsichtlich ihres Todes entdeckt.[10] Die Geschichtsschreibung der gnostischen Kirche Frankreichs führt nur ihren Namen auf, nicht jedoch ihre Leistungen. Auch wenn mir nicht genügend Zeit blieb, im Rahmen dieses Buches weiter nachzuforschen, so beabsichtige ich dennoch, mehr über sie herauszufinden.

---

1 Über die Katharer gibt es eine Vielzahl von Büchern; leider sind die meisten vom wissenschaftlichen Standpunkt aus kaum verwertbar. Das beste Werk ist: Malcom Barber: *Cathars.* Longman 2000 [vgl. Malcolm Barber: *Die Katharer.* Artemis und Winkler 2003]

2 Siehe folgende Internetseite: www.gnostic.net/EGA/history.htm

3 T. Apiryon: *»The Invisible Basilica: History of the Gnostic Catholic Church«.* Ordo Templi Orientis 1995, S. 1 (Die kursive Hervorhebung im Zitat stammt von mir, Anm. d. A.)

4 Krystel Maurin: *Les Esclarmonde: La femme et la féminité dans l'inmaginaire du Catharisme.* Editions Privat 1995 (Eine faszinierende Betrachtung über Esclarmonde und die Sagen, die sich um sie ranken)

5 Apiryon, S. 2

6 Ebenda

7 EGA, S. 86

8 Apiryon, S. 3

9 Ebenda

10 Bibliothéque Nationale

Cocteau, Jean

Jean Cocteau wurde 1889 geboren und starb 1963; so viel steht fest. Während dieser Zeit erfand und erschuf er sich so oft neu, dass die Lektüre seiner Biografien mit dem Blick in ein Kaleidoskop verglichen werden kann. Er war Dichter, Schauspieler, Künstler, Filmemacher und Theaterschriftsteller. Und er gab eine sich ständig wandelnde Vorstellung.

Er erblickte am 5. Juli nahe Paris in einem Ort namens Maison-Lafitte das Licht der Welt.[1] Sein Vater war ein grundsolider bürgerlicher Anwalt, der sich in seiner Freizeit der Malerei widmete. Seine Großmutter mütterlicherseits betätigte sich als Kunstsammlerin.[2] Im Jahr 1898 beging sein Vater Selbstmord – vermutlich aufgrund finanzieller Rückschläge. Über die Auswirkungen dieser Tat auf Cocteau stritten sich Filmkritiker und Biografen, ohne je Übereinstimmung zu erzielen.

Gegen Ende seines zweiten Lebensjahrzehnts war Cocteau ein fester Bestandteil der Kunst- und Theaterwelt von Paris. Seine Begabung, sein Leben in einen Akt der Kunst zu verwandeln, faszinierte viele bekannte Schriftsteller, Schauspieler und Künstler. Seine Gedichte wurden auf der Bühne vorgetragen, und er erhielt den Auftrag, für die Ballettaufführungen von Sergej Diaghilew die Plakate zu entwerfen.[3] André Gide, Maurice Ravel, Marcel Proust und Claude Debussy zählten zu seinen Freunden. Picasso faszinierte ihn, der ihn seinerseits tolerierte, es dabei aber auch beließ.

Der Erste Weltkrieg wirkte sich auf Cocteau insofern aus, als dass einige seiner besten Freunde fielen. Seine eigenen Kriegserlebnisse waren so seltsam wie seine Fantasien und lieferten die Grundlage für sein Buch *Thomas der Schwindler*. Einen Teil des Krieges verbrachte er als Ambulanzfahrer für das Rote Kreuz – in jener Zeit erlebte er das Leiden der Verwundeten, besonders nach dem Bombardement von Reims, aus erster Hand.[4] Später hielt er sich im Umfeld der aristokratischen Kompanie der *Fusilers Marin* auf, bis man herausfand, dass er sich nie verpflichtet hatte.[5]

Damals war er übrigens auch mit dem Piloten Ronald Garros befreundet, der ihn in den frühen Kriegstagen auf seine Flüge mitnahm.[6] Garros wurde 1915 abgeschossen und von den Deutschen gefangen genommen. Im Jahr 1918 gelang ihm die Flucht. Er beharrte drauf, in den aktiven Dienst zurückzukehren, und wurde im Oktober 1918 erneut abgeschossen. Sein Tod löste tiefe Trauer in Cocteau aus.

In den zwanziger Jahren machte sich Cocteau einen weithin bekannten Namen. Er verfasste mehrere Theaterstücke und setzte seine Malarbeiten für das Ballett fort. Außerdem begann er Opium zu rauchen. Strawinsky hegte den Verdacht, dass sein Opiumkonsum und seine durchaus bekannten Kuraufenthalte lediglich dem Zweck dienten, ihn Bücher schreiben zu lassen. »Er muss den Aufenthalt in den Sanatorien von sich aus verlängert haben … solche Anstalten sind wundervoll ruhige Orte zum Bücherschreiben.«[7]

1925 verfasste er den ersten Teil seiner *Orpheus*-Trilogie. Kurz darauf bat Strawinsky ihn, das Libretto für seine Oper *Oedipus Rex* zu schreiben. Es scheint, als sei Cocteau in jener Zeit auch zum Katholizismus zurückgekehrt. Dieser Wechsel beeinflusste seinen bohemienhaften Lebensstil kaum, nur das Opium versuchte er aufzugeben.

Cocteau war in Theater, Literatur und Kunst erfolgreich, sein größter Erfolg stellte sich jedoch mit dem neuen Medium Film ein. Im Jahr 1932 kam sein erster Film *Das Blut eines Dichters* heraus und erntete großen Erfolg bei den Kritikern. Im Laufe der nächsten zehn Jahre schrieb er, oft in rauchgeschwängerter Atmosphäre, weitere Stücke, reiste in achtzig Tagen um die Welt und betreute kurzzeitig den erfolgreichen Federgewichtsboxer Al Brown.

Im Jahr 1937 begegnete er dem Schauspieler Jean Marais, der später in mehreren seiner Filme die Hauptrolle übernahm. Marais wurde außerdem sein ständiger Begleiter. Im Jahr 1939 erging an Marais der Einberufungsbefehl in die französische Armee. Aus dieser Militärzeit stammt eine schöne Geschichte. Den Winter verbrachte er mit dem Heer in den Vogesen, einer ostfranzösischen Berglandschaft. Es war bitterkalt. Die Modeschöpferin Coco Chanel schickte Marais ein Paar prächtige Handschuhe. Er schrieb ihr zurück, dass er sie nicht tragen könne, da kein anderer Soldat über Handschuhe verfüge.[8] Diese Begebenheit zeigt die Unterschiede zwischen ihm und Cocteau auf und erklärt gleichzeitig, warum er einen so positiven Einfluss auf den egozentrischen Künstler ausübte.

Zunächst bereitete der Krieg Cocteau lediglich Sorge, da er Bezugsengpässe für Opium befürchtete. Als die Deutschen Paris besetzten, floh er nach Perpignon. Nach

Der junge Dichter. Porträt von Jean Cocteau, 1912.
Roman Brooks, CNAC. MNAM/Dist.
Réunion des Museés Nationaux/Art Resource, New York

der Rückkehr von Jean Marais beschlossen beide, wieder nach Paris zu ziehen.

Ich habe viele widersprüchliche Berichte über Cocteaus Beziehung zu den Nazibesatzern gelesen. Einige behaupten, er unterstützte sie, andere kommen zu dem Schluss, dass er nur das tat, was er tun musste, um weiterarbeiten zu können. Seinem deutschen Kindermädchen verdankte er es, dass er diese Sprache fließend beherrschte. Er erhielt auf Anfrage die Genehmigung, eines seiner Stücke an der Comédie Française aufführen zu dürfen, und produzierte den erfolgreichen Film *Der ewige Bann*, der die Geschichte von Tristan und Isolde nacherzählt. Als sein Freund Max Jacob verhaftet und deportiert wurde, gelang es diesem, Cocteau eine Nachricht zu übermitteln. Cocteau und andere legten erfolgreich Protest gegen die Verhaftung ein; der Befehl zu Jacobs Freilassung erreichte diesen jedoch nicht mehr rechtzeitig.[9]

Im Gegensatz zu anderen wurde Cocteau am Ende des Krieges nicht der Kollaboration angeklagt. Ich bin zu dem Schluss gekommen, dass er die Deutschen mochte, die Nazis jedoch verabscheute und sich, in der Hoffnung, dass die furchtbaren Tage irgendwann vorüber seien, einfach völlig in seiner eigenen Welt vergrub. Nach dem Krieg drehte Cocteau seine berühmtesten Filme, darunter die stimmungsvolle Nacherzählung des Märchens *Die Schöne und das Biest*. In Frankreich und auf internationaler Ebene wurde er mit Preisen überhäuft. Zwar hatte Cocteau Affären mit anderen Männern und gelegentlich auch Frauen, dennoch blieb Jean Marais ihm treu und war auch bei ihm, als er am 11. Oktober 1963 starb.[10]

Die → **Dossiers Secrets** führen Cocteau als einen der Großmeister der → **Bruderschaft von Sion** an. Allerdings kann man sich ihn nur schwer in der Rolle des Oberhauptes einer geheimen Organisation vorstellen. Zum einen war sein Leben ein offenes Buch, wenngleich als Lektüre nur für Erwachsene geeignet; zum anderen blieb er zeit seines Lebens Katholik. Warum wurde er also in Pierre Plantards Auflistung der Großmeister aufgenommen?

Es ist gut möglich, dass Plantard, selbst bekennender Antisemit und Nazi-Befürworter, dem Eindruck erlag, Cocteau hege ähnliche Ansichten. Cocteaus Film über Tristan wurde mit dem Segen der Nazis produziert. Zudem schrieb er ein Stück mit dem Titel *Die Ritter von der Tafelrunde*. Darin ist die Burg des Königs in einem Bewusstseinsnebel gefangen. Einige Ritter suchen nach dem → **Heiligen Gral**, andere liegen nur faul herum. Der Rauschzustand wird vom bösen Merlin aufrechterhalten. In diese surreale Welt tritt Galahad, der reine Ritter, der alle aufweckt und sie zwingt, die wirkliche Welt zu erblicken. »Die Wahrheit ist enthüllt und sie ist schwer zu ertragen.«[11] Am Ende erscheinen alle Fährnisse lediglich als böser Traum, das wahre Leben hat in Camelot Einzug gehalten. Merlin bietet an, den märchenhaften Zustand wiederherzustellen, aber Artus verkündet, dass er »einem wirklichen Tod vor einem falschen Leben« den Vorzug gebe.[12]

Durch dieses Stück mag Plantard vielleicht zu der Überzeugung gelangt sein, dass Cocteau mit der Nazivorstellung übereinstimmte, Galahad stelle das vollkommene Beispiel des arischen Helden dar, und hat ihn deshalb auf seine Liste der Meister gesetzt. Cocteaus Vorliebe für Opium war ihm vermutlich nicht bekannt.

Jean Cocteau verfasste unter anderem einen Artikel mit dem Titel »Keine Symbole«, in dem er schrieb, dass er sie niemals verwendete, weil sie »einen leichten Fluchtweg für den faulen Zuschauer bieten, der sich der intuitiven oder emotionalen Eingebung widersetzt, indem er sich auf die ihm zugeschriebene Bedeutung eines Bildes verlässt«.[13] Doch für viele seiner Leser und Zuschauer ist sein ganzes Werk Symbolismus pur. Wenn dem so wäre, dann handelt es sich um einen Satz privater Symbole, so veränderlich wie Rauch.

---

[1] Zufällig wurde Maison-Lafitte zum großen Teil von Mansard entworfen, der auch die Pläne für das Château Villette zeichnete.

[2] Elizabeth Sprigg und Jean-Jacques Kihm: *Jean Cocteau, the man and the mirror*. Coward McCann 1970, S. 20

[3] Ebenda, S. 48

[4] Francis Steegmuller: *Cocteau. A Biography*. Little, Brown und Co. 1970, S. 126

[5] Sprigg und Kihm, S. 59

[6] Siehe auch das Kapitel über die → **Zürcher Depositenbank**.

[7] Steegmuller, S. 325

[8] Sprigg und Kihm, S. 144

[9] Ebenda S. 160 f.

[10] Steegmuller, S. 495 f.

[11] Jean Cocteau: »Les Chevaliers de la Table Ronde.« In: *Theatre* Tome 1. Grasset 1957, S. 325

[12] Ebenda S. 414

[13] Tanya D'Anger: »Coctelian Neoplatonism.« In: *The Cinema of Jean Cocteau*. Hg. von C. D. E. Tolton, Legas 1999, S. 27

Der Codex Leicester

Leonardo da Vinci verfasste jenes Notizbuch, das heutzutage als *Codex Leicester* bekannt ist, wahrscheinlich zwischen 1506 und 1510 in Mailand. »Geschrieben mit Sepia-Tinte auf achtzehn lose doppelseitige Leinenpapierblätter, die so gefaltet sind, dass sie zweiundsiebzig Seiten ergeben.«[1] Der Großteil der Aufzeichnungen befasst sich mit den Bewegungen des Wassers sowie Leonardos Theorien und Beobachtungen zur Hydrologie. Diese sind in der für ihn typischen Spiegelschrift aufgezeichnet. Der Kodex ist in verschiedene Kapitel aufgeteilt und Leonardo beabsichtigte, ihn offenbar zu seinen Lebzeiten zu veröffentlichen.[2] Als Perfektionist, der er war, hat er ihn allerdings wohl niemals als hinreichend abgeschlossen erachtet.

Der Kodex gehörte zu dem Nachlass, den Leonardo seinem Schüler und Gefährten Francesco Melzi vermachte. Er wurde an den Bildhauer Guglielmo della Porta weitergegeben und gelangte 1690 in den Besitz des Malers Giuseppe Ghezzi. Ghezzi verkaufte ihn 1717 an Thomas Coke, der später zum Earl von Leicester erhoben wurde. Die Familie des Earls behielt das Notizbuch, bis es 1980 von dem Amerikaner Armand Hammer aufgekauft wurde. Er beschloss, es den Codex Hammer zu nennen.[3]

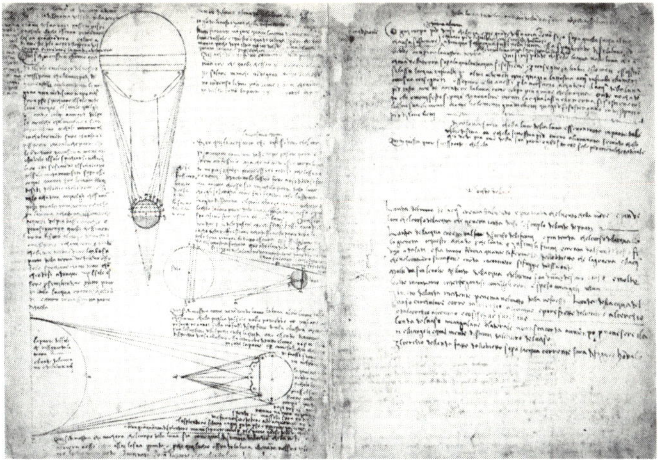

Codex Leicester.
© Art Resource, New York

Im Jahr 1994 erstand Bill Gates, der führende Kopf von Microsoft, das Manuskript für 30,8 Millionen Dollar. »Schon als Kind hat mich Leonardo da Vinci fasziniert und inspiriert. Die Notizen spiegeln das kreative Potenzial des menschlichen Geistes, die Macht der Erfindungsgabe und die Erkenntnis der Entdeckung: warum der Himmel blau ist, warum der Mond scheint und warum man Muscheln auf Berggipfeln findet.«[4] Gates gab dem Manuskript seinen ursprünglichen Namen, Codex Leicester, zurück und bewahrt es in einem besonderen, licht- und feuchtigkeitsregulierten Raum seines Hauses auf.[5] Das wertvolle Stück wurde bereits an mehrere Museen ausgeliehen und die Seiten sind in einem wunderschönen Buch reproduziert und veröffentlicht worden.[6]

Das Notizbuch ist ein deutliches Beispiel dafür, wie Leonardos Verstand arbeitete. Er beobachtete alles und gab sich nicht mit unbeantworteten Fragen zufrieden. Die Aufzeichnungen demonstrieren zudem, dass er kein gänzlich eigenständiger Wissenschaftler war. Er hielt an dem traditionellen Glauben fest, dass die Welt aus den vier Elementen Luft, Feuer, Wasser und Erde erschaffen sei, was auch seine Schlussfolgerungen beeinflusste. Er bezog sich auf römische und mittelalterliche Abhandlungen, die ihrerseits auf früheren Arbeiten beruhten. Und seine Logik konnte zu spektakulären Fehlschlüssen führen. So nahm er beispielsweise an, der Mond sei mit Wasser bedeckt. »Der Mond scheint nicht mit seinem reflektierten Licht, wie es die Sonne tut, denn er empfängt das Licht der Sonne nicht ständig auf seiner Oberfläche, sondern auf den Wellenkämmen und -tälern seiner Gewässer.«[7] Diese These geht auf seine Studien des Wassers und der Lichtbrechung zurück, die er sorgfältig durchdacht und illustriert hatte.

Der Codex Leicester gestattet uns zudem einen Blick darauf, wie Leonardo an das praktische Problem der Trockenlegung der Sümpfe um Mailand sowie an den Bau von Kanälen, Dämmen und Brücken heranging. König Ludwig XII. von Frankreich, der damals über Mailand herrschte, erkannte Leonardos Genie so weit an, dass er ihm gestattete, seine Experimente im Naviglio-Grande-Kanal durchzuführen.[8] Auswirkungen auf die Sümpfe zeitigte dies jedoch nicht. Das Notizbuch zeigt jedoch auch, wie sehr sich Leonardo in seine Projekte vertiefte, wie leicht er sich durch Fragen ablenken ließ, die die eigentliche Sache nur am Rande betrafen, und wie er diese so weit verfolgte, bis er die ursprüngliche Frage fast gänzlich aus den Augen verloren hatte.

Ich bin sicher, viele Leser können dies genau wie ich zutiefst nachempfinden.

[1] Michael Desmond: »Leonardo da Vinci und der Codex Leicester.« In: *Leonardo da Vinci: The Codex Leicester – Notebook of a Genius*. Powerhouse Publishing 2000, S. 14

[2] Leonardo da Vinci: *The Notebooks of Leonardo Da Vinci*. Bearb. und Übers. von Edward McCurdy. Konecky und Konecky 2003 (Nachdruck), S. 741

[3] Desmond, S. 17

[4] Zitiert im *Seattle Post-Intelligencer*, 1997

[5] Ebenda

[6] Siehe Fußnote 1

[7] Da Vinci, S. 292 f.

[8] Desmond, S. 19

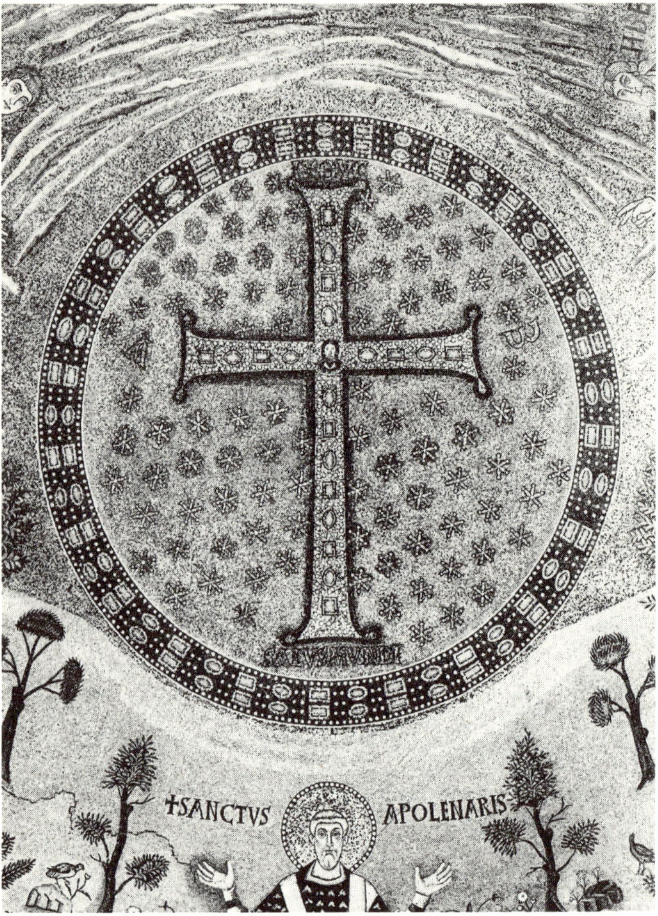

Mosaik einer *crux gemmata* aus
San Apollinare, Ravenna, Italien.

Crux Gemmata

Die *crux gemmata* oder das Juwelenkreuz ist ein altes Symbol der Christen. Anfangs mag es nur eine Reaktion auf die heidnische Verhöhnung gewesen sein, das Kreuz sei nichts weiter als das Zeichen eines schmachvollen Todes. Die Ausschmückung mit Edelsteinen glorifizierte es hingegen. In Mosaiken finden sich frühe Versionen dieser Kreuzform schon im dritten Jahrhundert.

Von der Spätantike an war das Juwelenkreuz sowohl als Kirchenschmuck wie auch bei wohlhabenden Christen weit verbreitet. Zu Beginn war die Anzahl der Steine nicht von Bedeutung, später jedoch wies das Kreuz üblicherweise dreizehn Steine auf, die für Christus und die zwölf Apostel stehen.

Dagobert, König

In *Sakrileg* richtet → **Leigh Teabing** während seiner Ausführungen über die Nachfahren Maria Magdalenas an Sophie die Frage, ob ihr König Dagobert etwas sage. Sophie erinnert sich nur noch daran, dass er zum Hause der → **Merowinger** gehörte und durch einen Stich ins Auge im Schlaf den Tod fand. Teabing bejaht dies und fügt hinzu, dass Dagobert auf Veranlassung des Vatikans und mit Hilfe Pippins von Heristal getötet wurde. Ferner führt er aus, dass Dagoberts Sohn Sigibert glücklicherweise die Flucht gelang. Zu seinen Nachfahren gehörte → **Gottfried von Bouillon**, der wiederum – wie Teabing Sophie ins Gedächtnis ruft – die → **Prieuré de Sion** ins Leben rief.

Sehe ich mir meine Nachforschungen an, so haben allerdings sowohl Teabing als auch Sophie im Fach französische Geschichte ihre Hausaufgaben nicht gemacht. Gänzlich kann man ihnen das jedoch nicht vorwerfen. Aus der Zeit der Merowinger-Könige gibt es nur wenige und zudem widersprüchliche Quellen. Hinzu kommen viel zu viele Herrscher mit gleichen oder ähnlichen Namen. In diesem Fall besteht das Problem beispielsweise darin, dass es drei Könige namens Dagobert gab.[1] Des Weiteren existierten drei Pippins, von denen keiner je mit dem Tod eines Dagobert in Verbindung gebracht wurde. Wollen wir doch mal sehen, ob wir sie nicht besser zuordnen können.

Dagobert I.

Dagobert I. herrschte von etwa 623–632 bis 628–639; die Historiker sind sich bezüglich der Daten nicht einig. Er ehelichte mindestens fünf Frauen und hielt sich zahlreiche Konkubinen. Zwei seiner Söhne sind historisch belegt: Zum einen wäre da Sigibert III. von seiner Konkubine Ragentrude, zum anderen Chlodwig II. von seiner zweiten Frau Nanthilde.[2] Beide erreichten das Erwachsenenalter, herrschten über verschiedene Teile des Frankenreiches und zeugten ihrerseits Kinder.[3]

Noch als Knabe erhielt Chlodwig II. von seinem Vater Dagobert I. das Königreich Neustrien[4] (entspricht dem nordwestlichen Frankreich) als Herrschaftsgebiet.[5] Dagobert ernannte Pippin I. von Landau [Pippin der Ältere] zum Vormund und Berater des Jungen. Alle Quellen stimmen darin überein, dass Pippin diese Stellung getreulich ausfüllte. Als Dagobert einem »Durchfallleiden«[6] erlag, hielt Pippin sich in Neustrien bei Chlodwig auf. Er starb seinerseits im Jahr darauf. Keine Chronik erwähnt Unstimmigkeiten zwischen Dagobert und dem Vormund seines Sohnes. Dagobert I. gilt in Frankreich allgemein als Heiliger. Dies liegt zum größten Teil an seinen zahlreichen Klostergründungen, zu denen auch die königliche Abtei Saint Denis nördlich von Paris gehört. Sigibert III. heiratete eine Frau namens Himiltrude und herrschte bis zu seinem Tode im Jahr 656 über Austrasien (das nordöstliche Frankreich). Er musste niemals in die Verbannung ziehen.

Als Sigibert III. 656 starb, kam es zum Machtkampf. Miteinander verschworene Adelige setzten Sigiberts Sohn Dagobert II. ab. Zu ihnen gehörte auch Grimoald, der Sohn von Pippin I. Dagobert II. sah sich daher von diesem in die Verbannung nach Irland geschickt. Grimoald setzte danach seinen eigenen Sohn Childebert [adoptivus] mit der Behauptung auf den Thron, Sigibert habe ihn adoptiert. Dies wiederum verdross Dagoberts Vetter, den neustrischen König Chlodwig III. Chlodwig ließ Grimoald im Jahr 659 nach Paris schaffen und dort hinrichten. Bis auf seinen Sohn, dem er den Thron zuschanzte und der möglicherweise ebenfalls eines gewaltsamen Todes starb, hinterließ Grimoald keine bekannten Nachkommen. Pippins Linie setzte sich über Grimoalds Schwester Begga fort, die Mutter Pippins II. von Heristal [Pippin der Mittlere].

Haben Sie so weit alles verstanden?

Nach Grimoalds Ermordung wurde Childerich, ein Sohn von Chlodwig III., König von Austrasien. Allerdings verärgerte er einige adelige Familien und demzufolge gerieten er und seine schwangere Frau während einer Reise in einen Hinterhalt und fanden den Tod. An diesem Punkt holte ein Bündnis, zu dem auch Grimoalds Neffe Pippin II. gehört haben mag, Dagobert II. aus dem Exil zurück.

Über die Herrschaft von Dagobert II., die nur von 676 bis 679 dauerte, existieren fast keinerlei Informationen. Die umfassendste Quelle stammt aus einer Biografie über Sankt Wilfrid, den Erzbischof von York, die der Mönch Eggidus verfasste. Der Erzbischof agierte als Vermittler und ermöglichte damit die Rückkehr Dagoberts. Allerdings gewinnt man den Eindruck, dass das Klima in Irland Dagobert besser bekommen wäre. Im *Leben des St. Wilfrid* ist nachzulesen, wie Wilfrid auf seiner Rückreise von Rom auch Austrasien durchquerte. Dort traf er auf einen örtlichen Adeligen, welcher ihm berichtete, dass Dagobert sich als mangelhafter Herrscher erwiesen habe, der »die Städte ins Verderben zog und den Rat seiner Ältesten verachtete«. Daher wurde er getötet.[7] Pippin II. von Heristal wird nicht erwähnt, und zwischen den Zeilen ist zu lesen, dass der Tod Dagoberts II. allgemeine Zustimmung fand. Die Art und Weise der Hinrichtung wird nicht erwähnt. Dagobert II. hinterließ keine Kinder.

Dagobert III.

Dies führt uns nun zu Dagobert III., der von 711 bis 715 oder 716 die Krone trug. Sein Vater war König Childebert, ein Neffe von Dagobert II. Childebert herrschte siebzehn Jahre lang und starb im Jahr 710. Die Quellen erwähnen nicht, dass er gewaltsam zu Tode kam. Pippin von Heristal bekleidete während dieser Zeit und bis in das erste Jahr der Herrschaft von Dagobert III. den Rang des Hausmeiers.[8]

Pippin II. starb im Jahr nach Dagoberts Thronbesteigung. Er hinterließ einen kriegerischen Sohn namens Karl Martell (der Hammer). Karl dehnte das fränkische Reich aus und gebot dem islamischen Einfall in das Land der Merowinger bei der Schlacht von Tours Einhalt. Karls Sohn Pippin der Kurze [Pippin der Jüngere][i] war

---

[i] Pippin III. hieß eigentlich Pippinus Minor, was wiederum – falsch – mit Pippin der Kurze übersetzt wurde. Er war weder klein noch kurz. [Anm. d. Ü.]

der einzige Pippin, der irgendetwas mit dem Papst zu tun hatte, und zu dieser Zeit gab es keine Dagoberts mehr.

Angesichts all dessen ist es leicht verständlich, wie die Charaktere in *Sakrileg* durcheinander geraten konnten. An anderer Stelle beleuchte ich den verworrenen Stammbaum der Merowinger näher. Die Familienzusammenhänge sind nicht ganz einfach. So war die erste Frau von Dagobert I. die Schwester der zweiten Frau seines Vaters. Also war sein Halbbruder Chlodwig II. gleichzeitig auch sein Neffe. Verwicklungen dieser Art waren an der Tagesordnung.

Teabings Geschichte über die Beziehung eines Dagobert und eines Pippin gehört allerdings zu den erfundenen Elementen von Browns Roman.

Die einzige mir bekannte Biografie über Dagobert I. ist in Französisch geschrieben. Tut mir Leid.

---

[1] Ein Stammbaum findet sich im Kapitel über die → **Merowinger**.

[2] Laurent Theis: *Dagobert, un roi pour un peuple*. Fayard 1982, S. 13

[3] *Liber Historiae Francorum*. In: *Late Merovingian France. History and Hagiography 640–720*. Hg. und Übers. von Paul Fouracre und Richard A. Gerberding, Manchester UP 1996, S. 87 f.

[4] Das westliche Gebiet des Merowinger-Landes, heute etwa die Gegend um Paris und Burgund.

[5] Vermutlich so, wie wir heutzutage dem lieben Kleinen ein Fahrrad schenken würden.

[6] Theis, S. 15

[7] Eggidus: *Vita Wilfridi*. Zitiert in: J. M. Wallace Hadrill: *The Long-Haired Kings*. Methuen und Co. 1962, Medieval Academy Reprints of Teaching, 1982 (die in Anführungsstriche gesetzten Zitate habe ich selbst übersetzt./Anm. d. A.)

[8] *Liber Historiae Francorum*. Fouracre und Gerberding, S. 94

Die *Dossiers Secrets*

Les Dossiers Secrets d'Henri Lobineau (Henri Lobineaus geheime Aufzeichnungen) gehören zu einer Serie von Dokumenten, die im zwanzigsten Jahrhundert, ungefähr Mitte der sechziger Jahre, in den Bestand der französischen Bibliothéque Nationale übernommen wurden. Die BN ist in etwa mit der Library of Congress (Kongressbibliothek) in den Vereinigten Staaten vergleichbar. Uneingeschränkten Zugang zu den Reichtümern der Bibliothek erhält man mit einem wissenschaftlichen Leseausweis.[1] Zudem ist es möglich, eigene Sammlungen aufnehmen und mit einer Registriernummer versehen zu lassen.

Die *Dossiers* gelangten 1967 in die Bibliothek. Sie umfassen verschiedene Landkarten, Wappen, Zeitungsausschnitte und mehrere Ahnentafeln, die nicht durch andere schriftliche Quellen belegt sind. Außerdem gehören noch einige Pergamente dazu, die angeblich aus der Zeit der Französischen Revolution stammen. Diese Behauptung haben allerdings Bill Putnam und John Edward Wood widerlegt. Die beiden Autoren fanden heraus, dass die Bibelzitate auf den Pergamenten sich auf eine Ausgabe des späten neunzehnten Jahrhunderts bezogen.[2]

Es hat den Anschein, als sollten die *Dossiers* die Ausführungen eines Mannes namens Pierre Plantard wissenschaftlich stützen, der von sich behauptete, ein Nachkomme → **Dagoberts II.** und daher der rechtmäßige König von Frankreich zu sein. Die Ahnentafeln verfolgen die Abstammungsreihe von Dagobert bis zur Familie Plantard. Eine Anmerkung gibt an, dass die Tafeln von »einem Pergament stammen, das die Unterschrift und das königliche Siegel der Blanka von Kastilien trägt. Es wurde in einem der vier hölzernen Zylinder der westgotischen Säule in der Kirche von Rennes-le-Château gefunden.«[3] (Siehe auch unter → **Jaques Saunière**.)

In den Unterlagen findet sich auch ein Abschnitt über die → **Prieuré de Sion,** die an anderer Stelle in diesem Buch besprochen wird. Dies ist eine der frühesten Erwähnungen dieser Bruderschaft, allerdings fehlen auch hier die Belege. Die Liste über die Großmeister der Prieuré geht möglicherweise ebenfalls auf Plantard selbst zurück.

Die Geschichte um die *Dossiers Secrets* bietet Material für ein Dutzend Romane, an denen vielleicht sogar schon gearbeitet wird. Sie dürften allein der Vorstellungskraft Plantards entsprungen sein, eines Mannes, der offenbar nichts mehr ersehnte als eine Rückkehr in die romantisch verklärte Vergangenheit von König Artus. Ein Hinweis darauf ist der Name jenes Mannes, den er als Genealogen für die Stammtafeln der Familien Plantard und Sinclair angibt. Lobineau ist ein wohlbekannter (nun ja, jedenfalls in manchen Kreisen) Historiker und Benediktiner-Mönch aus dem siebzehnten Jahrhundert. Guy Alexis Lobineau (1666–1727) verfasste neben anderen nützlichen Werken auch eine mehrbändige Geschichte der Bretagne.[4]

Folgendes kommt mir bei den *Dossiers Secrets* allerdings am allerseltsamsten vor: Wenn sie denn so geheim waren, warum hat man sie dann einer Nationalbibliothek übergeben, wo alle Welt Zugang zu ihnen erhält? Obläge es mir, einen großen Schatz zu hüten, wäre dies der letzte Ort, den ich wählen würde. Die letztendliche Entscheidung darüber überlasse ich allerdings meinen Lesern.

---

[1] Sofern das fragliche Buch nicht gerade neu eingebunden wird oder ausgeliehen ist und die zuständigen Mitarbeiter sich nicht gerade im Streik befinden. Ist mir alles schon passiert.

[2] Bill Putnam und John Edwin Wood: *The Treasure of Rennes-le-Château: A Mystery Solved.* Sutton Publishing 2003, S. 110

[3] Putnam und Wood, S. 110. Zu Rennes-le-Château siehe das Kapitel über → **Jacques Saunière**.

[4] Ich habe in der bretonischen Geschichte nachgeschlagen und besitze sein Werk über die Abtei St. Denis. Da vieles von dem, was er zitiert, während der Französischen Revolution verloren gegangen ist, bringe ich ihm für all die Jahre, die er in diversen Archiven verbracht hat, große Zuneigung entgegen. Er verdient es nicht, für einen solchen Betrug missbraucht zu werden.

Fache, Bezu

Bezu Fache ist ein extrem gläubiger Polizeibeamter in *Sakrileg*. Sein Spitzname lautet »der Bulle«.

Ich vermute, dass sich der Vorname Bezu vom Namen eines Tales in der Nähe von Rennes-le-Château in Südfrankreich ableitet.[1] Die → **Templer** unterhielten eine Kommandarie (so hießen ihre gemeinschaftlichen Unterkünfte) in le Bezu.

Facher stammt aus dem Französischen und bedeutet »jemanden ärgern oder reizen«. Das würde gewiss zu Faches Beruf und Charakter passen.

Da ich mir jedoch bewusst war, dass es in *Sakrileg* von Wortspielereien nur so wimmelt, kam ich auf den Gedanken, dass ich mir etwas mehr Mühe geben sollte. Anagramme sind nicht unbedingt meine Stärke, aber nun gut, versuchen wir es …

Bezu ist ein Anagramm von Zebu, »ein Buckelrind, das seit Urzeiten in Indien, China, Japan und Teilen Afrikas domestiziert wird«.[2] Spiegelt sich darin vielleicht die Bullenhaftigkeit des Mannes wieder?

Fache ist ein Anagramm des englischen Verbs *[to] chafe*. Das bedeutet so viel wie »sich [wund]scheuern«, aber auch »sich ärgern«.

Was schließen wir daraus? Trägt Bezu scheuernde Hosen aus Zebuleder? Kann es sein, dass er ein Symbol des leidenschaftlichen animalischen Geistes ist, der in einem patriarchalisch definierten Beruf gefangen ist? Er trägt eine → **Crux Gemmata** mit dreizehn Steinen. Könnte dies ein Zeichen oder sogar ein Hilferuf seiner unterdrückten weiblichen Hälfte sein? Vielleicht ist das Scheuern des Zebus Bestandteil eines uralten Kultrituals, bei dem man den Versuch unternahm, das träge gezähmte innere Tier aufzuscheuchen und in ihm das Bewusstsein eines besseren Lebens zu erwecken.

Es gibt unendlich viele Möglichkeiten, wenn man unbegrenzt spekulieren darf, ohne alles belegen zu müssen.

Natürlich könnte es sich auch schlicht um einen erfundenen Namen handeln, der für diese Figur gerade passend zur Hand war. Einige Autoren führen für genau diesen Zweck sogar Listen.

---

[1] Gérard de Sède, *The Accursed Treasure of Rennes-le-Château*. Übers. von Bill Kersey. DEK Publishing 2001, S. 5. Siehe auch das Kapitel zu →**Jacques Saunière**.

[2] Oxford English Dictionary, S. 3868

Faukman, James

Hierbei handelt es sich um Robert Langdons Redakteur, der in *Sakrileg* mitten in der Nacht aus dem Schlaf gerissen wird.

Es ist wohl anzunehmen, dass Jason Kaufman, Dan Browns Lektor bei Doubleday, für diese Figur die Vorlage lieferte.

Für den Fall, dass Sie sich die Frage schon einmal gestellt haben: In der heutigen Verlagswelt besteht die Aufgabe eines Lektors zuallererst darin, gute Autoren zu entdecken, seien es Frauen oder Männer. Hat er Erfolg, muss er den Verleger davon überzeugen, dass diese Person einen Versuch wert ist. Als Nächstes setzt sich der Lektor dann mit den Agenten des Autoren auseinander, um die Vertragsdetails auszuhandeln.

Ist diese Hürde genommen, muss der Lektor den Autoren bis zur Ablieferung des Manuskriptes aufmunternde E-Mails schicken – dabei wird gelegentlich sogar der Abgabetermin eingehalten. Dann – und erst dann – macht sich der Lektor an das eigentliche Redigieren, arbeitet das Manuskript durch und unterbreitet Änderungsvorschläge. Diese werden den Autoren vorgelegt, welche darauf ganz unterschiedlich reagieren; die Palette reicht von Tränenausbrüchen über Wutanfälle bis zu abgrundtiefer Verzweiflung.

Irgendwann sind die Änderungen eingearbeitet und der Lektor gibt das Buch in die Herstellung. Damit ist die Sache aber noch längst nicht ausgestanden. Bewaffnet mit einem Entwurf für den Schutzumschlag, begibt sich unser wackerer Lektor nun auf diverse Besprechungen und Tagungen, die an eher wenig inspirierenden Orten stattfinden, um Marketing-, Werbe- und Vertriebsleiter sowie die Vertreter des Verlages dazu zu bewegen, sich für das Buch zu interessieren. Gemeinsam mit Vertriebsmitarbeitern besucht der Lektor vielleicht auch Fachmessen und führt Repräsentanten der großen Buchhandelsketten zum Essen aus, damit er ihnen alles über dieses wundervolle Buch erzählen kann.

Zeitgleich schickt die Presseabteilung des Verlages das redigierte Manuskript oder eine frühe Version des Buches, die man als »Druckfahne« oder »Leseexemplar« bezeichnet, an alle wichtigen Leute, die für das Buch dann eventuell ein gutes Wort einlegen. Für gewöhnlich fügt man diesen Vorabdrucken ein Schreiben bei, in dem betont wird, dass dieses Buch das Beste seit Dickens oder Shakespeare oder Mary Higgins Clark sei, und sind die geneigten Rezensenten nicht auch dieser Meinung?

Während all dies seinen Gang geht, fühlen sich die Autoren allein gelassen und gehen dem Lektor ständig mit ihren Anfragen auf die Nerven. Warum sie noch nicht zu Gast in einer großen Talkshow waren oder warum es versäumt wurde, eine ganzseitige Anzeige in allen großen Sonntagszeitungen zu schalten.

Es hält sich das hartnäckige Gerücht, dass einige Lektoren ein Leben jenseits des Verlagsgeschäftes führen, aber ich kann mich nicht des Verdachts erwehren, dass diese Behauptung eher den → **Apokryphen** zuzurechnen sei.

Einmal fragte ich eine Lektorin, ob sie einen anständigen Bonus bekomme, wenn eines ihrer Bücher auf der Bestsellerliste landete.

Sie brach in leicht hysterisches Gelächter aus. »Nein«, erwiderte sie dann. »Aber ich behalte meinen Job.«

Jason Kaufman schickte mir ein Leseexemplar von *Sakrileg* zu. Im Begleitbrief stand unter anderem: »Wir freuen uns außerordentlich, diesen Roman zu veröffentlichen, da er für den Autor den Durchbruch bedeuten wird. [...] Viel Spaß beim Lesen, und lassen Sie mich bitte wissen, was Sie von diesem Buch halten.« Es folgte seine E-Mail-Adresse.

Ich hoffe doch sehr, dass es Mr Kaufman gelungen ist, mehr als nur seinen Job zu behalten.

Die Felsgrottenmadonna

In Anbetracht all der Gemälde, die → **Leonardo da Vinci** niemals vollendete, ist es geradezu erstaunlich, dass er zwei Versionen desselben Werkes anfertigte. *Die Madonna in der Felsengrotte* entstand in Mailand. Leonardo akzeptierte den Auftrag der Bruderschaft der Unbefleckten Empfängnis im April 1483. Leider fand das Bild in den Augen der Bruderschaft keine Gnade. Die nächsten fünfundzwanzig Jahre stritt sich Leonardo mit ihnen herum, bis er im Oktober 1508 eine zweite Ausfertigung der *Jungfrau in der Felsengrotte* ablieferte.[1]

Die Bruderschaft beschrieb Leonardo aufs Genaueste, was sie sich vorstellte: die Unbefleckte Empfängnis – der Moment, in dem sich Gott als Heiliger Geist in Gestalt einer Taube auf die Jungfrau Maria hinabsenkt, damit sie Jesus empfange. Scheinbar stand ihnen der Sinn nach etwas weniger Symbolbefrachtetem, denn sie verlangten von Leonardo, Gott bei seinem Werk zu zeigen. Sie schrieben ihm zudem die Farben vor, die er verwenden sollte: »… für den Mantel der in der Mitte befindlichen Jungfrau Goldbrokat und Ultramarinblau … Und auch Gott unser Vater soll einen Mantel tragen in Goldbrokat und Ultramarinblau.«[2] Des Weiteren wünschten sie, die Jungfrau und das Kind von zwei Engeln und zwei Propheten flankiert zu sehen.[3]

Felsgrottenmadonna 1
(Madonna in der Felsengrotte), Louvre.
© Scala/Art Resource, New York

Felsgrottenmadonna 2
(Jungfrau in der Felsengrotte), London.
© Alinari/Art Resource, New York

Leonardo hingegen tat wie immer, was er für richtig hielt.

Ein Vergleich beider Gemälde lässt zumindest einige Rückschlüsse zu, warum die Bruderschaft die erste Ausführung abgelehnt haben mag. Schriftliche Belege über die tatsächlichen Gründe existieren nicht. Die deutende Hand des Engels fehlt jedenfalls in der zweiten Version, dafür erhielt er deutlicher erkennbare Flügel. Johannes der Täufer, auf der linken Seite, wurde mit dem für ihn typischen Stab versehen.[4] Johannes, Jesus und die Jungfrau tragen jetzt zudem einen Heiligenschein. Wollte die Bruderschaft einfach nur gewährleisten, dass alle Figuren eindeutig zu erkennen waren? Sie hatten schließlich für ein religiöses Gemälde bezahlt. Vielleicht wollten sie aber auch sicherstellen, dass sie keine verweltlichte Darstellung einer Frau mit Kleinkindern bekamen.

Das Gemälde misst 198,1 mal 122 Zentimeter. Das Verhältnis von Höhe zu Breite beträgt 1,62 oder *phi*.[5] Was die tiefere Bedeutung des Gemäldes angeht, so sollten die Betrachter selbst darüber entscheiden. Warum zeigt der Engel im ersten Gemälde auf Johannes? Verharrt Marias Hand über ihrem Sohn in einer Geste des Segnens, des Schutzes oder als gierige Raubvogelklaue? Leonardo selbst gibt keinerlei Hinweise dazu. Die Farben entsprechen in etwa den Vorgaben der Bruderschaft, aber vielleicht besaßen sie für Leonardo noch weitere Bedeutung? Und was ist mit dem bizarren Felsenhintergrund – enthält er Symbole, die Aufschluss über Leonardos wirkliche religiöse Vorstellungen geben?

Sie haben die beiden Ausführungen gesehen. Was denken Sie?

[1] Alessandro Vezzosi: *Léonard de Vinci: Art et science de l'univers*. Übers. von Francoise Liffran. Découvertes Gallimard 1996, S. 56

[2] Bulent Atalay: *Math and the Mona Lisa*. Smithsonian Books 2004, S. 165

[3] Vezzosi, S. 57

[4] Hier besteht immer noch eine gewisse Verwirrung. Atalay geht davon aus, Jesus halte den Stab und werde von Johannes gesegnet, nicht umgekehrt. Diese Ikonografie wäre noch viel seltsamer. Allerdings muss man bei Leonardo auf alles gefasst sein.

[5] Atalay, S. 167

Die Fibonacci-Reihe

(Phi)

Leonardo di Pisa (Fibonacci, der »Sohn des Bonaccio«) lebte von etwa 1170 bis 1240. Als Sohn eines italienischen Kaufmanns namens Guglielmo Bonacci verbrachte er einen Großteil seiner Jugend in Nordafrika. Dort lehrten ihn arabische Gelehrte die Mathematik.[1] Im Jahr 1202 veröffentlichte er das Buch *Liber Abaci.* Dadurch wurden in Europa das Dezimalsystem sowie die arabischen Zahlen einschließlich der Null bekannt. Die bis dahin verwendeten römischen Ziffern besaßen keine Null, eine Tatsache, die womöglich etwas über das Ego der Kaiser aussagt. Das Buch behandelte außerdem Algebra sowie abstrakte Mathematik und enthielt auch Leonardos berühmtes Kaninchen-Problem, das zur Fibonacci-Reihe führte.[2]

Ich hingegen bin alles andere als eine Mathematikerin. Was also die weiterführenden Anwendungsmöglichkeiten dieser Reihe angeht, so sollten Sie sich besser an Ihren Lieblingsmathelehrer wenden. Aber die Grundlagen verstehe ich, außerdem kenne ich mich einigermaßen mit Kaninchen aus.

Leonardo führte zur Erklärung der Reihe die Vermehrung der Kaninchen an. Er begann mit einem Paar, wie viele andere unwissende Kaninchenliebhaber auch.

Er rechnete aus, dass sie – rein statistisch – pro Monat zwei Junge hervorbrächten. Acht Wochen später würde sich bereits das neue Paar vermehren und so weiter und so fort. Also 1 Paar + 1 Paar = 2 Paar. Im *folgenden* Monat wäre das erste Paar wieder fruchtbar, so kommen wir bereits auf drei Paare. Im Monat *darauf* war der erste Satz Junge ebenfalls bereit zur Vermehrung und natürlich war das allererste Paar immer noch am Wirken. Also hätten wir jetzt insgesamt fünf Paare und im Käfig wird es allmählich eng.

Die Zahlenreihe der Kaninchen pro Monat lautet: 1; 1; 2; 3; 5; 8; 13; 21; 34; 55; 89; 144. Jede Zahl ist die Summe ihrer beiden Vorgängerzahlen. Am Ende des Jahres besaß unser wackerer Züchter also 144 Kaninchen. Natürlich nur bei idealen Bedingungen: ausreichend Nahrung, genügend Platz und willige Kaninchen.

Nun mag ein normaler Mensch sagen: »Schön und gut, aber ich habe nichts mit Kaninchen am Hut.« Hatte Fibonacci auch nicht. Doch es erging ihm wie den meisten Mathematikern. Sobald er eine Zahlenfolge erstellt hatte, musste er damit herumspielen. Schon bald taten andere Mathematiker es ihm gleich und ein ebenso seltsames wie wundervolles Muster zeichnete sich ab.

Nach den ersten paar Zahlen in der Reihe beginnt das Verhältnis zweier nebeneinander stehender Zahlen (also die zweite Zahl geteilt durch die vorige) sich dem Wert 1,618 oder Phi anzunähern. Diese Zahl ist seit 1835 als »Goldener Schnitt« oder »Goldene Mitte« bekannt.[3] Man kannte diese Gleichung seit Euklids Zeiten, aber erst im zwanzigsten Jahrhundert wurde die Zahl mit dem Buchstaben Phi bezeichnet.[4]

Offenbar bevorzugen die meisten Menschen tatsächlich Kunst und Architektur, die auf diesen Proportionen beruhen. Unbewusst verlangt es uns nach dieser Symmetrie. → **Leonardo da Vinci** gehörte zu den Künstlern, die sich dessen bewusst waren, und entwarf viele seiner Arbeiten mit diesen Proportionen im Hinterkopf. Das Werk, das dieses Prinzip am auffälligsten demonstriert, ist die → **Proportionsstudie nach Vitruv,** aber selbst die → **Mona Lisa** ist danach entworfen.

In der Natur tritt Phi in vielerlei Gestalt auf. Die Zahl findet sich in den Spiralarmen der Galaxien, in den Blütenblättern von Gänseblümchen oder in der Doppelhelix der DNS.[5] Die Spirale gehört ebenfalls dazu. »Tannenzapfen haben oft fünf Spiralen im Uhrzeigersinn und acht Spiralen die entgegen laufen; und die Ananas hat meist acht Spiralen im Uhrzeigersinn und dreizehn Spiralen entgegen.«[6] Ich bat eine Mathematikerin in meiner Familie, mir das Phänomen zu erklären. Sie zählte mir etliche Beispiele auf und traktierte mich mit Logarithmen, bis ich zu schielen begann. Schließlich fragte ich: »Aber warum geschieht das so?«

Sie zuckte die Achseln. »Ich weiß es nicht, ich bin keine Theologin. Ich kann nur sagen: Schau dir diese Gleichung an! Die ist echt cool!«

Diese Experimente deuten darauf hin, dass zumindest bei Pflanzen Phi »das Verhältnis [bezeichnet], das die optimale Lösung für Wachstumsberechnungen bietet«.[7] Das sagt mir allerdings auch nicht viel mehr.

Tut mir Leid, dass ich die Fibonacci-Reihe nicht deutlicher erklären kann, denn auch ich bin überzeugt, dass sie echt cool ist. Sie weckt in mir allerdings den Wunsch, in der Oberschule im Matheunterricht besser aufgepasst zu haben.

Literaturempfehlungen

Bulent Atalay: Math and the Mona Lisa: The Art and Science of Leonardo da Vinci. Smithsonian Books 2004

Walther Bühler: Das Pentagramm und der goldene Schnitt als Schöpfungsprinzip. Verlag Freies Geistesleben 2002

Axel Hausmann: Der goldene Schnitt. Göttliche Proportionen und noble Zahlen. BoD GmbH 2001

Peter Plichta: Gottes geheime Formel. Die Entschlüsselung des Welträtsels und der Primzahlencode. Langen Müller 2003

Klaus Schröer, *Klaus Irle:* Ich aber quadriere den Kreis ... Leonardo da Vincis Proportionsstudie. Waxmann 1998

---

[1] Matt Anderson, Jeffrey Frazier und Kris Popendorf: *»Leonardo Fibonacci«*. Think Quest 1999

[2] Bulent Atalay: *Math and the Mona Lisa: The Art and Science of Leonardo da Vinci*. Smithsonian Books 2004, S. 37

[3] Keith Devlin: *»Cracking the Da Vinci Code«*. Discover, Bd. 25, Nr. 6 (Juni 2004), S. 66 (Dort steht, Martin Ohm habe den Ausdruck geprägt.)

[4] Atalay, S. 71

[5] Ebenda, S. 96

[6] Devlin, S. 67

[7] Ebenda, S. 69

Frauen im frühen Christentum

Es ist nicht nötig, bis zu den → **apokryphen** Evangelien zurückzugehen, um zu erkennen, dass Frauen bereits in den ersten Anfängen des Christentums mehr Respekt und Handlungsfreiheit genossen als in der ansonsten bestimmenden Gesellschaftsform. Nicht anders als auch die Männer verließen Frauen ihr Heim und ihre Familie, um Jesus zu folgen.

Die verschiedenen Marias bedachte er mit Lobpreisungen. Eine bot ihm die traditionelle Gastfreundschaft an, welche die männlichen Gastgeber vernachlässigt hatten. Dies zählte durchaus zu den Pflichten, die einer Frau oblagen, in diesem Fall allerdings mit einem großen Unterschied: Es war nicht ihr Heim.[1] Maria von Betanien traf die bessere Wahl, als sie sich für das Lernen und gegen den Abwasch entschied.[2] Nicht zu vergessen Maria Magdalena. Diese war nicht nur Gefährtin und Vertraute von Jesus, sie erblickte ihn auch als Erste nach seiner Grablegung und verbreitete die Kunde von seiner Auferstehung.[3]

In der Apostelgeschichte und den Paulinischen Briefen wird oft von den Taten der Frauen berichtet. Im orthodoxen Neuen Testament sind sie allerdings bereits auf die Rolle der reinen Gastgeberin reduziert.[4] In einem der

Römerbriefe jedoch lobt Paulus einen weiblichen Diakon (keine Diakonissin) namens Phöbe.[5] Seine Anweisungen über Ehe und Jungfräulichkeit lassen keinen Zweifel dran, dass die Ehe für Gleichgestellte ist, Unberührtheit und Keuschheit aber das Ideal darstellen, und zwar für Männer wie Frauen.[6]

Wenn es um den Platz der Frau in der Gesellschaft geht, sendet er allerdings widersprüchliche Signale. »Und der Mann ist nicht erschaffen um des Weibes willen, sondern das Weib um des Mannes willen« (1. Korinther, 11,9). Kaum drei Zeilen weiter hingegen schreibt er: »Doch ist weder der Mann ohne das Weib noch das Weib ohne den Mann in dem Herrn. Denn wie das Weib von dem Manne, also kommt auch der Mann durchs Weib« (1. Korinther 11,11–12). Dann ist da diese Aussage, dass Frauen in der Gemeinde/Kirche schweigen sollen (1. Korinther 14,34–36) gefolgt von seinem Befehl, »die Weiber seien untertan ihren Männern als dem Herrn« (Epheser 5,22). Kritisierte ihn jemand aufgrund seiner radikalen Ideen oder beabsichtigte er lediglich, den Religionswissenschaftlern Diskussionsstoff zu hinterlassen? Ich vermute Ersteres. Wenn Paulus über den Witwenstand schreibt, dann rät er, lediglich junge Witwen zur Wiederheirat anzuhalten, damit »sie dem Widersacher keine Ursache geben zu schelten. Denn es sind schon etliche anheim gefallen dem Satan« (1. Timotheus 5,14–15).

Paulus versuchte die römischen und griechischen »Gentiles«, die nichtjüdischen Heiden, zu bekehren. Diese waren schockiert angesichts der Unabhängigkeit der Frauen, die der neuen Religion anhingen. Er wollte es sich mit ihnen nicht verscherzen, bevor sie seine Botschaft überhaupt gehört hatten. Andererseits muss ihm bewusst gewesen sein, dass die Frauen am empfänglichsten reagieren würden. Nicht nur Paulus, auch Petrus und Johannes wiederholen immer wieder, dass Sklaven sich ihren Herren unterordnen sollten. Dies ist ein weiterer Hinweis darauf, wie sehr den Aposteln daran gelegen war, das Ziel ihrer Bekehrungsversuche zu beschwichtigen: die wohlhabenden Römer.

Die Geschichte von Paulus und Thekla spiegelt diesen Konflikt wider. Obwohl sie nicht in die Bibel aufgenommen wurde, erfreute sie sich im Mittelalter großer Beliebtheit. Thekla war eine Griechin edler Abstammung, die, wie es sich geziemte, kaum das Haus verließ. Eines Tages aber hört sie durch ihr Fenster eine Predigt des Paulus. Sie entscheidet sich für das Christentum und folgt ihm, zum Entsetzen ihrer Eltern und ihres zukünftigen Ehemannes. Ihr Verlobter, Thamyris, trägt seinen Fall der breiten Öffentlichkeit vor, die daraufhin brüllt: »Hinweg mit dem Zauberer, denn er hat unsere Frauen in die Irre geleitet!«[7] Paulus wird ins Gefängnis geworfen, wo Thekla ihm einen Besuch abstattet. Er wird gebrandmarkt und dann aus der Stadt vertrieben.

Thekla dagegen wird zum Feuertod verurteilt. Durch einen wundersamen Gewittersturm gerettet, macht sie sich auf die Suche nach Paulus. Sie bittet ihn um die Taufe, aber er weist sie zurück und sagt: »Ich fürchte, dass [...] die Versuchung über dich kommt [...] und dass du ihr nicht zu widerstehen vermagst und in Wollust den Männern verfällst.«[8] Dennoch nimmt er sie mit nach Antiochia, wo sie sich allein eines Möchtegernvergewaltigers erwehrt, indem sie seinen Mantel zerreißt und ihm die Kopfbedeckung herunterschlägt. Da der Mann einigen Einfluss besitzt, wird Thekla zum Tode in der Löwenarena verurteilt. In diesem Teil der Geschichte glänzt Paulus durch Abwesenheit. Eine Stadtbewohnerin nimmt

Thekla bis zum Zeitpunkt der Hinrichtung auf, die allerdings nicht stattfindet, denn die Löwinnen, als Teil der Schwesternschaft, weigern sich nicht nur, sie zu beißen, sondern wehren auch die anderen wilden Tiere ab.

Der nächste Teil ist noch fantastischer, denn in der Arena entscheidet Thekla, sich selbst zu taufen, und wirft sich in ein Wasserbecken voller menschenfressender Robben, die ihr, wie sollte es auch anders sein, kein Haar krümmen.

Alle Frauen in Antiochia finden zum Christentum und Thekla wird in die Freiheit entlassen. Aus unersichtlichen Gründen sucht sie immer noch nach Paulus. Also schneidet sie sich die Haare ab und verkleidet sich für die Reise als Mann. Schließlich spürt sie ihn in Myra auf. Er gibt endlich nach und weist sie an: »Geh und lehre das Wort Gottes.«[9] Diesem Gebot folgt sie. Sie predigt viele Jahre und stirbt schließlich eines natürlichen Todes.

Die Geschichte der Thekla ist aus mehreren Gründen wichtig. Sie unterstreicht, dass eine Schwesternschaft existierte, die nicht nur religiöse und kulturelle Grenzen überwand, sondern auch die zwischen Mensch und Tier. Sie zeigt Thekla außerdem als unabhängig Handelnde, auch wenn sie gegenüber den Autoritäten ein Zugeständnis macht, indem sie auf Paulus' Zustimmung besteht, bevor sie zu predigen beginnt. Schließlich und endlich weist es auf eine Fassette des weiblichen Christentums hin, die sich über die nächsten 1500 Jahre und mehr hinziehen wird: Um reisen und predigen zu können, muss Thekla zumindest wie ein Mann aussehen.

Selbst die apokryphen Evangelien scheinen unfähig, Frauen als Frauen zu akzeptieren. Im Thomasevangelium steht zu lesen, Maria solle den anderen Aposteln gleichen. Jesus wird sie daher »zum Manne machen, damit sie ein lebendiger Geist werde, der die Männer widerspiegele. Denn jede Frau, die zum Manne wird, geht in das Himmelreich ein.«[10]

Seit dem ersten Jahrhundert betonen christliche Schreiber und Prediger die übergeordnete Stellung der körperlichen Unberührtheit als höchsten anzustrebenden Zustand. Ist dieser nicht zu halten oder nicht mehr zu erreichen, so wird Enthaltsamkeit empfohlen. Dies galt sowohl für Männer wie für Frauen. Letztere sahen sich jedoch einer noch größeren Herausforderung gegenüber: Bereits der Jungfräulichkeit ergeben, mussten sie auch noch »männlich werden«.

Das Martyrium der heiligen Perpetua im dritten Jahrhundert zeigt, auf welche Weise eine nicht mehr jungfräuliche Frau Maskulinität zu erwerben vermochte. Perpetua ließ ihren kleinen Sohn zurück, als sie zugab, eine Christin zu sein, und in die Arena geführt wurde. Wenige Nächte bevor sie starb, träumte sie, sie sei ein Gladiator, die ungeschützten Körperteile eingeölt und muskulös, bereit, für Christus zu kämpfen.

Thekla und Perpetua erfreuten sich jahrhundertelang größter Beliebtheit.

Die christlichen Schreiber des dritten Jahrhunderts sind uneins hinsichtlich der Rolle der Frau, die sich nicht länger auf die Kirche beschränkte, sondern auch auf die Gesellschaft erstreckte. Tertullian ist vor allem aufgrund seiner Schmähreden gegen die Frauen bekannt, in denen er sie als »Pforte des Teufels« bezeichnete.[11] Seiner Gemahlin hingegen schrieb er liebevolle Briefe, in denen er ihr riet, was sie unternehmen sollte, falls er vor ihr starb.[12] Er nannte sie seine »teuerste Mitdienerin im Herrn«.[13] Der Inhalt lässt keinen Zweifel daran, dass er es gewohnt ist, sie in allen Fragen zu Rate zu ziehen. Offensichtlich war sie des Lesens und Schreibens mächtig, sonst hätte er ihr keine Briefe geschickt.

Dies verdeutlicht die zwiespältige Haltung gegenüber den Frauen. Sie macht aber auch verständlich, wie das Patriarchat überleben konnte. »Frauen wurden niemals zu ›Dingen‹ oder als solche wahrgenommen.«[14] Männer (und Frauen) besaßen vielleicht ein theoretisches Konzept hinsichtlich der Natur und der Rolle der Frau, aber individuelle Beziehungen müssen außerhalb dieser Theorie betrachtet werden. Dies mag ein Grund sein, warum es Frauen einerseits gelang, in der frühen Kirche Machtpositionen einzunehmen, ihnen andererseits diese Macht aber nicht allgemein gebührte. Ein Zustand, der sich auch dann nicht änderte, als die Kirche Teil der römischen Welt wurde.

Unter den in der Wüste lebenden Eremiten des vierten und fünften Jahrhunderts befanden sich ebenfalls Frauen. Einige lebten in Gemeinschaften, andere als Einsiedlerinnen. Wieder andere schoren sich den Kopf kahl und traten als vermeintliche Eunuchen in Mönchskloster ein.[15] Der heilige Hieronymus begrüßte Jungfräulichkeit und Bescheidenheit, dieses Vorgehen dagegen verabscheute er: »Sie tauschen die Kleidung und geben sich als Männer aus, beschämt darüber, dass sie als Frauen geboren wurden. Sie scheren sich den Kopf kahl, fühlen aber keine Scham darüber, wie Eunuchen auszusehen.«[16]

Die zwiespältigen Signale endeten nicht mit Paulus. Befasst man sich mit Hieronymus' quälendem Traum mit den Tanzmädchen, so sollte man annehmen, er sei dankbar, dass einige Frauen es nicht darauf anlegten, ihn zu verführen.[17] Hieronymus glaubte daran, dass Frauen den Männern gleichgestellt seien, sofern sie der sexuellen Rolle der Ehe und Mutterschaft entsagten.[18] »Solange eine

Frau für Geburt und Kinder bestimmt ist, so lange unterscheidet sie sich vom Mann wie der Körper von der Seele. Wünscht sie allerdings nichts mehr in der Welt, als Christus zu dienen, so wird sie nicht länger eine Frau sein, sondern als Mann erkannt.«

Natürlich ist dies als hohes Kompliment von Seiten Hieronymus' zu sehen.

Trotz ihrer Verwirrung über den rechten Platz der Frauen im Christentum schätzten sie jene Frauen, die sie als mutig und großzügig kannten und frommer als die Männer, die sie umgaben. Hieronymus achtete den Wert der Frauen, die ihn finanziell und intellektuell unterstützten. Er bewunderte auch die Stärke der frühen Frauenvorbilder. Bliebe eine Jungfrau ihr ganzes Leben lang rein, so belehrte er eine von ihnen, dann würden alle anderen rechten Frauen sie begrüßen an dem Tage, da sie in den Himmel aufsteige. »Dann wird Thekla dir voller Freude entgegeneilen, um dich in ihre Arme zu schließen!«[19]

Ließ sich der Zustand der Jungfräulichkeit nicht mehr herstellen, so war es das Nächstbeste, eine Witwe zu sein. Der Witwenstand besaß in der frühen Kirche viel Macht. Dieser beruhte hauptsächlich auf den großzügigen Geldspenden, mit denen diese die Kirche unterstützten. Wie die Geschichte der Thekla zeigt, nahmen viele Frauen die Vorstellung einer Schwesternschaft, die soziale Grenzen überwand, sehr ernst. All jenen Frauen, die in brutalen Ehen gefangen waren oder erschöpft von zu vielen Schwangerschaften, muss die Enthaltsamkeit im Namen der Religion nicht nur wie eine geistige, sondern auch körperliche Rettung erschienen sein.

Diese Frauen übernahmen viele der Rollen, die später ausschließlich den Männern zugestanden wurden. Sie unterrichteten die Menschen, die sich auf die Taufe vorbereiteten. Sie brachten den Invaliden und den Mitgliedern ihrer eigenen Haushalte das Kommunionsbrot. Sie predigten auch in privaten Haushalten vor jenen Frauen, die, durch das römische Recht in ihrer Bewegungsfreiheit eingeschränkt, nicht anders zu erreichen waren.[20]

Es besteht kein Zweifel daran, dass Frauen entscheidend an der Verbreitung des Christentums mitwirkten. In den wohlhabenden Schichten ließen sie sich vor allen anderen bekehren und in ihren Häusern richteten sie die ersten Kirchen ein. Dieses Wissen ermöglichte uns der heilige Paulus, der einer gewissen Nympha seinen Dank dafür ausspricht, dass sie eine Kirche in ihrem Heim hat.[21] Was sich durchaus im Einklang mit der patriarchalen Struktur Roms befindet, denn das Haus war das Reich der Frau.

»Witwen, die ein keusches Leben führten, standen in dem Ruf, ihre Gebete besäßen besondere Macht. Die Menschen gaben den Witwen Geld im Austausch für ihre Gebete.«[22] Dieser Glaube hielt sich weit über tausend Jahre und sorgte auf diese Weise für die Unterstützung der weiblichen Klostergemeinschaften. Erst im späten zwölften Jahrhundert, als immer mehr Mönche das Gelübde annahmen, gingen die Menschen dazu über, lieber für Messen als für Gebete zu zahlen. Diese Veränderung hatte ernste Auswirkungen auf die Finanzen der Konvente. Auch sank der Status der Nonnen.

Es mag einige Leser überraschen, dass die meisten Konvente von Frauen gegründet worden sind. In den ersten beiden Jahrhunderten waren sie nichts als Erweiterungen des Haushaltes. Im dritten Jahrhundert lebten vor allem in Ägypten Frauengemeinschaften in der Nähe einer *amma* oder »Mutter Einsiedlerin«.[23] Die Tochter

→ **Konstantins des Großen** gründete in Konstantinopel einen eigenen Konvent für sich, einige Cousinen und ihre Dienerinnen. Diese Einrichtungen haben nichts mit der Vorstellung gemein, in der Frauen hinter hohen Mauern eingeschlossen sind. Diese frühen privaten Konvente verschafften den Frauen Selbstbestimmung und entzogen sie der männlichen Überwachung.[24]

Ich habe keinerlei Hinweise darauf gefunden, dass Frauen jemals zum Priesteramt zugelassen wurden. Predigen, prophezeien, lehren, bei der Taufe assistieren – all diese Tätigkeiten haben Frauen offenbar in den ersten Jahrhunderten des Christentums ausgeübt. Bevor die Religion das Wohlwollen des Staates erlangte, sahen sich die Frauen bereits in die Randbereiche des Glaubens abgedrängt. Es ist durchaus möglich, dass Jesus beabsichtigte, Frauen und Männern gleiche Rechte zu verleihen. In diesem Fall hätte er eine Revolution ausgelöst, die die Welt in ihren Grundfesten erschüttert und verändert hätte. Das etablierte Patriarchat und die Unterwerfung der Frauen aber ließen sich nicht abschütteln. Das Patriarchat ist älter als die Geschichte. Gerda Lerner glaubt, dass es um die Zeit einsetzte, als Menschen vom Jagen und Sammeln zur Landwirtschaft übergingen.[25] Das Patriarchat ist eine gesellschaftliche Struktur, auf die sich Männer und Frauen irgendwann in der Vorzeit zum gegenseitigen Vorteil geeinigt haben. Auch als die Gründe dafür längst überholt waren, blieben die Strukturen trotzdem erhalten. Das Christentum hat das Patriarchat nicht erfunden. Es übernahm dieses einfach nur als Teil der Welt, in der es zu überleben trachtete. Trotzdem bot diese neue Religion den Frauen eine Möglichkeit zur Unabhängigkeit. Allerdings innerhalb von Strukturen, die mit der Zeit immer beengender wurden.

The Apokryphal New Testament. Hg. von J. K. Elliot. Oxford UP 1993

Rudolf Brändle: Johannes Chrysostomos. Kohlhammer 1999

Virginia Burris: Chastity as Autonomy: Women in the Stories of Apocryphal Acts. Edwin Mellon 1987

Elizabeth Clark: Jerome, Chrystostom, and Friends. Edwin Mellon 1979

Stevan L. Davis: The Revolt of the Widows. Southern Illinois UP 1980

Marianne Dirks (Hg.): Sie prägten das Antlitz der Kirche. Heilige Frauen. M. Grünewald 1982

Liselotte von Eltz-Hoffmann: Frauen in der frühen Kirche. Quell-Verlag 1991

Johannes Hoffmann u. a.: Frauen, die die Kirche prägten. Lebensbilder aus den ersten sechs Jahrhunderten. EOS-Verlag 1998

Anne Jensen und Livia Neureiter: Frauen im frühen Christentum. Peter Lang 2002

Jens-Uwe Kraus: Witwen und Waisen im frühen Christentum. (Bd. 1 der Reihe Witwen und Waisen im Römischen Reich.) F. Steiner Verlag 1998

Hans Küng: Die Frau im Christentum. Piper 2001

Jean LaPorte: The Role of Women in Early Christianity. Edwin Mellon 1982

Hartmut Leppin: Die Kirchenväter und ihre Zeit. C. H. Beck 2000

Gerd Lüdemann und Martina Janßen: Die Bibel der Häretiker. Die Texte der Nag-Hammadi-Bibliothek. Radius-Verlag 2003

Maud Burnett McInerney: Eloquent Virgins. From Thecla to Joan of Arc. Palgrave 2003

Joyce Salisbury: Church Fathers, Independent Virgins. Verso 1991
Storch: Der Dienst der Frau im Neuen Testament. Warum Frauen predigen und leiten sollten. BoD GmbH 2003
Laura Swan: The Forgotten Desert Mothers. Paulist Press 2001
Wilhelm Winkelmann: Geschichte des frühen Christentums. C.H. Beck 2005
Ben Witherington III: Women and the Genesis of Christianity. Cambridge UP 1990
Derselbe: Women in the Earliest Churches. Cambridge UP 1988

---

1 Matthäus 26,6; Markus 14,3

2 Lukas 10,38–42

3 Matthäus 28,9; Lukas 24,10

4 Apostelgeschichte 16,11–15 (Lydia)

5 Römerbrief 16

6 1. Korintherbrief 7,1–39

7 »The Acts of Paul.« In: *The Apocryphal New Testament.* Hg. von J.K. Elliot, Oxford UP 1993, S. 367

8 Ebenda, S. 369

9 Ebenda, S. 372

10 »The Gospel of Thomas.« In: Elliot, S. 147

11 Tertullian: *To His Wife,* Bücher I und II. In: Alexander Roberts and James Donaldson (Hg.): *The Ante Nicene Christian Library: Translations of the Fathers Down to AD 324.* Bd. IV. T&T Clark 1866–1872 [vgl. Heinrich Kellner (Übers.): *Tertullian. Die zwei Bücher an seine Frau (Ad Uxorem)*, 1912/15; online bei www.tertullian.org/]

12 Ebenda

13 Gerda Lerner: *The Creation of Patriarchy.* Oxford UP 1996, S. 213 [vgl.: *Die Entstehung des Patriarchats.* Campus 1995]

14 Ebenda

15 Laura Swan: *The Forgotten Desert Mothers.* Paulist Press 2001 (Hier finden sich kurze Beschreibungen über die Leben der Heiligen Hilaria, Euphrosyne, Eugenia und Marina. [Siehe auch: www.bautz.de/bbkl/; www.heiligenlexikon.de; www.kirchensite.de oder Georg Denzler: *Lexikon der Heiligen,* dtv 2004])

16 Jerome: »Letter to Eustochium.« In: *Nicene and Post Nicene Fathers.*

Eerdmans Publishing 1954, S. 34 [vgl. Hieronymus: »Ep. 22 ad Eustochium de virginitate servanda.« In: *Schriften der Kirchenväter*, lat. und dt., Bd. 2, Hg. von N. Brox, Kösel 1983–84, S. 27–86]

17 Siehe zu diesem Phänomen auch: Joyce Salisbury: *Church Fathers, Independent Virgins*. Verso 1991, S. 97–110

18 Marina Warner: *Alone of All Her Sex: The Myth and Cult of the Virgin Mary*. Picador Press 1985, S. 73 [vgl. Marina Warner: *Maria – Geburt. Triumpf. Niedergang – Rückkehr eines Mythos?* Trikont-dianus Buchverlag 1985]

19 Salisbury, S. 41

20 Stevan L. Davis: *The Revolt of the Widows*. Southern Illiois UP 1980, S. 98

21 Kolosser 4,15

22 Salisbury, S. 29

23 Swan, S. 11 f.

24 Swan, S. 127–149. *The Role of Women in Early Christianity*. Edwin Mellon 1982, S. 53–107

25 Lerner, S. 53 (Seit der Publizierung wurden Teile ihrer These in Frage gestellt. Ich finde, dass ihre grundsätzliche Argumentation Hand und Fuß hat. Anm. d. A.)

Das Freimaurertum

Weltweit existieren Tausende von Freimaurerlogen. Jedes Land hat eigene Sitten und Rituale, und innerhalb dieser gibt es unzählige Variationen und Riten, die oft nur in einzelnen Logen abgehalten werden. Über die Anfänge der Freimaurer und ihren Platz in der Geschichte kursieren fast ebenso viele Berichte. Ein Grund dafür ist der Mythos bezüglich ihres Alters und ihrer Traditionen, den die Freimaurer im achtzehnten Jahrhundert in die Welt setzten. Die meisten dieser Erzählungen gelten mittlerweile als reine Erfindung.

Die Mythen der Freimaurer und die Geschichten über sie entspringen allerdings derselben Wurzel: Es handelt sich um einen Bund, der seine Geheimnisse eifersüchtig hütet, besonders aber jene, welche die Initiation umgeben. Im neunzehnten Jahrhundert schrieb ein Freimaurer: »In Geheimgesellschaften [...] soll dem Neuling angeblich stets geheimes Wissen vermittelt werden [...] Die Stellung der Freimaurer innerhalb der Geheimbünde hebt sich eher ab vor dem Hintergrund dieser Exoten und ihrem verborgenen Leben und Treiben.«[1]

Die Verbindung zwischen den heutigen Freimaurern und der alten Zunft der Steinmetze ist noch nicht abschließend geklärt. Die Tradition, nach der sich Handwerker eines bestimmten Berufsstandes zu einer Gemeinschaft zusammenschließen, in der sie sich gegenseitig Unterstützung gewähren, besteht schon seit der Spätzeit des Römischen Reiches. Diese Gemeinschaften trugen verschiedene Bezeichnungen, aber die geläufigste lautete *collegium*.[2] Diese *collegia* übernahmen sowohl gesellschaftliche als auch wirtschaftliche Funktionen. Das Kaufmannskolleg handelte beispielsweise Handelsmonopole mit der Regierungsmacht aus. Kollegien, deren Handelsaktivitäten für den Staat existenzielle Bedeutung besaßen, wie zum Beispiel die Weizenhändler, wurden von bestimmten Steuern und Pflichten befreit.[3] Die Kollegien hielten zudem gemeinschaftliche Festlichkeiten an jenen Tagen ab, die ihren Schutzgottheiten geweiht waren.

Diesen Kollegien gehörten nicht nur Arbeiter an, sondern auch wichtige Bürger, die »ihren Einfluss im Staate im Sinne der Kollegien einsetzten. Dafür erhielten sie das gesellschaftliche Vorrecht, sich Patrone nennen zu dürfen.«[4] Daraus lässt sich ein Hinweis auf die spätere Entwicklung von Freimaurerlogen gewinnen, in denen kein Mitglied gleichzeitig als Maurer arbeitete.

Zur Zeit → **Konstantins des Großen** war die Mitgliedschaft in vielen Kollegien, besonders dem der Bäcker, erblich und obligatorisch. Auch bestanden sie nicht mehr als unabhängige Körperschaften, sondern unterlagen der Kontrolle des Staates. Eventuelle Vorteile, die sie vielleicht noch genossen, hoben sich wieder auf durch die Dienstverpflichtungen gegenüber der Obrigkeit.

Es gibt nur sehr wenige Informationen darüber, ob die römischen Kollegien den Einfall der gotischen und germanischen Volksstämme überstanden. Zwischen dem sechsten und dem neunten Jahrhundert entvölkerten sich die meisten Städte des Reiches. In den Gemeinden verblieben vermutlich kaum genug Arbeiter, um zu einem

Berufsbund zusammenzufinden. Als diese Gruppen sich neu bildeten, bezeichnete man sie mit dem germanischen Wort »Gilde«, welches sich vermutlich von derselben Wurzel ableitet wie *gelt*, was wiederum »Geld« bedeutet.[5]

Ursprünglich fungierten die mittelalterlichen Handwerksgemeinschaften desselben Berufsstandes als Begräbnisgesellschaften. Weber, Böttcher, Lederhandwerker, ja sogar Prostituierte wollten nicht nur ihr christliches Begräbnis sicherstellen, sondern sich auch der Gebete und Messen für ihr Seelenheil vergewissern. Aus den Gilden erwuchsen Bünde, welche ihrerseits die Einführung in die Zunft regelten. Handwerksränge – Lehrling, Geselle und Meister – wurden geschaffen.

Jede Gilde besaß ihren eigenen Schutzheiligen und richtete an dessen Festtag ein Festmahl aus. Der Schutzheilige der Maurer war der Evangelist und Heilige Johannes, dessen Festtag auf den 27. Dezember fällt.[6] Beim Eintritt in die Gilde schworen die neuen Lehrlinge, die Geheimnisse der Zunft zu wahren. Es mag sein, dass die Maurer vielleicht noch eine Art Geheimcode hinzufügten, damit sich die Gildenangehörigen gegenseitig erkennen konnten. Dies hing damit zusammen, dass die Maurer von Ort zu Ort wanderten, um an den großen Kathedralen und Burgen zu arbeiten. Die Baumeister legten keinen Wert darauf, jemanden einzustellen, der keine Ausbildung in seinem Handwerk nachzuweisen vermochte. Ein geheimes Passwort hätte hier Abhilfe geschaffen.[7] Vor dem späten sechzehnten Jahrhundert lässt sich diese Praxis bei den Werkmaurern[i] jedoch nicht belegen.

---

[i] Die operativen, also tatsächlich im Beruf tätigen Maurer werden als Werkmaurer bezeichnet, im Unterschied zu den ernannten Maurern, die einer Loge angehören, diesen Beruf jedoch nicht ausüben. Anm. d. Ü.

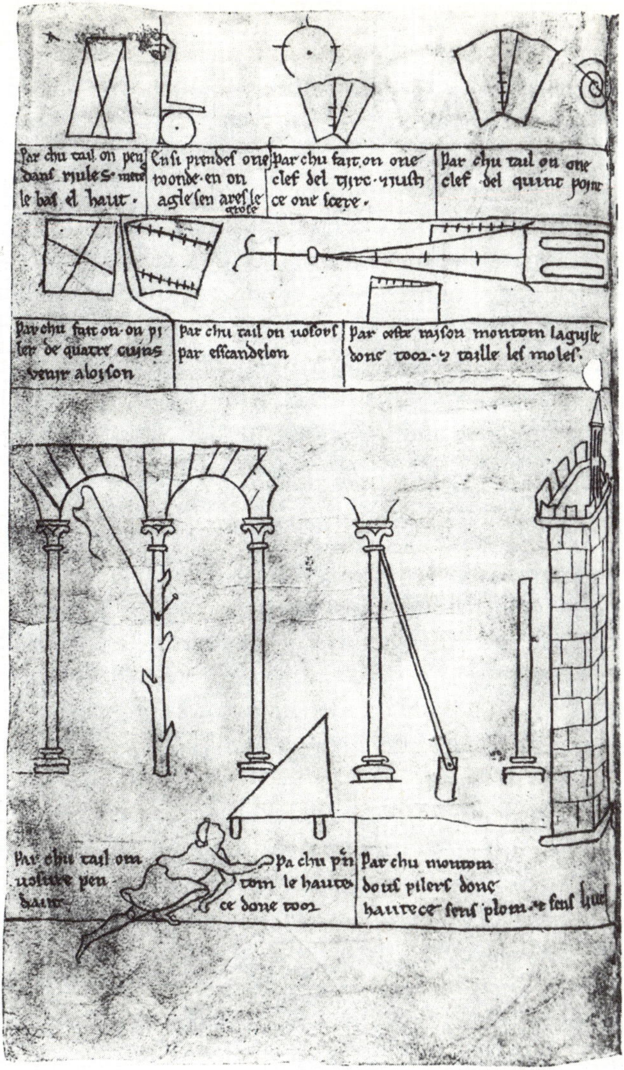

Geometrie der Freimaurer, Villeard de Honnecourt.
(ca. 1225 bis ca. 1250). © Foto Marburg/Art Resource, New York

Im modernen Freimaurertum scheint vieles von der schottischen Maurergilde übernommen zu sein. Wie andere Maurer auch bildeten die Schotten Städtebünde, zusätzlich formten sie straffe Gruppen in den zeitweiligen Wohnstätten oder »Logen«, die zu ihrer Nutzung bereitstanden, solange sie an einer Baustelle arbeiteten. Diese Logen könnten zu einer engeren Bindung geführt haben als in anderen, ortsgebundeneren Gilden üblich. In diesen verbrachten die Mitglieder nur einen Teil des Tages mit anderen Handwerkern und die übrige Zeit mit ihren Familien und Freunden aus den verschiedensten Berufsgruppen.[8]

Im Mittelalter stellten die Adelsfamilien Europas mythische Abstammungstafeln für sich auf. Länder führten ihre Ursprünge auf Troja, König Artus oder einen Schutzheiligen zurück. Die Maurergilde in Schottland ist offenbar ebenso vorgegangen. Sie nannten ihre Geschichte *Old Charges* [alte Verpflichtungen/Verantwortung], eine Geschichte ihres Handwerks, deren Elemente der Bibel, apokryphen Büchern und Volkssagen entstammten.

Gemäß der schottischen Version der *Old Charges* wurde die mit der Geometrie eng verwobene Werkmaurerei von den Söhnen Lamechs begründet, die ihre Zunftgeheimnisse auf Steinsäulen verzeichneten. Nach der Sintflut entdeckte ein Urenkel Noahs die Geheimnisse der Werkmaurer, der Geometrie und der anderen Wissenschaften auf diesen Säulen. Die Erbauer des Turmes zu Babel erlernten ihr Wissen von ihm. Abraham wiederum lehrte in Ägypten einen Schüler namens Euklid die Geometrie, der das Wissen nach Griechenland trug. Schließlich gelangten die Werkmaurer nach Jerusalem, wo sie Salomons Tempel erbauten. Danach zerstreuten sie sich in alle Winkel der Erde. Einer gelangte nach Frankreich, wo er Arbeit im Dienst von Karl Martell fand, dem Großvater Karls des Großen. Ein weiterer Maurer, St. Alban, brachte das Handwerk nach Britannien. Schließlich und endlich standen die Werkmaurer unter dem Patronat eines gewissen Prinz Edwin, dem ansonsten unbekannten Sohn des angelsächsischen Königs Athelstan. Edwin liebte dieses Handwerk so sehr, dass er zum Maurer ernannt wurde. Der sagenhafte Edwin veranlasste außerdem die Niederschrift der *Old Charges*[ii].[9]

Eine weitere Legende um die Erbauer von Salomons Tempel handelt von dem Baumeister Hiram von Tyros. Nach den Aufzeichnungen in dem apokryphen Buch *Die Weisheit Salomons* überwachte Hiram den Bau des Tempels und errichtete persönlich zwei Messingsäulen, die er Jachim und Boaz nannte.[10] Angeblich wurde Hiram von anderen Werkmaurern ermordet, die ihn zwingen wollten, die Geheimnisse des Meisterwortes preiszugeben. Noch im Jahr 1851 stand in einem Handbuch für Freimaurer, Salomon und Hiram, nun als »König von Tyros« bezeichnet, seien die Begründer des Bundes.[11]

Diese Legenden gehörten zur »operativen« Werkmaurerei, also zu Gilden, deren Angehörige sich tatsächlich auf Steinmetzarbeiten verstanden. Viele dieser Legenden gingen jedoch auch in die Traditionen und Symbolik der »spekulativen« Maurerei ein, jener Logen, deren Angehörige aus anderen Lebensbereichen stammten.[12]

Auf welche Weise aber wurde eine traditionelle Zunft-

[ii] Deutsch: Alte Verpflichtungen. Anm. d. Ü.

gilde zur Grundlage einer Organisation, die viele Künstler, Komponisten, Adelige, Konzernchefs und Staatsoberhäupter zu ihren Mitgliedern zählt?

Schottland, William Schaw und die Herren von Roslin

Seit 1567 stand Schottland unter der Regierung von James oder Jakob VI., dem Sohn der schottischen Königin Maria Stuart. Im Jahr 1603 wurde er als James I. auch König von England. In seiner Regierungszeit gab es das Amt des *Obersten Baumeisters*, welches stets ein Adeliger bekleidete, dem die Finanzen und die Verwaltung aller Bauprojekte unterstanden. Im Jahr 1583 ging dieser Posten an einen gewissen William Schaw.[13]

Schaw war Katholik in einem Land, das sich erst kurz zuvor dem Protestantismus zugewandt hatte. Dennoch empfand keiner der übrigen Höflinge seinen Glauben als Bedrohung – ein echtes Kunststück. Dieser Schaw verfasste 1598 als Erster eine Reihe von Statuten, die für »alle Baumeister des Reiches«[14] gelten sollten. Diese Statuten regelten hauptsächlich die Zulassung von Lehrlingen und die Werkgrade innerhalb der Logen. Sie stießen auf die breite Zustimmung der Meister. Die ersten persönlichen Maurerzeichen fanden Aufnahme und erstmals wird das Meisterwort erwähnt, jenes System, durch das ein Maurer einen anderen erkennen konnte.

Im Jahr darauf erweiterte Schaw die Statuten um die Pflichten der Maurermeister, ihre Lehrlinge nicht nur im Handwerk auszubilden, sondern auch in der »Kunst und Wissenschaft des Gedächtnisses«.[15] Offensichtlich ging es hier nicht nur um simples Auswendiglernen, sondern um ein System zur fehlerfreien Erinnerung, das es zu meistern galt.

Es ist nicht klar, warum Schaw auf diesen einheitlichen Statuten beharrte. Offenbar vertrat er sehr strikt die Ansicht, dass die unabhängigen Logen einer Organisation bedurften. Außerdem war er der Meinung, dass sie, wie schon die alten römischen Gilden, einen Patron benötigten.[16] Er entschied sich für William Sinclair, den Baron von Roslin. Dies ist ein wenig verwirrend. William stammte von jenem Grafen ab, der die → **Kapelle von Rosslyn** einst erbaute. Möglicherweise bestand ein Rest Zuneigung für den Mann, der den Maurern einen so umfangreichen Auftrag erteilt hatte. Aber dieser William war ein zügelloser Katholik, der einerseits den örtlichen protestantischen Autoritäten nicht mitzuteilen vermochte, ob sein jüngster Bankert die Taufe empfangen hatte, andererseits aber mindestens einen Katholiken in der Kapelle hatte taufen lassen. Er widersetzte sich zudem beharrlich den Bemühungen der örtlichen Obrigkeit, das Kunsthandwerk in der Kapelle zu vernichten. An die Werkmaurer erging zwar der Auftrag, ihm ein Haus zu bauen, doch das machte ihn noch lange nicht zum geeignetsten Kandidaten, um die Interessen der Logen am Hof zu vertreten. Dennoch wurde 1601 eine Charta ausgefertigt, die William Sinclair zum Patron der Maurer ernannte.

In der Kapelle von Rosslyn wird eine Kopie dieser Charta aufbewahrt, die ich gelesen habe. Es ist offensichtlich, dass die Maurer keiner etablierten Tradition folgten, sondern aufgrund einer undeutlichen Erinnerung an das frühere Patronat des vorangegangenen Barons um die Schutzherrschaft des derzeitigen Barons baten.

Es hat den Anschein, als wäre dieser William den Maurern von nicht allzu großem Nutzen gewesen. Sein Sohn, ebenfalls William genannt, nahm seine Aufgabe da schon ernster. Er gab eine weitere Charta heraus, die ihm die gesetzliche Rechtsprechung über die Maurer verlieh. Ab 1697 stand den Baronen von Roslin das Recht zu, das Meisterwort zu erlernen.[17]

Allerdings besteht immer noch ein gewisser Sprung von den Logen der Werkmaurer zu den ritualisierten Treffen der Intellektuellen zur Zeit der Aufklärung.

Das Entstehen der Freimaurerei auf Grundlage von Maurergilden ist wohl mehreren sich miteinander verbindenden gesellschaftlichen und politischen Kräften entsprungen. Im siebzehnten Jahrhundert baten Männer der Oberschicht um Aufnahme in die Maurerlogen und erhielten Zutritt. Vielleicht erwirkten sie ihre Aufnahme, indem sie ein gutes Einführungsfestmahl ausrichteten oder weil einige Maurer Freude daran hatten, sich vertraut mit Adelsangehörigen an einen Tisch setzen zu können.

Eine Zeit lang war dies offensichtlich Mode, aber die meisten dieser Männer zogen sich bald wieder zurück. David Stevenson meint dazu, dass sie vielleicht in der Annahme eingetreten waren, sie würden nun esoterischer magischer Kenntnisse teilhaftig werden, und in ihren Erwartungen enttäuscht wurden.[18]

Es hat schon immer Menschen gegeben, die davon besessen waren, uralte Geheimnisse aufzudecken. Dieser Wesenszug findet sich in sämtlichen Gesellschaften wieder. Aber die Zeit von 1580 bis etwa 1750 hat eine größere Anzahl von Suchenden als je zuvor hervorgebracht. Es war eine Zeit, in der die religiöse Wahrheit und die Welt der Natur in den Mittelpunkt intellektueller Forschungen rückten. Die Reformation und die Gegenreformation erweckten in vielen Menschen Zweifel an religiösen Wahrheiten jedweder Art. Der wachsende Glaube an die Bosheit der Hexenkunst (siehe das Kapitel → **Hexen**) fand sein Gegengewicht in jenen Menschen, die Erleuchtung aus göttlichen Quellen zu erlangen suchten, welche nicht unbedingt christlicher Natur waren. Vermochte Satan einem Macht zu verleihen, so mussten auch andere Wege zur Enthüllung der Weltgeheimnisse existieren, ohne sogleich die Seele zu verkaufen.

Zu jener Zeit waren auch die Bücher der → **Rosenkreuzer** in Umlauf, und Menschen wie → **Isaac Newton** und Robert Boyle experimentierten mit Chemie und Alchemie, wobei sie kaum Unterschiede zwischen den beiden Bereichen machten. Selbst die Royal Society in England begann als Geheimtreffen einer Gruppe von Freunden, die sich über alchemistische Themen unterhielten.[19]

In dieser Atmosphäre entstanden zu Beginn des achtzehnten Jahrhunderts die ersten englischen Logen. Sie übernahmen viele Symbole und den Grundmythos über den Ursprung der Maurer, fügten jedoch bald Rituale hinzu, die ihren alchemistischen Forschungen, dem Neoplatonismus und den hermetischen Lehren entsprangen. Im Jahr 1720 etablierte sich das Freimaurertum in Frankreich und verbreitete sich danach bis nach Deutschland und über das restliche Europa. »Anstatt den Standpunkt zu vertreten, die Freimaurerei sei aus der Maurergilde hervorgegangen, wäre es vielleicht passender, davon auszugehen, dass gelehrte Männer, die miteinander arbeiten und Ideen austauschen wollten, die Symbolismen und Strukturen der tätigen Maurer als ihre eigenen annahmen.«[20]

Das universellste Symbol der Freimaurer ist der Kompass über dem Quadrat, das weltweit von operativen Maurern verwendet wird. Ein weiteres, das sich in jeder Maurerloge findet, sind die bereits erwähnten Säulen des Tempels, Boaz und Jachim, die als das ursprüngliche Meisterwort gelten.[21] Entsprechend dem amerikanischen York-Ritus sollen die Säulen hohl sein und Archive beherbergen.[22] Interessanterweise steht in den → **Dossiers Secrets,** dass jene Dokumente aus Rennes-le-Château ebenfalls aus einer hohlen Säule stammen, die sich in diesem Fall in einer Kirche befand.[23] Anscheinend war dem Verfasser der Dossiers die Bedeutung dieser Symbolik

Eine Sammlung von Freimaurersymbolen
aus dem neunzehnten Jahrhundert.
© Erich Lessing/Art Resource, New York

bekannt. Genauso gut kann es sich allerdings um puren Zufall handeln. Ohne Beweise lässt sich nichts Eindeutiges aussagen.

Ein weiteres Symbol, das offenbar allen Freimaurerlogen gemeinsam ist, sind die drei Säulen der Weisheit, Stärke und Schönheit. Die Maurerschürze und die Handschuhe sind ebenfalls überall zu erkennen.

Viele Pflanzen, darunter die Akazie, die Rose, die Lilie und der Olivenbaum, besitzen in der Überlieferung der Freimaurer eine symbolische Bedeutung.[24] Auch der Stern und das Fünfeck finden häufig Verwendung. Tatsächlich könnte es sich schwierig gestalten, etwas zu entdecken, was sich nicht als Freimaurersymbol auslegen lässt. »Die Erhebung zum Lehrling, das Einführungsritual des ersten Grades, sagt aus: ›Alles ist hier Symbol.‹«[25]

Modernes Freimaurertum

Heutzutage können Freimaurer jeder Religion (oder auch keiner) angehören, selbst der katholischen (obwohl die katholische Kirche im achtzehnten Jahrhundert einen Bann über den Eintritt in eine Loge verhängte). Es gibt Logen, die Männer und Frauen aufnehmen; andere bleiben nur einem Geschlecht vorbehalten. Übrigens waren die französischen Freimaurer die Ersten, die um 1740 Frauen in eine Unterorganisation aufnahmen, die sich »Adoptivfreimaurerei« nannte.[26]

Wollte man sämtliche prominenten Freimaurer aufzählen, würde das ein eigenes Buch füllen. Darin wären unter anderem die meisten amerikanischen Präsidenten aufgeführt, dazu Könige von England, Schweden und anderen Ländern sowie – um nur einige zu nennen –

Winston Churchill, Tomás Garrigue Masaryk, Voltaire, Johann Wolfgang von Goethe, Rudyard Kipling, Mark Twain, Davy Crockett, Duke Ellington und Houdini.[27] Mozarts *Zauberflöte* steckt voller Anspielungen auf das Freimaurertum. Als der Komponist 1791 starb, wurde er in einem Armengrab beerdigt. Jahrelang glaubte man, seine Knochen hätten sich unauffindbar unter die Überreste der anderen dort begrabenen Toten gemischt. Vor einigen Jahren aber kam heraus, dass sich sein Schädel bereits kurz nach seinem Tod im Besitz der Freimaurer befand.[28]

Man hat die Freimaurer ebenso wie die → **Templer** oder das → **Opus Dei** subversiver Tätigkeiten bezichtigt, darunter der Wahlmanipulation und der Verfolgung persönlicher Feinde durch politischen Druck. Das mag zu bestimmten Zeiten da und dort auch der Fall gewesen sein. Die Art der Organisation macht es jedoch schwierig, diese Anschuldigungen zu bestätigen oder zu widerlegen. Gruppierungen mit privaten Einführungsriten, die eine Aura des Geheimnisvollen kultivieren, fachen bei Außenstehenden offenbar die schlimmsten Verdächtigungen an. Was die Freimaurer in meiner eigenen Familie angeht, so habe ich immer vermutet, die Rituale seien so albern, dass es ihnen peinlich ist, darüber zu sprechen.

Literaturempfehlungen

Hans Biedermann: Das verlorene Meisterwort. Böhlau 1999

Dieter Binder: Die diskrete Gesellschaft. Geschichte und Symbolik der Freimaurer. StudienVerlag 2004

Alexander Giese: Die Freimaurer. Böhlau 1999

Monika Hauff: Der Mythos der Freimaurer. Bohmeier 2004

Serge Hutin: »Die Freimaurer.« In: Moderne Universalgeschichte der Geheimwissenchaften. Econ Verlag 1979
Luigi Ranieri: Die Loge, Macht und Geheimnis der Freimaurer. Lübbe 2000
Guy Wagner: Bruder Mozart. Amalthea 2003

---

[1] Arthur Edward Waite: *A New Encyclopedia of Freemasonry*. Wings Books 1996, S. 53

[2] Steven A. Epstein: *Wage Labor and Guilds in Medieval Europe*. University of North Carolina Press 1991, S. 11

[3] Ebenda, S. 17

[4] Ebenda, S. 18

[5] Ebenda, S. 35

[6] David Stevenson: *The Origins of Freemasonry. Scotland's Century 1590 bis 1710*. Cambridge UP 1988, S. 43

[7] Ebenda, S. 9

[8] Ebenda

[9] Ebenda, S. 19–21

[10] Waite, S. 367

[11] K. J. Stewart: *Freemason's Manual*. E. H. Butler, Philadelphia A. L. 5851, A. D. 1851; S. 15

[12] Waite, S. 141

[13] Stevenson, S. 26 (Falls nicht anders vermerkt, ist das Folgende eine Zusammenfassung seiner Arbeit.)

[14] Ebenda, S. 34

[15] Ebenda, S. 45

[16] Allerdings ist kaum anzunehmen, dass Schaw den römischen Brauch kannte.

[17] Ebenda, S. 60

[18] Ebenda, S. 77–85

[19] Michael White: *Isaac Newton. The Last Sorcerer*. Persons Books 1997, S. 171–173

[20] Daniel Béresniak: *Symbols of Freemasonry*. Übers. ins Englische von Ian Monk. Barnes und Noble Books 2003, S. 16 [vgl. Daniel Béresniak: *Symbole der Freimaurer*, Bechtermünz 2000]

[21] Stevenson, S. 143

[22] Béresniak, S. 46

[23] Bill Putnam und John Edwin Wood: *The Treasure of Rennes-le-Château. A Mystery Solved*. Sutton Publishing 2003, S. 10

[24] Robert Macoy: *A Dictionary of Freemasonry*. Gramercy Books o. J., S. 403, 579, 604 f.; Aite, S. 369–371 (für Rose); Béresniak, S. 75, 78–80

[25] Béresniak, S. 8

[26] Waite, S. 97

[27] Béresniak, S. 114

[28] *Paris Match*

Die Gnostiker

»Das Reich ist in euch und es ist um euch. Wenn ihr euch selbst erkennt, so werdet auch ihr erkannt und ihr werdet verstehen, dass ihr die Söhne des lebendigen Vaters seid.«[1]

Eine der ersten Spaltungen innerhalb des christlichen Glaubens erfolgte zwischen jenen, die auf eine persönliche Offenbarung vertrauten, und denen, die es vorzogen, den Lehren von Menschen zu folgen, welche von den Aposteln gelernt hatten. Die Erstgenannten bezeichnet man als Gnostiker.

Bis die Bibliothek von → **Nag Hammadi** Ende der vierziger Jahre des zwanzigsten Jahrhunderts in Ägypten wieder ans Tageslicht kam, kannte man die Gnostiker lediglich aufgrund einiger Manuskriptfragmente, in denen sich ein Teil ihrer Lehren verzeichnet fand, sowie aus Zusammenfassungen ihrer Glaubensgrundsätze, die in Schmähschriften gegen sie gerichtet wurden. Die gründlichste Schrift dieser Art stammt von Irenaeus, dem Bischof von Lyon, der im späten zweiten Jahrhundert lebte. Da wir nun einige jener Texte kennen, gegen die er wetterte, können wir die Gnostiker und ihren Glauben besser verstehen.

Als Erstes muss man hinsichtlich der Gnostiker begreifen, dass sie keine organisierte Sekte bildeten. Sie gehörten keiner Kirche an. Sie waren auch nicht unbedingt

Christen, obwohl sie es gewesen sein könnten. Sie besaßen keine einheitlichen Glaubensgrundsätze oder ein Glaubensbekenntnis. Sie kannten auch keine Bischöfe, Konzile oder Wohltätigkeitsbasare. Viele von ihnen lebten mönchsähnlich in Gruppen zusammen, andere wiederum unterhielten eigene Wohnungen in den Städten. Die einzige Gemeinsamkeit, von der wir mit Sicherheit wissen, war der Umstand, dass die Anführer der erstarkenden städtischen Kirchen sie als Ketzer ansahen und dass dieses Empfinden auf Gegenseitigkeit beruhte.

Das Wort »Gnostiker« leitet sich ab vom griechischen *gnosis*, was so viel wie »Erkenntnis« oder »Wissen« bedeutet. In den uns zugänglichen gnostischen Werken hat es jedoch wohl eher die (Er-)Kenntnis des Göttlichen bedeutet, die sich durch Askese und Meditation einstellt. Es kann sich auch um geheimes Wissen handeln, das die Eingeweihten untereinander weitergaben. In den ersten beiden Jahrhunderten der christlichen Zeitrechnung beeinflussten die so genannten »Mysterien-Kulte« die Religionen Griechenlands und Roms. Viele stammten ursprünglich aus Ägypten oder dem Nahen Osten. Die beiden populärsten waren die Kulte um → **Isis** und → **Mithras**. Aber es existierte noch ein weiterer um Hermes Trismegistos (der dreimal größte Hermes). Dies war der griechische Name für den ägyptischen Gott Thoth.[2] Ein ihm zugeschriebenes Buch entstand vermutlich zu Anfang des zweiten Jahrhunderts und ist aus früheren Materialien zusammengeschrieben. Es ist auf keinen Fall jüdischen oder christlichen Inhalts, aber es bedient sich oft derselben Terminologie wie die christlichen gnostischen Texte. Im ersten Hermetischen Buch sagt Poimandres (der Sucher) zu dem Boten: »Ich wünsche [...] die Dinge zu lernen, die da sind, und ihre Natur zu verstehen und Gott zu erkennen.«[3] Später sagt Poimandres zum Sucher: »[Ich bin der] Geist, dein Gott […] Das Leuchtende Wort, das vom Geist kam, ist Gottes Sohn […] So musst du es verstehen. Das, was in dir sieht und hört, ist der Herr, und dein Geist ist Gott der Vater. Sie sind nicht voneinander getrennt, denn ihre Verbindung ist das Leben.«[4]

Hier liegen durchaus inhaltliche Übereinstimmungen vor mit dem christlichen *Evangelium der Wahrheit* aus Nag Hammadi: »Wenn der Vater erkannt ist […] löst sich der Mangel in der Vollkommenheit. Von jenem Augenblick an ist also die Gestalt nicht offenbar, sondern sie wird eingehen in die Verschmelzung der Einheit, denn jetzt liegen ihre Werke in Scherben […] Es ist in der Einheit, dass ein jeder sich erfüllen möge; in der Erkenntnis wird er sich verklären von der Vielfalt in die Einigkeit.«[5]

Die beiden Abschnitte spiegeln das zentrale Thema der Gnostiker wider – ob Christen, Juden oder Heiden. Durch sämtliche Schriften zieht sich der rote Faden des Verlangens nach dem vollständigen Verstehen des Göttlichen und der Einheit mit ihm. Er findet sich auch im → **Marienevangelium**. »›Herr, wenn jemand dir in einem Augenblick der Vision begegnet, sieht er dich dann durch die Seele oder durch den Geist?‹ Der Lehrer antwortete: ›Es ist weder durch die Seele noch durch den Geist, sondern durch das Bewusstsein *(nous)* zwischen den beiden, welches die Vision erblickt.‹«[6]

Die eindeutig gnostischen Aussagen, ebenso wie die Tatsache, dass sie von einer Frau stammten, können sehr wohl dafür verantwortlich sein, dass dieses Buch bei der Zusammenstellung des Neuen Testamentes keine Beachtung erfuhr.

Aber warum lief diese Idee, dass Erleuchtung von innen herrührt, dem Glauben an das Christentum so zuwider? Warum lehnte die Mehrheit der frühen Christen sie ab?

Ein Grund dafür ist, dass die meisten Gnostiker Dualisten waren. Sie glaubten, dass die Welt zu schlecht sei, um von einem gütigen Gott erschaffen worden zu sein. Daher existieren so viele abweichende Erklärungen über die Erschaffung der Erde und all ihrer Dinge. Einige glaubten, dass gefallene Engel oder andere böse Wesen sie entstehen ließen. In der *Geheimschrift des Johannes* formt die Äone Sophia ein halb göttliches Wesen aus ihrem eigenen Leib: »Sie wollte ein Ebenbild ihrer selbst ohne die Zustimmung des Geistes erschaffen – denn seine Einwilligung gab er nicht – und ohne ihren Gatten.«[7] Sie gebiert ein Ungeheuer namens Yaltabaoth, das sich für einen Gott hält. Er erschafft Adam und den Rest der befleckten Welt. In vielen gnostischen Evangelien finden sich Variationen dieses Themas. Fast alle Evangelien sehen die Welt als verderbt an.

Wird sämtliche Materie als unrein empfunden, so ist die Vorstellung eines Gottes, der die Gestalt eines Menschen annimmt, abstoßend. Die gnostischen Doketisten leugneten die zentrale Vorstellung des Christentums: dass Jesus sowohl aus Fleisch und Blut als auch von göttlicher Natur war und dass er für die Menschheit wahrlich litt und starb. Eine solche Verweigerung erschien den meisten Christen unverständlich. Wo lag der tiefere Sinn, wenn jemand einfach nur starb? Das göttliche Opfer und die menschliche Wiederauferstehung waren der Beweis der Barmherzigkeit Gottes für die Wesen, die er erschaffen hatte; das Versprechen eines Lebens nach dem Tode. Daraus erwuchs die theologische Begründung für die

Verdammung des Gnostizismus auf vielen Kirchenkonzilien, besonders aber auf dem → **Konzil von Nizäa.**

Ein weiterer Grund für den geringen Erfolg der Gnostiker war ihr mangelndes Interesse an weltlichen Dingen. Da sie keine verbindlichen Bücher besaßen, wie die Christen sie zusammenstellten, bestand keine homogene Doktrin, in der sie übereinstimmten.[8] Sie kannten auch keine Hierarchie aus Bischöfen, Priestern, Diakonen, Diakonissen und so weiter, die sich im zentralen Christentum seit den Paulusbriefen entwickelt hatte. Schlimmer noch: Ein Großteil der Gnostiker verweigerte sich der Fortpflanzung, die sie als Verlängerung einer befleckten Schöpfung ansahen. Kleine Gnostiker waren sehr selten.

Die meisten Christen zogen es indes vor, sich in der Welt einzurichten, Kinder aufzuziehen und sich des Lebens zu freuen. Sie wollten eine Religion, die diese Wünsche respektierte, und einen Gott, der über sie wie über ein verlorenes Schaf oder einen flügellahmen Spatzen wachte. Der Gnostizismus war ihnen zu deprimierend.

An dieser Stelle muss ich allerdings hinzufügen, dass viele der Materialien, die bei Nag Hammadi gefunden wurden, den modernen Gelehrten zwar unbekannt waren, die ihnen zugrunde liegenden Überzeugungen aber niemals ganz ausstarben. Mit dem Problem eines liebenden Gottes, der eine Welt erschafft, in der das Böse gedeiht, hat sich noch jede Gesellschaft herumgeschlagen. Vor seiner Bekehrung im späten vierten Jahrhundert fühlte sich der spätere Heilige Augustinus sehr vom Manichäismus angezogen, einer beliebten heidnischen, dualistischen Religion.[9] Im zwölften und dreizehnten Jahrhundert kontrollierte die dualistische Bewegung der Katharer einen großen Teil des heutigen Südfrankreichs.

Durch das orthodoxe Christentum hat sich bis heute ein roter Faden des Gnostizismus gezogen. Seit den frühesten Tagen haben die Menschen Armut und Keuschheit im Namen Christi gelebt. Mystizismus blieb ebenfalls ein Teil des religiösen Lebens, wenngleich er gelegentlich Argwohn ausgesetzt war. Es gibt eine Unzahl von Briefen und Reden, die die Menschen davor warnen, den flüchtigen Dingen der Erde nicht zu viel Bedeutung beizumessen.

Zahlreiche Geschichten der Gnostiker überstanden die Jahrhunderte in der Form → **apokrypher** Evangelien. Diese Evangelien wurden nicht unterdrückt; sie wurden bloß nicht in das Neue Testament aufgenommen. Im Mittelalter waren die Evangelien von Thomas und Philipp, die Taten des Paulus und der Thekla sowie die Apokalypse des heiligen Petrus dem Volk wohl bekannt. Zwar scheint das Marienevangelium die Zeit nicht überdauert zu haben, aber die Überlieferung von → **Maria Magdalena** als »Apostelin der Apostel«[10] blieb erhalten.

Die Bücher, die bei Nag Hammadi gefunden wurden, enthielten auch einige Texte mit mystischen Formeln für einen Aufstieg zu einer höheren Daseinsebene. Diese Texte und viele andere ähnlichen Inhalts tauchen – oft in bruchstückhafter Form – in Büchern über Magie und Mystizismus auf.

Im neunzehnten Jahrhundert etablierte sich in Frankreich eine gnostische Kirche, die weltweit Anhänger hat. Ihr amerikanisches Hauptquartier liegt in Philadelphia.

Die beste Art, etwas über die Gnostiker zu erfahren, besteht darin, zuerst *ihre* Texte zu lesen, bevor man sich den Texten *über* sie zuwendet. Auch in der Übersetzung wird dem Leser das gesamte Werk verständlich. Dies ist der Lektüre von Fragmenten vorzuziehen, die Autoren auswählen, um ihre Argumente zu untermauern (so wie ich es gerade getan habe). Mir ist klar, dass diejenigen Christen, die Ehrfurcht vor der Autorität befürworteten, die Debatte vor mehr als tausend Jahren gewannen. Dies bedeutet aber noch lange nicht, dass die Menschen heute nicht mehr für sich selbst entscheiden können, worum es bei den Gnostikern ging.

Diese Entscheidung würde die Gnostiker mit Stolz erfüllen.

Literaturempfehlungen

Konrad Dietzfelbinger: Erleuchtungsberichte aus Nag Hammadi. Gmelin 1996

Derselbe: Schöpfungsberichte aus Nag Hammadi. Gmelin 1996

Werner Ekschmitt: Ugarit – Qumran – Nag Hammadi. Die großen Schriftfunde zur Bibel. Von Zabern 1993

Christoph Greiner: Das Thomasevangelium. Genius Verlag 1998

Gerd Lüdemann und Martina Janßen: Die Bibel der Häretiker. Die Texte der Nag-Hammadi-Bibliothek. Radius-Verlag 2003

Christoph Markschies: Die Gnosis. C. H. Beck 2001

The Nag Hammadi Library. Hg. von James M. Robinson. Harper 1990

The Gospel of Mary Magdalene. Übers. von Jean-Yves Leloup (ins Englische übertragen von Joseph Rowe). Inner Traditions 2002

The Gospel of Thomas: The Hidden Saying of Jesus. Übers. von Marvin Meyer, Interpret. von Harold Bloom. Harper 1992

---

[1] »The Gospel of Thomas.« Übers. von Thomas O. Lambdin. In: *The Nag Hammadi Library*. Hg. von James M. Robinson. Harper 1990, S. 126 [vgl. Christoph Greiner: *Das Thomasevangelium*. Genius Verlag, 1998]

[2] C. K. Barrett: *The New Testament Background: Selected Documents*. Harper und Row 1989, S. 93

[3] Ebenda, S. 95

[4] Ebenda, S. 96

[5] »The Gospel of Truth.« Übers. von Harold W. Attridge und George W. MacRae. In: *The Nag Hammadi Library*, S. 44 [vgl. Gerd Lüdemann und Martina Janßen: *Die Bibel der Häretiker*. Die Texte der Nag-Hammadi-Bibliothek. Radius-Verlag 2003]

[6] Jean-Yves Leloup (Übers. und Hg.): *The Gospel of Mary Magdalene*. Inner Traditions 2002, S. 31 (Die Übersetzung ist der in *The Nag Hammadi Library* recht ähnlich, aber meinem Eindruck nach etwas klarer.) [vgl. Konrad Dietzfelbinger: *Erleuchtungsberichte aus Nag Hammadi*. Gmelin 1996]

[7] »The Apocryphon of John.« Übers. von Frederick Wisse. In *The Nag Hammadi Library*, S. 110 [vgl. Lüdemann und Janßen]

[8] Elaine Pagels: *The Gnostic Gospels*. Vintage Books 1979, S. 102–118 [vgl. E. Pagels: *Das Geheimnis des fünften Evangeliums*, C. H. Beck 2004]

[9] Augustine: *Confessions in Augustine of Hippo*. Selected Writings. Übers. von Mary J. Clark. Paulist Press 1984, S. 60 ff. [vgl. Augustinus: *Confessiones/Bekenntnisse*. Lateinisch und Deutsch. Einl., Übers. und Erläut. von Joseph Bernhart. Insel 1987]

[10] Siehe dazu das Kapitel über → **Maria Magdalena**.

Das göttlich Weibliche

Die »Heilige Weiblichkeit« ist ein Begriff mit vielen Nuancen. Er umfasst die Verehrung einer Göttin in einer pantheistischen Religion, beschreibt aber ebenso die Einheit des Weiblichen und Männlichen in einem göttlichen Wesen oder Prinzip. Die Verehrung der Natur als zutiefst weiblich ist ebenfalls eingeschlossen. Letztendlich bedeutet er auch, dass allen Frauen etwas Göttliches innewohnt.

In *Sakrileg* ist die Bedeutung ein wenig schwammig. Mir kommt es so vor, als vermittle das Buch einerseits, vor dem Christentum habe in Rom eine matriarchale Religion existiert, die das göttlich Weibliche verehrte. Gegenüber dieser versuchte das Christentum, besser gesagt der Vatikan, mit aller Gewalt eine strikte patriarchale Religion durchzusetzen. Auf der anderen Seite durchzieht dieses Buch ein roter Faden, der die Einheit des männlichen und weiblichen Prinzips unterstreicht, die sich in sexueller Vereinigung ausdrückt. Auch diese Einheit existierte schon vor dem Christentum und wurde daher ebenfalls von Rom unterdrückt.

Hierbei handelt es sich meiner Meinung nach um gänzlich verschiedene Dinge, die getrennt behandelt werden müssen.

Der Monotheismus ist eine späte Entwicklung innerhalb der Religionen. Es fällt sehr viel schwerer, sich eine Gottheit allein vorzustellen, die das ganze Universum schuf und kontrollierte, als viele Gottheiten, die alle ihren eigenen Verantwortungsbereich haben. In den frühen Tagen der Hebräer, vor ungefähr dreitausend Jahren, verehrten auch diese eine Muttergottheit mit Namen Asherah. »Manchmal war sie die Gefährtin des Baal, aber manchmal auch die Gattin des YHWH (Jahwe).«[1] Sie verschwand irgendwann vor der babylonischen Gefangenschaft etwa 500 v. Chr.

Die Römer verehrten einen etablierten Götterpantheon, dem sie weitere hinzufügten, sobald sie mit anderen Völkern in Kontakt kamen. Viele dieser Gottheiten waren weiblich. Im Allgemeinen verehrten sie in ihnen den fruchtbaren Aspekt der Frauen, was sowohl die wieder erwachende Natur des Frühlings umfasste als auch die Geburt von Kindern. Andere Gottheiten wie Minerva oder Diana waren Personifikationen von Tugenden oder natürlichen Phänomenen. Priesterinnen dienten in diesen Tempeln Seite an Seite mit Priestern.

Kann man also davon ausgehen, dass die Frauen den Männern in der römischen Gesellschaft gleichgestellt waren?

Ich wünschte, es wäre so.

»Die griechische wie die römische Gesellschaft waren von dem Moment an, da sie Struktur annahmen, patriarchal aufgebaut.«[2] Sowohl griechische als auch römische Gesetzgebung und Traditionen verwiesen Frauen in den Haushalt. Außer über einen männlichen »Vormund« durften sie keinen Besitz ihr Eigen nennen.[3] Sowohl Knaben wie Mädchen mussten sich ihren Vätern fügen. Nach Erreichen des vierzehnten Lebensjahres waren die Jungen frei, die Mädchen hingegen blieben dem Gesetz nach ihr Leben lang Kinder.[4]

Frauen führten oft religiöse Handlungen aus. Als Teil ihrer Hausfrauenpflichten brachten sie den Hausgöttern Opfer dar. Es gab Kulte, in denen auch Priesterinnen Dienst taten. Die meisten dieser Religionen verlangten allerdings den absoluten Verzicht auf Sex. Der Kult der vestalischen Jungfrauen ist der bekannteste von ihnen.[5] Die Vestalinnen genossen erheblich mehr Freiheiten als die übrigen römischen Frauen, einschließlich jener in der kaiserlichen Familie. Der Preis für diese Vorrechte hieß absolute Keuschheit. Jede Jungfrau, die an einer Orgie teilnahm, konnte sicher sein, dass sie kurze Zeit später lebendig begraben wurde. Also tauschten die Vestalinnen, genau wie die späteren christlichen Jungfrauen, ihre lebenspendende Rolle gegen gesellschaftliche Freiheiten ein, wenn auch innerhalb eines begrenzten Bereiches. »Die sexuelle Energie der vestalischen Jungfrauen [...] könnte in Rom eine glorreiche Zukunft entzünden und ungezählte Siege sicherstellen [...] Die weibliche Energie wurde auf diese Weise vom Patriarchat in Bahnen gelenkt, die militärische Übermacht und politische Überlegenheit ermöglichten.«[6]

Eine Gottheit, die ebenfalls ihren Weg nach Rom fand, verlangte ihren Priesterinnen keine Keuschheit ab. Dies war der Kult der Kybele, der Großen Mutter. Die römische Gesellschaft betrachtete diesen Kult mit enormem Misstrauen. Ihre Feste, vor allem im Frühling, standen im Ruf, lediglich den Rahmen für liederliches Betragen abzugeben. Dieses wiederum bestand wohl überwiegend aus wilden Tänzen und Selbstgeißelung.

Dieser Mythos berichtet auch von Attis, dem sterblichen Gefährten der Kybele. Er verliebte sich in die Göttin, die seine Gefühle erwiderte. Als sie jedoch herausfand, dass er sie betrog, strafte sie ihn mit ekstatischem Wahnsinn, in dessen Umklammerung er sich selbst kastrierte und starb.[7]

Sie erkennen jetzt vielleicht, welchen Reiz dieser Kult auf die Römerinnen ausgeübt haben mag. Erstaunlicherweise starb er niemals aus. Eine mögliche Erklärung mag darin liegen, dass die männlichen Priester des Kultes dem Beispiel des Attis folgten. Ohne tödliche Folgen, versteht sich. Dieser Umstand hat die aufrechten römischen Senatoren offenbar noch mehr aus der Fassung gebracht als das wilde Treiben der Frauen.[8]

Besonders viel Aufhebens machte man um die Frauen, die an den wilden Festen des Dionysos teilnahmen. Diese Frauen, »Bacchantinnen« genannt, sollen in rehfarbenen Gewändern, bekränzt mit lebenden Schlangen, die Wälder durchstreift und Tiere mit bloßen Händen zerfetzt haben.[9] Das klingt ganz schön machtgeladen, nicht wahr?

Letztendlich existieren allerdings keinerlei Beweise für derartige Kulthandlungen. Die früheste Erwähnung über sie findet sich 405 v. Chr. weder in einer historischen Abhandlung noch in einem offiziellen Dokument, sondern in einem Theaterstück des großen Schriftstellers Euripides.[10] Daher wissen wir zumindest, dass es nach dieser Zeit Frauengruppen gab, die sich »Bacchantinnen« nannten. Dennoch bleibt die Frage, ob die Kunst hier das Leben inspirierte oder ob Euripides ein existierendes Ritual beschrieb. Für mich ist dieser Aspekt allerdings eher unerheblich, denn offensichtlich stillte der Kult bestehende Bedürfnisse.

Dieses hemmungslose Fest wurde 186 v. Chr. von den Römern verboten. Die Menschen, die daran teilnahmen, entschuldigten ihr Verhalten damit, von den Göttern selbst in diese »Ekstase« versetzt worden zu sein.[11] Allerdings war diese nicht als göttlicher Akt zu verstehen, sondern als gefühlsmäßiger Überschwang. Das half den meisten von ihnen nicht viel. Livius gibt an, dass viele Bacchanten verhaftet und hingerichtet wurden. Männer wie Frauen waren betroffen. »Die Frauen übergab man ihren Familien, auf dass diese das Urteil vollstreckten.«[12] Dieses Vorgehen ergibt sich aus dem Umstand, dass die Frauen selbstverständlich zum Besitz ihrer männlichen Verwandten gehörten.

Die Verehrung der *bona dea* (guten Göttin) genoss in Rom einen weitaus besseren Ruf, denn diese gestattete allein Frauen Zutritt. Ihr Festtag wurde außerdem im Hause abgehalten, das wiederum das Reich der Frau war. Plutarch schrieb, Männern sei es nicht erlaubt, sich während der Riten auch nur drinnen aufzuhalten. »Er verlässt das Haus und nimmt alle männlichen Familienmitglieder mit. Seine Frau übernimmt das Haus und schmückt es für das Fest. Die meisten Riten finden des Nachts mit vielen feierlichen Handlungen und Tanz statt.«[13]

In ihren Studien über die Position der Frauen in der griechischen und römischen Gesellschaft stellt Eva Cantarella fest, dass »eine dominante weibliche Gottheit nicht als Beweis dafür angesehen werden kann, dass Frauen gesellschaftliche oder politische Macht genossen. Allerhöchstens ist es als Zeichen der Würde zu betrachten, die die Gesellschaft der mütterlichen Rolle zuerkennt.«[14]

Aus irgendeinem Grund wird die Existenz von Tempelprostituierten verschiedener Kulte immer als Verehrung der göttlichen Weiblichkeit dargestellt. Ich habe das nie verstanden. Kann ein Mann nicht der göttlichen Weiblichkeit huldigen, die zu Hause auf ihn wartet? Einmal stolperte ich über einen Hinweis auf *männliche* Tempelprostituierte, und für einen kurzen, naiven Augenblick nahm ich an, Frauen könnten sich am Nachmittag dorthin begeben, sich einen ansehnlichen Burschen aussuchen und für eine Weile mit ihrem göttlichen Inneren kommunizieren. Stellen Sie sich meine Enttäuschung vor, als ich herausfand, dass auch ihre Dienste nur männlichen Besuchern zur Verfügung standen.

In der westlichen Welt wäre demnach das göttliche Weibliche, was immer es auch ist, als religiöses Phänomen zu betrachten, das kaum oder gar keine Auswirkungen auf den gesellschaftlichen und rechtlichen Status der Frauen hatte.

Die unverzüglich einsetzende Entwicklung des Marienkultes im Christentum negiert zumindest die Idee, dass die Kirche die Muttergöttin auslöschte. Sie und eine Fülle von weiblichen Heiligen übernahmen oftmals die Stätten früherer lokaler Göttinnen. Maria war die Mutter wie zuvor Isis und ebenso die Königin des Himmels wie einst Juno. Sie war der zugängliche Aspekt des strengen Gottvaters. Sie war außerdem die »neue Eva«, welche die Sünde der ersteren aufhob.

Kommen wir zurück zur Vereinigung des Männlichen und Weiblichen in einer Gottheit. Ist diese Vorstellung der christlichen Philosophie wirklich völlig fremd?

Als im frühen Christentum die Natur der Dreifaltigkeit Gegenstand der Debatte war, gab es offenbar keine ernstzunehmende Kontroverse darüber, dass der Heilige Geist als weiblich angesehen wurde. Natürlich lag dies zum Teil am weiblichen Artikel. Allerdings verlor der Heilige Geist vor allem im Westen schon bald sein weibliches Geschlecht.[15]

Bestand für Frauen wie bei den Vestalinnen die Möglichkeit, durch Jungfräulichkeit und Keuschheit ein männliches Wesen anzunehmen, so konnten auch Männer die fürsorglichen, nährenden Aspekte der Frauen übernehmen. In mittelalterlichen Kommentaren und Predigten wird von Jesus berichtet, der die Gläubigen nährt.[16]

Mittelalterliche Philosophen und Dichter verwendeten heidnische Göttinnen und weibliche Personifizierungen der Tugenden in ihren Werken.[17] In der aus dem dreizehnten Jahrhundert stammenden Erzählung »Schweigen« geht es um eine Frau, die als Mann erzogen wird. *Natur* und *Fürsorge* sind weibliche Charaktere, die darüber debattieren, ob *Schweigen* den Makel ihrer Geburt zu überwinden vermag und zum Manne werden kann, ob sie dies überhaupt anstreben solle.[18]

Im dreizehnten und vierzehnten Jahrhundert vertrat vor allem eine große Zahl an Mystikerinnen die weibliche Spiritualität, deren schriftlich festgehaltenen Visionen große Wertschätzung erfuhren. Eine neue Gemeinschaft von Laienschwestern und -brüdern bildete sich in den Niederlanden, die »Beguinen« oder auch »Beginen«. Sie arbeiteten außerhalb der Mauern ihres Gemeinschaftshauses, in dem sie zusammen wohnten. Sie gestalteten ihr Leben auf eine Weise, die ihrer Meinung nach dem Leben der frühesten Christen entsprach (und noch immer entspricht, sie existieren nämlich bis heute). Außerdem veröffentlichten sie Texte über persönliche Offenbarungen. »Weibliche Gottheit, weibliche Führerschaft und Weltuntergangsglaube sind Konzepte, die ihre Verbindung nicht über theoretische Logik, sondern über ein gemeinsames Schicksal eingehen: alle drei Konzepte wurden schon früh von der Hauptkirche abgelehnt. Aber alle können auf biblische Quellen verweisen und [...] alle scheinen bestehende Bedürfnisse der menschlichen Psyche zu stillen.«[19] Die Beguinen wurden mehrmals der Häresie bezichtigt, dennoch überlebte der Orden.

Mit dem Heraufdämmern der Renaissance verschlechterte sich die Position der Frauen im religiösen Leben. Die Hauptströmungen der Reformation trachteten danach, alle weiblichen Aspekte des Christentums auszumerzen, die doch einen innigen Teil der Frömmigkeit ausmachten. Die weiblichen Heiligen, die Mystikerinnen, die Jungfrau selbst, alle wurden sie als »papistischer Aberglaube« geächtet. Protestantische Predigten gegen die Gefahr, die von den Frauen ausging, drückten sich nicht weniger frauenfeindlich aus als die entsprechenden Schriften Tertullians. Während dieser Zeit, dem sechzehnten und siebzehnten Jahrhundert, erreicht die Furcht vor dem Weiblichen, ob heilig oder nicht, ihren Höhepunkt, die in den Hexenprozessen und Hinrichtungen Tausender Frauen gipfelte.[20]

Ich bin mir immer noch nicht sicher, was in *Sakrileg* nun letztendlich mit dem »göttlich Weiblichen« gemeint ist. Mir ist hingegen klar, dass es sich um ein komplexes und schwieriges Thema handelt, das die meisten kaum besser verstehen, selbst wenn wir alle mehr rituellen Sex hätten.

Literaturempfehlungen

Rosemarie Bog: Die Hexe. Schön wie der Mond – häßlich wie die Nacht. Kreuz 1987

Carolyn Walker Bynum: Jesus as Mother. University of California Press 1982

Eva Cantarella: Pandora's Daughter: The Role and Status of Women in Greek and Roman Antiquity. Übers. von Maureen B. Fant. Johns Hopkins UP 1987

Michel Debus: Maria-Sophia. Verlag Freies Geistesleben 2000
Janet F. Gardner: Frauen im antiken Rom. C. H. Beck 2000
Marija Gimbutas: Die Zivilisation der Göttin, Zweitausendeins 1998
Heide Göttner-Abendroth: Die Göttin und ihr Heros. Frauenoffensive 1997
Mary R. Lefkowitz: Die Töchter des Zeus: Frauen im alten Griechenland. dtv 1995
Mary R. Lefkowitz und Maureen B. Fant: Women's Life in *Greece and Rome:* A Source Book in Translation. Johns Hopkins 1992
Barbara Newman: God and the Goddesses: Vision, Poetry and Belief in the Middle Ages. University of Pennsylvania Press 2003
Ellen D. Reeder u. a.: Pandora. Frauen im klassischen Griechenland. Von Zabern 1996
Tova Rosen: Unveiling Eve: Reading Gender in Medieval Hebrew Literature. University of Pennsylvania Press 2003
Aline Rousselle: Der Ursprung der Keuschheit. Kreuz 1989
Arthur Schult: Maria Sophia. Das ewig-weibliche in Gott, Mensch und Kosmos. Lorber/Turm Verlag 1986
Merlin Stone: Als Gott eine Frau war. Goldmann 1989
Barbara G. Walker: Göttin ohne Gott. Hugendubel 2002
Claudia von Werlhof u. a.: Die Diskriminierung der Matriarchatsforschung. Eine moderne Hexenjagd. Edition Amalia 2003
Verena Wodtge-Werner: Der Heilige Geist als weibliche Gestalt im christlichen Altertum und Mittelalter. Eine Untersuchung von Texten und Bildern. Centaurus 2001

---

1 Prof. Barbara Newman, Privatkorrespondenz vom 29. 08. 2004

2 Eva Cantarella: *Pandora's Daughter: The Role and Status of Women in Greek and Roman Antiquity*. Übers. von Maureen B. Fant. Johns Hopkins 1987, S. 101

3 Jane F. Gardner: *Women in Roman Law and Society*. Indiana UP 1986, S. 14–26 [vgl. Jane F. Gardner: *Frauen im antiken Rom*, C. H. Beck 2000]

[4] Ebenda, S. 25; Gerda Lerner: *The Invention of Patriarchy*. Oxford UP 1986, S. 202 f. [vgl. Gerda Lerner: *Die Entstehung des Patriarchats*. Campus 1995; H. Grassl: »Zur Rolle der Frau in den antiken Hirtenkulturen.« In: *Laverna* 1, 1990, S. 13–17]

[5] Ebenda, S. 22–26, über den rechtlichen Status der Vestalinnen [vgl. H. Cancik-Lindemayer: »Kultische Privilegierung und gesellschaftliche Realität. Ein Beitrag zur Sozialgeschichte der Virgines Vestae.« In: *Saeculum* 41, 1990, S. 1–16]

[6] Deborah F. Sawyer: *Women and Religion in the First Christian Centuries.* Routledge 1996, S. 128 [vgl. Aline Rousselle: *Der Ursprung der Keuschheit*. Kreuz 1989]

[7] Ebenda, S. 120

[8] Ebenda, S. 120

[9] Ross Shephard Kraemer: *Her Share of the Blessings.: Women's Religions Among Pagans, Jews and Christians in the Greco-Roman World*, Oxford UP 1992, S. 37

[10] Kraemer, S. 36

[11] Cantarella, S. 127 f.; Gardner, S. 6

[12] Kraemer, S. 43

[13] Plutarch: *»Life of Caesar 9–10.«* In: Mary R. Lefkowitz und Maureen B. Fant: *Women's Life in Ancient Greece and Rome. A Source Book in Translation*. Johns Hopkins UP 1992, S. 292–293 [vgl. Plutarch: *Alexandros et Caesar*. In: *Fünf Doppelbiographien*, Bd. 1, zweisprachige Ausgabe griechisch/deutsch, Artemis/Patmos 1994]

[14] Cantarella, S. 101

[15] [vgl. Verena Wodtge-Werner: *Der Heilige Geist als weibliche Gestalt im christlichen Altertum und Mittelalter. Eine Untersuchung von Texten und Bildern*. Centaurus 2001; Leonardo Boft: *Ave Maria. Das Weibliche und der Heilige Geist*. Patmos 1985]

[16] Caroline Walker Bynum: *Jesus as Mother*. University of California Press 1982, S. 110–169

[17] Barbara Newman: *God and the Goddesses*. Eine exzellente Untersuchung dieses Phänomens. Siehe auch die Literaturempfehlungen.

[18] *Silence*. Hg. und Übers. von Sarah Roche-Mahdi. Colleagues Press 1992

[19] Barbara Newman: *From Virile Woman to Woman Christ*. University of Pennsylvania Press 1995, S. 184

[20] Jeffrey Burton Russell. *Privatkorrespondenz*. Professor Russell bat mich, darauf hinzuweisen, dass auch viele Männer hingerichtet wurden.

Gregor der Grosse

Gregor war der einflussreichste Papst der frühen christlichen Kirche. Seine Schriften bildeten größtenteils die Grundlage für die Religionsphilosophie des Mittelalters. Sein Bekehrungseifer außerhalb der Grenzen des Römischen Reiches brachte dem Glauben nicht nur neue Anhänger ein, sondern auch neue Riten.

Die aristokratische römische Familie, in die Gregor um 540 hineingeboren wurde, brachte mit seinem Vorfahren Felix III. schon einmal einen Papst hervor.[1] Nachdem die Bekehrung des Reiches Fuß gefasst hatte, übernahmen die alten Senatsfamilien Roms sämtliche wichtigen verwaltenden Regierungsaufgaben, die nun an die Kirche fielen. Der damals in Konstantinopel regierende Kaiser Justinian unternahm als einer der letzten Herrscher einen ernsthaften Versuch, die ehemaligen Westgebiete des Römischen Reiches zurückzuerobern. Er gewann lediglich Afrika zurück – Spanien, Gallien (etwa das heutige Frankreich) und der größte Teil Italiens standen unter der Regierung unabhängiger »barbarischer« Könige.

Der Kampf um die Herrschaft Roms zwischen den Goten und den östlichen Kaisern muss Gregors frühe Lebensjahre geprägt haben. Außerdem ging 542 eine Pestwelle durch Europa, die sich für den Rest des Jahr-

Papst Gregor diktiert, aus einem Manuskript
aus dem neunzehnten Jahrhundert.

hunderts alle paar Jahre zurückmeldete. Dies könnte der erste verzeichnete Ausbruch der Beulenpest, des so genannten »Schwarzen Todes«, gewesen sein, allerdings sind die Beweise dafür nicht eindeutig.[2] Die drastische Bevölkerungsabnahme sowie der Zusammenbruch des Handels und des Nachrichtenaustauschs isolierte die Städte des alten Imperiums voneinander. »Geistliche und militärische Beamte erbten das Vorrecht der alten bürgerlichen Aristokratie.«[3]

Gregor begann seine Laufbahn in dieser bürgerlichen Aristokratie und stieg 573 zum Präfekten von Rom auf. Dabei handelte es sich hauptsächlich um ein Verwaltungsamt, welches die Stadt Rom am Laufen halten sollte. Die Arbeit erschöpfte ihn so sehr, dass er auf ererbtem Land in der Stadt ein Kloster einrichtete und es dem heiligen Andreas weihte. Er trat als einfacher Mönch ein, da er für sich keinerlei Autorität mehr wünschte. Die Erfüllung des Wunsches wurde ihm jedoch nicht lange gewährt. Denn nur kurze Zeit später wählte man ihn aus, um den Bischof von Rom in Konstantinopel zu vertreten.[4]

Als Gregor um 585 nach Rom zurückkehrte, eilte er in sein Kloster und zog sich in die Bibliothek zurück. Diese Handlung macht ihn mir ausgesprochen sympathisch. Im Jahr 590 riss man ihn dort wieder heraus, da Papst Pelagius II. der Pest zum Opfer fiel, der Tiber anstieg und die Stadt überflutete, die Lombarden angriffen und die Soldaten kurz vor der Meuterei standen. Gregor empfand es lediglich als eine weitere Katastrophe, als man ihn zum Bischof von Rom wählte. Die Bischöfe Roms wurden später als Päpste bezeichnet. Als die Bestätigung seiner Ernennung durch den Kaiser vorlag, schrieb Gregor, dass er stets nur den Wunsch hege, wie Maria zu Füßen des Herrn zu sitzen. Stattdessen zwinge man ihm das Leben der Martha auf.[5]

Vielleicht erweckte der Verfall Roms in Gregor das Gefühl, das Ende der Welt sei nah, denn er schrieb sehr viel darüber. Dabei war es ihm wichtig, dafür zu sorgen, dass die Heiden und die Juden bei der Apokalypse nicht zurückbleiben mussten. Allerdings beharrte er eisern darauf, dass neue Christen nicht mit Gewalt vor Jesus gezerrt werden dürften, sondern zu ihm hinzuleiten seien.

Er appellierte an mehr als nur einen eifernden Bischof, die Juden seien durch Vernunft und Milde zu bekehren: »Die dem Christentum fern stehen, müssen durch Sanftmut, Wohlwollen, Ermutigung und Überzeugung zum wahren Glauben geführt werden, damit jene nicht durch Drohungen und Schrecken sich abgestoßen fühlen, die durch gewinnende Predigt und Angst vor dem bevorstehenden Gericht eingeladen werden könnten.«[6]

Der Brief war offenbar eine Reaktion auf die Beschwerde eines Juden namens Josef, der eigens deswegen nach Rom reiste.[7] Ich finde es interessant, dass die Juden damals schon ihre Beschwerden über bekehrungswütige Bischöfe und die Bitte um Entschädigung nach Rom trugen.

Jahre später sollte Gregor in Sachen Bekehrung ein Beispiel setzen, das dauerhafte Auswirkungen auf die christliche Gottesverehrung zeitigte.

Die meisten frühen Evangelisten gingen entschlossen gegen die verehrten Stätten und Gegenstände der Heiden vor und zerstörten sie. Sankt Bonifaz ist das klassische Beispiel; er fällte den heiligen Baum der germanischen Stämme zum Beweis, dass sein Gott mehr Macht besaß als der ihre. Natürlich vergegenwärtigten sie ihm umgehend, dass ihre Schwerter schärfer waren als seines, aber die Tat, die ihm sein Martyrium einbrachte, war durchaus im Einklang mit der gängigen Politik.

Einige heidnische Tempel, besonders in Rom, waren der Jungfrau oder Heiligen geweiht worden, in den Provinzen griff man dagegen lieber auf das praktisch überzeugende Prinzip »Mein Gott kann deinen schlagen« zurück.

Gregor hatte eine bessere Idee. »Ich habe entschieden«, schrieb er, »es sind nicht die Schreine der Götzen zu zerstören, sondern nur die Götzenbilder in den Heiligtümern. Segnet die Schreine mit Weihwasser, erbaut Altäre, stellt Reliquien auf, so wandeln sich ihre Heiligtümer, so sie denn wohl errichtet, von Kultstätten der Dämonen zum Dienst am wahren Gott. Und ... [die Menschen] kommen weiter an den ihnen vertrauten Stätten zusammen.«[8]

Daher erheben sich heute so viele Kirchen über den Stätten heidnischer Schreine.

Die Missionare, vielleicht sogar die frisch bekehrten, gingen häufig noch einen Schritt weiter und »bekehrten« die örtliche Gottheit zu einem christlichen Heiligen, und zwar einschließlich Lebensgeschichte und diverser Wundertaten. Viele davon, darunter St. Brigid und der heilige Christopher, werden auch heute noch verehrt.

Gregor wird außerdem zugeschrieben, → **Maria Magdalenas** Darstellung als ehemalige Prostituierte besiegelt zu haben. Ich habe die Quellen recht gründlich studiert und keinen glaubhaften Beleg dafür gefunden. Mehr dazu in dem Kapitel über Maria.

Zur Zeit Gregors unterlag die Kirche weitgehend der Kontrolle des Kaisers. Im Westen erlangte der römische Bischof durchaus ein gewisses Maß an Autorität, aber durch die kaiserliche Schutzherrschaft verfügten die östlichen Bischöfe über größere weltliche Macht. Und es herrschte keinesfalls Einigkeit innerhalb der Kirche. Sämtliche Ketzereien und Häresien, deren Ende mit dem → **Konzil von Nizäa** angeblich besiegelt war, zeigten sich immer noch sehr lebendig und neue waren hinzugekommen. Auch die vor kurzem konvertierten → **Merowinger**-Könige erwiesen sich als Quelle ständigen Ärgers; sie setzten ihre Verwandten in Bischofsämter ein, ohne sich die Mühe zu machen, sie zuvor zu Priestern zu weihen, und pflegten fröhlich den Brauch der Vielweiberei weiter.[9] Gregor sehnte sich zunehmend nach seinem Kloster.

Er starb im Jahr 604 und hinterließ eine wohlorganisierte Beamtenschaft, wo zuvor Chaos geherrscht hatte. Er richtete ein Verwaltungssystem für die rasch anwachsenden päpstlichen Ländereien ein und versuchte den Schock des Neuen für die vielen Menschen zu mildern, die während seiner Amtszeit als Papst bekehrt worden waren.

Gregor war außerdem ein echter Römer, der konsequent danach strebte, das Papsttum zur obersten kirchlichen Autorität zu machen. In dieser Sache lieferte er sich ein beharrliches Gefecht mit dem Patriarchen von Konstantinopel, konnte sich jedoch nicht durchsetzen.[10] In den folgenden Jahrhunderten erlangten die Päpste zwar die geistliche Autorität im Westen, aber sie konnten das östliche Reich niemals dazu bewegen, sie zu akzeptieren. Dies sollte schließlich zum großen Schisma führen, das die Christenheit in die orthodoxen Kirchen griechischer und römischer Prägung aufspaltete.[11]

Literaturempfehlungen

Fontes Christiani. Gregor der Große: Evangelienhomilien, 2. Folge, Bd. 28/1 und 28/2. Herder 2001

R. A. Marcus: Gregory the Great and His World. Cambridge UP 1997

Pierre Riche: Gregor der Große. Leben und Werk. Neue Stadt 1996

[1] Frederick H. Dudden: *Gregory the Great*. Russell und Russell, 1967 (Nachdruck der Ausgabe von 1905)

[2] Lester Little. Smith College, eine im April 1995 eingereichte Arbeit an der Universität von Kalifornien

[3] R. A. Marcus: *Gregory the Great and His World*. Cambridge UP 1997, S. 7

[4] Ebenda, S. 10

[5] *»Sedere ad pedes Domini cum Maria festinavi […] et ecce cum Martha compellor in exterioribus ministrare, erga multa satagere.«* Brief I, 5, *S. Gregorii Magni, Registrum Epistolarum Libri I–VII* CCSL CXL. Brepols 1982, S. 6 [Das ist die Schlüsselstelle bezüglich *vita activa* und *vita contemplativa;* Gregor sagt: »Ich wollte mich mit Maria dem Herrn zu Füßen setzen (ein kontemplatives, innerliches Leben führen: durch den Eintritt in das Kloster), ich wurde aber gezwungen, mit Marta im Äußeren, in der Welt zu dienen (als Papst).« Anm. d. Ü.]

[6] *»Ne, quos dulcedo praedictionis et praeventus futuri iudicis terror ad crendendum invitare poterat, minus et terroribus repellantur.«* Brief I, 34, S. 42. In: Markus, S. 78

[7] *»Joseph praesentium lator Judaeus insinuaviti nobis* […]« Brief I, 34

[8] Brief XI, 56 CCSL CXL A, S. 961. Übers. in: Markus, S. 183

[9] Dudden, Bd. II, S. 43–98

[10] Markus, S. 91–94

[11] Walter Ullman: *Growth of Papal Government in the Middle Ages*. Methuen & Co. 1955, S. 44–86

Häresie

Vor langer Zeit belegte ich ein Studienaufbauseminar über Häresie im Mittelalter. Die erste Stunde verbrachten wir allein damit, uns auf eine Begriffsdefinition zu einigen. Allerdings erzielten wir keine Übereinstimmung. Die Definition, die ich vorschlug, lautete: »Häresie oder Ketzerei ist alles, woran du glaubst, wenn es zu untergraben droht, woran ich glaube.« Mit anderen Worten: Häresie ist eine Sache des jeweiligen Standpunktes.

Deshalb haben verschiedene christliche Konzile zu einer Zeit bestimmte Glaubensansichten verdammt und sie zu anderer Zeit angenommen. Sogar als Kirchenväter angesehene Männer wie Origenes, Tertullian, Athanasius und andere wurden zu Lebzeiten der Ketzerei angeklagt und verurteilt.

Die Begrifflichkeiten hinsichtlich christlicher Häresien unterscheiden dabei zwischen solchen Ideen, welche die Doktrin missverstehen, und jenen, die mit ihr nicht übereinstimmen. Nur die Ideen, die mit dem Verständnis des orthodoxen Glaubens beginnen und ihn später ablehnen, können Ketzereien sein. Will man also ein Ketzer sein, benötigt man zuvor eine gute Ausbildung.

Die frühen Jahre des Christentums prägten vor allem zwei strittige Hauptfragen. Die eine betraf die Natur Jesu als Mensch und/oder Gott. Die zweite drehte sich um die Organisation der Religion.

Letztere lässt sich leicht zusammenfassen. Bevollmächtigung innerhalb des Christentums konnte entweder aus einer einzigartigen und persönlichen Erfahrung wie bei den → **Gnostikern** erwachsen oder sich über die direkte Nachfolge jener etablieren, die Jesus einst gekannt und von ihm gelernt hatten. Es sei hier vermerkt, dass → **Maria Magdalena** als Jüngerin Jesu zur letzteren Kategorie zu zählen ist.

Die Natur Jesu hingegen ist ein ganz anderes Kaliber. Unzählige Menschen sprachen nicht mehr miteinander oder zankten sich lautstark über Spitzfindigkeiten, die die meisten von uns als unsinnige Haarspaltereien betrachten würden. Und nicht wenige Bischöfe sahen sich gar mitsamt ihrer Gemeinden in die Verbannung geschickt.

Worum ging es bei dieser Kontroverse? Welche Positionen gab es damals über die Natur Jesu?

1. *Doketismus*. In diesem Glauben besaß Jesus keinesfalls menschliche Natur, sondern wies lediglich das Erscheinungsbild eines Menschen auf. Das Wort leitet sich ab vom griechischen *dokesis*, was so viel heißt wie »Erscheinung; Auftreten«. Viele Gnostiker waren Doketisten. Sie gingen davon aus, die finsteren Mächte seien zu der Annahme verführt worden, dass ein Gott/Mensch am Kreuz gestorben sei, obwohl es sich nur um die körperliche Form handelte. Diese Lehre findet sich neben anderen gnostischen Texten in der Offenbarung des Petrus und den → **Apokryphen** des Johannes.[1]
2. *Adoptionismus*. Hierbei handelte es sich nicht um eine

organisierte Gruppe, sondern eine Art Mittelweg zwischen den Doketisten und den Trinitariern. Die Anhänger des Adoptionismus glaubten, Jesus sei ein guter und reiner Jude gewesen, vielleicht aus dem Schoß einer Jungfrau geboren, aber als Gottes Gefäß vorgesehen. Für die meisten Adoptionisten, darunter die Basilidianer, nahm Jesus Gottesnatur an, als Johannes ihn im Jordan taufte. Andere glaubten auch, dass Gott vor der Kreuzigung aus ihm entwich und den Menschen Jesus seinen Leiden am Kreuz überließ.[2]

3. *Trinitarismus.* Diese Gruppe vertrat die Ansicht, Jesus sei vollständiger Mensch und vollständiger Gott, also eins und gleich mit Gott, und dass ein drittes Wesen des nämlichen Gottes existierte, bekannt als der Heilige Geist.[3]

Innerhalb dieser Haltungen gab es zahlreiche Variationen, doch im Großen und Ganzen waren es die wichtigsten. Überraschenderweise gewann die komplizierteste der drei Ansichten die Debatte. Die Natur der Dreieinigkeit mag immer noch von Theologen diskutiert werden, aber die Mehrzahl der Christenheit hat sie übernommen.

Die früheste belegte Häresie ist jene des Marcion aus Pontus (ca. 85 bis ca. 160), die um das Jahr 140 entstand. Marcion war der Sohn des ersten Bischofs der kleinen Stadt Sinope am Schwarzen Meer. Als Schiffshalter durchsegelte er die gesamte römische Welt. Viele Jahre verbrachte er außerdem mit dem Studium der Bücher jener neuen Religion und auch jenen des Judentums.[4]

Schließlich gelangte er zu dem Schluss, dass der Gott des Alten Testaments nicht der Gottvater der Evangelien sein könne. Jesus ist für ihn durch und durch gut und kann daher nicht von jemandem abstammen, »der jenen Böses tut, die er hasst; und verdammt und richtet über jene, die sein Gesetz brechen und ihm nicht wohlgefallen. Zudem ist seine Schöpfung unvollkommen, da sie wilde Tiere, Insekten und den Geschlechtsakt enthält.«[5] Daher gibt es zwei Götter; der eine erschuf die unvollkommene Erde, der andere ist vollkommen in sich selbst. Selbst die Apostel haben sich von diesem »Schöpfergott« irreleiten lassen. Daher akzeptierte Marcion in seinem Kanon nur zehn Paulinische Briefe und einen Teil des Lukasevangeliums als wahre Bibel. Wir haben es hier mit einer klassischen dualistischen Religion zu tun, die an einen liebenden und verzeihenden Gott glaubte. Sie wies zudem eine doketistische Strömung auf, da sie darauf beharrte, dass Jesus nur das äußere Erscheinungsbild eines Mannes hatte, denn alles Fleisch war für sie von Übel.

Obgleich der Marcionismus von seinen Zeitgenossen und mehreren Kirchenkonzilien verdammt wurde, überdauerte er doch mehrere Jahrhunderte.[6] Viele zentrale Glaubenssätze Marcions tauchten in anderen, nicht orthodoxen christlichen Gruppen auf. Es ist unklar, ob sie sich von seinen Ideen beeinflussen ließen oder ob sie unabhängig von ihm zu denselben Schlussfolgerungen gelangten.

Die meisten frühchristlichen Ketzereien fielen in eine der oben angeführten Kategorien. Als sich das Christentum über die westliche Welt ausbreitete, teilten sich jene als Häresie eingestuften Glaubensrichtungen in zwei Hauptwege. Der eine war intellektueller Natur, eher eine feinsinnige Begriffsunterscheidung. Dies traf auf die arianische Kontroverse während des → **Konzils von Nizäa** zu. Die Doktrin zu verfeinern und zu definieren war ein Unterfangen, für das nur wenige Menschen innerhalb einer Generation überhaupt die nötige Ausbildung besaßen. Die meisten Christen hatten dagegen wohl kaum eine klare Vorstellung von der genauen Art und Weise der Dreieinigkeit oder der Transsubstantiation (Wandlung).

Die andere Form der Häresie oder Ketzerei könnte als eine Art Rückkehr zum Gnostizismus bezeichnet werden, obwohl es keinen Grund zu der Annahme gibt, dass damals eine gnostische Kirche existierte. Einzelpersonen erfuhren persönliche Offenbarungen und teilten sie mit anderen. Dies geschah oftmals als Reaktion auf Situationen und Ereignisse, die sich als Missbrauch oder Verfall innerhalb der Hierarchie der herkömmlichen Kirche deuten lassen. Fast alle weiter verbreiteten Häresien des Mittelalters und der folgenden Zeiten stellten den Versuch dar, die Kirche zu reformieren, nicht etwa den Glauben abzulegen.

Die einzige Ausnahme bildete die Gemeinschaft der so genannten Katharer. Bei ihnen handelte es sich um echte Dualisten. Sie glaubten an einen guten Gott, der über allem stand, aber auch, dass ein geringerer Gott die Menschen erschuf und anschließend die Engel dazu verleitete, deren Körper zu bewohnen. Die Engel waren durch viele Leben hindurch im menschlichen Fleisch gefangen, bis sie sich in jemandem wiederfanden, dessen Leben vollkommen genug war, um endlich befreit zu werden.[7]

Im späten zwölften und frühen dreizehnten Jahrhundert erlangten die Katharer im südlichen Teil von Frankreich außerordentlichen Einfluss und beherrschten das politische und religiöse Leben. Sie bedrohten die Stabilität der Region in einem solchen Maße, dass Papst Innozenz III. (1198–1216; er gehört nicht gerade zu meinen Lieblingsgestalten) einen Kreuzzug gegen sie ausrief.

Die Herrscher der nördlichen Länder warfen schon seit einiger Zeit begehrliche Blicke auf den reichen Süden und waren nur allzu bereit und willens, die Katharer auszulöschen und das Land zu besetzen.[8]

Etwa zur gleichen Zeit entstand eine weitere Gemeinschaft. Weniger auffällig als die Katharer, hielt ihr Einfluss dennoch weitaus länger an. Man nannte sie die »Armen von Lyon« oder auch »Waldenser«.

Alles begann mit Waldes, einem Kaufmann aus Lyon. Um 1170 erfuhr er eine persönliche Offenbarung, die ihn anleitete, seine Güter und Familie aufzugeben und das Leben eines Wanderpredigers zu beginnen. Er richtete ein Gesuch an Papst Alexander III. (1159–1181), um predigen und ein Leben in heiliger Armut führen zu dürfen. Mit der Armut hatte der Papst kein Problem, mit einem predigenden Laien hingegen schon.[9] Waldes machte indessen unverdrossen weiter und sammelte immer mehr Anhänger um sich. Er ließ außerdem die Bibel ins Französische übersetzen, damit er sie selbst studieren konnte.[10] Die Waldenser standen dem herkömmlichen Christentum weitaus näher als die von ihnen verabscheuten Katharer. Trotzdem exkommunizierte Papst Lucius III. (1181–1185) die Sekte 1184.[11] Im Unterschied zu den Katharern wurden sie nicht vernichtet, sondern tauchten unter. Sie existieren heute noch.

Die meisten Häresien des Mittelalters verlangten Reformen. Ihr Erfolg hing oftmals mehr von den Persönlichkeiten ihrer Anführer als von ihrer Theologie ab. Franz von Assisi wurde zu einem Teil der Kirche; Arnold von Brescia wurde hingerichtet. Das Werk des Pierre Abélard wurde verdammt; kurz darauf das Werk des Gilbert de la Porée hoch gelobt. Pierre und Arnold, beide miteinander befreundet, waren ausgesprochen widerborstige

Naturen. Franz und Gilbert vermochten auf ihre eigene Weise besser mit der Autorität umzugehen.

→ **Hexerei** und Magie gehörten bis zum sechzehnten Jahrhundert im Allgemeinen nicht zu den Anklagen wegen Ketzerei. Ich denke, der Grund dafür hängt damit zusammen, dass sich so viele Menschen durch die Reformation und die Religionskriege entwurzelt fühlten. Eine Gewissheit des Glaubens existierte einfach nicht mehr. Die Leute begannen nach alternativen Erklärungen für die Geheimnisse des Lebens zu suchen. Die zunehmenden Hexenjagden setzten zur gleichen Zeit ein wie das Entstehen der Geheimbünde, die sich auf okkulte Glaubensgrundsätze stützten. Die → **Rosenkreuzer** und die → **Freimaurer** zählen nicht zu den religiösen Organisationen – dennoch erwuchsen sie aus den gleichen Wurzeln wie die »Ketzereien«, aus denen sich die protestantische Religion entwickelte. In ihren Anfangstagen wurden beide Ausrichtungen teuflischer Häresie bezichtigt.

Häresie existiert übrigens nur innerhalb eines Glaubenssystems. Die frühen Christen sah man als jüdische Ketzer an. Jede Gemeinschaft scheint nach der Festlegung eines Glaubensgerüsts Ketzer hervorzubringen. So gibt es jüdische und muslimische Ketzersekten. Die Geschichte Westeuropas prägten jedoch nachhaltig die Differenzen zwischen Christen. Die Religionskriege des siebzehnten Jahrhunderts zählen zu den schlimmsten Auseinandersetzungen der menschlichen Geschichte. »Die Geschichte über Christen gegen Christen ist der große Skandal der Kirchengeschichte, ein elendes Schauspiel, das die Entrüstung der Mitfühlenden und die Verachtung der Ungläubigen erregte, seit Duldung zu einer Tugend erhoben wurde.«[12]

Bei jenen, deren Glaube einen wesentlichen Bestandteil ihrer Identität bestimmt, wird jede Bedrohung dieses Glaubens Furcht einflößen. Diese Wirkung verhallte jedoch selbst dann nicht, als die Nationen sich gesetzlich dem weltlichen Leben allein verschrieben. Denn für jene, deren Religion der Kapitalismus ist, stellt Sozialismus eine Ketzerei dar. Jenen, deren Religion der Kommunismus ist, erscheint hingegen der Kapitalismus als Häresie.

Das Ausmaß, in dem Ketzer toleriert oder verfolgt wurden, war stets weniger davon abhängig, wie fremdartig ihre Glaubenssätze waren, sondern richtete sich vielmehr danach, in welchem Umfang man sie als Bedrohung für die vorherrschende Kultur betrachtete. Die Geschichte der Ketzerei kann uns zeigen, was geschieht, wenn die Furcht die Oberhand über die Vernunft gewinnt. Die daraus resultierenden Gräueltaten sollten uns allen eine Warnung sein.

Literaturempfehlungen

Peter Biller & Anne Hudson (Hg.): Heresy and Literacy 1000–1530. Cambridge UP 1994

Malcolm D. Lambert: Ketzerei im Mittelalter. Häresien von Bogumil bis Hus. Callwey 1981

Derselbe: Häresie im Mittelalter. Von den Katharern bis zu den Hussiten. Primus Verlag 2001

Gerd Lüdemann: Ketzer. Die andere Seite des frühen Christentums. Studienausgabe. Radius-Verlag 1996

Jeffrey Burton Russell: Dissent and Reform in the Early Middle Ages. University of California Press 1965

Walter L. Wakefield und Austin P. Evans (Übers. und Hg.): Heresies of the Middle Ages, translated with notes. Columbia UP 1991

[1] *The Nag Hammadi Library*. Harper 1978. Zu Petrus: S. 37–378; zu Johannes: S. 104–123; »The Second Treatise of the Great Seth«: S. 4–365 [vgl. Konrad Dietzfelbinger: *Erlöser und Erlösung*. Texte aus Nag Hammadi. Königsdorfer Verlag 1990 (Die Stelen des Seth u. a. Texte)]

[2] *Nag Hammadi Library* [vgl. Gerd Lüdemann und Martina Janßen: *Die Bibel der Häretiker*. Die Texte der Nag-Hammadi-Bibliothek. Radius-Verlag 2003]

[3] Wie es im Nizänischen Glauensbekenntnis festgelegt ist (siehe das Kapitel über das → Konzil von Nizäa).

[4] Friedrich Gontard: *The Chair of Peter*. Übers. ins Englische von A. J. und E. F. Peeler. Holt, Rinehart and Winston 1964, S. 71–77 [vgl. *Die Päpste*. Desch 1959; *Die Päpste und die Konzilien*. Desch 1963]

[5] Stuart G. Hall: *Doctrine and Practice in the Early Church*. SPCK 1991, S. 37 [vgl. Theodor Schneider: *Handbuch der Dogmatik*. 2 Bde. Patmos 2002; Tertullian: »Vom prinzipiellen Einspruch gegen die Häretiker.« In: Bibliothek der Kirchenväter (BKV). Bd. 12. Kösel und Pustet 1913; Justinus: 1. Apologie, 26; und *Fontes Christiani*. 1. Folge, Iräneus von Lyon u. a.: *Gegen die Häresien*. Bde. 8/1–8/5. Herder 1997–2001]

[6] Ebenda, S. 38 f.

[7] Malcolm Barber, *The Cathars/Die Katharer*. Artemis und Winkler 2003

[8] Ebenda

[9] Walter L. Wakefield und Austin P. Evans (Übers. und Hg.): *Heresies of the Middle Ages, translated with notes*. Columbia UP 1969 (1991), S. 34

[10] Ebenda, S. 63

[11] Ebenda, S. 85

[12] Jeffrey Burton Russell: *Dissent and Reform in the Early Middle Ages*. University of California Press 1965, S. 256 [vgl. Heinrich Denzinger/Peter Hünemann: *Kompendium der Glaubensbekenntnisse und kirchlichen Lehrentscheidungen*. Herder 2001]

Der Heilige Gral

»Was ist der Gral und wem dient er?«

Diese Frage hätte eigentlich Parzival stellen sollen, aber er unterließ es. Daher versuchen die Menschen noch heute eine Antwort auf dieses Rätsel zu finden.

Die erste Geschichte über den Gral schrieb der Dichter Chrétien de Troyes Ende des zwölften Jahrhunderts. Sie handelt von Parzival, einem jungen Ritter, der um ein Nachtlager in einer Burg bittet. Dort trifft er auf den bettlägerigen König. Dieser begrüßt Parzival und lädt ihn zum Bleiben ein. Die beiden essen zu Abend, als eine seltsame Prozession durch den Raum schreitet. Sie wird angeführt von einem Lanzenträger. An der Spitze der Waffe hängt ein Tropfen Blut, der den Schaft hinabfließt, bis er die Hand des Trägers erreicht. Diesem folgen zwei Diener, die jeweils ein Tablett mit Kerzen tragen. Als Nächstes kommt eine wunderschöne junge Frau herein, die in ihren Händen einen *graal*, einen mit kostbaren Steinen besetzten goldenen Kelch hält. Den Zug beschließt ein Mädchen mit einem Silbertablett.

Parzival findet dies alles sehr seltsam, aber man hat ihm beigebracht, dass es unhöflich sei, Fragen zu stellen. Also schweigt er. Am nächsten Tag bricht er auf. Nach einer Weile trifft er auf eine junge Frau, die schluchzend un-

Roman de Tristan, Abbildung des Heiligen Grals,
zweite Hälfte des fünfzehnten Jahrhunderts.

ter einer Eiche sitzt, da man ihrem Geliebten gerade den Kopf abgeschlagen hat. Sie hält lange genug inne, um Parzival zu erklären, dass er Gast in der Burg des Fischerkönigs gewesen sei, der in der Schlacht eine schreckliche Wunde davongetragen hat. Sie kann nicht glauben, dass Parzival tatsächlich nicht nachgefragt hat, warum die Lanze blutete oder wohin die junge Frau mit dem Gral ging. Hätte er den Mund aufgemacht, so wäre der König geheilt gewesen. Danach erlebt Parzival weitere Abenteuer. Die Geschichte berichtet sodann über Gawain, schlägt jedoch keinen einzigen Bogen zurück zu Parzival oder zum Gral.

Es ist nicht bekannt, wo Chrétien den Stoff für seine Geschichte hernahm. Er verfasste sie für Philip, den Grafen von Flandern, einen Cousin Heinrichs II. von England. Heinrich und seine Frau, Eleonore von Aquitanien, liebten die Legenden über König Artus. Und Königin Eleonore von Kastilien reiste 1278 selbst nach Glastonbury, wo die Gräber von Artus und Genevra 1191 angeblich freigelegt wurden.

Die Idee des Grals ist womöglich bretonischen oder sogar walisischen Erzählungen entnommen, denn laut Chrétien stammte Parzival aus Wales. Im *Mabinogion*, einer walisischen Sagensammlung, gibt es in der Geschichte von *»Culhwch und Olwen«* eine Passage, in welcher der Held den *»Kelch des Llwyr«* finden muss, »denn es gibt kein anderes Gefäß auf dieser Welt, welches diesen starken Trank auszuhalten vermag«.[1] Als Nächstes muss er den *»Zauberkessel von Gwyddneu Langschaft«* besorgen: »Sollte sich die ganze Welt sich um ihn versammeln [...] so würde dennoch jeder das Fleisch darin finden, nach dem es ihn gelüstet.«[2] Diese beiden Aufgaben sind Teil einer langen Reihe von schier unlösbaren Heldentaten, die Culhwch vollbringen muss, um die Hand Olwens zu gewinnen. Der magische Kelch und der Zauberkessel gehören derselben Tradition an wie das Füllhorn. Es ist unwahrscheinlich, dass Chrétien des Walisischen mächtig war, aber verschiedene Geisteswissenschaftler halten es für möglich, dass diese Thematik der Parzival-Erzählung einer Tradition entstammte, die seinen Lesern vertraut war.[3]

Ich denke, dass Chrétien auf seine Weise versucht hat, einen Mythos zu erklären, der ihm größtenteils unverständlich war. So erzählt die Frau unter der Eiche Parzival, der Herr der Burg sei der Fischerkönig, da er gerne fischen gehe.[4]

Hätte Chrétien seinen Lesern mitgeteilt, was er sich beim Gral dachte, dann wäre dieser wohl kaum zu einem derart rätselhaften Objekt geworden, das noch heute Gegenstand zahlloser Spekulationen ist. Doch die Geschichte fachte die Fantasie nicht weniger an und während der folgenden fünfzig Jahre entstanden eine Vielzahl von Gralsgeschichten – zumeist als Teil der Artuslegenden.

Zu jener Zeit war das Wort *graal* in Frankreich zwar ungewöhnlich, aber durchaus bekannt und bezeichnete ein Trinkgefäß oder einen Pokal.[5] In den Gralsgeschichten hingegen handelt es sich stets um einen Kelch. Als Joseph von Arimatäa, der seine Grabstätte für Jesus zur Verfügung stellte, im dreizehnten Jahrhundert mit dem Gral in Verbindung gebracht wurde, entstand der Zusatz »heilig«.[6] Gemäß den späten christlichen → **Apokryphen** soll Joseph mit einem Gefäß das Blut des gekreuzigten und sterbenden Jesus aufgefangen haben.[7] Einer sehr viel späteren Legende nach soll Joseph genau wie Maria Magdalena und Jakob, der Patriarch von Jerusalem, Zuflucht in Europa gefunden haben – in diesem Fall in England.

Legenden neigen dazu, sich miteinander zu verknüpfen, und so bedurfte es nur eines weiteren kleinen Schrittes, um Joseph zu einem Teil der Artuslegenden zu machen und aus dem Gral jenes Gefäß, mit dem er das Blut Jesu auffing. In einer Parzival-Version aus dem dreizehnten Jahrhundert bekommt Joseph von Arimatäa einen Neffen an die Seite, der ebenfalls den Namen Joseph trägt. Er ist ein »wahrer Ritter, keusch und jungfräulich, mit einem starken und gerechten Herzen«.[8] Dieser Mann wird der Fischerkönig und bewacht »die Lanze, die Jesus die Wunde zufügte, und den Kelch, mit welchem jene, die an ihn glaubten [...] das Blut auffingen, das aus seiner Wunde floss, da sie ihn kreuzigten«.[9]

In den französischen Romanen des Mittelalters war der Gral unzweifelhaft ein christliches Relikt, etwas, was eine Verbindung besaß zur Wandlung der katholischen Messe. In mehreren Erzählungen beinhaltet die Vision des Grals auch das Bild eines Kindes oder von Jesus am Kreuz.[10]

In Wolfram von Eschenbachs deutscher Version ist der Gral ein Stein, der von → **Templern** bewacht wird. Dieser Stein besitzt magische Kräfte. Er verleiht Gesundheit und ewige Jugend. Das alles klingt entschieden heidnisch. Die Macht des Steines beruht allerdings auf einer »kleinen weißen Oblate«, die jedes Jahr am Karfreitag von einer Taube gebracht wird. »Der Gral war wirklich ein Hort des Glücks, ein Füllhorn irdischer Köstlichkeiten, so dass man ihn fast mit der Herrlichkeit des Himmelreiches vergleichen könnte.«[11] Aber auch, wenn ein Teil der Handlung auf volkstümliche Wurzeln zurückgeht, so besteht doch bei keiner der Gralsgeschichten auch nur der geringste Zweifel, dass der Autor christlichen Glaubens ist. Ich habe kein Problem damit, dass Wolfram von Eschenbach die Templer zu den Wächtern des Grals ernennt. Als er die Geschichte im frühen dreizehnten Jahrhundert verfasste, da schützten die Templer in den Augen der Allgemeinheit immer noch die Pilger auf dem Weg nach Jerusalem. Allerdings ist Eschenbach der einzige Gralsautor, der diesen Weg einschlägt, und er gehört eindeutig nicht zur Kerntradition.

Auch wenn es einen gemeinsamen roten Faden gibt, so besitzt doch jede Gralsgeschichte ihren eigenen Schwerpunkt. Das liegt daran, dass es sich um Fiktion handelt und nicht um geschichtliche Dokumente. Genau wie die übrigen Artussagen spiegeln jene über den Gral die Sichtweise des jeweiligen Autors wider und die Zeit, in der er lebte. Bis etwa zum Ende des fünfzehnten Jahrhunderts, als Thomas Malory seine englische Version der Artuslegende niederschrieb, handelten die Geschichten von den Abenteuern eines christlichen Ritters. Die meisten Zuhörer waren sich darüber im Klaren, dass die zentrale magische Suche in den Bereich der Fantasie gehörte. Dennoch hatten sie ihre Freude an diesen Geschichten, so wie viele heutige Leser an moderner Sciencefiction.

Allerdings büßten die Geschichten um König Artus und den Gral ihre Popularität kurz nach Malorys *La Morte d'Arthur* ein. Die Botschaft des Grals war überfrachtet mit der Symbolik der katholischen Messe, weshalb die Angehörigen der neuen protestantischen Konfession ihn ablehnten. Gleichzeitig änderten sich die literarischen Vorlieben. »Mit dem Herannahen der Reformation verschwand der Gral aus der poetischen Imagination.«[12]

Zwei Jahrhunderte später erstand er allerdings in völlig neuer Form wieder auf. Im achtzehnten Jahrhundert entwickelte sich eine Vorliebe für Geheimgesellschaften. Dies war unter Umständen eine Reaktion auf die egalitären Überzeugungen, die in die amerikanische und französische Revolution mündeten. Vielleicht waren rationale Gedanken und Erleuchtung nicht zufriedenstellend. Ich vermag es nicht genau zu sagen. Aber Gemeinschaften wie die → **Rosenkreuzer** und die → **Freimaurer** bedienten sich ohne Scheu bei den obskuren Texten und mystischen Abhandlungen der mittelalterlichen und antiken Welt, übernahmen deren Symbole und gaben ihnen neue Bedeutung. Der Gral gehörte dazu.

Dies wiederum geht offenbar auf die Bemühungen eines Österreichers namens Josef von Hammer-Purgstall zurück. Im Jahre 1818 schrieb er ein Buch, in dem er die Freimaurer als eine Gruppe von Häretikern anprangerte, die in direkter Linie mit den Templern und den → **Gnostikern** verbunden seien. »Seine Arbeit besagt zusammenfassend, dass eine heidnische Religion neben dem Katholizismus bis ins Mittelalter hinein überlebte und hinter der Maske des Freimaurertums sogar noch zu Beginn des neunzehnten Jahrhunderts eine Bedrohung für die Kirche darstellte.«[13]

Zur selben Zeit, da die mystischen Aspekte des Grals eine Wandlung durchliefen, gingen die romantischen Autoren und Künstler des neunzehnten Jahrhunderts daran, ihre eigenen Versionen der Geschichte zu erschaffen. Tennysons *Idylls of the King* dürfte das beliebteste Werk seiner Art in England gewesen sein. In Deutschland kombinierte Wagner in seinen Opern *Parsival* und *Lohengrin* das wieder erwachte Interesse an seinen nationalen Wurzeln mit seiner eigenen Vorstellung vom Christentum.

Dennoch sollte es den Gral erst im zwanzigsten Jahrhundert in unerforschte Gefilde verschlagen. In den meisten Fällen war er immer noch verwoben mit den Geschichten um Artus, Guinevere, Lanzelot, Parzival und Galahad. Aber diese vertrauten Charaktere erschienen jetzt in völlig neuem Gewand. Der Gral wurde zum heidnischen Gefäß wie in Marion Zimmer Bradleys *Die Nebel von Avalon* oder zur praktischen Ausrede, um sich aus dem Haus zu schleichen wie in Mark Twains *Ein Yankee aus Connecticut an König Artus Hof*. In dem Film *Monty Python und der Heilige Gral* gerät er zur sinnlosen Suche. Eine ganze Generation glaubt dank Steven Spielberg und Indiana Jones an eine enge Verbindung zwischen dem Gral und den Templern.

Auch ich habe mich mit dem Roman *Die Königin und ihr Ritter* am Gral versucht.[14] Zwanzig Jahre später wird mir klar, dass ihn nur jene zu erlangen vermochten, die nicht länger eigennützigen Zielen dienten, weil ich selbst desillusioniert war vom Materialismus der achtziger Jahre, der mit meinem eigenen naiven, aus den frühen Siebzigern stammenden Idealismus kollidierte. Es war mir egal, was der Gral tatsächlich darstellte. Mir war lediglich wichtig, dass er wohl kaum in absehbarer Zeit entdeckt würde.

Was mich wiederum zurück zu meiner Frage bringt: Was ist der Gral und wem dient er?

Die Antwort lautet, dass der Gral eine Frage des Glaubens ist. Er ist ein Symbol, das sich jedem anders präsentiert. Es gibt keine einheitliche Meinung darüber, wie der Gral tatsächlich aussieht, geschweige denn über seine Bedeutung. Heute taucht der Gral überall auf. So wird zum Beispiel in den USA der »Holy Grail of Beach Volleyball« verliehen. Der Heilige Gral eines Sammlers bezeichnet jenes seltene Stück, über dessen Existenz viele Gerüchte kursieren, das aber niemand je mit eigenen Augen gesehen hat. Es ist das Ziel, das sich stets gerade so außerhalb unserer Reichweite befindet.

Dan Brown schreibt am Ende von *Sakrileg* sehr treffend: »Und für die meisten ist der Gral lediglich eine faszinierende Idee, wie ich vermute [...] ein wundervoller, fantastischer, aber unerreichbarer Schatz, der uns sogar in der heutigen modernen, chaotischen Welt noch zu inspirieren vermag.«[15]

Am Ende seiner exzellenten Abhandlung über die Gralslegende listet Richard Barber auf, wie oft der Begriff »Heiliger Gral« von 1978 bis 2002 in den großen Zeitungen der westlichen Welt stand. Im Jahr 1978 tauchte er sechzehn Mal auf, davon allein fünfzehn Mal in der *Washington Post*.[16] Im Jahr 2002 hingegen waren es exakt 1082 Nennungen.[17]

Was also ist der Gral? Was immer wir benötigen. Wem dient er? Allen.

Literaturempfehlungen

Richard Barber: Der Heilige Gral. Geschichte und Mythos. Artemis und Winkler 2005

---

[1] *Mabinogion.* Hg. und Übers. von Gwyn und Thomas Jones. Everyman's Library 1949, S. 34

[2] Ebenda, S. 3

[3] Richard Barber: *The Holy Grail. Imagination and Belief.* Putnam, London 2004, S. 240–243 [vgl. Der Heilige Gral, Artemis und Winkler 2005, S. 25 f.]

[4] »Perceval le Gallois ou le Conte du Graal.« Übers. von Lucien Foulet. In: Danielle Régnier-Bohler (Hg.): *La Légende Arthurienn, le Graal et la Table Ronde.* Robert Laffont 1989, S. 47

[5] Frédèric Godefroy: *Lexique de l'Ancien Francais.* Champion 1990 (Neuauflage), S. 261

[6] Matthäus 27,57–60. *Die Bibel. Einheitsübersetzung der Heiligen Schrift.* Katholisches Bibelwerk 2004

[7] Dies ist eine späte Erweiterung der Geschichte. Ich habe die früheste Nennung noch nicht gefunden.

[8] Christiane Marchello-Nizia: »Perlecaus, le Haut Livre du Graal.« In: Régnier-Bohler, S. 121 (Die Übersetzung stammt von mir. Anm. d. A.)

[9] Ebenda, S. 124 (dto. Anm. d. A.)

[10] Barber, S. 112 [deutsche Ausgabe S. 176 f.]. Ich finde es interessant, dass diese Legenden ihre größte Beliebtheit in der ersten Hälfte des dreizehnten Jahrhunderts erlangten, als der Kreuzzug gegen die Katharer sich auf dem Höhepunkt befand (Richard Barber geht darauf ein). Außerdem verbreitete sich der Antisemitismus samt der Verleumdung, dass die Juden Hostien stahlen und entweihten. Aber das ist eine ganz andere Spur und ich werde sie an dieser Stelle nicht weiter verfolgen.

[11] Barber, S. 81 [deutsche Ausgabe S. 110]

12 Ebenda, S. 223 [deutsche Ausgabe S. 265]

13 Ebenda, S. 308 f. [deutsche Ausgabe S. 344]

14 *Guinevere Evermore*. St. Martin's Press 1985, Tor Books 1995 [*Die Königin und ihr Ritter*, Lübbe 1986]

15 *Sakrileg*, S. 594 (gebundene Ausgabe)

16 Es wäre wirklich interessant, diesen Aspekt genauer zu untersuchen.

17 Barber, S. 380. Ich hoffe, ich habe korrekt addiert, aber das ist die ungefähre Summe. [Dieser Aspekt wird in der deutschen Übersetzung nur kurz auf S. 15 erwähnt, ohne jegliche Zahlen zu nennen. Anm. d. Ü.]

Hexen

Die »typische« Hexe, an die wir bei diesem Wort zuerst denken, ist von Filmen wie *Der Zauberer von Oz* oder *Schneewittchen* geprägt.[i] Darin erscheint sie als alte, schwarz gekleidete Frau, die manchmal einen spitzen Hut mit breiter Krempe trägt. Aus welchem Grund auch immer, sieht sie sich nicht in der Lage, auch nur einen Satz ohne anschließendes meckerndes Gelächter von sich zu geben. Woher stammt dieses Bild? Und welches stellt die Hexe richtig dar? Das Bild der Hexe hat sich über die Jahrtausende hinweg gewandelt. Noch bis vor kurzem bestand eine enge Verbindung zwischen Hexerei und der Macht über die Natur – im Gegensatz zur Vereinigung mit ihr. Diese Art der Naturmagie existiert weltweit, aber konzentrieren wir uns auf Europa, die Bühne, auf der *Sakrileg* spielt.

Zuerst sei angemerkt, dass die heutigen Bezeichnungen für »Hexe« in den verschiedenen Sprachen unterschiedliche Wurzeln aufweisen. *Scobax* leitet sich vom la-

---

[i] In Europa sind unsere Vorstellungen eher geprägt von den Gebrüdern Grimm, von der Hexe in Hänsel und Gretel etwa oder der Baba Jaga, einer alten gebeugten Frau mit Hakennase und schwarzem Umschlagtuch. Anm. d. Ü.

teinischen *scoba*, also Besen, und vom griechischen *scops* ab, der Schleiereule, die unheimliche Rufe ausstößt (womöglich der Ursprung des verrückten Lachens?). *Strix*, *strega* und das flämische *hegetisse* bezeichneten ursprünglich weibliche Dämonen. *Maleficus*, ein lateinischer Begriff für »jemanden, der Böses wirkt«, und das mittelhochdeutsche *hecse*, welches sich von *hagazussa*, der »nächtlichen Zaunreiterin«, ableitet, wecken beide definitiv dunkle Assoziationen. *Sortilegus*, *divinator* und *mathematicus* sind alles lateinische Begriffe für jemanden, der die Zukunft zu bestimmen sucht, doch sie können auch Hexen bezeichnen.[1] Schließlich gibt es noch das angelsächsische Wort *wicca*, das jemanden bezeichnet, »der Zauber wirkt«.[ii]

In der Antike galt es als völlig normal, sich vor großen Veränderungen im Leben oder politischen Entscheidungen zu vergewissern, welche Richtung diese wohl nähmen. Also befragte man einen Experten und davon gab es reichlich. Die angesehensten waren die Orakel, die ihre Informationen direkt von den Göttern erhielten. Als Nächstes kamen die Wahrsager, die zuerst in Eingeweiden lasen und später, eindeutig weniger unappetitlich, in den Sternen. Dann gab es da noch die Traumdeuter, sowohl heidnische wie auch christliche, die ihr Wissen aus Träumen und Visionen bezogen. Alle genossen hohes Ansehen und waren gern gesehen.

Medizin, Magie und Religion waren eng miteinander

[ii] Ich weiß, es ist pedantisch, aber es macht mich einfach verrückt. *Wicca* ist die männliche Form, *wicce* die weibliche. Beide sprachen die Sachsen einst »witcha« [»witscha«] aus. Heutzutage können es die Leute von mir aus aussprechen, wie sie wollen, doch bitte versucht mir nicht länger einzureden, dass »wicka« das ursprüngliche Wort sei. Danke, jetzt fühle ich mich schon viel besser.

verflochten und sind bis heute nicht vollständig voneinander getrennt. Entsprechend der antiken Weltsicht waren die Menschen der Mikrokosmos, die verkleinerte Wiedergabe der Natur in ihrer Gesamtheit. Um menschliche Leiden zu heilen, musste man also zuvor in der Lage sein, die Elemente zu verstehen und zu kontrollieren.[2] Da in den religiösen Vorstellungen die Götter die Natur – und damit auch die Menschen – kontrollierten, war es nur natürlich, sie auch um Beistand bei der Heilung von Krankheiten und Verletzungen zu bitten.

Obwohl viel Gutes aus dem Gebrauch der Magie zu erwachsen vermochte, begegnete man ihr dennoch voller Misstrauen und Furcht, lange bevor das Christentum entstand. Wie kam es dazu?

Das Problem liegt hauptsächlich im Machtmissbrauch begründet. Ist es möglich, mit Magie zu heilen, so ist es nur logisch, dass sie auch Schaden zufügen kann. Menschen, die mit der Macht ausgestattet sind, Ersteres zu tun, geraten automatisch in den Verdacht, auch Letzteres zu tun. Die klassische Erzählung der Medea und die → **apokryphe** christliche Geschichte über Simon Magus sind warnende Beispiele, was geschehen kann, wenn ein guter Magier auf die dunkle Seite der Macht gerät.

In der Spätantike und im Mittelalter wurde ausschließlich dieser Machtmissbrauch als Hexerei verdammt. Mittelalterliche Abhandlungen über die Heilkunst beinhalten magische Sprüche und Gesänge, sowohl mit christlichem als auch heidnischem Inhalt und manchmal auch nur eine Aneinanderreihung sinnloser Silben. Dies bedeutet nicht, dass die Heiler sich nicht als Christen verstanden, sie waren einfach nur willens, jede Quelle zu nutzen, die Besserung versprach. Theoretisch mögen die religiösen Führer die weiße Magie als dämonisch verdammt haben, dennoch war sie ein Teil des Lebens. Warf jedoch jemanden eine auszehrende Krankheit aufs Lager, wurde jemand impotent oder unfruchtbar, dann begann man sich nach Feinden umzuschauen, besonders wenn es sich bei den Kranken um wichtige Persönlichkeiten handelte.

In der Frühzeit des Christentums war es das Hauptanliegen der Kirche, das Heidentum auszulöschen. Eine Möglichkeit hierzu boten Alternativen für die heidnischen Gottheiten, die für Heilung zuständig waren. In manchen Fällen rief man Jesus an, aber im Allgemeinen instruierte man die Christen, zu den Heiligen zu beten, die sich sodann angeblich für sie im Himmel einsetzten. Gregor von Tours berichtet im sechsten Jahrhundert darüber, wie heidnische Heiler bei ihren Patienten keine Erfolge aufzuweisen vermochten. Sobald man sie jedoch mit Öl und Staub vom Grab des heiligen Martin behandelte, erhoben sie sich umgehend von ihrem Krankenlager.[3]

Ein möglicher Grund, warum überwiegend Frauen in den Ruch der Hexerei gerieten, besonders wenn die Medizin ins Spiel kam, mag das Erstarken der Ärzte- und Chirurgengilden sein. Diese Entwicklung verläuft parallel mit der Einrichtung der Universitäten im späten zwölften Jahrhundert. Medizinisches Wissen wurde nun an Schulen gelehrt und nicht länger über Lehrlinge weitergegeben. Frauen wiederum waren an den Schulen zumeist nicht zugelassen. Die Männer, die eine Universitätsausbildung abschlossen und vom Staat die Genehmigung zum Praktizieren erhielten, verfolgten voller Eifer jene, die ohne Lizenz arbeiteten. Eine Praxis, die bis heute Bestand hat. Diese außerhalb staatlicher Kontrolle arbeitenden Heiler sahen sich oft der Hexerei bezichtigt.[4] Im Mittelalter kam es eher selten zu Hinrichtungen, wenn jemand Magie zum Heilen einsetzte. Als aber die Hexenverfolgung einsetzte, war das öffentliche Misstrauen gegenüber jenen, die privat Medizin verschrieben, bereits fest verwurzelt.

In ihrer Entschlossenheit, den heidnischen Glauben auszulöschen, schützten die frühen mittelalterlichen Gesetze zunächst sogar die »Hexen«, und zwar auf der Grundlage, dass sie überhaupt nicht existierten. Ein sächsisches Gesetz aus dem späten achten Jahrhundert konstatiert: »Sollte irgendjemand, irregeleitet durch den Teufel, den Heiden gleich daran glauben, dass ein Mann oder eine Frau Hexerei betriebe und Menschen verzehrte, und sollte er aufgrund dieser Anschuldigungen [diese Person] dem Flammentod überantworten [...] so soll er seinerseits mit dem Tode bestraft werden.«[5]

Allerdings fällt es den Menschen schwer, Glaubensvorstellungen aufzugeben, die maßgeblich für ihr Weltverständnis sind. So löschte man die negativen Charakterzüge der heidnischen Gottheiten nicht etwa aus, sondern übertrug ihre bösen Ausprägungen auf Menschen. Kannibalismus, Gestaltwandlung, Fliegen und Vampirismus gehörten zu den Fähigkeiten, die man den heidnischen Gottheiten und Geistern nachsagte. Langsam übertrugen sich diese Eigenschaften auf die Hexen, die diese Kräfte den Dämonen verdankten.[6]

Obwohl Hexerei verboten war, dauerte es noch sehr lange, bis irgendjemand in Westeuropa tatsächlich dafür hingerichtet wurde. Im Jahr 820 schor man zum ersten Mal einem Angeklagten den Kopf. Danach führte man ihn auf einem Esel durch die Stadt. Die angelsächsischen Gesetze des zehnten Jahrhunderts schickten jene, die der Zauberei schuldig waren, ins Exil.[7]

Das zwölfte Jahrhundert war eine Epoche großer gesellschaftlicher und wirtschaftlicher Umwälzungen. In jener Zeit kritisierten viele Menschen auch das Verhalten der Geistlichkeit. Es gab ernsthafte Bestrebungen, die Kirche von innen und außen zu reformieren. Damit einher ging der nie aussterbende Wunsch der Christenheit, zur »reinen« Kirche der Apostel zurückzukehren. Damals entstanden zahlreiche Bewegungen, die sich großen Zulaufs erfreuten. Einige, wie die Anhänger des Franz von Assisi, schlossen sich der orthodoxen Kirche an. Andere, wie die Katharer, bewegten sich zu weit außerhalb der Norm und wurden gnadenlos verfolgt und vernichtet. Wieder andere, wie die Waldenser und die Beguinen, setzten ihre Arbeit in aller Stille fort. Sie bestehen heute noch, da sie die Gesellschaftsstruktur nie öffentlich bedroht haben.

In jener Zeit vermischen sich in den Anklagen allmählich Zauberei und Häresie miteinander. Häretikern sagte man nach, sie seien einen Pakt mit dem Teufel eingegangen. Sie veranstalteten in unterirdischen Höhlen Orgien und nach dem Erlöschen der Kerzen habe jeder Sex mit jedem, egal ob Mann oder Frau. Sie stellten sich an, um den Schwanz einer Katze anzuheben und deren After zu küssen. Kinder, die diesen Orgien entsprangen, wurden getötet und gegessen.[8]

Es ist gut möglich, dass Ihnen diese Beschuldigungen bekannt vorkommen – man hat sie schon so ziemlich jeder »häretischen« Gemeinschaft der vergangenen zweitausend Jahre angedichtet. Die Römer bezichtigten die Christen, die Christen beschuldigten zunächst die Heiden, dann die Häretiker und zuletzt die Hexen. Variationen zu diesen Themen tauchten immer dann auf, wenn eine Gruppe Treffen veranstaltete, zu denen nicht alle

Zugang hatten, und wenn die dortigen Vorgänge der Geheimhaltung unterlagen. Ich bin zu dem Schluss gelangt, dass die tatsächliche Definition einer »Orgie« lautet: »eine tolle Party, zu der ich nicht eingeladen war«, oder: »Spaß, den jemand anders hat«.

Daher glaube ich auch, dass die Anschuldigungen gegen die → **Templer** größtenteils reine Erfindung waren.

Den ersten Hinrichtungen, die 1022 im französischen Orléans stattfanden, gingen derartige Vorwürfe voraus. Im dreizehnten Jahrhundert konzentrierte man sich in der Anklage immer noch auf die Häresie, gefolgt von anderen menschenunwürdigen Handlungen. Im frühen fünfzehnten Jahrhundert beschränkten sich die Vorwürfe gegenüber den Hexen jedoch einzig und allein auf die schwarze Magie.

Die Gründe hierfür sind komplexer Natur. Zum einen ist da das erneute ernsthafte Bemühen, die Kirche zu reformieren. Dies brachte übereifrige Prediger wie Bernhard von Sienna hervor, der seine Zuhörer dazu aufrief, den Behörden all jene zu überstellen, die Magie praktizierten, selbst wenn diese heilten oder vor Dämonen schützten. In der nachfolgenden aufgeheizten Atmosphäre denunzierten die Menschen vor allem Frauen. Allerdings sieht es so aus, als wäre nur eine, die unter anderem den Mord an dreißig Kindern gestand, tatsächlich verbrannt worden.[9]

Das bestehende Rechtssystem mit seinen etablierten Inquisitionstechniken und dem zunehmenden, nicht länger verbotenen Gebrauch der Folter mag ebenfalls für den Anstieg der Hexenprozesse verantwortlich sein.[10]

Es ist nicht einmal auszuschließen, dass die Erfindung der Druckerpresse das Aufspüren der so genannten Hexen erleichterte. Im Jahr 1486 wurde der → ***Hexenham-***

mer, eine Anleitung für Hexenjäger, nicht nur geschrieben, sondern auch zu einem der ersten gedruckten Bücher. In den kommenden 250 Jahren erfreute er sich regen Gebrauchs.

In zahlreichen katholischen Ländern richtete man Hexen hin, dennoch fanden sich die eifrigsten Hexenjäger in den neuerlich protestantischen Gebieten – in England, Deutschland, der Schweiz und den englischen Kolonien Nordamerikas. Dies mag darauf zurückzuführen sein, dass die Protestanten Hexen als Überbleibsel des katholischen »Aberglaubens« betrachteten. Diese Reaktion weist Ähnlichkeiten auf mit der Haltung der ersten Christen gegenüber den Heiden.

Martin Luther betrachtete Hexerei ebenfalls als Häresie. Er berichtet darüber, wie seine eigene Mutter durch eine Hexe in Bedrängnis geriet. Einer seiner Schüler fragte ihn, ob Hexen Macht über gute Menschen zu erlangen vermochten. »Oh ja. Dazu sind sie wahrhaftig fähig«, antwortete er. »Unsere Seele ist der Lüge zugänglich [...] Ich glaube, dass der Ursprung meiner Krankheiten nicht natürlich, sondern Machwerk der Zauberei ist.«[11] Er bezeichnete Hexen als *»Teufelshuren«* und fügte hinzu: »Für diese Art Frauen gibt es kein Mitgefühl. Ich würde sie alle brennen lassen.«[12] Allerdings glaubte er nicht daran, dass Hexen fliegen oder die Form wechseln konnten: »Dies sind Illusionen des Teufels, keine wahren Dinge.«[13]

Johannes Calvin stimmte Luther zu. Er verdammte die Hexen zusammen mit Zauberern und Wahrsagerinnen sowie der Praxis der »Geisterbefragung«, die er mit Papismus oder dem römischen Katholizismus gleichsetzte.

Eine der letzten europäischen Hexenverbrennungen fand 1775 in der deutschen Stadt Kempten statt.[14] Als ich dieser Stadt einen Besuch abstattete, teilte man mir mit, dass Adolf Hitler hier seine erste Wahl gewann. Ich habe bisher nicht herausfinden können, ob dies der Wahrheit entspricht, aber die Geschichte an sich ist aufgrund ihrer Konnotation sehr interessant.

Als Mediävistin muss ich hinzufügen, dass die Mehrzahl der Hexen zwischen 1450 und 1750 den Tod fand; in einer Epoche also, die in den meisten Geschichtsbüchern als »Renaissance« oder »Aufklärung« bezeichnet wird. Dabei ist allerdings zu berichtigen, dass es sich nicht, wie in *Sakrileg* behauptet, um dreißig Millionen Opfer handelte. Dies hätte bei weitem die damalige Bevölkerungszahl überstiegen. In den tausend Jahren der Verfolgung beläuft sich die Zahl eher auf 200 000 Opfer, die meisten davon in den oben erwähnten dreihundert Jahren.[15] Einige dieser Menschen betrachteten sich vielleicht sogar selbst als Hexen. Ich gehe vielmehr davon aus, dass die meisten Opfer anderer Meinung waren. Dabei ist es im Grunde unerheblich, wie sie sich selbst sahen. Meiner Meinung nach würden die meisten Menschen heutzutage darin übereinstimmen, dass auch nur eine einzige verbrannte Hexe eine zu viel ist.

Es wäre schön, wenn wir mit Sicherheit behaupten könnten, dass Hexenverfolgungen der Geschichte angehören, über welche die heutige erleuchtete Gesellschaft erhaben ist. Wie die neuere Geschichte leider zeigt, ist dem jedoch nicht so. Der Schauplatz hat sich lediglich von der Religion zur Politik verschoben. Die einzige Verbesserung, die ich sehe, liegt darin, dass die heutigen »Hexen« beiderlei Geschlecht angehören.

Die meisten Menschen, die Hexen seinerzeit verdammten, glaubten tatsächlich an die Existenz schwarzer Magie, dazu gedacht, die existierende Gesellschaft zu vernichten. Daher waren derart extreme Maßnahmen zum Nutzen der Gemeinschaft durchaus gerechtfertigt. Es liegt im Ermessen der kommenden Generation von Historikern, ob unsere eigenen Hexenjagden mehr Rechtfertigung für sich beanspruchen können als jene der Vergangenheit.

Literaturempfehlungen

Jean C. Bologne: Magie und Aberglaube im Mittelalter. Patmos 2003

Rainer Decker: Hexen. Magie, Mythen und die Wahrheit. Primus 2004

Valerie I. J. Flint: The Rite of Magic in Early Medieval Europe. Princeton UP 1991

Richard Kieckhefer: Magie im Mittelalter. C. H. Beck 2000

Harm Mögenburg und Uta Schwarz: Hexen und Ketzer. Der Umgang mit Minderheiten vom Mittelalter bis heute. Diesterweg 1991

Sönke Lorenz und Jürgen M. Schmidt: Wider alle Hexerei und Teuelswerk. Thorbecke 2004

Jeffrey Richards: Sex, Disidence, and Damnation: Minority Groups in the Middle Ages. Routledge 1991

Jeffrey Burton Russell: Witchcraft in Medieval Europe. Cornell UP 1981

Hans-Jürgen Wolf: *Hexenwahn*. Gondrom 1994

---

[1] Jeffrey Burton Russell: *Witchcraft in Medieval Europe*. Cornell UP 1981, S. 16 (Ich möchte an dieser Stelle Prof. Russell dafür danken, dass er dieses Kapitel gelesen und kommentiert hat.)

[2] Darrel W. Amundsen: *Medicine, Society and Faith in the Ancient and Me-*

dieval Worlds. Johns Hopkins UP 1996 (Eine tiefer gehende Studie über dieses Konzept.)

[3] Gregor von Tours

[4] Ebenda, S. 206

[5] Russell, S. 69

[6] Valerie J. Flint: *The Rise of Magic in Early Medieval Europe*. Princeton UP 1991, S. 68–71

[7] Russell, S. 73

[8] Jeffrey Richards: *Sex, Disidence and Damnation: Minority Groups in the Middle Ages.* Routledge 1991, S. 76–81; Russell, S. 86–89

[9] Richard Kieckhefer: *Magic in the Middle Ages*. Cambridge UP 1989, S. 194 [vgl. R. Kieckhefer: *Magie im Mittelalter*, C. H. Beck 2000]

[10] Ebenda, S. 199 f.

[11] Martin Luther: *Tischreden*. Nr. 3491, S. 355–56. In: Alan Charles Kors und Edward Peters (Hg.): *Witchcraft in Europe 400–1700. A Documentary History.* UP Press 2001, S. 262 [vgl. Martin Luther u. a.: *Luthers Tischreden*. Faber und Faber 2003]

[12] Ebenda, Nr. 3952, S. 31 f. In: Kors und Peters, S. 263

[13] Kors und Peters, S. 265

[14] Bengt Ankarloo und Stuart Clark: *Witchcraft and Magic in Europe, the Eighteenth and Ninetheenth Centuries*. University of Pennsylvania Press 1999, S. 163

[15] Russell, S. 95

Der Hexenhammer

(Malleus Maleficarum)

Der *Malleus Maleficarum* wird auch als »Hexenhammer« bezeichnet. Tatsächlich bedeutet es eher so etwas wie »Hammer der Frauenhasser«. Das Buch verfassten im Jahr 1487 Heinrich Kramer und Jacob Sprenger, zwei Dominikaner der Inquisition. Darin sind sämtliche Arten von Hexen aufgelistet und wie man sie erkennt.[1] Aus diesem Grund ist es wohl kaum überraschend, dass dieses Werk sehr beliebt war und es Katholiken wie Protestanten gleichermaßen bei der Hexenjagd einsetzten.[2]

Der *Hexenhammer* könnte genauso gut »Ein Handbuch für Hexenjäger« heißen, denn er beinhaltet eine lange Liste mit Fragen, die jenen gestellt werden sollen, die im Verdacht stehen, mit dem Teufel paktiert zu haben. Hinzu kommen Beschreibungen diverser Riten.

Das Buch besteht aus drei Teilen. Der erste belegt die Existenz von Hexen und ihrer vom Teufel verliehenen magischen Kräfte. Der zweite Teil erklärt, welche Arten von Hexen es gibt und was diese tun. Im dritten Teil wird beschrieben, ob ihnen durch kirchliche oder weltliche Gerichtsbarkeit der Prozess gemacht werden sollte. In katholischen Ländern zerrte man Hexen nicht per se vor ein kirchliches Gericht. Der Inquisition war es lediglich gestattet, bei Häresie (Ketzerei) einzuschreiten.

»Außerdem, wenn die Hexen dem Gerichte der Inquisitoren unterstellt sind, so wird dies wegen des Verbrechens der Ketzerei sein. Daß aber die Taten der Hexen ohne Ketzerei geschehen können, wird (so) bewiesen: Wie nämlich den Leib Christi in den Dreck treten, was eine ganz schauderhafte Sünde wäre, ohne Irrtum im Verstande und folglich auch ohne Ketzerei geschehen kann, weil es feststeht, daß jemand glaubt, da ist der Leib, ihn aber doch, um dem Dämon auf Grund irgend eines Paktes gefällig zu sein, in den Dreck würfe, um das gewünschte Ziel, z. B. die Entdeckung eines Schatzes oder ähnliches, zu erreichen: so können auch die Taten der Hexen ohne Irrtum des Glaubens, wenn auch nicht ohne große Sünde, geschehen. Daher entgehen sie in jedem Falle durchaus dem Gerichte der Inquisitoren und werden ihren Richtern überlassen.«[3]

Der Abschnitt geht umfassend auf die Unterschiede zwischen einem Häretiker, einer Hexe und einem konvertierten Juden ein, der sich wieder dem Judentum zuwandte. Offenbar hat man versucht, den Inquisitoren als Rechtsexperten auch die Hexenprozesse zu übertragen. Das Buch wiederholt: »Es folgt also, daß, wo das Verbrechen nicht rein geistlich ist, so wie es das Verbrechen bei derartigen Hexen ist, sie wegen der zeitigen Schäden, die von ihnen angetan werden, vom bürgerlichen und nicht vom geistlichen Richter bestraft werden müssen.«[4]

Trotz dieser Warnung hatte der *Malleus Maleficarum* den Ruf, kaum geeignet zu sein, um damit auch nur zu bestimmen, ob im Falle der Anschuldigung der Hexerei zugleich Häresie vorlag. »1538 warnte die spanische Inquisition ihre Mitglieder, nicht alles im *Malleus* für bare Münze zu nehmen.«[5]

Trotz dieser Warnung erfreute sich das Buch weiterhin großer Beliebtheit. Zwischen 1487 und 1669 gab es neunundzwanzig Auflagen.[6]

Die Autoren des *Malleus Maleficarum* waren zwar Katholiken, die Hexenjagd verlief jedoch konfessionsübergreifend. Obwohl die römisch-katholische Inquisition in den später protestantischen Ländern verboten war, betrachtete man Hexerei immer noch als Bedrohung für die Gesellschaft. Daher richtete man sowohl zivile als auch kirchliche Tribunale ein, um dieser Gefahr zu begegnen. Der *Malleus* war dabei zu nützlich, um ausgemustert zu werden.

Für mich ist es am interessantesten, aber auch beängstigendsten, wie überzeugend dieses Buch ist. Die Autoren listen ein Beispiel nach dem anderen auf, in denen sie die Handlungen der Hexen beschreiben und die Ergebnisse ihrer Flüche aufführen. Ist ein Leser bereits vorab von Existenz und Macht der Hexen überzeugt, so ist es nur allzu verführerisch, diesen Berichten Glauben zu schenken.

Noch schlimmer ist jedoch, dass die Prozessregeln den Eindruck vermitteln, es ginge fair zu. Der Richter sollte ein angesehener Mann sein. Der Verteidiger der Beschuldigten wird überprüft, damit er auch nicht gegen sie eingenommen (es ist immer eine »Sie«) oder bestechlich ist.[7] Die Glaubwürdigkeit der Zeugen ist ebenfalls festzustellen. Die Strafe für falsche Anschuldigungen ist hart. Anonyme Klagen sind nur zulässig, wenn der Ankläger nachweisen kann, dass er anderenfalls in Lebensgefahr schwebt. Es gibt sogar diverse Vorkehrungen, damit der Anwalt auf solche Anklagen zu antworten vermag.[8] Auf dem Papier wird jeder Versuch unternommen, ein gerechtes Verfahren zu gewährleisten. Die Autoren haben sogar eine Antwort auf die oft gestellte Frage, warum die ach so mächtigen Hexen nicht ihren Gefängniszellen entkommen können: »Das ist ja offenkundig, wie es sich im zweiten Teile des Werkes ergeben hat, daß in der öffentlichen Gerichtsbarkeit alle Kräfte der Hexenkunst gebrochen werden.«[9]

Ist jemand überzeugt davon, dass Hexen existieren und dass sie bösartig sind, so klingt für ihn alles, was im *Malleus Maleficarum* steht, folgerichtig und logisch. Es ist kein Handbuch zur Verfolgung harmloser Frauen, sondern vielmehr dazu da, die Gesellschaft vor einer offenkundigen und bestehenden Bedrohung zu schützen.

Alles eine Frage der Einstellung.

Literaturempfehlungen

Wolfgang Behringer: Hexen und Hexenprozesse in Deutschland. dtv 2000

Rainer Decker: Hexen. Magie, Mythen und die Wahrheit. Primus 2004

Barbara Ehrenreich und Deirdre English: Hexen, Hebammen und Krankenschwestern. Frauenoffensive 1987

Heinrich (Institoris) Kramer und Jakob Sprenger: Der Hexenhammer (Malleus Maleficarum). Area 2004

Brian P. Levack: Hexenjagd. C. H. Beck 2003

Arthur Miller: Hexenjagd. Fischer 1984

Claire Singer: Hexen, Geschichte und Mythen. Tosa 2004

Friedrich von Spee: Cautio Criminalis oder rechtliches Bedenken wegen der Hexenprozesse, 1631. dtv 2000

---

[1] Heinrich Kramer und James Sprenger: *Malleus Maleficarum*. Übers. von Montague Summers. Dover Publications 1971 [vgl. Jakob Spren-

ger und Heinrich Institoris: *Der Hexenhammer (Malleus Maleficarum)*. Aus dem Lateinischen übertragen und eingeleitet von J. W. R. Schmidt, dtv]

2 Alan Charles Kors und Edward Peters (Hg.): *Witchcraft in Europe 400–1700. A Documentary History*. UP Press 2001, S. 180

3 Kramer und Sprenger, S. 194 f. [deutsche Ausgabe S. 3 f., Einführung, Punkt 5, Teil III]

4 Ebenda, S. 195 [ebenda, Punkt 5, § 11]

5 Bengt Ankarloo und Stuart Clark: *Witchcraft and Magic in Europe, the Eighteenth and Nineteenth Centuries*. University of Pennsylvania Press 1999, S. 241

6 Ebenda, S. 240

7 Kramer und Sprenger, S. 217 f. [deutsche Ausgabe S. 60 ff., Punkt 3, Frage 10, § 2, Teil III]

8 Ebenda, S. 218–222 [ebenda, S. 60 ff., Punkt 3, Fragen 11 und 12, Teil III]

9 Ebenda, Seite 222 [ebenda, S. 60 ff., Punkt 3, Frage l8, § 9, Teil III]

Isis

Isis war eine der beliebtesten Göttinnen der Antike. Ihre Geschichte beginnt in Ägypten, wo sie jahrtausendelang verehrt wurde, ehe die Griechen und später auch die Römer ihren Kult für sich entdeckten.

In der ägyptischen Mythologie ist Isis die Gemahlin und Schwester des Vegetationsgottes Osiris.[1] Dieser wird von seinem Bruder Seth zunächst in einen Sarg gelockt und im Nil ausgesetzt. Isis findet seine Leiche in Byblos und empfängt Horus, den gemeinsamen Sohn. Seth entdeckt die versteckte Leiche, zerstückelt sie und verstreut sie dann über ganz Ägypten. Isis macht sich von neuem auf die Suche, setzt die Körperteile magisch wieder zusammen und erweckt ihn zusammen mit ihrer Schwester Nephtys (der Gemahlin des Seth) wieder zum Leben. Später wird Horus in den Sümpfen geboren und Isis erzieht ihn zum Rächer des toten Vaters. Er fordert Seth heraus, trägt den Sieg davon und beide erscheinen vor dem Gerichtshof der Götter. Osiris wird zum König des Westens, des Totenreiches ernannt, sein Sohn folgt ihm auf den Thron in der Welt der Lebenden. Seth wird nicht verurteilt, muss aber in die Wüste ziehen. Er wird zum Herrn der Stürme. Aus diesem Grund wird er später in Rom mit dem griechischen Typhos gleichgesetzt.[2] In

Isis nährt Horus (Harpokrates).
© Scala/Art Resource, New York

einigen Versionen des Mythos erweckt sie Osiris wie hier beschrieben zu neuem Leben, in anderen errichtet sie Tempel an jedem Ort, der einen Teil von ihm birgt.[3]

In Rom konnte sich der Isis-Kult nicht sogleich durchsetzen. Der Senat billigte die Göttin nicht und tat sein Bestes, um ihre Verehrung zu unterdrücken.[4] Diese Abneigung könnte daher rühren, dass Isis den Frauen so viele Freiheiten gewährte. Es lässt sich nicht genau abschätzen, wie hoch der Wahrheitsgehalt dieser Überlieferung ist. Die Geschichten über Isis zeigen, dass sie eigenverantwortlich handelte, aber auch eine hingebungsvolle Gemahlin und Mutter war. Nachdem ihr Kult dennoch in der römischen Gesellschaft Fuß gefasst hatte, beschnitt man die Rolle der Frauen umgehend. »Es ist sehr wahrscheinlich, dass einige der neueren Kulte, *vor allem in den Jahren, bevor sie fester Bestandteil des städtischen institutionellen Lebens wurden*, Frauen erheblich mehr Freiheiten und Ämter zustanden, als dies in den älteren Kulten der Fall war.«[5]

Meiner Meinung nach ist es genau das, was den → **Frauen im frühen Christentum** widerfuhr.

Isis war zu mächtig, um erfolgreich unterdrückt zu werden. Aber mit dem Auszug aus Ägypten veränderte sie sich. In der synkretistischen Religion der griechisch-römischen Welt verschmolz Isis mit anderen Muttergottheiten. Man setzte sie mit der griechischen Demeter gleich, der Göttin der Ernte und Mutter der Persephone, sowie mit den Mondgöttinnen und der Großen Mutter. Die Menschen brachten ihre kranken Kinder oft zum Tempel der Isis, in dem sich den Berichten nach Wunderheilungen ereigneten. Doch auch mit Tod und Trauer wird sie in Verbindung gebracht.[6]

Der Kult der Isis war ein »Mysterienkult« in der ursprünglichen Bedeutung des griechischen Wortes *mystes*, das »initiieren« bedeutet. Wie im → **Mithraismus** gab es eine Hierarchie, über deren Stufen die Verehrer der Isis aufsteigen konnten. Anders als im Mithras-Kult waren diese Zeremonien allerdings öffentlich und Anlass zu großen Freudenfeiern.[7]

Es besteht kein Zweifel, dass die vielen Statuen der Horus nährenden Isis Vorbild für jene der Jungfrau Maria mit Jesus waren.[8] Dies sollte niemanden überraschen oder schockieren. Es ist natürlich, dass Menschen, die eine neue Religion annehmen, die ihnen vertrautesten Dinge ihres alten Glaubens nicht zurücklassen. In der heidnischen Welt, in der ein ständiger friedlicher Austausch der Gottheiten herrschte, war es völlig normal, mit der Verbreitung des Christentums auf die Jungfrau Maria die Attribute der einstigen Lieblingsgöttinnen zu übertragen.

Dies soll nicht bedeuten, dass unter dem Mantel der Maria eine Isis oder Demeter steckt. Doch die Menschen brachten ihren Wunsch nach Trost und Schutz in die neue Religion mit, ebenso wie ihr Bedürfnis nach einem göttlichen Wesen, das nicht entrückt, sondern menschlich war und ihre Ängste und Sorgen verstand.

Letztlich geht es einfach nur darum, dass wir alle eine Mutter brauchen.

Literaturempfehlungen

Eva Canterella: Pandora's Daughter. The Role and Status of Women in Greek and Roman Antiquity. Übers. von Maureen B. Fant. Johns Hopkins UP 1987

Adolf Ermann: Die Religion der Ägypter. Ihr Werden und Vergehen in vier Jahrtausenden. Gruyter 2001

Jane F. Gardner: Frauen im antiken Rom. C. H. Beck 2000

Marian Giebel: Das Geheimnis der Mysterien. Antike Kulte in Griechenland, Rom und Ägypten. Artemis/Patmos 1990

George Hart: Ägyptische Mythen. Reclam 1999

Hans Kloft: Mysterienkulte der Antike. C. H. Beck 1999

Mary F. Lefkowitz: Frauen im alten Griechenland. dtv 1995

---

[1] Walter Burkert: *Ancient Mystery Cults*. Harvard UP 1987, S. 82 [vgl. *Kulte des Altertums. Biologische Grundlagen der Religion*. C. H. Beck 1998, S. 90 f.]

[2] Plutarch: *Isis and Osiris*. In: C. K. Barrett: *The New Testament Background*.

Selected Documents. Harper and Row 1989, S. 121 ff. [vgl. Theodor Hoepfner: *Plutarch. Isis und Osiris.* 2 Bde. Wissenschaftliche Buchgesellschaft 1967]

3 Ebenda

4 Burkert, S. 41 [deutsche Ausgabe S. 49]

5 Wayne A. Meeks: *The First Urban Christians. The Social World of the Apostle Paulus.* Yale UP 1983, S. 25 (Die kursiven Hervorhebungen stammen von mir. Anm. d. A.)

6 Eine Verbindung, eventuell sogar sexueller Natur, mit dem widderköpfigen Ammon, wie in *Sakrileg* angedeutet, lässt sich hingegen in keiner Schriftquelle finden, bis auf den frühchristlichen Hinweis, dass die Zeremonien der Isis ähnlich sündhaft seien. Vgl. auch Burkert, S. 90 f.; *Lexikon des alten Ägypten.* Reclam 1998; A. Ermann: *Die Religion der Ägypter. Ihr Werden und Vergehen in vier Jahrtausenden.* Gruyter 2001 [Anm. d. Ü.]

7 Apuleius: *The Golden Ass*, xi 25. In: Barrett, S. 129 [vgl. Apuleius: *Der goldene Esel.* Artemis und Winkler 1998]

8 Everett Ferguson (Hg.): *Encyclopedia of Early Christianity.* Garland Publishing 1990, S. 476

Kabbala

Die Kabbala ist eine Form des jüdischen Mystizismus. Auf Hebräisch bedeutet *qabbala* einfach »Tradition«. Allerdings heißt dies nicht, dass *Tewje der Milchmann* ein kabbalistisches Schauspiel ist. Die Kabbala ist nur ein Faden, den die Tradition in den Teppich des Judentums gewebt hat.

Es gab schon immer eine mystische, visionäre Strömung im Judentum, wie jeder sehr wohl weiß, der das Buch Hesekiel gelesen hat. Die Struktur der so genannten Kabbala entwickelte sich im späten zwölften Jahrhundert im Süden Frankreichs. Die wichtigsten kabbalistischen Zentren des Mittelalters befanden sich allerdings in Spanien. Es wird viel darüber diskutiert, welche Quellen der damaligen Sammlung zugrunde lagen. Ich neige dazu, Elliot Wolfson zuzustimmen, der davon ausgeht, dass es sich um eine Kombination aus jüdischer Geschichtentradition, der frühen Mystizismusform auf Basis des Buches Hesekiel und neoplatonischer Philosophie handelt, die im Europa des zwölften Jahrhunderts gerade wieder auflebte.[1]

In *Sakrileg* wird erwähnt, das RASHI (Solomon ben Isaac, ca. 1040–1105), der große Exeget der Torah, in seinem Haus nahe der nordfranzösischen Stadt Champagne eine Kabbala-Schule betrieb.[2] Dies war nicht der Fall. RASHI lebte fast einhundert Jahre vor der ersten Erwähnung der Kabbala. Abgesehen davon war er einer der führenden Vertreter klar verständlicher und eindeutiger Bibelinterpretationen. Ich bezweifle sehr, dass er die kabbalistischen Methoden gebilligt hätte.

In der judäischen Lehre gibt es vier verschiedene Wege, einen Text zu interpretieren: *peshat*, die wörtliche; *derash*, im Sinne einer Predigt; *remez*, die allegorische; und *sod* (mit langem o), die mystische Interpretation.[3] In der Kabbala wird offensichtlich *sod* bevorzugt. RASHI war ein Verfechter von *peshat*.

Die Kabbala besteht nicht aus einem, sondern vielen Büchern. Eines der ersten ist der *Sefer Jezira* oder das *Buch der Schöpfung*.[4] Es wurde irgendwann vor dem zehnten Jahrhundert geschrieben. Das *Buch der Schöpfung* war ursprünglich kein spezifisch zu den mystischen Kabbala-Studien gehörendes Werk, sondern man hat es erst später hinzugezogen. Ein weiteres Buch ist der *Sefer Bahir* oder das *Buch der Erleuchtung*, das in der Provence seinen Ursprung hat. Ein drittes wichtiges Buch ist der *Zohar* oder das *Buch des Glanzes*.[5]

Das *Buch der Schöpfung* enthält viele Elemente, die sich auch in der nichtjüdischen Mystik finden. Der Text selbst ist in eine Reihe von kryptischen Passagen unterteilt, die eine Fülle von Interpretation zulassen. Diese beruhen traditionellerweise auf Mustern, die auf den Buchstaben des hebräischen Alphabets, den Tierkreiszeichen und dem Verständnis der verwendeten Symbole aufbauen. Die folgende Passage zeigt dies anchaulich:

Er ließ Kaf herrschen
Und gab ihm eine Krone

Und Er kombinierte sie miteinander
Und mit ihnen schuf Er
Venus im Universum
Mittwoch im Jahre
Und das linke Auge in der Seele
Von Mann und Frau.[6]

Viele Kabbalisten sahen diese Passagen als Code an, der zum Verständnis des Universums führte, und entwickelten unvorstellbar komplexe Diagramme, die ihnen bei der Entschlüsselung helfen sollten. Obwohl diese Bücher alle ins Deutsche übersetzt wurden, sind ihre Wurzeln dennoch fest im Hebräischen verankert. Ohne fundierte Kenntnisse dieser Sprache ist ein Studium der Materie so gut wie unmöglich.

Eine weitere Hürde zum vollständigen Verständnis der Kabbala bildet die überwiegend mündliche Tradition. Zudem werden zukünftige Studenten erst mit vierzig Jahren für reif genug erachtet, dieses Wissen zu empfangen.[7] Da ich selbst sowohl im Alter von zweiundzwanzig als auch mit vierzig Jahren weiterführende Studienkurse absolviert habe, kann ich dem nur zustimmen. Während die Meister auf das Heranreifen ihrer Studenten warten, sterben allerdings auch viel zu viele von ihnen.

Es gibt mehrere Möglichkeiten, sich dem kabbalistischen Studium zu nähern. Da wäre zum einen der Versuch, es für magische Zwecke und zur Wahrsagerei zu nutzen. Ein anderer Ansatz ist das intellektuelle und mathematische Exerzitium. Die dritte Möglichkeit ist der Versuch, die Barrieren zwischen dem Menschlichen und dem Göttlichen niederzureißen. In einigen Kulturen bedeutet dies die Union, das Einswerden mit dem Göttlichen. In der jüdischen wie der christlichen Mystik wäre dies jedoch reine Blasphemie. Das Höchste, worauf man hoffen darf, ist die *Komm*union, den Geist Gottes zu berühren oder vor seinem mystischen Thron zu stehen.[8]

Einige frühe Kabbalisten werden mit den jüdischen → **Gnostikern** gleichgesetzt, und es gibt eine Anzahl von Stücken der Bibliothek von → **Nag Hammadi,** welche dieselbe Resonanz aufweisen wie die kabbalistischen Bücher, die ich gelesen habe. Dies bedeutet allerdings nicht, dass sie dieselben Quellen verwendet haben, obwohl die mündliche Tradition verlorene Schriften bewahrt haben mag. Es vermittelt mir, dass es in jeder Gemeinschaft und jeder Ära Menschen gegeben hat, die hinter die Realität schauen wollten. Einige Mystiker suchen dieses Ziel über Meditation, Fasten und Gebete zu erreichen. Andere verfolgen es mit Hilfe von Codes, Nummern und der Macht des Wortes.

Jene, die die Kabbala studieren, und jene, die den Gral suchen, haben mehr gemeinsam, als ihnen bewusst ist.

Literaturempfehlungen

Joseph Bernhart: Die philosophische Mystik des Mittelalters von ihren antiken Ursprüngen bis zur Renaissance. Darmstadt 1966

Moshe Idel: Kabbalah New Perspectives. Yale UP 1988

Derselbe: Messianic Mystics. Yale UP 1998

Aryeh Kaplan: Sefer Jezira. Das Buch der Schöpfung. Übers. von Johann Friedrich von Meyer. Hg. von Eveline Goodman-Thau und Christoph Schulte (Jüdische Quellen 1), Akademie Verlag 1993

E. G. Papus: Kabbala. Übers. von Julius Nestler. Marixverlag 2004

Peter Schäfer: Der verborgene und der offenbare Gott. Mohr Siebeck 1991

Gershom Scholem: Zur Kabbala und ihrer Symbolik. Suhrkamp 2001

Derselbe: Ursprung und Anfänge der Kabbala, Suhrkamp 2001

Derselbe: Die jüdische Mystik in ihren Hauptströmungen. Suhrkamp 2000

Helmut Werner: Die Kabbala, Komet 2002

---

[1] Elliot R. Wolfson. *Through a Speculum that Shines: Vision and Imagination in Medieval Jewish Mysticism*. Princeton UP 1994, S. 273

[2] *The Da Vinci Code*, S. 60 (in der gekürzten deutschen Fassung wird RASHI nicht erwähnt. Anm. d. Ü.). Brown wiederholt hier (so mein Verdacht) einen der Fehler aus *Holy Blood, Holy Grail*. [vgl. Michael Baigent, Henry Lincoln, Richard Leigh: *Der Heilige Gral und seine Erben*]

[3] Frank Ephraim Talmage: *Apples of Gold in Settings of Silver. Studies in Medieval Jewish Exegesis and Polemics*. Hg. von Barry Dov Walfish. Pontifical Institute of Medieval Studies 1999, S. 382

[4] Aryeh Kaplan, *The Book of Creation*. Übers. von *Sefer Yetzirah*. Jason Aronson Inc. 1995

[5] R. C. Musaph-Andriesse. *From Torah to Kabbalah*. Oxford UP, New York 1982, S. 87

[6] Kaplan, S. 174

[7] Moshe Idel: *Kabbalah New Perspective*. Yale UP 1988, S. 20 ff.

[8] Siehe Idel, Wolfson und Scholem sowie die weiteren Literaturempfehlungen am Ende dieses Kapitels.

Die Kapelle von Rosslyn

Die Kapelle von Rosslyn, eigentlich die Rosslyn Collegiate Church, existiert nicht nur im realen Leben: Auf einer eigenen Internetseite kann man ihr sogar einen virtuellen Besuch abstatten.[i] Während man die Fotos zahlreicher Verzierungen betrachtet, die in *Sakrileg* beschrieben werden, erklingt im Hintergrund mittelalterliche Musik. Die Kapelle liegt im schottischen Landstrich Lothian am Fluss Esk, acht Meilen südlich von Edinburgh am Rand des Dorfes Roslin.

Der Name Rosslyn leitet sich ab von den gälischen (schottischen) Wörtern *ross*, was »felsiger Vorsprung« bedeutet, und *lynn*, womit ein »Wasserfall« gemeint ist.[1] Die Kapelle wurde derart errichtet, dass man einen guten Blick auf den darunter liegenden Rosslyn Glen hat. (Es existieren dort allerdings keine Höhlen. Ausgrabungen, um eventuell vorhandene unterirdische Gänge aufzuspüren, hätten womöglich den Einsturz des Gebäudes zur Folge.)

Unter William Sinclair, dem Grafen von Orkney, begann der Kirchenbau um 1450. Offenbar war das Gebäude deutlich größer geplant, aber nur der Chor wurde

---

www.rosslyn-chapel.com

vollendet. Die Kapelle ähnelt zwar anderen Kollegkirchen, die zur gleichen Zeit entstanden, das Ausmaß der Verzierung ist dennoch äußerst ungewöhnlich. Mein erster Eindruck beim Betreten der Kapelle ließ mich an etwaige spanische sakrale Vorbilder denken, aber offenbar sind die Kunsthistoriker nicht dieser Meinung.[2] Dabei haben sie weniger die Beschaffenheit der Muster kommentiert, sondern eher ihre Vielzahl. Die Wirkung der zahllosen Schnitzereien ist beeindruckend und ein wenig überbordend, so als hätte sich eine Person mit all ihrem Schmuck behängt. »Die Arkadenbögen, Kapitelle, Balkenverläufe und Fensterbögen sind mit Laubschnitzereien verziert und zwischen den Fenstern befinden sich bebilderte Kragsteine und Vordächer.«[3] An anderer Stelle bemerkt derselbe Autor: »Wie so oft in Roslin trug man dem Verlangen nach einer reichhaltigen Wirkung vielleicht stärker Rechnung, als man es hätte erwarten können.«[4]

Die auf Holzbrettern aufgezeichneten Pläne für Rosslyn gingen während der Reformation verloren. Es existieren keinerlei Dokumente, die darüber Aufschluss geben, warum Earl William nahezu jeden Zentimeter seiner Kapelle mit Verzierungen versehen ließ. Der einzige Überrest eines Bauplanes befindet sich an der Wand der Krypta, die vermutlich als Erstes stand. Dort sind immer noch Spuren von Zeichnungen eines Bogens, eines Spitztürmchens, eines Teiles des Dachgewölbes und zweier Kreise zu erkennen.[5] Die Skizzen haben die Zeit wahrscheinlich nur deshalb überdauert, weil sie kurz nach dem Bau der Kapelle unter Putz verschwanden.

Nun kommt eine mangelhafte Dokumentation für Historiker einer Katastrophe gleich, für Romanautoren ist sie jedoch eine fabelhafte Sache, da sie nach Herzenslust kreativ werden können. Das ist vermutlich der Grund, warum ich mich auf beiden Gebieten betätige. In einer erfundenen Geschichte vermag ich auf eine Art und Weise spekulieren, die nach den Kriterien wissenschaftlichen Arbeitens völlig unangemessen wäre. Die detaillierten Verzierungen in Rosslyn sind Ursprung für mehrere Legenden. Bevor ich mich ihnen zuwende, will ich mich zuerst einmal mit den bekannten Tatsachen über William Sinclair beschäftigen. Vielleicht lassen sich so einige Hinweise finden, warum er den Bau der Kapelle anordnete, sie aber nie vollendet wurde.

Graf William war der vierte Sinclair, der den Titel des dänischen Besitzes Orkney trug. Da die Grafen außerdem die Barone von Roslin stellten und Ländereien in Schottland besaßen, machte dieses geteilte Lehensverhältnis den Sinclairs gelegentlich das Leben schwer. Die Einkünfte aus Orkney waren jedoch beträchtlich und wogen den Ärger auf.[6] Zu jener Zeit war es für den schottischen Adel eher ungewöhnlich, eines natürlichen Todes zu sterben oder seinen Besitz länger als eine Generation sein Eigen zu nennen. Der dritte schottische Stewart-König Jakob I. fiel 1437 einem Mordanschlag zum Opfer und überließ damit seinen sechsjährigen Sohn Jakob II. der Gnade der verschiedenen Parteien, die um die Macht rangen.[7] Die Familie Douglas war der erklärte Feind des Königs. William heiratete in die Familie ein, als er Elizabeth Douglas ehelichte, die Tochter des vierten Earls. Elizabeth starb jedoch 1451, Jahre bevor James II. die Volljährigkeit erreichte. William beschloss, sein Geschick mit dem des Königs zu verbinden.[8] Etwa um diese Zeit begann er mit dem Bau der Kapelle.

Unter den schottischen Grafen hat eine Kollegiatskirche offenbar eine Art Statussymbol dargestellt. Dabei handelte es sich um Kirchen, welche Priestern unterstanden, die man als Kanoniker bezeichnete. Ihre einzige Aufgabe bestand in der Lesung von Messen, vermutlich für die Seelen der Adeligen und ihrer Familien. Sowohl der Baron von Dunbar als auch Baron Crichton erbauten 1444 und 1449 Kollegiatskirchen.[9] Keine davon ist jedoch so ausgeschmückt wie die Kapelle von Rosslyn.

Eine Zeit lang schien das Bündnis mit König Jakob II. William sogar noch mehr Reichtum und Macht zu bescheren. Während seiner Amtszeit als Kanzler von Schottland (1454–1456) brachte er das hundert Jahre zuvor verlorene Caithness wieder in den Besitz der Familie.

Allerdings hatte der König von Schottland ein Auge auf das einträgliche Gut Orkney geworfen. Jakob trat mit König Christian von Dänemark (1448–1481) in Verhandlungen, um Orkney an sich zu bringen. Dadurch hätte William Sinclair eine wichtige Einkommensquelle eingebüßt, und es gab Gerüchte, dass er das Treffen zu hintertreiben versuchte. Ganz sicher fiel er in Ungnade. »William [...] muss einen Stoßseufzer der Erleichterung von sich gegeben haben, als er während der noch laufenden Verhandlungen [1460] vom plötzlichen Tod des Königs erfuhr.«[10]

Jakob III. (1460–1488), der nächste König, setzte die Bestrebungen seines Vaters jedoch fort, und so sah sich William 1470 gezwungen, seine Rechte zugunsten der schottischen Krone abzutreten. Er muss gewusst haben, dass dies unausweichlich war, denn im vorangegangenen Jahrzehnt kaufte er den Orkney-Bauern so viel Land ab, wie er sich nur leisten konnte. Das glich allerdings den Verlust seiner Einkünfte als Graf nicht aus.

Vielleicht blieb die Kapelle von Rosslyn aus diesem Grunde unvollendet. William musste sich nicht nur mit

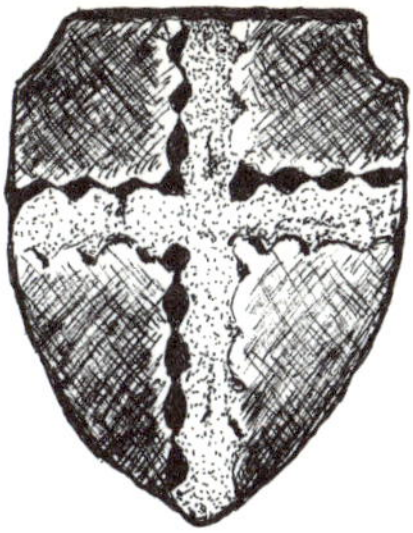

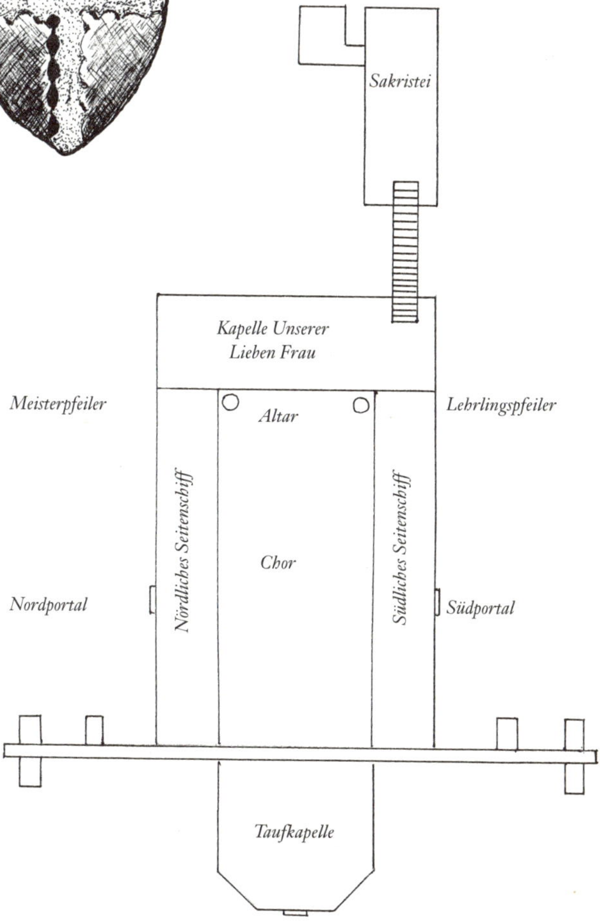

Sinclair-Kreuz. Kapelle von Rosslyn.

Zeichnung von Lisa Newman

einem geringeren Einkommen zufrieden geben, sein ältester Sohn William »der Verschwender« gebärdete sich zudem derart verantwortungslos, dass der Earl ihn enterbte und Rosslyn seinem zweiten Sohn Oliver überließ. Offenbar war es Oliver, der die Bauarbeiten zum Abschluss brachte.[11]

Das ist alles, was wir über William Sinclair, den vierten und letzten Earl von Orkney, wissen. Die ursprünglichen Besitzurkunden der Kapelle gingen verloren, die Baupläne fielen der Vernichtung anheim. Nur das fantastische Gebäude selbst ist noch erhalten: der Chor, von dem aus eine unvollendete Wand des vorgesehenen Schiffes zu beiden Seiten herausragt.

Der Beginn der Legenden

Das Schicksal der Kapelle von Rosslyn war mit dem der Familie Sinclair eng verbunden. Diese wiederum durchlebte eine Krise von fast zweihundert Jahren Dauer. Die Sinclairs wählten die Verliererseite im schottischen Machtkampf und verharrten im Katholizismus, als das Land sich dem Protestantismus zuwandte. Nach einer langen Zeit der Vernachlässigung riss man schließlich, entgegen des ausgeprägten Widerstandes eines weiteren Grafen William Sinclairs, die Altäre ein.[12] (Ich fürchte, sie hießen allesamt William.)

Die Verbindung der Familie Sinclair zur Maurergilde und später zum Orden der → **Freimaurer** begann im frühen siebzehnten Jahrhundert. Die Maurergilde stand unter der Leitung des Obersten Baumeisters. Für gewöhnlich stammte dieser aus einer guten Familie und war kein Maurer. Im Jahr 1583 ging der Titel an William Schaw aus der Familie der Lairds of Sauchie. Die Familie Schaw war katholisch, was William jedoch nicht davon abhielt, bei Hof eine erfolgreiche Laufbahn zu beginnen. Als Diplomat diente er der Krone in Übersee, wenngleich ihn die schottische Entsprechung einer Geheimpolizei als »möglichen Jesuiten« aufführte.[13]

Nach der Ernennung zum Obersten Baumeister machte Shaw sich daran, die Freimaurer zu organisieren, und setzte Statuten für sie auf.[14] Um 1600 kam er zu dem Schluss, dass die Maurer einen adeligen Patron, den so genannten »Lord-Protector«, benötigten. Es ist nicht bekannt, warum diese Ehre William Sinclair, dem damaligen Baron von Rosslyn, zuteil wurde. Vielleicht weil er ebenfalls dem katholischen Glauben anhing, vielleicht weil Sinclair den Versuch unternahm, die »Abbilder und Zeichen des Götzentums«[15] in der Kapelle zu erhalten. Jedenfalls gibt es keinen offensichtlichen Grund für seine Wahl als Schutzherr. Immerhin hatte man ihn schon unter der Anklage der Hurerei vor den örtlichen Magistrat geschleift, und schließlich zog er sich mit seiner Mätresse, der Tochter eines Müllers, nach Irland zurück und überließ den Titel seinem Sohn, der ebenfalls William Sinclair hieß.[16]

Dieser William nun entpuppte sich als wahrer Musterbürger, und obgleich Schaw in der Zwischenzeit verstorben war, setzte man eine Charta auf, die Sinclair zu einem offiziellen Patron der Freimaurer machte. Eine Kopie davon ist über dem Andenkenladen im Museum von Rosslyn ausgestellt.

Dies hatte allerdings nichts mit der späteren Freimaurerei zu tun. Es war vielmehr ein Abkommen zwischen dem Baron von Rosslyn und der Gilde.

Dennoch gehörten die Lords von Rosslyn 1697 zu den

Die Säule des Lehrlings.
Foto von Sharan Newman mit freundlicher Genehmigung des Rosslyn Church Trust

Die Säule des Meisters.

Foto von Sharan Newman mit freundlicher Genehmigung des Rosslyn Church Trust

ersten schottischen Freimaurern und »hatten die Pflicht und das Recht, das Meisterwort zu empfangen«.[17]

Etwa ab dieser Zeit ranken sich die Legenden um Rosslyn.

Die zwei Säulen, die des »Meisters« und die des »Lehrlings«, sind auch in anderen Kirchen Schottlands anzutreffen. Ein solches Paar steht etwa in der Dunfermline Abbey aus dem zwölften Jahrhundert; allerdings wird die kunstvollere der beiden als das Werk des Meisters erachtet.[18] Die damit verbundene Geschichte des Lehrlings, der den Tod fand, weil er seinen Meister übertraf, ist alt. Die Gesichter des Meisters und des Lehrlings sollen sich unter den Köpfen befinden, welche in die Ecken der Decke der Kapelle von Rosslyn gehauen sind. Allerdings gibt es dort sechs Köpfe und nicht nur zwei. Einer davon gehört zudem einer Frau, ein anderer einem Dämon.[19] Die Geschichte selbst zeichnete zuerst 1677 der englische Tourist Thomas Kirk auf.[20]

Eine Kleinigkeit möchte ich noch hinzufügen. Im Gegensatz zu dem, was in *Sakrileg* geschrieben steht, kann man auf dem Boden der Kapelle kein Pentagramm nachziehen, es sei denn, es wäre ein sehr kleines. Im Unterschied zu den Kathedralen auf dem Kontinent weist Rosslyn Kirchengestühl auf, das fest im Boden verankert ist. Am ehesten lassen sich noch zwei Rechtecke nachzeichnen.

Die Verbindung der → **Templer** mit Rosslyn ist erst sehr spät entstanden und geht unter Umständen auf Sir Walter Scott zurück, der die Herren von Rosslyn in *The Lay of the Last Minstrel* erwähnt.[21] In diesem Werk verbindet er sie allerdings nicht mit den Templern. Zur Zeit der Verfolgung des Ordens haben womöglich einige Templer in Schottland Zuflucht gefunden, aber auch für diese These existieren keine Aufzeichnungen, die gar einen Bezug zu Rosslyn herstellen. Im Zusammenhang mit der Kapelle bin ich auf keinerlei Templer- oder Grals-Bezüge gestoßen, die aus der Zeit vor dem neunzehnten Jahrhundert stammen.

Wie beginnen Legenden? Mit einer zufälligen Begegnung, dem Besuch einer bemerkenswerten Kapelle, einer seltsamen Verzierung, die den Betrachter an eine andere erinnert, die wiederum durch die Vorstellungskraft mit einer weiteren verbunden ist. Das Kunsthandwerk in der Kapelle von Rosslyn bleibt ein Rätsel. Warum der erste William Sinclair sie erbaute und was die Muster für ihn bedeuteten, werden wir wahrscheinlich nie erfahren. Sie sind fantastisch, überbordend und suggestiv. Es ist also kein Wunder, dass die Kapelle einen Platz im Mythenreigen der westlichen Zivilisation einnimmt.

---

1 The Earl of Rosslyn: *Rosslyn Chapel*. Roslyn Chapel Trust 1997, S. 34

2 Barbara E. Crawford: »Lord William Sinclair and the Building of Roslin Collegiate Church.« In: John Higgitt: *Medieval art and architecture in the diocese of St Andrews*. British Archaeological Association 1994, S. 99

3 Richard Fawcett: *Scottish Medieval Churches*. Tempus 2002, S. 163

4 Ebenda, S. 140

5 R. Anderson: »Notice of working drawings scratched on the walls of the crypt at Roslin Chapel.« In: *Proceedings of the Society of Antiquities of Scotland*. Bd. 10, 1872–1874, S. 63 f.

6 Crawford, S. 100

7 Stewart Ross: *Monarchs of Scotland*. Facts on File 1990, S. 85–91

8 Crawford, S. 101

9 Fawcett, S. 43, 75

10 Crawford, S. 104

11 Ebenda, S. 106

12 Rosslyn, S. 3

13 David Stevenson. *The Origins of Freemasonry: Scotland's Century 1590–1710*. Cambridge UP 1988, S. 26–32

14 Siehe das Kapitel zu den → **Freimaurern** in diesem Buch.

15 Stevenson, S. 55

16 Ebenda, S. 56

17 Ebenda, S. 60

18 Fawcett, S. 165

19 Das habe ich bei meinem Besuch in Rosslyn sehr genau überprüft.

20 Karen Ralls: *The Templars and the Grail*. Quest Books 2003, S. 184

21 Ebenda, S. 193

Kastell Gandolfo

(Das Vatikan-Observatorium)

Das Observatorium des Vatikans wurde im späten sechzehnten Jahrhundert begründet. Papst Gregor XIII. verspürte den Wunsch, die Abweichung des julianischen Kalenders zu korrigieren, der seit der Zeit seines Namensgebers Gaius Julius Caesar zur Berechnung des Jahres diente.

Aufgrund der ungenauen Jahresmessung wich der Kalender nach Jahrhunderten des Gebrauchs allerdings um zehn Tage von der tatsächlichen Jahreszeit ab. Im vatikanischen Turm der Winde gab es eine Meridianlinie, welche die Tagundnachtgleiche anzeigte und bestätigte, dass die Sonnenzeiten nicht mehr mit den Monaten übereinstimmten.

Also bat Gregor XIII. die Jesuiten des römischen Kollegs, den Kalender zu reformieren. Seit dieser Zeit besitzt der Vatikan ein Observatorium.

Die *specula vaticana* oder das Vatikan-Observatorium (wörtlich: »der Spiegel des Vatikans«) wurde 1891 von Papst Leo XIII. begründet. Ursprünglich lag es hinter der Kuppel des Petersdomes, aber in den dreißiger Jahren des zwanzigsten Jahrhunderts erschwerte die zunehmende Beleuchtung die Beobachtung der lichtschwächeren Sterne. Papst Pius XII. stiftete daher die päpstlichen Gärten seines Sommersitzes Kastell Gandolfo für eine neue Observatoriumsstätte.[1] Kastell Gandolfo befand sich auf einem Grundstück, auf dem sich einst eine Villa des Kaisers Domitian (81 bis 96) erhob. Seit der Zeit von Papst Urban VIII. (1623 bis 1644)[2] nutzten die Päpste das Kastell Gandolfo als Sommerresidenz. Oft diente es auch als weniger formeller Ort, um Gelehrte und hochrangige Gäste zu bewirten.

Im Jahr 1981 war der Himmel auch für das Observatorium des Kastells Gandolfo zu hell geworden. Heute befindet sich das eigentliche Vatikan-Observatorium in Tucson, Arizona, wo der Vatikan in Zusammenarbeit mit dem Steward-Observatorium ein Infrarotteleskop auf dem Mount Graham erbaute.

Das alte Observatorium von Kastell Gandolfo wird dieser Tage für Konferenzen, Besprechungen und Verwaltungszwecke genutzt. Die Archive sind außerdem Wissenschaftlern zugänglich, die sich mit Wissenschaftsgeschichte befassen.[3]

---

[1] J. N. D. Kelly: *The Oxford Dictionary of Popes*. Oxford UP 1986, S. 318

[2] Ebenda, S. 280

[3] Falls nicht anders vermerkt, sind sämtliche Informationen in diesem Kapitel dem Jahresbericht des Vatikan-Observatoriums von 1999 entnommen (Hg. von Elizabeth J. Maggio).

Klemens V.

In die Geschichte ging dieser Papst vor allem durch seinen Vorsitz im Prozess gegen die → **Templer** ein. Des Weiteren erlangte er Berühmtheit, da er als erster Papst den päpstlichen Aufenthaltsort offiziell nach Avignon verlegte. Während seiner gesamten Amtszeit hielt er sich kein einziges Mal in Rom auf.

Er wurde um 1250 als Bertrand de Got in der Gascogne geboren, also im südwestlichen Teil des heutigen Frankreich. Im dreizehnten Jahrhundert war die Gascogne der nahezu letzte Landstrich, den die Engländer in Frankreich hielten. Als solcher geriet er zum heftigen Zankapfel zwischen dem englischen und dem französischen König.

Bertrands Familie gehörte dem niederen Adel an. Sein Vater Béraut besaß weder genug Land noch ausreichend Geld, um seine elf Kinder zu versorgen. Also diente er zwei seiner Söhne der Kirche an. Einer von ihnen wurde Erzdiakon bei Bérauts Bruder, dem Bischof von Agen. Später erhielt er die Weihe zum Erzbischof von Lyon und starb 1297 im Kardinalsornat.[1]

Bertrand stieg nicht ganz so rasch in die höheren Weihen auf. Zunächst in Orléans und danach in Bologna betrieb er das Rechtsstudium. Nach dem Abschluss begab er sich mit seinem Onkel nach Rom. Hier erlangte er schon bald einen gewissen Bekanntheitsgrad, da er sich vorzüglich mit den Feinheiten der englischen und französischen Verwaltung auskannte. Mindestens zweimal erhielt er den Auftrag, bei den Verhandlungen zwischen dem englischen und französischen König behilflich zu sein.[2]

Als Papst Benedikt XI. nach nur einjähriger Amtszeit verstarb, kam der Verdacht auf, er sei einem Giftanschlag von Guillaume de Nogaret zum Opfer gefallen. Dieser war ein enger Berater von Philipp IV., dem König von Frankreich. Philipp hatte sich mit Benedikts Vorgänger, Papst Bonifaz VIII., so heftig gestritten, dass Bonifaz im Alter von vierundachtzig Jahren an den Folgen königlicher Gefangenschaft verstarb. Der neue Papst brauchte also Fingerspitzengefühl, um die Gratwanderung mit Philipp zu bewältigen. Andererseits musste er in der Lage sein, sich gegenüber der italienischen Fraktion innerhalb der Kardinalschaft zu behaupten, die sich vor allem durch Familienfehden auszeichnete.[3]

Das Kardinalskolleg, dem damals nur zwölf Mann angehörten, stritt sich mehrere Monate lang, ohne sich darauf verständigen zu können, wer von ihnen der neue Papst werden sollte. Schließlich einigten sie sich in einem Kompromiss auf Bertrand de Got, der zwar kein Kardinal, aber immerhin Erzbischof von Bordeaux war. Bertrand nahm daraufhin den Namen Klemens V. an.[4]

Anstatt sich nun nach Rom zu begeben, um dort die Papstwürde zu empfangen, beschloss Klemens, die Zeremonie in Lyon abhalten zu lassen.[5] Eigentlich sollte das Ereignis in Wien stattfinden, aber diese Vorstellung war wiederum Philipp IV. nicht genehm.[6] Nicht gerade der überzeugendste Beginn zur Demonstration päpstlicher Autorität. Am Sonntag, dem 14. November 1305, empfing Klemens in Anwesenheit König Philipps IV. und zahlreicher europäischer Adeliger die dreiteilige Papstkrone. Auf dem Rückweg kamen der neue Papst und seine Eskorte an einer Mauer vorbei, die »unter der Last des darauf hockenden Volkes mit lautem Getöse so plötzlich einstürzte, dass sie den Herzog der Bretagne erschlug und Karl, des Königs Bruder, schwere Verletzungen erlitt«.[7] Die Papstkrone wurde dem Würdenträger dabei nicht nur vom Kopf gestoßen, sie trug auch einige Dellen davon. Nicht gerade ein viel versprechender Amtsantritt.

Bevor König Philipp Lyon verließ, bat er den neuen Papst um die Erlaubnis, den französischen Klerus drei Jahre lang besteuern zu dürfen, um so seinen jüngsten Krieg in Flandern zu finanzieren. Klemens gewährte ihm die Bitte. Außerdem weihte er achtzehn neue Kardinäle. Vielleicht wollte er auf diese Weise verhindern, dass sich das Kolleg gezwungen sah, noch einmal Päpste aus den unteren Rängen zu benennen.[8] Selbstredend befanden sich unter den Neuzugängen mehrere Verwandte von ihm. Klemens war schließlich ein Familienmensch. Als nächste Amtshandlung erließ er die Bulle *Rex Gloriae* oder »Der ruhmreiche König«, in der er verkündete, dass Philipp »vollkommen unschuldig und ohne Fehl« in seiner Beschwerde gegen Papst Bonifaz sei. Er sprach dem König die absolute Macht in Frankreich zu.[9]

Während der folgenden zwölf Jahre muss Klemens zwar auch noch etwas anderes getan haben, als auf Zehenspitzen um Philipp herumzuschleichen, aber diese Taten waren wohl kaum der Rede wert. In Rom brach ein Feuer aus, das die Lateranische Basilika vernichtete, und ein neuer Heiliger Römischer Kaiser wurde gekrönt. Klemens hingegen befasste sich weder mit dem einen noch dem anderen Ereignis.[10] Die Franzosen ließen ihm keine Muße für so etwas.

Bald darauf verlangte Philipp von Klemens, dass er Papst Bonifaz posthum verdammte, dessen Beschlüsse gegen die Besteuerung des Klerus zurückzog und die Anklagen gegen all jene fallen ließ, die Bonifaz angegriffen und gefangen gesetzt hatten. Des Weiteren verlangte er die Aufhebung der Exkommunikation, unter deren Bann Philipps Minister Guillaume de Nogaret stand, außerdem sollte Klemens ihm bei der Vernichtung der Tempelritter behilflich sein.[11]

Ist es da ein Wunder, dass Klemens ständig unter Magenproblemen litt? Wenn er nicht gerade Philipp bei Laune zu halten versuchte, verbrachte der Papst die meiste Zeit im Badezimmer. Natürlich mag er seine chronische Krankheit in einer Krise auch gerne mal als Ausrede benutzt haben. Als Philipp im September 1307 darauf bestand, dass Klemens ein Konzil einberufe, um seine Anklagen gegen die Templer zu untersuchen, da rebellierte Klemens' Magen. Folglich richtete er dem König aus, er müsse eine neue Arznei ausprobieren und sich einer Reinigung unterziehen. Klemens versprach, sich sofort bei Philipp zu melden, sobald es ihm wieder besser gehe.[12]

Selbstverständlich wartete Philipp nicht so lange ab. Am 13. Oktober 1307 nahm er das Oberhaupt der Templer, Jacques de Molay, sowie alle Gleichgesinnten, deren er habhaft werden konnte, gefangen. Ohne die Hilfe des Papstes vermochte er jedoch nicht jene Templer aufzuspüren, die sich außerhalb Frankreichs aufhielten. Philipps Briefe an die Könige von Spanien, England und Schottland riefen bei den Adressaten Unglauben und höflich formulierte Ablehnungen hervor. Ohne eine direkte

Anordnung des Papstes wollten diese Länder nichts unternehmen.

Es ist nicht erwiesen, ob Klemens die Anschuldigungen gegen die Templer für bare Münze nahm. Am 27. Oktober sandte er Philipp einen Brief, in dem er ihn in scharfem Ton zurechtwies, ohne päpstliche Genehmigung gehandelt zu haben. »Ihr habt [...] jedwedes Recht verletzt und Hand an Leib und Eigentum der Templer gelegt. [...] Eure hastige Handlung wird von allen, und dies zu Recht, als Akt der Verachtung gegen uns und die Römische Kirche erachtet.«[13]

Die Templer standen unter Aufsicht und Schutz des Papstes, und es war dessen Pflicht, jeglichen Untersuchungen gegen sie vorzusitzen. Um die Lage also wieder unter seine Kontrolle zu bringen, erließ Klemens eine päpstliche Bulle, in der er befahl, dass bis zur Aufklärung der Angelegenheit alle Templer in Europa in Haft zu nehmen und ihre Besitztümer zu beschlagnahmen seien.[14] Dabei erwies es sich allerdings nicht als hilfreich, dass Jacques de Molay kurz nach seiner Gefangennahme ein öffentliches Geständnis abgelegt hatte.

Im Februar 1308 suspendierte Klemens jene Mitglieder der Inquisition, die für die Verhöre der eingekerkerten Templer zuständig waren. Mittlerweile hatte de Molay sein Geständnis vor einem Gesandten des Papstes widerrufen. Aus anderen Landstrichen war eine große Anzahl von Templern eingetroffen, um ihren Orden zu verteidigen. Trotz einer von Philipp gelenkten Schmutzkampagne bestand Klemens darauf, dass nur ein päpstliches Gericht über die Templer als Kleriker und Untertanen des Papstes beschließen dürfe. Daraufhin schickte Philipp einige Templer, damit sie vor Klemens aussagten. Es gibt Aufzeichnungen über ihre Angaben. Sie widersprechen einander heftig, dennoch bezichtigen sie den Orden der Blasphemie, der Ketzerei und erzwungener gleichgeschlechtlicher Akte.[15] Im Jahr 1308 setzte Klemens schließlich eine Kommission zur Untersuchung des Ordens ein, die bis 1310 Zeit hatte, ihre Ergebnisse einem Konzil in Wien vorzulegen.[16]

Das Konzil trat jedoch nicht vor 1311 zusammen, und eine Zeit lang sah es so aus, als könnten die Templer genügend Zeugen aufbieten, um die Anschuldigungen zu entkräften. Philipp verlor wohl die Geduld; jedenfalls ließ er am 12. Mai 1312 sämtliche Templer, die sich in Paris in seinem Gewahrsam befanden und ihre Geständnisse widerrufen hatten, als Ketzer verbrennen.[17]

Nicht von ungefähr ging daraufhin außerhalb Frankreichs die Zahl aussagebereiter Templer deutlich zurück. Nach vielerlei Hin und Her und dem Aufmarsch eines Heeres vor Wien, das Philipp, seine zwei Brüder und seine drei Söhne anführten, löste das Konzil den Orden der Templer auf.[18] Klemens trug allerdings in einer Hinsicht den Sieg davon. Der Orden der Templer wurde zwar unterdrückt, jedoch niemals verdammt.[19] Einzelne Templer mochten sich verschiedener Verbrechen schuldig bekannt haben, dennoch machte niemand den Orden insgesamt dafür verantwortlich. Die Templer außerhalb von Frankreich verloren daher wohl ihre Aufgabe, aber nicht die Freiheit. Immerhin ein kleiner Sieg nach vielen Niederlagen.

Wie man es auch betrachtet: Klemens zählte nicht gerade zu den besten Päpsten. Er ließ sich von König Philipp in fast jeder Hinsicht über den Tisch ziehen. Durch die Verlegung des Papstsitzes nach Avignon leitete er zudem einhundert Jahre dessen ein, was man gemeinhin als »babylonische Gefangenschaft« des Papsttums bezeichnet. Er verschaffte mehreren Angehörigen seiner Familie wichtige Pfründe. Er verschwor sich vielleicht nicht direkt mit den anderen gegen die Templer, doch ihre Angelegenheiten ließ er unzweifelhaft im Stich.

Als Klemens am 20. April 1314 starb, hielt sich die Trauer in Grenzen. Kardinal Napoleon Orsini, der einst die Amtseinführung des Papstes zelebrierte, vertrat in einem Brief die Ansicht, dass Klemens »zu den schlechtesten Päpsten gehört[e], durch dessen Schuld Rom, die Papstländereien und Italien zu Schutt und Asche zerfielen«.[20]

Jacques de Molay hätte vielleicht hinzugefügt, dass die Schwäche des Papstes den Untergang der Templer verursachte und damit endgültig den Traum begrub, Jerusalem für Rom erobern zu können.

Literaturempfehlungen

Malcolm Barber: The Trial of the Templars. Cambridge UP 1978
Maria J. Krück von Poturzyn: Der Prozess gegen die Templer. Verlag am Goetheanum 2002
Sophia Menache: Clement V. Cambridge UP 1998

---

[1] Jean Favier, *Philipp le Bel.* Fayard 1978, S. 399

[2] Ebenda, S. 400 f.

[3] Friedrich Gontard, *The Chair of Peter.* Übers. ins Englische von A. J. und E. F. Peeler. Holt Rinehart and Winston 1964, S. 312

[4] Ebenda

[5] Vielleicht fragen Sie sich, warum Klemens V. nicht nach Rom ging. Daran hängt eine lange Geschichte, die sehr stark mit der römischen Politik verstrickt ist. Seit Jahren hatte sich kein Papst mehr in Rom aufgehalten; es war einfach zu gefährlich.

[6] Malcolm Barber, *The Trial of the Templars*. Cambridge UP 1978, S. 26

[7] »Chronique de Guillaume de Nangis.« In: M. Guizot: *Collection des mémoires rélatifs à l'histoire de France*. Paris 1825, S. 259

[8] Ebenda, S. 260

[9] Robert Fawtier: *The Capetian Kings of France*. Übers. ins Engl. von Lionel Butler und R. J. Adam. Macmillan 1965, S. 95

[10] Gontard, S. 316

[11] Barber, S. 26

[12] Ebenda, S. 48 f.

[13] Sophia Menache: *Clement V.* Cambridge UP 1998, S. 207

[14] Barber, S. 73 ff.

[15] Ebenda, S. 101 ff.

[16] Ebenda, S. 258 f.

[17] Edward Burman: *The Templars, Knights of God*. Destiny Books 1986, S. 170

[18] Ebenda, S. 173

[19] Ebenda, S. 172

[20] Gontard, S. 317

Konstantin der Grosse

Von Kaiser Konstantin, dem Herrscher über das Römische Reich, dem Namenspatron Konstantinopels und Förderer des Christentums, sollte man zunächst eines wissen: Er war gut zu seiner Mutter.

Konstantin erblickte um das Jahr 272 am 27. Februar das Licht der Welt, und zwar in der kleinen Stadt Naissus in der Provinz Moesia Superior, die im heutigen Serbien liegt. Seine Mutter Helena stammte aus der Stadt Drepanum in Bithynien, die Konstantin später in Helenopolis umbenannte.[1] Da sogar christliche Autoren die Ansicht vertreten, sie sei Schankmaid gewesen, darf man wohl davon ausgehen, dass sie keinem höheren Stand angehörte. Es ist sogar gut möglich, dass sie und Konstantins Vater Constantius niemals den Bund der Ehe schlossen. Dennoch blieben sie gut zwanzig Jahre zusammen und der Vater erkannte Konstantin als rechtmäßigen Erben an.

Konstantins Vater war ein aufstrebender Soldat. Sein Hintergrund ist ungewiss, aber er entstammte wohl einer einigermaßen respektablen Familie vom Balkan. Constantius wurde etwa zu der Zeit von Konstantins Geburt nach Syrien geschickt. Man ernannte ihn zunächst zum Tribun und unter Kaiser Maximian schließlich zum Prätorianerpräfekten.[2]

Kaiser Konstantin, Büste.
© Erich Lessing/Art Resource, New York

Mitte des dritten nachchristlichen Jahrhunderts entschied Kaiser Diokletian, das Reich sei zu groß, als dass ein einziger Mann darüber herrschen könne. Er etablierte die so genannte Tetrarchie, die das Reich in den griechischsprachigen Osten und den Latein sprechenden Westen aufteilte. Jede Hälfte beherrschte fortan ein Kaiser (Augustus), dem jeweils ein Caesar zur Seite stand, eine Art »Kaiser-Lehrling«. Diokletian übernahm den Osten. Constantius hegte Ambitionen auf den Caesarentitel des Westreiches unter dessen Kaiser Maximian. Allerdings musste er dafür zuerst in die Familie Maximians einheiraten.[3] Also trennte er sich von Helena und ehelichte Maximians Tochter Theodora.[4]

Es ist nicht genau bekannt, wo Konstantin sich zu jener Zeit aufhielt. Er stand zu einem ungewissen Zeitpunkt im Dienst der Ostkaiser, zuerst unter Diokletian, später unter dessen Nachfolger Galerius.[5] Seine Reisen führten ihn nach Mesopotamien und Syrien, ins Donautal und womöglich auch nach Rom. Im Sommer 305 verschiffte er sich nach Britannien und schloss sich dort seinem Vater in York an.[6]

Dort starb Constantius und die Armee rief Konstantin zum neuen Herrscher aus. Sollten Sie zufälligerweise einmal in York sein, so besuchen Sie das Münster der Stadt und besichtigen Sie die darunter liegende Krypta. Die dortige Ausgrabungsstätte der einstigen römischen Siedlung ist heute ein Museum. Vielleicht stehen Sie dann ja an ebenjener Stelle, an der Konstantin seine kaiserliche Laufbahn begann.

Es gibt keinen Hinweis darauf, ob er zu jenem Zeitpunkt schon Christ war. Seine Mutter hingegen könnte bereits zum christlichen Glauben übergetreten sein. Sie schloss sich ihrem Sohn in Trier an der Mosel in dessen kaiserlichem Hauptquartier an. Heute liegt die Stadt an der Grenze zwischen Deutschland und Luxemburg. In Trier existiert immer noch das Römertor, die Porta Nigra. Des Weiteren finden sich Bäder aus der Zeit Konstantins sowie die Kathedrale, die sich über dem Fundament von Helenas Haus erhebt, das sie der Kirche gestiftet hatte.[7] Konstantins Empfangssaal, die *aula palatina*, befindet sich ebenfalls in Trier und wird inzwischen als Kirche genutzt.[8]

Allerdings verbrachte Konstantin dort nicht allzu viel Zeit. Seine Wahl fand nämlich keine einhellige Zustimmung. Der Ostkaiser Galerius beharrte darauf, dass Konstantin kein Recht auf den Kaisertitel habe, billigte ihm jedoch den Rang eines Caesaren zu. Damit musste sich Konstantin erst einmal zufrieden geben. Die anderen Mitglieder der Tetrarchie gerieten allerdings untereinander in Streit, und bald schon bestanden gute Aussichten, die angestrebte Beförderung auf dem Schlachtfeld zu erlangen.

Die Möglichkeit, seinen Anspruch zu legitimieren, mag Konstantin dazu bewogen haben, Maximians Tochter Fausta zu ehelichen. Falls Sie den Faden verloren haben: Fausta war die Halbschwester seiner Stiefmutter. Jedenfalls folgte Konstantin dem Beispiel seines Vaters und trennte sich von seiner ersten Frau Minervina, der Mutter seines Sohnes Crispus.[9]

Die folgenden Jahre verbrachte Konstantin damit, sich an die Spitze vorzukämpfen. Im Jahr 312 zog er gegen Rom. Doch dort beanspruchte bereits ein anderer Anwärter namens Maxentius den Thron für sich. Sollte er Rom verlassen, so die Warnung an Maxentius, fände er den Tod. Als sich Konstantin der Stadt näherte, zog Maxentius jedoch die Sibyllinischen Bücher zu Rate. Die Prophezeiung lautete wie folgt: »An jenem Tag wird der Feind der Römer untergehen.«[10] Maxentius fasste dies als Siegesvoraussage auf, marschierte zur Milvischen Brücke, erlitt eine Niederlage und ertrank im Tiber.

Konstantins »Konversion«

Vielleicht hätte man einen mittelgroßen Wald vor der Papierverarbeitung retten können, wenn sich die Gelehrten je darüber geeinigt hätten, welcher Gestalt Konstantins Bekehrung und spätere Unterstützung des christlichen Glaubens denn nun genau war. Ich vermute, dass wir wohl niemals exakt erfahren werden, wie tief seine Konversion ging oder was sie auslöste. Uns ist lediglich bekannt, was er tat, nicht jedoch, was er in seinem Herzen bewegte. Berücksichtigen wir dieses Manko, so bleibt folgende Geschichte:

Etwa um die gleiche Zeit, in der Maxentius das Orakel zu Rate zog, hatte Konstantin einen Traum, in dem ihn der Befehl erreichte, die Schilder seiner Soldaten mit dem Zeichen des Kreuzes zu versehen. Es ist nicht sicher, welche der vielen Kreuzformen Konstantin verwendete. Die früheste Erwähnung dieses Traumes findet sich bei Lactantius, der wenige Jahre später über dieses Ereignis schrieb: »[Konstantin] tat wie befohlen, und indem er den Buchstaben x waagrecht legte und die oberste Spitze umbog, zeichnete er Christus auf die Schilde.«[11] [i] Am Tag darauf traf er bei der Milvischen Brücke auf Maxentius' Heer und trug den Sieg davon. Erst viele Jahre später führte er diese Geschichte vor seinem Biografen Eusebius von Caesarea weiter aus und berichtete davon, dass er und sein Heer am Himmel ein Kreuz aus Licht erblickt und die (vermutlich griechischen) Worte vernommen hätten: »In diesem Zeichen wirst du siegen.«[12] Da nie-

---

i Lateinisch in: *»De Mortibus Persecutorum«* 44,5 f. *(Von den Todesarten der Verfolger)*: »Facit ut iussus est et transversa x littera, summo capite circumflexo, Christum in scutis notat.« In: *Bibliothek der Kirchenväter*, Bd. 2. [Es entsteht ein monogrammatisches Kreuz, das Christusmonogramm, gebildet aus den griechischen Buchstaben Chi und Rho. Es handelt sich dabei um ein beliebtes Christussymbol der Spätantike. Normalerweise ein x, durch dessen Mittelpunkt vertikal ein gleich großes p verläuft. Hier wird allerdings der linke obere Arm des Kreuzes zum Rho, also zum »rundgebogenen Kopf«. Anm. d. Ü.]

mand aus dem Heer diese Vision je bestätigte, ist die Erzählung wohl eher als »alte Kriegsgeschichte« einzuordnen. In Eusebius' erstem Bericht über die Schlacht, den er kurz nach diesem Ereignis verfasste, finden jedenfalls weder der Traum noch die Vision auch nur die geringste Erwähnung.[13]

Was auch immer der Auslöser war: Ab 312 begünstigte Konstantin ganz eindeutig die bis vor kurzem noch verabscheuten Christen. Er erließ ein Toleranzedikt, das ihnen Schutz gewährte. Diese Tat allein wäre allerdings nicht weiter bemerkenswert, da er nicht der erste Herrscher war, der ein solches Edikt verkündete. Sein Gegenspieler Maxentius gestattete den Christen ebenfalls, nach Belieben ihre Gottesdienste zu feiern. Auch Galerius hatte auf dem Sterbebett Ähnliches verfügt.[14] Konstantin aber ging weit darüber hinaus. Er schenkte den christlichen Bischöfen die Mittel, um neue Kirchen zu bauen. Er verkündete, dass er nunmehr ein »*koinos episkopos* (ein Bischof) sei, also ein allgemeiner Verwalter und Schiedsrichter in kirchlichen Angelegenheiten«.[15]

Mag sein, dass er die Bereitwilligkeit der Bischöfe unterschätzte, die ihn prompt beim Wort nahmen. Vor dem → **Konzil von Nizäa** baten sie Konstantin, ein anderes Konzil einzuberufen, um einen Disput der Kirche von Karthago zu schlichten. Das Konzil trat im gallischen Arles zusammen und Konstantin führte den Vorsitz. Man beschloss dort unter anderem das Zölibat des Klerus, das Datum des Osterfestes und ob es Christen gestattet sein solle, im römischen Heer zu dienen.[16]

Vielleicht stieß Konstantin einen Stoßseufzer der Erleichterung aus, als diese Fragen geklärt waren. Er wandte sich wieder seiner eigentlichen Beschäftigung zu, indem er sich daranmachte, den Rest des Reiches zu erobern.

Schon bald sollte er erfahren, dass die Debatten unter Christen niemals wirklich endeten.

Als sichtbaren Beweis für seine Unterstützung der Christen setzte Konstantin diverse Bauvorhaben in Gang. Er schenkte dem Bischof Miltiades den römischen Lateranpalast als Residenz. Nero hatte den Palast, der eigentlich zu Faustas Mitgift gehörte, einst der Familie der Laterani genommen. Daneben baute Konstantin eine Kirche mit einer achteckigen Taufkapelle in unmittelbarer Nähe. Diese Kirche, heutzutage San Giovanni in Laterano, gilt als erste in Form einer Basilika erbaute, mit einem Mittelschiff, zwei Seitenschiffen und der Altarnische. Zuvor war dieser Stil weltlichen Bauwerken vorbehalten.[17]

Im Jahr 324 begann er die Arbeiten an einer Kirche, die sich über der Gruft des heiligen Petrus erhob. Dieses Gebäude wies ein Querschiff auf. An der Stelle, wo es sich mit dem Mittelschiff kreuzte, befand sich der Schrein Petri. Konstantin blieb nicht der Einzige in seiner Familie, der christliche Gotteshäuser finanzierte. Seine Tochter Konstantina erbaute eine Kirche an der Via Nomentana. Helena, gerade von einer Pilgerfahrt in das Heilige Land zurückgekehrt, stiftete Land für die Kirche von Santa Croce, die nach der Fertigstellung ihren wundersamen Fund aufnehmen sollte: das Kreuz, an dem Jesus starb.[18]

All diese Bautätigkeiten deuten darauf hin, dass Konstantin und seine Familie es zumindest nach außen hin mit der Unterstützung des Christentums ernst meinten. Sie handelten in der Tradition der großen römischen Familien, indem sie die Schirmherrschaft über ihre Lieblingsgottheit übernahmen.

Auch wenn Konstantin offensichtlich seine Wahl traf und sich Christ nannte, bleibt es dennoch auffällig, dass der Kaiser seine Kirchen nicht im Herzen des heidnischen Roms errichtete. Von der Zerstörung heidnischer Tempel sah er ebenfalls ab. Die Senatoren waren mächtig und entschieden den alten Göttern zugeneigt. Das Christentum mochte zur geschützten Religion avanciert sein, doch erst 380, fast vierzig Jahre nach Konstantins Tod, erhob man es zur offiziellen Religion des Reiches.[19]

Des Weiteren verlieh Konstantin einigen Christen wichtige Regierungsposten und stellte einen christlichen Lehrer namens Lactantius für seinen ältesten Sohn Crispus ein. Lactantius, später auch als Laktanz bekannt, hatte bereits eine Abhandlung mit dem Titel *Göttliche Unterweisungen* geschrieben. Darin erklärte er den christlichen Glauben auf eine Weise, die den römischen Heiden verständlich war. Seine Verwendung der Sonnenmetapher für Christus könnte Konstantin das Gefühl vermittelt haben, dass es von seinem vorherigen Glauben an → **Mithras** und Apollo zu seinem neuen Bekenntnis kein allzu weiter Schritt war. Allerdings wissen wir dies nicht mit Sicherheit.

Die Eroberung des Ostens

Eine Zeit lang beschäftigte sich Konstantin mit der Festigung seiner Herrschaft über das westliche Reich. Der Kaiser im Osten hieß Licinius. Er gehörte zwar nicht dem Christentum an, war jedoch gewillt, es zu tolerieren. Seine Frau Constantia war (nicht ganz zufällig) Konstantins Halbschwester. Sie hingegen galt als fromme Christin gemäß den Lehren des Arius und war mit Bischof Eusebius Pamphilii [Eusebius von Caesarea] befreundet. Das hielt Konstantin allerdings nicht davon ab, in das Ostreich einzumarschieren und Licinius zu besiegen. Zumindest anfangs gab er dem Flehen seiner Schwester nach und ließ ihren Gatten am Leben. Einige Monate später, im Jahr 325, wurde Licinius jedoch ermordet und kurz darauf sein junger Sohn, der ebenfalls den Namen Licinius trug, hingerichtet. Constantia überlebte und hielt sogar eine ehrenvolle Stellung am Hofe ihres Bruders. Sie nahm am Konzil von Nizäa teil, und Konstantin saß an ihrer Seite, als sie im Sterben lag.[20] Gütiger Gott, ich verstehe es genauso wenig wie Sie! Man muss wohl dabei gewesen sein.

Nachdem er sich seines letzten ernsthaften Rivalen entledigt hatte, beschloss Konstantin, eine neue Stadt zu erbauen und das Zentrum des Reiches aus Rom zu verlegen. Auch in diesem Fall ist unbekannt, welche Beweggründe ihn leiteten. Gelehrte vertreten die Ansicht, dass der Konflikt zwischen den heidnischen Senatoren und ihrem christlichen Oberhaupt seine Entscheidung beeinflusste. Das erscheint mir nachvollziehbar, aber zweifellos spielten dabei zahlreiche Faktoren eine Rolle. Konstantinopel, das frühere Byzanz, wurde die Hauptstadt des Römischen Reiches und blieb es bis zur Eroberung durch die Türken im Jahr 1453.

Die letzten Jahre

Der Umstand, dass Konstantin die Taufe erst auf dem Sterbebett empfing, führte zu vielen Spekulationen. Wieder wissen wir nicht genau, warum er so lange wartete, aber es gibt ein paar durchaus plausible Möglichkeiten.

Einige Christen begannen aufgrund der hohen Kindersterblichkeit, ihre Kinder noch im Säuglingsalter zu taufen. Im Allgemeinen herrschte allerdings die Ansicht vor, dass alle bisherigen Sünden durch die Taufe vergeben würden, diese Vergebung jedoch keinesfalls die nachfolgenden Sünden einschloss. Die Vorstellung einer Buße, der die Wiedereinsetzung in den Stand der göttlichen Gnade folgte, stand noch ganz am Anfang. »Da die Kirche – besonders in Fragen der sexuellen Moral – äußerst strenge Maßstäbe anlegte, verzweifelten viele Christen daran, jemals ein sündenfreies Leben führen zu können. Im vierten Jahrhundert blieben viele [...] ihr Leben lang Katechumenen [Taufanwärter] und verließen sich auf eine Taufe in letzter Minute, um ihre Erlösung sicherzustellen.«[21] Wäre auch Konstantin der Auffassung gefolgt, dass er sich nach der Taufe keine weiteren Sünden leisten durfte, so liegt uns ein guter Grund vor, warum er diese bis zum Ende aufschob.

Ein Gegenargument hingegen geht davon aus, dass er als Kaiser vermutlich alle seine Taten hätte rechtfertigen können. Die Zugehörigkeit zum christlichen Glauben hat spätere Herrscher und Politiker nicht davon abgehalten, zu lügen, zu betrügen oder Menschen zum Tode zu verurteilen. Vielleicht nahm Konstantin die Drohung der ewigen Verdammnis etwas ernster.

Unter Umständen stellten die verhängten Todesurteile das Haupthindernis für eine Taufe dar. Kurze Zeit nach dem Konzil von Nizäa ordnete Konstantin die Ermordung seines ältesten Sohnes Crispus an. Einige Monate später ließ er seine Ehefrau Fausta töten. Warum? Das weiß niemand. Ihre Vergehen sind nirgendwo dokumentiert. Es gibt keinen Hinweis auf eine Entfremdung zwischen Konstantin, seiner Frau und seinem Sohn. Natürlich haben einige emsige Forscher die Hypothese aufgestellt, dass Fausta und ihr Stiefsohn möglicherweise eine Affäre hatten. Aber das ist nichts als bloße Spekulation.

Konstantin starb 337 und hinterließ das Reich seinen drei überlebenden Söhnen. Rom wurde nie wieder Hauptstadt des Römischen Reiches. In den frühen sechziger Jahren des vierten Jahrhunderts bemühte sich Kaiser Julianus Apostata [Julianus der Abtrünnige], das Reich wieder dem Heidentum zuzuführen. Allerdings war das Christentum schon zu tief in der Gesellschaft verwurzelt, um sich ausrotten zu lassen.

Unter Historikern läuft eine fortdauernde Debatte um die so genannte »Theorie des Großen Mannes«. Kann ein einzelner Mensch (beachten Sie bitte, dass es sich um einen »Mann« handelt) den Verlauf der Geschichte tatsächlich ändern? Im Falle Konstantins würde ich diese Frage mit Ja beantworten.

Literaturempfehlungen

Bruno Bleckmann: Konstantin der Große, Rowohlt 1996

Manfred Clauss: Konstantin der Große und seine Zeit. C. H. Beck 1996

Alexander Demandt: Die Spätantike. Römische Geschichte von Diocletian bis Justinian, Handbuch der Altertumswissenschaften. III.6. C. H. Beck 1989

Derselbe: Geschichte der Spätantike. C. H. Beck 1998

H. A. Drake: Constantine and the Bishops. John Hopkins UP 2000

Eusebius von Caesarea: Über das Leben des Kaisers Konstantin. Werke I/1. Akademie-Verlag 1998

A. H. M. Jones: The Later Roman Empire 284–602, Vol. II. John Hopkins UP 1990

Ramsey McMullen: Constantine. Harper and Row 1969
Karen Piepenbrink: Konstantin der Große. Wissenschaftliche Buchgesellschaft 2002
Hans A. Pohlsander: The Emperor Constantine. Routledge 1996

---

1 Hans A. Pohlsander: *The Emperor Constantine*. Routledge 1996, S. 12 f.

2 Timothy D. Barnes: *The new Empire of Diocletian and Constantine*. Harvard UP 1982, S. 35 ff.

3 Das Datum der Heirat ist strittig. Sie mag bereits 288 stattgefunden haben. Siehe Bill Leadbetter: »The Illegitimacy of Constantine and the Birth of the Tetrarchy.« In: Samuel N. C. Lieu und Dominic Montserrat: *Constantine. History, Historiography and Legend*. Routledge 1998, S. 74–85

4 Oder auch die Stieftochter; aus den Quellen geht es nicht klar hervor. Jedenfalls stand sie ihm nahe genug, um Constantius' Karriere fördern zu können. Siehe Barnes, S. 36

5 Möglicherweise war er auch eine Geisel, damit sein Vater nicht den Versuch unternahm, die östlichen Herrscher zu stürzen. Siehe Ramsey McMullen: *Constantine*. Harper & Row 1969, S. 32

6 Barnes, S. 42

7 Pohlsander, S. 42

8 Ich bin dort gewesen und die Stätte ist wahrlich eine Reise wert. Hinzu kommt, dass Trier mitten in einer der besten Weingegenden Deutschlands liegt, was der Sache keinen Abbruch tut.

9 Pohlsander, S. 15. Barnes vermutet, dass Minervina möglicherweise verstarb, bevor Konstantin Fausta heiratete.

10 Lactantius: *De Mortibus Persecutorum*, Hg. und Übers. ins Englische von J. L. Creed. Clarendon Press 1984, S. 64 [vgl. Bibliothek der Kirchenväter, Bd. 2, bearb. von P. Johannes Stöckerl, O. F. M. München, Kösel und Pustet 1931]

11 Ebenda, S. 62

12 Robin Lane Fox: *Pagans and Christians*. Harper und Row 1986, S. 615 (Die lateinische Version lautet: »In hoc signo vinces.«)

13 Eusebius: *The History of the Church*. Übers. ins Englische von G. A. Williamson. Penguin 1965, S. 367–369 [vgl. Eusebius von Caesarea: *Kirchengeschichte*, Hg. und Einl. von Heinrich Kraft. Übers. von Philipp

Haeuser. Kempten 1932, neu durchgesehen von Hans Armin Gärtner. Wiss. Buchgesellschaft 1967]

[14] Lactantius, S. 51 (Seine Beschreibung des langsamen Todes von Galerius, der möglicherweise auf Darmkrebs zurückging, erweckt im Leser den Wunsch, sich sofort zu einer Darmspiegelung anzumelden.)

[15] Pohlsander, S. 27

[16] Henry Chadwick, *The Early Church*. Dorset Press 1967, S. 124 [vgl. Henry Chadwick: *Die Kirche in der antiken Welt*. Gruyter 1972]

[17] Pohlsander, S. 36; McMullen, S. 115 ff.

[18] McMullen, S. 117

[19] Walter Ullmann: *A Short History of the Papacy in the Middle Ages*. Routledge 1972, S. 27 [vgl. Walter Ullmann: *Kurze Geschichte des Papsttums im Mittelalter*. Gruyter 1978]

[20] Pohlsander, S. 43

[21] A. H. M. Jones: *The Later Roman Empire 284–602, Bd. II*. John Hopkins UP 1990, S. 982

Das Konzil von Nizäa[1]

Im Jahr 313 erließ Kaiser Konstantin ein Edikt, das die freie Ausübung der christlichen Religion in dem von ihm beherrschten Teil des Römischen Reiches gestattete.[2] Die Herrschaft über das gesamte Reich erlangte er erst im Jahr 324, als er den Ost-Kaiser Licinius besiegte.[3] Obwohl selbst Heide, erließ auch Licinius ein Dekret, nach dem Christen in seinem Teil des Reiches zu dulden waren.[4]

Ein Jahr später, im Juni 325, berief Konstantin ein Konzil sämtlicher christlicher Bischöfe der römischen Welt ein. Es wurde in Nizäa im damaligen Phrygien abgehalten – heute heißt der Ort Iznik und liegt in der Türkei. Es war nicht das erste Konzil, nicht einmal das erste, an dem Konstantin teilnahm, doch es war bis dato das größte seiner Art.

Um die Ergebnisse dieses Konzils richtig zu verstehen, muss man es notwendigerweise im Kontext seiner Zeit sehen. Haben Sie also ein klein wenig Geduld und machen Sie sich bereit für einen Blitzdurchlauf in der römischen und christlichen Politik des vierten Jahrhunderts.

Im frühen vierten Jahrhundert hatte sich das Christentum bis in die letzten Winkel des Reiches ausgebreitet. Trotz zahlreicher Verfolgungen wuchs der Glaube weiter. Allerdings existierte keine einheitliche christliche Kirche. Viele Menschen waren von Wanderpredigern oder durch persönliche Erleuchtung bekehrt worden, ohne eine Unterweisung in den Glaubensregeln erhalten zu haben. Zudem herrschte nur in den allereinfachsten Grundfragen Einigkeit: Jesus war Gottes Sohn, er war für die Sünden der Menschen gestorben und von den Toten auferstanden, und jene, die an ihn glaubten, erfuhren nach dem Tode das ewige Leben.

Im zweiten und dritten Jahrhundert hielten sich die Christen weitgehend bedeckt. Die Anhänger anderer Religionen erachteten den Glauben als nur für die unteren Klassen und jene ohne Bürgerrechte geeignet, also für die Armen, Arbeiter, Sklaven und Frauen. Der heidnische Autor Celsus beschrieb die christlichen Bekehrer wie folgt: »Sie wenden sich nicht an verständige Männer, sondern an junge Leute, Sklaven, Dummköpfe, die sie übertölpeln zu können meinen. Sobald sie sich […] mit den Kindern und einigen unverständigen Weibern allein wissen, dann bringen sie ganz wunderbare Dinge vor […]«[5]

Den Christen haftete der gleiche Ruf an wie vielen exklusiven religiösen Gruppen heutzutage. Sie galten als geheimnisvoll. Sie gestatteten ihren Kindern keine Ehe außerhalb des Glaubens. Sie nahmen nicht an den normalen religiösen Feierlichkeiten der Römer teil und ließen keine Außenseiter in ihre Häuser. Das erregte im Volk den Verdacht, dass die Christen allen möglichen

Verirrungen frönten, die von Orgien bis zum Kannibalismus reichten.

Für die römische Obrigkeit gab es jedoch nur einen einzigen Grund, im Christentum eine Gefahr für den Staat zu sehen: Die Christen, ebenso wie die Juden, weigerten sich, ihre Hingabe zu spalten und auch den römischen Göttern sowie der noch wichtigeren göttlichen Natur des Kaisers zu opfern. Die meisten Römer sahen dies als Hochverrat an, ganz so, als verkündeten die Christen, sie strebten den Sturz des Reiches an. Fromme Christen hielten sich also verborgen oder erlitten den Märtyrertod.

Allerdings gab es auch etliche nicht ganz so strenge Christen, die in dem Zugeständnis an den Staat kein echtes Problem sahen, ganz besonders wenn sie vor der Wahl standen zwischen einer Prise Weihrauch auf einem Altar oder einem Tagesausflug zu den Löwen in der Arena.

Nachdem die Verfolgungen eingestellt wurden, brachten diejenigen, die Familie, Freunde und ihr gesamtes Hab und Gut in den bitteren Zeiten verloren hatten, diesen »Schönwetterchristen« Abscheu und Verachtung entgegen. Einige beharrten darauf, diesen »abgefallenen« Christen die Rückkehr in die Gemeinden zu verwehren. Andere schlugen vor, sie wieder aufzunehmen, wenn sie für ihren schwachen Glauben öffentlich Buße taten. Schon an dieser Frage spalteten sich die Kirchen, auch wenn sie in allen anderen Punkten der Lehre übereinstimmten. Als das Konzil von Nizäa einberufen wurde, gab es in Rom zwei Bischöfe: Einer nahm die Abgefallenen auf, der andere verbot den Umgang mit ihnen. In anderen Städten war die Lage ähnlich.[6]

Die wichtigste Frage lautete jedoch: Woran glaubten die Christen eigentlich? Wenn Jesus der Sohn Gottes war, gab es dann zwei Götter? War Jesus ein Mensch, von dem ein Gott Besitz ergriffen hatte? War er ein Gott in Menschengestalt, dem es jedoch an der menschlichen Gabe des Fühlens und Leidens mangelte? Und welcher Natur war eigentlich der »Heilige Geist«?

Bis auf das Vaterunser und einige Zeremonien mit Brot und Wein gab es kaum einheitliche Praktiken. Die Geschichten über das Leben Jesu und die Taten der Apostel wurden in vielerlei Form weitererzählt.[7] Die Glaubensunterweisungen unterschieden sich von Ort zu Ort. Wenn der Glaube überleben sollte, musste unter den Bischöfen, den anerkannten Anführern der Christen, zu diesen Fragen Einigkeit herrschen.

Warum nahm Kaiser Konstantin am Konzil teil?

Als Konstantin den Vorsitz für das Konzil von Nizäa übernahm, folgte er damit der Tradition früherer Kaiser, die als Schutzherren ihrer Lieblingstempel auftraten.[8] Eine Trennung von Kirche und Stadt existierte damals nicht. Sämtliche Gottheiten hatten auf der Seite Roms zu stehen. Diejenigen, bei denen es sich nicht so verhielt, merzte man aus.

Konstantin hatte sich entschieden, seine Macht und sein Geld für die Christen einzusetzen. Er strebte eine allgemein gültige Aussage des Konzils darüber an, was Christen eigentlich glaubten, besonders was die Natur Christi betraf. (Für eine genauere Erörterung dazu schlagen Sie bitte im Kapitel → **Häresie** nach.) Ein weiteres Ziel bestand in der Errichtung einer festen Hierarchie innerhalb der Kirche. Damit das Christentum in das Muster römischer Religionen passte, waren ermächtigte

Sprecher nötig. Konstantin beschloss, die Autorität der Bischöfe zu nutzen. Diese rührte angeblich in direkter Linie von der Handauflegung der ersten Apostel her – daher stammt auch die Bezeichnung »Apostolische Kirche«. Damit standen die → **Gnostiker** per Definition *ante portas*, da sie sich auf die persönliche Offenbarung stützten.

Es sei angemerkt, dass es sich bei sämtlichen am Konzil teilnehmenden Bischöfen und Priestern um Männer handelte. Ich habe nirgends einen Hinweis darauf gefunden, dass jemand auch nur daran gedacht hatte, Frauen in den Entscheidungsprozess einzubeziehen. Die griechischen und römischen Zivilisationen sowie die jüdische Religion besaßen bereits fest etablierte patriarchalische Strukturen. Von Anbeginn verdrängte die Kirche die Frauen an den Rand des Geschehens. Das erinnert mich an die Ausarbeitung der amerikanischen Verfassung, in der trotz Abigail Adams' flehentlicher Bitte, »an die Damen zu denken«, das Wahlrecht nur freien, weißen männlichen Grundbesitzern gewährt wurde.

Was geschah in Nizäa?

Mittlerweile sind wir beim Konzil selbst angelangt. Der Kaiser trifft mit viel Pomp und Getöse ein. Dann lässt er die Delegierten wissen, dass er sie nach Nizäa berufen hat, damit sie ihre Streitigkeiten beilegen und eine Lehre schaffen, auf die sich alle einigen können.[9]

Wie bei den meisten Gruppen dieser Art gab es zwei radikale Flügel und eine starke Mitte, die vermutlich durch eine logische Rede und/oder aus einem Gefühl der Selbsterhaltung zu einer bestimmten Meinung neigen würde. Die Außenflügel repräsentierten zwei Priester namens Arius und Athanasius. Keiner der beiden besaß einen Bischofstitel und somit auch kein Stimmrecht, dennoch wussten sie ihren Positionen Gehör zu verleihen. Beide stammten aus Ägypten, was in mir die Frage aufwarf, was sich damals im Nilwasser befunden haben mag.

Arius repräsentierte eine Sicht der Natur Christi. Er war ein gut ausgebildeter Priester aus Alexandria, der mit dem Problem des Einen Gottes und der Dreieinigkeit gerungen hatte. Seine Lösung besagte, dass Gott, der Vater, Christus (den *logos* oder das Wort) erschuf und dass der Vater vor dem Sohn existierte und ohne ihn zu existieren vermochte.[10] Er verwendete dafür die Sprache der damaligen philosophischen Schulen und trug seine Argumente in vertrauten Wendungen vor. Aus Alexandria vertrieben, gewann er Anhänger in Caesarea und Nikomedia, zu denen auch deren Bischöfe zählten.

Sein Gegenspieler war ein junger Mann namens Athanasius, ebenfalls Priester sowie Sekretär des Bischofs von Alexandria. Etwa fünfundzwanzig Jahre alt, war Athanasius ein energischer Hitzkopf, der sich absolut im Recht wähnte und davon überzeugt war, dass die Befürworter des Arius sich nicht nur irrten, sondern auch der Heimtücke fähig waren. »Denn ihre Ansichten sind ebenso wandelbar und wankelmütig wie die Farben der Chamäleons.«[11] Athanasius beharrte darauf, dass Johannes 1, Vers 1 (»Am Anfang war das Wort«) keinerlei Zweideutigkeit zuließ. Die drei Teile der Dreieinigkeit waren auf ewig eins.[12]

Soweit uns bekannt ist, war es Konstantin ziemlich egal, welche Seite den Sieg davontrug. Ihm lag nur an Einigkeit. Es ist nicht einmal gewiss, wie viele Bischöfe die Feinheiten des Streits überhaupt begriffen. Jedenfalls überzeugte Athanasius' Gruppe den Großteil der restlichen Teilnehmer davon, sich ihnen anzuschließen. Sie verfassten das Nizäenische Glaubensbekenntnis, und nur zwei Bischöfe weigerten sich, es zu unterschreiben.[13] Diese beiden sowie Arius schickten sie in die Verbannung. Dies Schicksal hört sich schlimmer an, als es war. Alle drei fanden später wieder Aufnahme in die Kirche. Einer der Bischöfe, Eusebius von Caesarea, wurde Konstantins Freund, ein weiterer, Eusebius von Nikomedien, taufte ihn auf dem Sterbebett.

Wahrscheinlich lag es an seiner Selbstgerechtigkeit, denn Athanasius verbrachte den Rest seines Lebens immer wieder einmal im Exil. Ein Dorn im Fleische Konstantins, verbannte ihn dieser für drei Jahre in das germanische Trier. Athanasius fand für eine Zeit Frieden als Bischof von Alexandria, legte sich jedoch bis zu seinem Tod im Jahre 373 immer wieder mit späteren Kaisern an.[14]

Das Nizänische Glaubensbekenntnis

Das Konzil von Nizäa legte schließlich folgendes Glaubensbekenntnis fest:

> *»Wir glauben an [den] einen Gott,*
> *den Vater, den Allmächtigen,*
> *den Schöpfer alles Sichtbaren und Unsichtbaren,*
> *und an [den] einen Herrn Jesus Christus,*
> *den Sohn Gottes,*
> *als Einziggeborener aus dem Vater gezeugt,*
> *das heißt aus dem Wesen des Vaters,*
> *Gott aus Gott, Licht aus Licht,*
> *wahrer Gott aus wahrem Gott,*
> *gezeugt, nicht geschaffen,*

wesensgleich dem Vater,
durch den alles geworden ist,
was im Himmel und was auf der Erde ist;
der wegen uns Menschen und um unseres Heiles willen
herabgestiegen und Fleisch und Mensch geworden ist,
gelitten hat und auferstanden ist am dritten Tage,
hinaufgestiegen ist in die Himmel und kommt,
Lebende und Tote zu richten,
und an den Heiligen Geist.

Die aber sagen: »Es gab einmal eine Zeit, als er nicht war«, und: »Bevor er gezeugt wurde, war er nicht«, und: »Er ist aus Nichts geworden«, oder die sagen, der Sohn Gottes sei aus einer anderen Hypostase oder Wesenheit, oder er sei geschaffen oder wandelbar oder veränderlich, diese belegt die katholische und apostolische Kirche mit dem Anathema.«[15]

Dem hier Zitierten mag der geneigte Leser unzweifelhaft entnehmen, worum es den Bischöfen in der Hauptsache ging. Das Leben und der Tod Jesu sind nicht weiter erwähnt, der Heilige Geist erscheint sozusagen im Nebensatz, aber sie verweisen diesen dreisten Arius ganz klar in seine Schranken!

Arius und Athanasius stimmten darin überein, dass Jesus sowohl Mensch als auch Gott war, als Mensch litt und sich aller Gefühle erfreute, die mit dem Menschsein einhergehen. In dieser Philosophie findet sich nichts, was es ihm verwehrt hätte, eine Ehe einzugehen oder auch nur eine Beziehung zu führen. Sämtliche frühen Formen des Christentums, einschließlich jener der Gnostiker, stimmten darin überein, dass Jesus am Kreuz starb, von den Toten auferstand und in den Himmel aufstieg. Ohne diese drei *absoluta* war die Religion bedeutungslos.

Das Konzil von Nizäa verabschiedete zudem eine Kanon- oder Vorschriftenliste. Darin erklärten die Teilnehmer die Arbeitsweise der Kirche näher. Der allererste Kanon verkündet, dass niemand sich zu Gottes Ehren zum Eunuch machen solle, ganz gleich was der heilige Paulus dazu sagte. Erlitt ein Mann einen unglückseligen Unfall oder ein Sklave wurde von seinem Herrn kastriert, so blieb ihm das Priesteramt dennoch nicht versagt. Die Männer der Kirche sollten allerdings die Kraft zur Keuschheit aufbringen, ohne zu solchen extremen Mitteln zu greifen.

Ich habe keine Ahnung, wie verbreitet diese Verfahrensweise war – vielleicht lag es wieder am Nilwasser, das sich auf die Bischöfe auswirkte. Der Kanon deutet darauf hin, dass es bereits eine starke Tendenz zu zölibatären Priestern gab, obgleich sich dies erst nach mehreren Jahrhunderten als Regelfall durchsetzte.[16]

Ein anderer Kanon stellt die Regeln auf, die man befolgen muss, wenn man eine Priester- oder Bischofsweihe anstrebt. So wird die Ansicht vertreten, dass es vielleicht eine ganz gute Idee sei, dem Mann (immer einem Mann) vor der Ordinierung ein gewisses Maß an Unterweisungen zukommen zu lassen, damit er auch wusste, worauf er sich einließ.[17]

Die meisten anderen Kanones befassen sich mit den Pflichten und der Autorität der Bischöfe. Einige legen fest, Ketzer erneut willkommen zu heißen, so sie sich denn wieder einfügen wollen. Ein anderer Kanon gestattete Soldaten, die für den Heiden Licinius gegen Konstantin kämpften, Buße abzulegen und in den Schoß der Kirche zurückzukehren.

Kanon II legt fest, dass keine Frau bei einem Priester leben darf, außer es sei seine »Mutter, Schwester oder Tante«. Das mag auf den ersten Blick wie ehrpusselige Kleinlichkeit erscheinen, welche die Priester davon abhalten soll, sich Konkubinen zu halten. Meiner Ansicht nach handelt es sich jedoch um eine hinterlistige Methode, jener Praxis den Garaus zu machen, in der Männer und Frauen Keuschheitsgelübde ablegten, miteinander lebten und gemeinsam für die Kirche arbeiteten. Auf diese Weise stellte man sicher, dass Frauen keine Möglichkeit zum Ausüben sakraler Tätigkeiten blieb.

Ich möchte auch noch auf Kanon IX hinweisen, der offenbar erst Jahrhunderte später aufgehoben wurde. Leider ist mir nicht bekannt, wann dies geschah. Er legte fest, dass jeder Priester, den man eines Verbrechens für schuldig befand, nicht im Amt verbleiben durfte, denn »die katholische Kirche darf nur verwenden, was ohne Schuld ist«.[18]

Fast alle diese Kanones waren Wiedergaben derjenigen, auf die man sich bereits bei früheren Konzilien geeinigt hatte. Bei späteren Konzilien sollten sie erneut auf die Tagesordnung kommen. Die Debatten hörten niemals gänzlich auf. Konstantins Traum von einer einheitlichen Kirche sollte sich niemals erfüllen.

Was das Konzil nicht beschloss

Das Konzil von Nizäa beschloss eine ganze Reihe von Dingen – nicht. Zum einen wurde die Frage über die Natur Christi nicht ein für alle Mal entschieden. Entgegen der Bekräftigungen im Credo setzten sich die Streitigkeiten unmittelbar nach Rückkehr der Bischöfe fort. Die

Gefolgsmänner des Arius setzten sich als Missionare besonders bei den Goten ein, die sich wiederum gerade anschickten, Europa zu überrennen. Die Westgoten, die sich letztendlich in Spanien niederließen, blieben zweihundert Jahre lang arianische Christen.

Das Konzil stellte auch keine endgültige Liste über die Bücher der Bibel auf. Bis es dazu kam, sollten noch weitere fünfzig Jahre vergehen. Bis zum heutigen Tage verwenden die verschiedenen christlichen Glaubensrichtungen übrigens leicht voneinander abweichende Bibeln.

Abgesehen von jenem Kanon, der das Zusammenleben von Frauen und Priestern regelt, werden Frauen an keiner weiteren Stelle erwähnt. Offenbar und traurigerweise waren die meisten Männer der Ansicht, dass sie genau wussten, wo Frauen hingehörten, und dies schloss eine Position, die über die ihrige hinausging, rigoros aus. Dieses Thema werde ich an anderer Stelle noch vertiefen.

Konstantin war zwar Kaiser von Rom, aber die römische Kirche stellte damals noch keinen Machtfaktor dar. Zum einen hatte die Stadt zu jener Zeit aufgrund des Streites über die abgefallenen Christen mehr als einen Bischof. Zum anderen setzten sich die Gemeinden hauptsächlich aus Angehörigen der unteren Schichten zusammen. Die großen Senatorenfamilien zeigten nur wenig Interesse an der neuen Religion. Schließlich und endlich beanspruchte Rom zwar eine Vorrangstellung, da die Heiligen Petrus und Paulus dort gestorben waren, doch andere Städte verfügten über mehr Gewicht. Antiochia, Alexandria und Caesarea waren älter und existierten länger als Zentren des Glaubens. In Konstantinopel residierte der Kaiser. Jerusalem war von den Römern im Jahr 70 n. Chr. vollkommen zerstört worden, aber in den Ruinen lebte eine kleine christliche Gemeinschaft und der Patriarch der Stadt war hoch geachtet. Der römische Bischof Sylvestris, der sich schon in fortgeschrittenem Alter befand, nahm noch nicht einmal am Konzil teil. Er schickte zwei Priester mit einem Entschuldigungsschreiben zur Versammlung.[19]

Und was sollte das Ganze nun?

Das Konzil von Nizäa war deshalb wichtig, weil es einerseits das größte bis dahin abgehaltene Konzil war, andererseits (und das überwiegt) weil der Kaiser den Vorsitz führte. Damals war das offenbar völlig natürlich. Die meisten Christen waren froh darüber, einen Herrscher auf ihrer Seite zu haben. Aber dadurch schuf man auch einen Präzedenzfall, der im Osten bis zum Fall von Konstantinopel im Jahr 1453 Bestand hatte und im Westen noch Jahrhunderte andauerte, nachdem die Kaiser im westlichen Europa längst keine Macht mehr besaßen. Ein großer Teil der mittelalterlichen Kirchengeschichte beschreibt die Anstrengungen der Bischöfe und Päpste, sich von politischen Verbindlichkeiten zu befreien und zugleich einen geistlichen Einfluss auf weltliche Herrscher auszuüben.

Indem die Christen Konstantins Einladung zum Konzil annahmen, richteten sie sich – vielleicht unbewusst – darauf ein, die Welt nicht länger zu verändern, sondern sich von ihr verändern zu lassen.

Literaturempfehlungen

Giuseppe Alberigo (Hg.): Geschichte der Konzilien. Vom Nicaenum bis zum Vaticanum II. Patmos 1993

Henry Chadwick: The Early Church. Dorset Press 1967

Derselbe: Bildatlas der Weltkulturen: das Christentum. Bechtermünz 1998

H. A. Drake: Constantine and the Bishops. The Politics of Intolerance. Johns Hopkins University Press 2000

»The First Ecumenical Council.« In: Nicene and Post-Nicene Fathers of the Christian Church, Second Series, Bd. XIV. Wm. B. Eerdmans Publishing Company MI 1956, S. 1–55

---

[1] Ich möchte Professor H. A. Drake danken, der eine Rohfassung dieses Eintrags gelesen und kommentiert hat. Jedwede verbliebenen Fehler unterliegen meiner Verantwortung, nicht der seinen.

[2] Eusebius: *The History of the Church*. Übers. ins Englische von G. A. Williamson. Penguin 1965, S. 401–408 [Eusebius von Caesarea: *Kirchengeschichte*, Hg. und Einl. von Heinrich Kraft. Übers. von Philipp Haeuser. Kempten 1932, neu durchgesehen von Hans Armin Gärtner; Wiss. Buchgesellschaft 1967]

[3] Jacob Burckhardt: *The Age of Constantine the Great*. Übers. ins Englische von Moses Hadas. Dorset Press 1989, S. 276–281 [*Die Zeit Konstantins des Großen*, Magnus Verlag 1986]

[4] Siehe auch das Kapitel zu → **Konstantin der Große.**

[5] In Origenes: *Contra Celsum* 3.52. Zitiert in: Ramsay McMullen: *Christianizing the Roman Emperor*. Yale UP 1985, S. 37 [vgl. Origenes: *Contra Celsum III 50* (dt.: *Gegen Celsus III 50*), Origenes wiederholt die Aussage in III 52 und bringt die Fortsetzung in III 55. In: Koetschau: *Bibliothek der Kirchenväter (BKV)* Bd. 52, III 50, S. 262, III 55, S. 267]

[6] Die Informationen in den letzten Abschnitten sind aus verschiedenen Quellen zusammengetragen. Siehe auch die Literaturempfehlungen am Ende des Kapitels.

[7] Siehe auch das Kapitel über die → **Apokryphen**.

[8] MacMullen, S. 48 f.

[9] H. A. Drake: *Constantine and the Bishops*. Johns Hopkins UP 2000 (Nachdruck), S. 253 (von Eusebius)

[10] Charles Kannengiesser: »Arianism.« In: *Encyclopedia of Early Christianity*. Hg. von Everett Ferguson. Garland Publishing 1990, S. 85. Dies ist eine sehr vereinfachte Erklärung des Arianismus.

[11] Athanasius: »Defense of the Nicene Constitution.« Übers. ins Englische von Archibald Robinson. In: *Nicene and Post-Nicene Fathers of the Christian Church*, Bd. IV, Eerdmans Publishing 1953, S. 149 [vgl. »Symbolum Athanasianum«, auch »Quicumque« genannt; es stammt allerdings bereits aus dem fünften Jahrhundert; seit dem siebten Jahrhundert wird es Athanasius zugeschrieben. In: Heinrich Denzinger: *Kompendium der Glaubensbekenntnisse und kirchlichen Lehrentscheidungen*, Hg. von Peter Hünermann, lat. und dt., Herder 1991, S. 75 f. Anm. d. Ü.]

[12] Athanasius: »Statement of Faith.« Ebenda, S. 84. Hier gibt es ein kleines Problem, denn das Johannesevangelium galt nicht allgemein als orthodox. [vgl. »Athanasianische Auslegung zum Bekenntnis.« In: DH, S. 46 f.]

[13] Drake, S. 257

[14] Burckhardt, S. 316–320

[15] »Nicene Creed.« In: *Nicene and Post-Nicene Fathers of the Christian Church*, Bd. IV, Eerdmans Publishing 1953, S. 3 (Dies ist eine Übersetzung der frühesten Form des Credos. Seither ist es viele Male überarbeitet worden. [siehe »Nizänisches Glaubensbekenntnis, 19. Juni 325« in DH, S. 125 f. (Griechisch-Lateinisch-Deutsch)]

[16] Es gab sogar noch im zwölften Jahrhundert verheiratete Priester, besonders in ländlichen Gemeinden. John of Salisbury, eine meiner Lieblingsgestalten der Geschichte, hatte einen Bruder, der selbst nach 1150 als verheirateter Priester in England tätig war. Er machte sich deswegen offenbar keine Sorgen und hielt es auch nicht für ungewöhnlich.

[17] »Canon II.« In: *Nicene and Post-Nicene Fathers of the Christian Church*, Bd. IV, Eerdmans Publishing 1953, S. 10

[18] Ebenda, S. 23

[19] Johannes Dominicus Mansi: *Sacrorum conciliorum nova et amplissima collectio*. Bd. II. Florenz und Venedig 1759–1793, S. 665

Leonardo

»Mir ist ein Enkel geboren worden: der Sohn meines Sohnes Peiro, am 15. April [1452], einem Samstag, um drei Uhr morgens. Er bekam den Namen Leonardo. Der Priester von Vinci, Piero di Batolomeo, taufte ihn.«[1]

So lautete die offizielle Meldung, als einer der brillantesten und rätselhaftesten Männer aller Zeiten das Weltgeschehen betrat. Obwohl unehelich geboren, nahm die Familie seines Vaters Leonardo auf und zog ihn ab seinem vierten Lebensjahr auf. Binnen weniger Monate nach seiner Geburt ehelichten beide Elternteile andere Partner. Seine Stiefeltern brachten ihm so viel Zuneigung entgegen, dass Leonardo auch im Erwachsenenalter einen Brief an die Frau seines Vaters mit den Worten »liebe und süße Mutter« begann.[2]

Über seine Kindheit wissen wir nur wenig. Mit etwa fünfzehn Jahren begleitete er seinen Vater nach Florenz. Dort begann er eine Lehre bei dem Künstler Andrea de Verrocchio, einem Bildhauer, Bronzegießer, Modeschneider und Maler.[3] In Verrocchios Atelier fand Leonardo alles vor, was er zur Entwicklung seines Talentes benötigte.

Leonardo blieb auch nach seinem zwanzigsten Lebensjahr noch dort. Zu diesem Zeitpunkt machen sich die meisten Lehrlinge schon einen eigenen Namen.

Immerhin hatte er sich bereits einen Ruf als brillanter, aber unzuverlässiger Künstler erworben. Eine Angewohnheit, die er sein Leben lang nicht ablegte. Er hinterließ viele Arbeiten unvollendet oder aber sie gelangten über das Planungsstadium nicht hinaus.

Im Jahr 1476 klagte man ihn und drei weitere Männer an, sich der Unzucht mit Knaben an dem siebzehnjährigen Künstlermodell Jacopo Saltarelli schuldig gemacht zu haben. Der Fall kam zwar vor Gericht, die Anklage wurde jedoch fallen gelassen.[4] Weitere Informationen über diese Episode gibt es nicht. Leonardo erwähnt den Zwischenfall in nicht einem seiner Notizbücher und zu seinen Lebzeiten gab es keine weiteren Gerüchte über seine Sexualität. Allerdings finden sich in seinen Aufzeichnungen Kommentare, die darauf schließen lassen, dass Leonardo in Bezug auf Sex höchstens geringes Interesse verspürte: »Die intellektuelle Leidenschaft verdrängt die Sinnlichkeit«, schrieb er.[5] Des Weiteren: »Die Sinne sind der Erde zugehörig; in der Kontemplation hält sich die Vernunft von ihnen fern.«[6] Und schließlich: »Der Akt der Fortpflanzung und die dazu verwendeten Körperteile sind so abstoßend, dass, wären nicht die Schönheit der Gesichter […] und der aufgestaute Trieb, die Natur der menschlichen Art verlustig gehen würde.«[7]

Das klingt nicht nach einem Mann, dem an einer körperlichen Beziehung gelegen wäre, sei es mit einer Frau oder einem Mann. Freud hätte nicht nur seine helle Freude an ihm gehabt, er *hatte* sie tatsächlich, denn er schrieb eine Analyse über Leonardo mit dem Titel *Eine Kindheitserinnerung des Leonardo da Vinci*.[8] Diese Arbeit ist zum größten Teil widerlegt worden, aber daran sieht man, wie wenig Leonardo über sich preisgab. Für Spekulationen blieb viel Raum.

In seinen letzten Lebensjahren nahm Leonardo in Mailand einen jungen Schüler namens Francesco Melzi an, zu dem er eine enge Beziehung pflegte. Die genaue Art ihrer Freundschaft drang nie nach außen. Melzo blieb für den Rest von Leonardos Leben an dessen Seite. Den Brüdern, mit denen er in Streit gelegen hatte, hinterließ Leonardo per Testament Geldsummen. Melzi jedoch vermachte er seine sämtlichen Aufzeichnungen.[9]

In dieser Lebensphase kam ein weiterer junger Mann hinzu mit Namen Gian Giacomo de Caprotti. Diesen nannte er in seinen Schriften stets Salai oder den »kleinen Teufel«.[10] Im Jahr 1497 erstellte er eine Liste von Kleidungsstücken, die er für Salai anschaffte. Am Ende schrieb er: »Salai stahl die *soldi* [das Geld].«[11] Und obwohl der Junge ein frecher Dieb war, der sich niemals reuig zeigte, gab Leonardo ihm weiter Geld, Kleidung und Unterkunft. Mit zunehmendem Alter schickte er ihn auf Botengänge. Leonardo gab niemals preis, warum er Salai in seinem Haushalt behielt. Sie sehen also, warum Freud den Mann so interessant fand.

Keines der Notizbücher, die insgesamt mehrere tausend Seiten umfassen und im Laufe vieler Jahre entstanden, sagt viel über Leonardos Gefühle oder seinen Alltag aus. Der größte Teil befasst sich mit seinen Beobachtungen und Experimenten. Sie sind in Spiegelschrift geschrieben, vielleicht um dadurch ihre Unzugänglichkeit zu erhöhen. Wahrscheinlicher ist allerdings, dass Leonardo als Linkshänder das Schreiben so leichter fiel. Denn führt man die Hand von links nach rechts, wischt sie über den bereits geschriebenen Teil und verschmiert die Seite, was sich durch eine von rechts nach links führende Schrift vermeiden lässt. Der Text ist offenbar nicht verschlüsselt. Leonardo machte deutlich, dass ein Großteil seines Werkes eines Tages veröffentlicht werden sollte. An zahlreichen Stellen wendet er sich direkt an den Leser. Viele Anmerkungen zur Anatomie und zur Malerei sind als Hinweise für Kunststudenten verfasst. Er bittet sogar einen zukünftigen Drucker: »Ich lehre die Methode des Druckens [der anatomischen Zeichnungen], auf dass sie in einer bestimmten Reihenfolge abgedruckt werden. Und ich beschwöre jene, die nach mir kommen, sich nicht von Habsucht leiten zu lassen.«[12]

Möglicherweise beabsichtigte Leonardo, sein Werk selbst zu verlegen. Seine Neigung, sich ablenken zu lassen, führte ihn jedoch in verschiedene Seitengassen. Er ordnete seine Aufzeichnungen niemals so gründlich, dass sie ein Buch ergeben hätten.

Offenbar herrscht allgemein die Auffassung, dass Leonardo zahlreiche Arbeiten für verschiedene Päpste ausführte, obwohl dies nicht der Realität entspricht. Gegen Ende des fünfzehnten Jahrhunderts ergingen zwar päpstliche Aufträge an Künstler, Leonardo hingegen erhielt niemals die Order, ein Gemälde oder eine Skulptur zu schaffen. Offenbar unterbreitete er lediglich Papst Leo X. einige Vorschläge, wie man das Sumpfland um Rom am besten trockenlegen könnte.[13] Allerdings war er einige Monate lang Gast bei Papst Leo, der ihm gestattete, im römischen Hospital anhand von Leichensektionen seine Anatomieforschungen weiterzuführen.[14]

Den größten Teil seines Lebens verbrachte er zunächst im Dienste Ludovico Sforzas, dem Herzog von Mailand, im Anschluss arbeitete er für den König von Frankreich. In Mailand malte er Ludovicos Mätresse Cäcilia. Das Bild ist bekannt als *Dame mit Hermelin*. Einen Großteil seiner Zeit beanspruchten jedoch Festungsbauarbeiten und Waffenentwürfe im Auftrag des Herzogs. In Mailand entwarf er auch ein Bordell, »dessen Flure im rechten Winkel zueinander stehen mit drei verschiedenen Eingängen, damit die Kundschaft kommen und gehen kann, ohne sich durch zufällige Begegnungen in Verlegenheit zu bringen«.[15] Ich weiß nicht, ob das Freudenhaus jemals erbaut wurde. Viele Ideen Leonardos blieben auf die Seiten seiner Notizbücher beschränkt.

Dennoch vollendete er durchaus einige Projekte. In Mailand schuf Leonardo die erste Version der → ***Felsgrottenmadonna***. Er erhielt außerdem vom Herzog den Auftrag, → ***Das letzte Abendmahl*** auf die Wand des Refektoriums des Klosters Santa Maria delle Grazie zu malen. Diese Werke werden an anderer Stelle in diesem Buch eingehender besprochen.

Nach der Niederlage Sforzas und der Übernahme Mailands durch die Franzosen arbeitete Leonardo eine Zeit lang für Letztere. Dann nahm er eine Stelle bei Cesare Borgia an, dem Sohn von Papst Alexander VI. und Bruder der Lucrezia. Cesare erwartete, dass Leonardo für ihn Festungsanlagen und Aquädukte entwarf. Doch der Künstler blieb nicht lange im Dienst der Borgias. Im Jahr 1503 hielt er sich wieder in Florenz auf. Dennoch fand er die Zeit, sich mit einem Mann anzufreunden, der ihm in Sachen Zynismus in nichts nachstand: Niccolò Machiavelli. Dieser ließ Leonardo den Auftrag zukommen, eine Wand des Sitzungssaales des florentinischen Stadtrates zu bemalen. Eine weitere Wand sollte von Michelangelo verziert werden. Keiner der beiden Aufträge wurde je vollendet. Offenbar verlor Leonardo irgendwann das Interesse an dem Projekt. Der Ruf des französischen Königs bewahrte ihn davor, sein Honorar an die Florentiner zurückzahlen zu müssen.[16]

Auf dem französischen Schloss Cloux, welches sich in

Leonardo da Vinci.
Copyright HIP/Scala/Art Resource, New York

der Nähe der königlichen Residenz zu Anboise im Loiretal befand, verbrachte Leonardo seine letzten Lebensjahre. Der junge König François I. erbat lediglich das Privileg, sich zu jeder Leonardo gefälligen Zeit mit diesem unterhalten zu dürfen – oh, und vielleicht noch den einen oder anderen Schabernack zu Festlichkeiten wie beispielsweise einen mechanischen Löwen, der François zum Schein angriff und sich ihm dann unterwarf.

Die einzigen Gemälde, die Leonardo nach Frankreich mitbrachte, waren die *Heilige Anna Selbdritt*, die → ***Mona Lisa*** und ein Bild von Johannes dem Täufer. Sie alle hängen im Louvre. Im letztgenannten Gemälde ist Johannes als junger, fast androgyner Mann dargestellt, der ein rätselhaftes Lächeln aufsetzt. Es gibt nicht den geringsten Hinweis, aber ich habe mich immer gefragt, ob es sich nicht um ein Porträt von Salai handeln mag. Leonardos Johannes sieht für mich nicht wie ein Heiliger aus, sondern eher wie ein charmanter Filou.

In seinen letzten Lebensjahren verwendete Leonardo viel Zeit darauf, sein Notizbuch mit Skizzen über eine große Sintflut zu füllen, die das Ende der Welt einleiten würde. Seine Welt endete am 2. Mai 1519. Schloss Cloux ist heute ein Museum, in dem man die Nachbauten einiger seiner Erfindungen besichtigen kann.

In *Sakrileg* wird angedeutet, dass Leonardo gegenüber Religion und besonders Rom negativ eingestellt war. Diese Haltung lässt sich durch sein Werk nicht belegen.

Leonardo schrieb nur sehr wenig, was Religion zum Inhalt hatte. Wie vielen Menschen seiner Zeit widerte ihn der Ablasshandel (so eine Art »Sie kommen aus der Hölle frei«-Joker) jedoch an.[17] Er spottete über die Franziskaner, aber er war auch immer wieder voll des Lobes über sie. Einer seiner engen Freunde hieß Fra Luca Pacioli, ein Franziskaner und Mathematiker. Leonardo illustrierte sein Buch *Über die Göttlichen Proportionen*, welches ein Thema behandelte, das Leonardo sehr am Herzen lag.[18]

Es deutet alles darauf hin, dass Leonardo ein Christ war, der seinem Glauben eher geistesabwesend nachhing. Er sorgte dafür, dass nach seinem Tod Messen für ihn gelesen wurden, und stellte dies auch sicher, als seine Haushälterin Caterina starb.[19] In seinen Schriften finden sich zahlreiche Bezüge zu Gott, besonders in seinen Notizen über die Natur und die Schöpfung.

Was die beiden Zitate in *Sakrileg* angeht, die Leonardo angeblich zur Bibel von sich gegeben hat, stammt eines aus seiner Verdammung der Totenbeschwörung und der Schwarzen Magie.[20] Das andere – »Unkenntnis blendet und lässt uns in die Irre gehen. Oh, ihr elenden Sterblichen, öffnet die Augen!« – ist entnommen aus einer ebenso leidenschaftlichen Kritik an jene Menschen, die sich nicht mit der Mathematik befassen.[21]

Die Idee hingegen, dass jemand Leonardo zum Oberhaupt einer Gruppe wählen sollte, besonders einer Gruppe, die angeblich so geheim und wichtig ist wie die → **Prieuré de Sion,** kann ich schlicht nicht nachvollziehen. Der Mann hätte sechs Monate darauf verwendet, den Versammlungsraum zu entwerfen, hätte dabei die verschiedenen Holzeigenschaften studiert sowie die beste Art und Weise, wie man eine Wand verputzt. Im Anschluss hätte er vielleicht noch einige Termiten seziert, letztendlich das Interesse an dem Projekt verloren und sich mit etwas gänzlich anderem beschäftigt.

Leonardo war ein Genie, ein rätselhafter und zurückhaltender Mann. Zudem war er, was seine Interessengebiete betraf, äußerst sprunghaft und des Weiteren ganz und gar unzuverlässig. Die Menschen seiner Zeit erkannten diese Eigenschaften, und jene, die ihm die Leitung über ein Projekt anvertrauten, bereuten es meist bald. Heutzutage wäre er ein Dorn im Fleische seiner Universität. Er brächte keinen einzigen Abschluss zustande und wäre doch zu brillant, um exmatrikuliert zu werden.

Für all jene, die ihn kannten, muss dies in der Tat das Leonardo-Dilemma gewesen sein.

Daniel Arasse: Leonardo da Vinci. Dumont 2002 (beschäftigt sich intensiv mit den Kodizes)

Serge Bramly: Leonardo: Discovering the Life of Leonardo Da Vinci. Übers. ins Engl. von Sian Reynolds. Edward Burlingame Books 1991 [vgl. Leonardo da Vinci, Rowohlt 1995]

Kenneth Clark: Leonardo da Vinci. Viking 1988

Hermann Grothe: Leonardo da Vinci. Reprint Verlag 2003 (technische und naturwissenschaftliche Studien)

Leonardo da Vinci: Die Aphorismen, Rätsel und Prophezeiungen. Schirmer/Mosel 2003 (gehen auf den Codex Leicester und andere Notizbücher ein)

Leonardo da Vinci: The Notebooks of Leonardo da Vinci. Edward McCurdy, Übers. und Hg. von Konecky und Konecky. Old Saybrook, o. J. (Es gibt weitere Übersetzungen der Notizbücher, von denen viele Abbildungen der Zeichnungen enthalten. Mit Ausnahme des → **Codex Leicester** habe ich keine Ausgabe gefunden, welche die Reihenfolge der Komposition einhält, die Leonardo vorgab. Die Herausgeber verspüren offenbar das Bedürfnis, ihn einem System unterzuordnen. Ich würde viel lieber herausfinden, welche Sprünge sein Verstand vollführte.)

Leonardo da Vinci: Sämtliche Gemälde und die Schriften zur Malerei. Schirmer/Mosel 1990

---

1 Alessandro Vezzosi, *Leonardo da Vinci. Art et science de l'univers*. Übers. von Frederic Morvan und Natalie Palma. Decouvertes Gallimard 1986, S. 13

2 Derselbe, S. 16

3 Robert Wallace et al.: *The World of Leonardo 1452–1519*. Time Life Books 1966, S. 13 [Leonardo da Vinci und seine Zeit. Time-Life-International 1971]

[4] Vezzosi, S. 40; Wallace, S. 16

[5] Edward McCurdy (Hg. und Übers.): *The Notebook of Leonardo da Vinci*. Konecky und Konecky o. J. Codex Atlanticus, S. 358, v. a. S. 66 (Manuskript)

[6] Codex Trivulziano, S. 60. In: *Notebooks*, S. 67

[7] *Notebooks*, S. 97

[8] Sigmund Freud: *Eine Kindheitserinnerung des Leonardo da Vinci*. Fischer 1995

[9] Wallace, S. 148

[10] Derselbe, S. 58

[11] *Notebooks*, S. 1158

[12] Ebenda, Folio A 8 v. S. 97 im Original

[13] Michael Desmond: »Leonardo da Vinci and the Codex Leicester.« In: *Leonardo da Vinci. The Codex Leicester – Notebook of a Genius*. Powerhouse Museum 2000, S. 13

[14] Wallace, S. 150

[15] Derselbe, S. 79

[16] Derselbe, S. 124

[17] *Notebooks*, S. 1112, »On the Selling of Paradise«

[18] Wallace, S. 59

[19] *Notebooks*, S. 1129

[20] Ebenda, S. 81 (Das Zitat in *Sakrileg* S. 317 lautet: »Viele haben aus Täuschungen und falschen Wundern ein Geschäft gemacht und führen damit die törichte Menge hinters Licht.«)

[21] *Notebooks*, S. 83

Das letzte Abendmahl des Leonardo[1]

Ein Dreh- und Angelpunkt in *Sakrileg* ist → **Leonardo da Vincis** Gemälde *Das letzte Abendmahl.* An dem Platz, an dem normalerweise der Apostel Johannes sitzt, soll sich stattdessen ein Porträt der → **Maria Magdalena** befinden.[2]

Das ist ein hochinteressanter Ansatz, der eine Reihe weiterer Fragen aufwirft. Wenn Maria am letzten Abendmahl teilnimmt, was macht dann Johannes – ist er losgezogen, um neue Mazze[i] zu holen?[3] Und Petrus' Frau und Schwiegermutter? Die stehen vermutlich am Herd und kochen?

Diese Art von Spekulation ist genau das und nicht mehr. In den uns zur Verfügung stehenden Evangelien, auch in den → **Apokryphen,** steht geschrieben, dass Jesus und die Apostel an jener Mahlzeit teilnahmen. Von Maria oder anderen Personen ist nirgendwo die Rede.

Für mich ist das eigentliche Problem an dieser Theorie nicht theologischer, sondern rationaler Art. Wenn Maria Magdalena den Platz eingenommen hat, der normalerweise Johannes vorbehalten ist, warum ist das nie-

---

[i] Ungesäuertes Brot, das zum Passahfest gereicht wird. Anm. d. Ü.

Das letzte Abendmahl, nach der Restaurierung.
© Alinari/Art Resource, New York

mandem im Laufe der letzten fünfhundert Jahre aufgefallen? Von Anfang an gehörte *Das letzte Abendmahl* zu den am meisten studierten und kopierten Gemälden Leonardos. Die früheste, leider nicht erhaltene Kopie erstellte Bramantino 1503.[4]

Natürlich wäre es von Leonardo sehr aufmerksam gewesen, hätte er uns in seinen Notizbüchern deutliche Worte darüber hinterlassen, was ihm genau in den Sinn kam. Leider sind seine Notizen zum *Letzten Abendmahl* nur minimal. Er hinterließ einige Skizzen (siehe weiter unten) und Anmerkungen über die Haltungen der Apostel: »Einer trank und ließ den Becher stehen und wendet nun den Kopf zum Sprecher [...] Ein anderer hebt die nach oben geöffneten Hände und zieht zugleich die Schultern bis an die Ohren hoch. Seine Miene wirkt überrascht. Ein weiterer flüstert seinem Sitznachbarn etwas ins Ohr, und der, der ihm zuhört, neigt den Kopf zu ihm; in einer Hand hält er ein Messer und in der an-

Das letzte Abendmahl, linke Seite.
© Scala/Art Resource, New York

deren das Brot, das mit diesem Messer geteilt worden ist.«[5]

Die letzte Szene bezieht sich wohl auf Petrus, der weit rechts von Jesus sitzt und sich zu Johannes neigt. Sie entspricht Johannes 21,20: »Petrus aber wandte sich um und sah den Jünger folgen, welchen Jesus lieb hatte, der auch an seiner Brust am Abendessen gelegen war und gesagt hatte: »Herr, wer ist's, der dich verrät?«, sowie Johannes 21,24: »Dies ist der Jünger, der von diesen Dingen zeugt und dies geschrieben hat; und wir wissen, dass sein Zeugnis wahrhaftig ist.«[6]

Das Messer in Petrus' Hand zeigt von seinem Körper weg, vermutlich damit er niemanden verletzt. Möglicherweise nimmt Leonardo hier Bezug auf die Ereignisse, die

Das letzte Abendmahl, rechte Seite.
© Scala/Art Resource, New York

sich später am Abend abspielen: Petrus schneidet einem der römischen Soldaten, die Jesus verhaften wollen, das Ohr ab.

Sie werden feststellen, dass Johannes Rot über Blau trägt und dadurch das Gegenstück zu Jesus' rotem Gewand mit dem blauen Umhang darstellt. Jetzt schauen Sie bitte zur anderen Seite des Bildes.

Das gleiche Blau und Rot wird durch die Kleidung zweier weiterer Apostel kontrastiert, besonders beim jungen und bartlosen Philippus, der auf mich einen recht femininen Eindruck macht. Allerdings ist er ein wenig voller als Johannes.

Wenn man das restaurierte Gemälde betrachtet, wirkt die Figur des Johannes ebenfalls feminin. Allerdings

Skizze für den Kopf des heiligen Jakobus.
© Scala/Art Resource, New York

glaube ich, dass viele Männergestalten der italienischen Renaissance-Kunst eher weiblich oder zumindest androgyn erscheinen. Leonardos Skizze für den Kopf des heiligen Jakobus wirkt wie die Darstellung einer präraffaelischen Frau. Jenes Bild von Johannes dem Täufer, das er mit nach Frankreich nahm, zeigt eindeutig einen jungen Mann, wenn auch mit langen Locken und zarten Zügen. Raffael und andere zeitgenössische italienische Maler stellten junge Männer ebenfalls auf androgyne Weise dar.[7]

Für gewöhnlich schläft Johannes in den Gemälden zum letzten Abendmahl. Oftmals lehnt er dabei an Jesus' Brust. Manchmal hat Jesus einen Arm um ihn gelegt. Mir ist nicht bekannt, wann diese Tradition einsetzte. Dafür weiß ich allerdings, wie lang ein Seder[ii] ist, und es kommt

Das letzte Abendmahl von Domenico Ghirlandaio (1448–1494). Beachten Sie den freien Raum zwischen Jesus und Sankt Petrus zu seiner Rechten. Dies ist nur eines von zahlreichen Beispielen. In allen wird Johannes als Jüngling dargestellt.

auch heutzutage vor, dass Kinder vor dessen Ende einschlafen.

Leonardos ursprüngliche Skizze folgte dieser Tradition.

Nach einem Brief des mailändischen Herzogs Ludovico Sforza, Leonardos Gönner, sollte der Künstler nach Vollendung des *Letzten Abendmahles* mehr als eine Wand

---

[ii] Der Seder ist der erste Abend des Passahfestes. Er symbolisiert den ersten Abend, den das Volk Israel nach seinem Auszug aus Ägypten außerhalb dessen Grenzen verbringt. Anm. d. Ü.

des Refektoriums von Santa Maria delle Grazie bemalen. Der Herzog war allmählich vertraut mit Leonardos Neigung, sich bei seinen Arbeiten Zeit zu lassen. »Er soll den Vertrag mit eigener Hand unterzeichnen, damit er verpflichtet ist, [das Werk] zur festgesetzten Zeit zu vollenden.«[8] Diese Botschaft schickte er im Juni des Jahres 1497. Leonardo hatte vier Jahre zuvor mit dem Gemälde begonnen.

Unverzüglich nach der Vollendung begann sich *Das letzte Abendmahl* auch schon wieder aufzulösen. Im Laufe der Jahre haben sich viele an seiner Erhaltung oder Restauration versucht. Die jüngsten Restaurierungsarbeiten endeten 1997.

Im Laufe der Wiederherstellungsarbeiten wurden viele unbeholfene Übermalungen entfernt und Leonardos ursprüngliches Werk kam wieder zum Vorschein. Bei der Figur des Johannes wandelte sich das Haar von »einer formlosen braunen Decke mit einigen unglaublichen rosaroten Schattierungen« in »eine warme kastanienrote Farbe«.[9] Die Farbe des Gewandes erwies sich als Hellblau, aber der Mantel, der bei den vorigen Bearbeitungen rot aussah, war so sehr beschädigt worden, dass die ursprüngliche Farbe unmöglich zu bestimmen war.[10]

Viele Bücher und Artikel entstanden in dem Versuch, die Ikonografie des *Letzten Abendmahles* zu erklären. Meines Wissens ist Dan Brown der Erste, der es mit dem → **Gralsthema** in Verbindung bringt.[11] Die Charaktere in *Sakrileg* reagieren überrascht, da auf dem Gemälde jeder seinen eigenen Kelch vor sich stehen hat und nicht nur ein Gefäß zu sehen ist.[12] Es wäre noch viel eigenartiger, wenn Jesus und die Apostel einen Seder mit nur einem Becher abhielten. Ein Teil der Zeremonie besteht schließlich darin, vier Becher Wein zu trinken – natürlich nicht alle auf einmal. Drei der vier orthodoxen Evangelien besagen, dass Jesus einen Becher nahm (vermutlich seinen eigenen), ihn segnete und an die Männer weitergab.[13] Aber das bedeutet noch lange nicht, dass die Apostel zuvor nicht aus eigenen Bechern tranken. Ein einziger Kelch wäre völlig fehl am Platz gewesen.

Tatsächlich finden sich auf dem Gemälde elf Gläser. Ich habe sie zweimal nachgezählt und nicht die geringste Ahnung, welcher tiefere Sinn dem innewohnt. Dennoch besteht kein Grund für die Annahme, dass Leonardos Komposition oder der Inhalt des *Letzten Abendmahles* in theologischer Hinsicht eine besondere Abweichung darstellen.

Literaturempfehlungen

Michael Ladwein: Leonardo, Das Abendmahl. Pforte Verlag 2004

Leonardo, the Last Supper. Übers. von Harlow Tighe. University of Chicago Press 1999

Leo Steinberg: Leonardo's Incessant Last Supper. Zone Books 2004

---

[1] Ich danke Dr. Georgia Wright, die meine Rohfassung des Kapitels gelesen hat. Jedwede Fehler unterliegen meiner Verantwortung, nicht der ihrigen.

[2] *Sakrileg*, S. 332–336

[3] Nun ja, es sollte eigentlich ein Passah-Festmahl darstellen. Aber Leonardo lässt die Apostel Sauerteigbrot essen, so wie es auch die Mönche zu sich nahmen, für die das Bild bestimmt war.

[4] Pietro C. Marani: »Leonardo's Last Supper.« In: *Leonardo, the Last Supper*. Übers. von Harlow Tighe. University of Chicago Press 1999, S. 57

[5] Edward McCurdy (Hg. und Übers.): *The Notebook of Leonardo da Vinci*. Konecky & Konecky 2003, S. 1015

[6] Danke an Dr. Wright, die mich auf die Stelle hingewiesen hat.

[7] Nehmen Sie nur Raffaels *St. Sebastian*, *Porträt des Pietro Bembo* oder auch seine Selbstbildnisse.

[8] Marani, S. 1

[9] Pinin Brambilla Barcilon et al.: »The Restoration.« In: *Leonardo, the Last Supper*, S. 381

[10] Ebenda

[11] *Sakrileg*, S. 324 f.

[12] Ebenda

[13] Matthäus 26,27; Markus 14,23; Lukas 22,17

Die Lingua Pura

Eine der Botschaften in *Sakrileg* ist auf Englisch verfasst, was Langdon überrascht. Bis Teabing ihn darauf hinweist, dass Englisch »*la lingua pura*« sei. Laut Langdon ist das Englische frei von lateinischen Einflüssen und somit nicht durch den Einfluss des Vatikans verdorben.

Diese Aussage ist verwirrend. Gewiss ist Menschen mit der Ausbildung, die Langdon oder Teabing genossen, die Geschichte der englischen Sprache geläufig. Ihr Reichtum begründet sich darauf, dass sie eine Kombination aus den germanischen Sprachen Angelsächsisch und Dänisch sowie aus den romanischen Sprachen Latein und Französisch darstellt. Das englische Wort für Sprache, *language*, leitet sich vom lateinischen *lingua* ab, was auf Deutsch »Zunge« bedeutet und der germanischen Wurzel *tongue* entspricht.[1] Durch diese Vermischung stehen den Englisch Sprechenden also zwei sehr unterschiedlich klingende Wörter zur Verfügung, die das Gleiche bedeuten.

Die lateinische Sprache wirkte sich zwei Mal auf das Englische aus. Zum ersten Mal geschah dies im siebten Jahrhundert, als die angelsächsischen Stämme Englands zum Christentum bekehrt wurden. Damals kamen Wörter wie *bishop*, also Bischof, in Gebrauch, was sich vom lateinischen *episcopus* herleitet. Der Haupteinfluss lateinischer Wörter begann jedoch mit dem Einfall der Normannen in England im Jahr 1066. Damals entdeckte das Englische, dass *sheep* [Schafe] auf der Weide sich zu *mutton* [Schaffleisch] auf dem Speisetisch wandeln. Es gibt sogar Wörter, die das Englische behielt und das Französische nicht mehr verwendet, zum Beispiel *bacon* [Speck]. »Es herrscht Übereinstimmung darin, dass das heutige Englisch zweimal so viele Wörter enthält, die sich aus dem Lateinischen und Französischen herleiten, als solche, die dem Germanischen entstammen, obgleich die Letzteren allgemein häufiger verwendet werden.«[2]

Wenn eine Geheimgesellschaft eine wirklich reine europäische Sprache gewollt hätte, so fiele mir Baskisch ein, das eine eigene Sprachgruppe bildet. Eine auf Baskisch in Spiegelschrift geschriebene Geheimbotschaft könnte sicher die erfahrensten Kryptologen stutzig machen.

Literaturempfehlungen

Albert C. Baugh: A History of the English Language. Routledge 1963
G. L. Brook: A History of the English Language. Norton 1964
Robert Claiborne: Our Marvelous Mother Tongue. The Life and Times of the Englisch Language. Crown Publishing 1983
Hans Sauer: Englische Sprachgeschichte. Stauffenberg Verlag 2005
Wolfgang Viereck u. a.: dtv Atlas Englische Sprache. dtv 2002

---

[1] Für das Lateinische sei empfohlen: Lewis and Short. *A Latin Dictionary*. Oxford 1879 (Nachdruck 1989). Für das Englische: *Oxford English Dictionary*. Oxford UP 1971

[2] Philippe Wolff. *Western Languages AD 100–1500*. Übers. von Frances Partridge. World University Library 1971, S. 166

Der Louvre

Das riesige imposante Louvre-Museum, das wir heute sehen, erhebt sich über vielen anderen Bauten. Unter dem Mittelteil des Louvre, dem Sully, liegen die Überreste eines Turmes, den Philipp II. von Frankreich, auch bekannt als Philipp Augustus (1165–1223; gekrönt 1180), um 1200 erbauen ließ. Philipp verdankt seine Bekanntheit heutzutage vor allem, dass er zum einen Richard Löwenherz auf dem ersten Kreuzzug begleitete, zum anderen Richard und seine Brüder zum Krieg gegen ihren Vater Henry II. von England aufstachelte und schließlich 1214 die Schlacht von Bouvines gegen Kaiser Otto IV. gewann. Aber er gehörte auch zu den ersten Herrschern, die in Paris Stadterneuerung umsetzten. Er ließ die schlammigen Straßen pflastern und eine Mauer um die Stadt errichten. An der Westseite der Mauer, am rechten Seineufer, baute er die runde, etwa zehn Meter hohe Festung, die schlicht der »Turm von Paris«[1] genannt wurde. Danach umgab er den Turm mit einem umlaufenden *fossé* [Graben], um ihn vor einem Angriff zu schützen. Später sicherte man den Turm zusätzlich mit einer ihn umschließenden Steinmauer mit aufgesetzten Wachttürmen.

Bereits vor Philipps Zeiten trug die Stätte den Namen Louvre. Es gibt Spekulationen darüber, woher diese Bezeichnung stammt. Die einen gehen davon aus, dass es sich von dem Sachsenwort für ein befestigtes Lager, *leovar*, herleitet. Normannische Invasoren erbauten diese, als sie Paris 885 ein Jahr lang belagerten. Als sie abzogen, blieb der Name haften.[2] Eine andere Vermutung lautet, dass der Name vom lateinischen Wort *lupus* (Wolf) stammt.[3] Ein altfranzösisches Wort, *louverie*, bezeichnet einen Wolfszwinger, und es ist gut möglich, dass das frühe Paris unter Wolfsplagen litt. Allerdings bin ich bei den Recherchen zu Philipps Ära auf keine einzige Erwähnung von Wölfen gestoßen. Ich habe eine eigene Vermutung, die auf der aus dem dreizehnten Jahrhundert stammenden altfranzösischen Fabel *Renart* [*Reineke Fuchs*] beruht. Darin findet sich ein Abschnitt, in dem der Fuchs Renart die Wölfin Hersent in eine Falle lockt und schändet. Das Wort *louverie* wird darin für die weiblichen Geschlechtsorgane verwendet.[4]

Die Fabel *Renart* entstand lange nach der Erbauung des Louvre, aber es ist durchaus möglich, dass der Schatten des Turmes oder des Wolfszwingers eine frühe Stätte für romantische Stelldicheins war. Für keine dieser Ableitungen gibt es einen Beweis, aber Spekulationen machen einfach Spaß.

Philipp nutzte den Turm als königliches Gefängnis, in dem er den Gemahl der Gräfin von Flandern, Ferrand von Portugal, jahrelang gefangen hielt. Der Graf stand 1214 bei der Schlacht von Bouvines auf der falschen Seite und geriet nach der Niederlage Kaiser Ottos IV. und des englisch-welfischen Bündnisses in Gefangenschaft. Außerdem diente ihm das Gebäude als sicheres Dokumentenlager. Sein Nachfahre → **Philipp IV.** (1268–1314; gekrönt 1285) verwahrte seine Staatskasse im Turm des Louvre.[5]

Der Louvre als Palast.

Der Urenkel von Philipp Augustus war Ludwig IX., der Heilige (1214–1270; gekrönt 1226). Er fügte an der Westseite des Louvre eine Kapelle und Wohnräume hinzu.[6]

Erst in der Mitte des vierzehnten Jahrhunderts wurde der Louvre eher zu einem Palast denn zu einer Festung. Unter König Karl V. (1338–1380; gekrönt 1364) breitete sich die Stadt so stark aus, dass der Louvre nicht länger vor ihren Mauern lag. Daher erweiterte Karl, auch »der Weise« genannt, den Bau und machte ihn zur königlichen Residenz. Durch das Gemälde, das die Gebrüder Limbourg für das Stundenbuch *Très Riches Heures de Duc de Berry* anfertigten, bekommen wir einen Eindruck davon, wie der neue Palast aussah.

Das Schloss überstand zwar auch die englische Besatzung im Hundertjährigen Krieg, verfiel jedoch von Jahr zu Jahr mehr. Franz oder François I. (1494–1547; gekrönt 1515) beschloss daraufhin, es zu erweitern. Er ließ den ursprünglichen Turm abreißen, an dem nicht nur der Zahn der Zeit, sondern auch immer wieder Kanonenkugeln heftig genagt hatten.[7] Die Große Galerie, in der heute die → ***Mona Lisa*** hängt, wurde unter Katharina de Medici (1519–1589) begonnen. Der Name der langjährigen königlichen Regentin ist allerdings vor allem mit der *Bartholomäusnacht* verbunden. Am 24. August 1572, dem Tag des heiligen Bartholomäus, fand ein Massaker an den Hugenotten statt, den französischen Protestanten.[8]

Im siebzehnten Jahrhundert begann der Louvre schon mehr wie jenes Gebäude auszusehen, das wir heute kennen. Allerdings mit einer wichtigen Ausnahme. Anstatt eines kompakten Zentralgebäudes, an das sich zwei lange Flügel anschließen, war der Louvre ein vollständiges Geviert, das einen umfriedeten Garten umschloss. Es beherbergte die königliche Familie sowie die königliche Münze und die Druckerei.[9] Im Gegensatz zu einem Großteil des Adels überstand der Louvre die Französische Revolution unversehrt. Am 27. Juli 1793 wurde das Gebäude in ein Museum umgewandelt und in der Großen Galerie stellte man die ehemals königliche Kunstsammlung aus.[10]

Auch während der politischen Umwälzungen des neunzehnten Jahrhunderts wuchs das Louvre-Museum weiter an, sowohl was die Größe der Sammlung als auch die des Gebäudes betraf. Im Jahr 1866 umschloss die Louvre-Anlage auch die Gärten der → ***Tuilerien***. Nach mehr als sechshundert Jahren erklärte man sie für vollendet.

Der Zustand der Vollendung währte indes nur kurze Zeit. Am 23. Mai 1871 legten drei Männer Feuer am Ostflügel, der ein Raub der Flammen wurde. Ein Teil des Nordflügels und die Bibliothek fielen ebenfalls der Feuersbrunst zum Opfer. Die junge Republik Frankreich beschloss, auf einen Neuaufbau zu verzichten und die Tuilerien wieder öffentlich zugänglich zu machen.[11]

Die seither größte und kontroverseste Veränderung bildet der neu gestaltete Eingangsbereich, die → **Pei-Pyramide**. Mehrere Jahre lang verwehrten Bauplanen und Mörtelstaub den Blick auf den Louvre, doch im Juli 1993 verschwanden sie endgültig.

Ich bin schon viele Male im Louvre gewesen und habe den ruhigeren Richelieu-Flügel genossen, in dem die mittelalterlichen Kunstgegenstände verwahrt sind. Für dieses Buch habe ich mich jedoch wieder einmal dem Denon gestellt, gemeinsam mit Hunderten von Touristen, die die *Geflügelte Nike von Samothrake*, die *Venus von Milo* und natürlich die *Mona Lisa* sehen wollten. Vor meinem Besuch notierte ich mir die Richtungsangaben aus *Sakrileg*. Und kam schon beim ersten Versuch nicht mehr weiter. Ich konnte keinen Lastenaufzug finden und nahm daher die Rolltreppe in den Denon-Flügel. Dann suchte ich nach dem Büro von M. → **Saunière,** drehte mich um und starrte auf ein zum Hof führendes Fenster. Es ist möglich, dass ich einen unzureichenden Orientierungssinn habe, aber ich vermute, dass man dem Louvre um des Handlungsablaufs willen einige Neuheiten angedichtet hat.

Die Große Galerie ist sehr lang und der Parkettboden von den Millionen Füßen, die über ihn hinweggeschritten sind, schon recht abgewetzt. Ich blieb immer wieder stehen und tat so, als schaute ich mir ein Bild an. Aber eigentlich wollte ich nur meinen Beinen etwas Ruhe gönnen. Die *Mona Lisa* befindet sich hinter Plexiglas in einer eigenen Nische rechter Hand. Leonardos Gemälde *Jungfrau und Kind mit der heiligen Anna* (mein Lieblingsbild) hing bis vor kurzem gleich links davon, doch es ist wieder in die Galerie abgewandert.

Sollten Sie den Louvre besuchen, empfehle ich Ihnen, ein wenig Zeit für die mittelalterlichen Kunstwerke und das erstaunliche Marmorparkett in den griechischen und römischen Abteilungen des Denon-Flügels einzuplanen. Und wenn Sie Abenteuerlust verspüren sollten – tief unter dem Sully-Abschnitt kann man immer noch die Basis von Philipp Augustus' Turm besichtigen. Man sollte ihm mehr Respekt zollen. Immerhin stützt er eine achthundertjährige Geschichte.

Literaturempfehlungen

Gabriele Bart, Eberhard König: Louvre. Kunst und Architektur. Könemann 2002

Johann Wolfgang von Goethe: Reineke Fuchs. Insel 1999
Bernd U. Hucher: Kaiser Otto IV. Hahnsche Buchhandlung 1990
Cornelia Wusowski: Katharina von Medici. Lübbe 2002

---

[1] Anne Lombard-Jourdan: *Aux origins de Paris: La genèse de la Rive droite jusqu'en 1223*. CNRS 1985, S. 80

[2] Jacques Hillairet: *Connaissance du Vieux Paris*. Club Français du Livre 1969, S. 56

[3] Emile Biasini et al.: *Le Grand Louvre: Metamorphose d'un Musée 1981–1983*. Electa Moniteur 1989, S. 9

[4] *Le Roman de Renart*. Hg. und Übers. von Jean Dufournet und Andreé Méline. Flammarion 1985; S. 260–278 (die Geschichte von Renart und der Wölfin)

[5] Hillairet, S. 129

[6] Ebenda, S. 130

[7] Biasini, S. 8.

[8] Katharina legte außerdem Gärten für den Louvre an und führte in Frankreich das Ballett und die Zabaglione ein. Manche Menschen sind durchaus der Ansicht, dass dies ein kleines Massaker wettmacht, und schätzen sie sehr.

[9] Hillairet, S. 139

[10] Biasini, S. 14

[11] Ebenda, S. 13

Maria Magdalena

Welche Maria?

Die richtige Maria Magdalena zu finden ist ein bisschen so, als versuche man den wahren König Artus zu bestimmen. Einerseits ist die historische Person überdeckt von Mythen und Legenden, andererseits existieren kaum handfeste Fakten. Vielleicht werden wir die Wahrheit nie erfahren. Soweit mir bekannt ist, gab es wenigstens nur einen König Artus. Im offiziellen Neuen Testament aber tummeln sich verwirrend viele Marias. Hatten die Eltern damals wirklich so wenig Fantasie, dass ihnen für ihre Töchter keine anderen Namen einfielen? Die erste Frau im Neuen Testament, die diesen Namen trägt, ist die Mutter Jesu. Wir können mit Sicherheit davon ausgehen, dass sie nicht mit Maria Magdalena identisch ist. Maria Magdalena ist aber auch nicht Maria, die Mutter von Jakobus, Joses, Judas und Simon, da diese laut Markus 6,3 Jesus' Brüder sind. In den Evangelien von Matthäus, Markus und Lukas begeben sich die beiden Frauen außerdem gemeinsam zum Grab Jesu.[1]

So bleiben uns nur Maria Magdalena, die in den drei ersten Evangelien lediglich als Jüngerin Jesu bezeichnet wird, und Maria von Betanien. Und hier nimmt die Verwirrung ihren Lauf. In ihren Berichten über die Frau mit dem Gefäß, die Jesu Haupt benetzt und seine Füße salbt, geben Matthäus, Markus und Lukas ihr keinen Namen.[2] Markus verrät uns, dass sie aus Betanien stammt. Lukas erzählt die Geschichte von Maria, der Schwester der Martha, und der Frau mit dem Alabastergefäß, stellt jedoch keine Verbindung zwischen ihnen her. Außerdem schildert er, wie Jesus aus Maria Magdalena sieben Teufel vertrieb.[3] Also ich mache Johannes für die ganze Misere verantwortlich. Dieser erwähnt Maria Magdalena nämlich nicht einmal. Er erzählt die Geschichte von Maria, Martha und ihrem Bruder Lazarus. Weiterhin berichtet er, dass sie in Betanien lebten und es wiederum Maria war, die das Gefäß zerbrach, als sie Jesus die Füße salben wollte.[4] Johannes verhält sich Maria Magdalena gegenüber am ablehnendsten. Er unterschlägt völlig, dass sie Jesus nach der Auferstehung als Erste erblickte.[5]

Da Johannes bereits aus den beiden Frauen der anderen Evangelien eine Person machte, war es nur ein kleiner Schritt, auch Maria Magdalena mit in den Schmelztiegel zu werfen. Ich gehe davon aus, dass es drei verschiedene Frauen gab, die in den späteren Geschichten und Bibelkommentaren in einer Person vereinigt wurden. Es sei darauf hingewiesen, dass keine der im Neuen Testament genannten Marias als Prostituierte bezeichnet wird.

*Maria in den → **Apokryphen***

In den ersten zwei Jahrhunderten, die auf den Tod Jesu folgten, kursierten viele Geschichten über ihn und sein Werk. Einige davon sind jene Versionen, die als Evangelien in das Neue Testament Eingang fanden. Andere, die gemeinhin als die neutestamentarischen Apokryphen bezeichnet werden, berichten von Ereignissen, die sich außerhalb des Kanons bewegen. Mehrere von ihnen erwähnen Maria Magdalena.

In den kanonischen Evangelien steht lediglich, Maria Magdalena sei eine Nachfolgerin, also Jüngerin Jesu gewesen und dass sie zu den ersten Menschen gehörte, die Jesus nach seiner Auferstehung erblickten. Sie berichtete den Aposteln davon, die ihr keinen Glauben schenkten. Viele der apokryphen Evangelien jedoch gehen ausführlicher auf diese Beziehung ein. Eines der provokativsten ist das Philipposevangelium, ein so stark zerfallenes Manuskript, dass uns der Text nur lückenhaft erhalten blieb. Es folgt eine der am häufigsten zitierten Passagen: »Und die Gefährtin des [...] Maria Magdalena. [... liebte] sie mehr als [alle anderen] Jünger [und er] küsste sie [oft] auf ihre [...].«[6] Ihre was? Die meisten Menschen fügen im Geist »Lippen« hinzu, was dem Ganzen wiederum eine sexuelle Komponente verleiht. Aber genauso gut könnten es die »Stirn«, die »Wange« oder sogar »die kleinen Zehen« sein. Es gibt keine Möglichkeit, es genauer herauszufinden.

Der Text fährt fort, und die anderen Jünger beklagen sich, dass Jesus Maria mehr liebe als sie. Seine Antwort darauf lautete: »Wenn ein blinder Mann und ein sehender zusammen in der Dunkelheit sind, so unterscheiden sie sich nicht. Wird es aber Licht, so wird jener, der sehend ist, das Licht erblicken, und jener, der blind ist, verharrt in der Dunkelheit.«[7] Sie können dies unterschiedlich deuten, aber mir kommt es so vor, als hätte Jesus, jedenfalls nach dem Philipposevangelium, Maria um ihres Verständnisses für seine Botschaft geliebt. In einem anderen Teil des Evangelium nach Philippos erklärt der Autor: »Denn mit einem Kuss empfängt und gebiert das Vollkommene. Aus diesem Grund küssen wir einander und werden schwanger durch die Gnade, die uns innewohnt.«[8]

Ich gehe davon aus, dass ein christlicher Asket wie Philippos den Fakten des Lebens nicht allzu viel Aufmerksamkeit schenkte. Ich nehme daher an, dass es sich bei dem empfangenen Kind um ein spirituelles und symbolisches handelt.

Die übrigen apokryphen Evangelien, in denen Maria auftaucht, weisen ihr unterschiedliche Rollen zu. Dennoch ist es unübersehbar, dass sie im frühen Christentum eine wichtige Persönlichkeit darstellte. Ihre Verbundenheit mit Jesus wird betont, sie empfängt und verbreitet Weisheit und Erkenntnis.[9]

Maria von Ägypten (Maria Ägyptiaca)

In den ersten dreihundert Jahren nach Jesus wurden die Lebensgeschichten früher Christen niedergeschrieben. Eine dieser Erzählungen handelt von Maria, einer Prostituierten aus Alexandrien. Die vielen Berichte über die neue Religion erweckten ihre Neugier. Sie gab sich dem Kapitän eines Schiffes hin, um nach Jerusalem zu gelangen. Dort machte sie sich auf den Weg zur Grabeskirche, um die Reste des wahren Kreuzes zu sehen. Am Eingang der Kirche aber verwehrte eine unsichtbare Macht ihr den Zutritt. Aus tiefster Reue betete sie um Vergebung. Am nächsten Tag begab sie sich erneut zur Kirche und durfte eintreten. Nach ihrer Rückkehr nach Ägypten wurde sie zur Einsiedlerin. Sie lebte dreißig Jahre in der Wüste, nackt bis auf den Schmuck ihrer bodenlangen Haare.[10]

Diese Maria ist verantwortlich für das anzügliche Element in der Geschichte der Maria Magdalena. Aber obwohl die beiden oftmals gleichgesetzt wurden, behielt Maria von Ägypten ihren Platz in der katholischen Liturgie. »Der fünfte Sonntag der Fastenzeit ist Maria von Ägypten geweiht, welche Buße tat.«[11]

Maria und der Papst

Obwohl es die mittelalterliche Tradition der Sünderin Maria gibt, wird ihrer Reue und ihrem anschließenden gottgefälligen Leben wesentlich mehr Bedeutung zugemessen. Die beliebteste mittelalterliche Nacherzählung ihres Lebens hieß *Das Apostolische Leben der Maria Magdalena* und hob ihre missionarische Tätigkeit und die Wunder hervor, die sie wirkte. Das ist keine Frau, die eine Nebenrolle spielte.[12]

Es wird behauptet, dass Papst → **Gregor der Große** (540–604) Maria als Erster als Prostituierte bezeichnete. Ich habe mir das Zitat genauer angesehen und festgestellt, dass er es so gar nicht formuliert hatte. Das Wort, das er für Maria verwendete, lautete *peccatrix* oder »Sünderin«. Hätte er im Sinn gehabt, sie als Prostituierte zu bezeichnen, stünde dort *meretrix*. Also nahm ich mir Gregors gesamte Predigt 25 zu Johannes, Kapitel 20, Vers 11–18 vor, aus der auch dieses Zitat stammte. Als er über Maria am Grab sprach, wählte er die Worte: »Wir müssen das Innerste der Frau bedenken, denn die große Macht der Liebe entflammte sie [...] Sie suchte jenen, den sie nicht fand, vergoss auf ihrer Suche Tränen, von der Flamme der Liebe durchdrungen; sie brannte vor Verlangen nach ihm, von dem sie glaubte, er sei ihr genommen.«[13]

Im weiteren Verlauf beschreibt er das Treffen zwischen

Maria und dem auferstandenen Christus und ihre Botschaft an die Apostel: »Sehet, wie die Sünde der Menschheit dort aufgehoben wurde, wo sie einst begann. Im Paradies brachte eine Frau einem Mann den Tod; als sie aber von der Grabstätte kam, verkündigte eine Frau den Männern das Leben. Maria wiederholte die Worte des Einen, der ihn auferstehen ließ; Eva wiederholte die Worte der Schlange, die den Tod brachten.«[14]

Gregor äußert sich über Maria also keineswegs abwertend, sondern bezeichnet sie als »neue Eva«, ein Begriff, der normalerweise allein der Jungfrau Maria zukommt. Für mich klingt das überhaupt nicht nach einem Mann, der wild entschlossen ist, Frauen aus der Geschichte des Christentums herauszuschreiben.

Es ist mir nicht gelungen, irgendeine Stelle zu finden, in der Maria etwas anderes als eine reuige Sünderin ist. So wie sich auch die meisten Christen bezeichnen würden. Ich habe den Verdacht, dass dieses Gerücht durch mündliche Überlieferung entstanden ist. Im orthodoxen Neuen Testament war sie von Teufeln besessen. Man nahm an, sie sei jene Maria, die Jesus mit Öl und Tränen salbte. Die öffentliche Vorstellungskraft tat ein Übriges und malte die Sünden in den schillerndsten Farben aus.

Auf der anderen Seite bin ich überzeugt, dass Marias Stellung als »Apostel der Apostel« zunehmend heruntergespielt wurde. Dies war Teil des ständigen Kirchenstreites zwischen Autorität und individueller Erkenntnis. Als das Christentum sich an die römische Gesellschaft und ihre Traditionen anpasste, drängte man jeden, der die Kommandokette in Frage stellte, an den Rand. Dies schloss auch Frauen ein, die nach Meinung der römischen Männer keine wichtige Stellung außerhalb des Hauses einzunehmen hatten.

Wie und wann kamen die Menschen auf den Gedanken, Maria habe sich in Südfrankreich niedergelassen? Gemäß der griechischen Tradition lagen Marias Gebeine im kleinasiatischen Ephesos begraben und Kaiser Leo ließ sie 886 nach Konstantinopel überführen. Gregor von Tours, unsere Hauptquelle über die → **Merowinger**, glaubte fest daran.[15]

Das Reich, das Karl der Große geschaffen hatte, zerbrach in den Jahren nach seinem Tod im Jahr 814 aufgrund der Rivalitäten unter seinen Nachkommen. Hinzu kamen die Einfälle der Moslems im Süden und der Wikinger im Norden. Religiöse Institutionen wurden angegriffen und zerstört. So zerbrach die Verbindung zur römischen Vergangenheit, sowohl im rechtlichen wie im religiösen Bereich. Die Stadt Jerusalem fiel unter muslimische Herrschaft, was es für die Pilger sehr viel schwieriger machte, die Stätten von Jesu Leben aufzusuchen.

Irgendwann im zehnten Jahrhundert spannen sich zahlreiche Legenden um die wichtigen frühchristlichen Personen, die ihre Schritte nach Westen lenkten. Zum ersten Mal wird vom heiligen Jakobus berichtet, den man in Jerusalem köpfte, der es aber dennoch fertigbrachte, das spanische Santiago de Compostela zu erreichen, wo er noch heute verehrt wird. In dieser Zeit entschieden auch die Mönche des nördlich von Paris gelegenen St. Denis, dass ihr Heiliger ein Jünger des heiligen Paulus sei, nämlich Dyonisius, der Apostel Galliens.[16] Inmitten dieser Umtriebigkeit erscheint auch Maria Magdalena in der Provence.

In den frühen Legenden über die Ankunft Maria Magdalenas in Frankreich wird sie von ihrer Schwester Mar-

Eine Darstellung von Maria Magdalena aus dem dreizehnten Jahrhundert mit Szenen aus ihrem Leben. Sie verlaufen chronologisch von links nach rechts und von oben nach unten: Sie wäscht Jesus' Füße, begegnet ihm am Grab, wird eine Einsiedlerin, trifft den Bischof, betet, wird bei ihrem Tod von einem Engel begrüßt, wird begraben. In der Mitte steht sie nur mit ihrem bodenlangen Haar bekleidet.

© Scala/Art Resource, New York

tha und ihrem Bruder Lazarus, von St. Maximinus und vielen anderen begleitet. Dies alles findet sich in dem »Apostolischen Leben der Maria Magdalena«, welches im frühen elften Jahrhundert geschrieben wurde.[17]

Hier verschmolzen ihre beiden bisherigen *personae* mit der bekehrten Prostituierten Maria von Ägypten. Diese Lebensbeschreibung und weitere mittelalterliche Darstellungen betonen, wie sehr Jesus sie liebte. Für die Franzosen gehörte sie zu den Aposteln. In einer Lebensbeschreibung aus dem zwölften Jahrhundert steht geschrieben: »Mehr als ein Prophet, war sie Johannes dem Täufer ebenbürtig [...] niemand kam Maria gleich in ihrer wunderbaren Bekehrung zu Christus und ihrer unvergleichlichen Vertrautheit mit Christus, die auf der ganzen Welt Verehrung erfährt [...] Nur die Himmelskönigin ist ihr ebenbürtig und erhabener als Maria Magdalena.«[18]

Gemäß den Legenden verließen Maria und ihre Begleiter Israel nach dem Tod der Jungfrau und dem Märtyrertod des Jakobus und anderer Apostel. Nach ihrer Ankunft in Frankreich zogen alle in die Region aus, einschließlich Maria und Martha, predigten, wirkten Wunder und bekehrten. Der Text aus dem zwölften Jahrhundert bemüht sich, mit dem Irrtum aufzuräumen, Maria sei Maria von Ägypten. Zu jenem Zeitpunkt war dieser Teil der Geschichte jedoch schon zu sehr in den Köpfen der Menschen verwurzelt. Dieselbe Lebensgeschichte beschreibt Maria auch als Mystikerin: »Sie, die zuvor über die Erde schritt, wandelte nun im Geiste zwischen den Engeln in der Weite der himmlischen Chöre.«[19]

Um 1260 schrieb Bischof Jacobus de Voragine das Buch *Legenda Sanctorum* oder *Die Legenden der Heiligen*. Es umfasst eine Ansammlung bewegender, aber größtenteils erfundener Geschichten über Jesus und die Heiligen. Da es sich immenser Beliebtheit erfreute, erhielt es auch den Namen *Legenda aurea*, was jemand mit eher dürftigen Lateinkenntnissen mit *Goldene Legenden* übersetzte.[20] Dennoch ist es nicht völlig falsch, schließlich handelt es sich bei den Geschichten um Legenden. Auch handelt es sich um solche Geschichten, an die sich die Menschen noch erinnern, wenn sie schon lange alle Predigten vergessen haben, die sie je hörten.

Es existieren immer noch gut tausend Handschriften der *Goldenen Legenden*, ein erstaunliche Anzahl. Hier nahm unsere bis heute bestehende Vorstellung von Maria Magdalena ihren Ursprung. In diesem Buch ist sie reich, schön und so dem Genuss hingegeben, dass ihr Beiname »die Sünderin« lautet. Durch »göttliche Fügung« kommt sie in das Haus Simons, des Aussätzigen, wo sie auf Jesus trifft und ihm die Füße mit dem Öl salbt, das sie bei sich trägt. Sie wird seine treu ergebene und geliebte Jüngerin. Die Geschichte endet mit ihrer Überfahrt nach Frankreich, wo sie predigt und Wunder wirkt, und schließt mit ihrem Einsiedlerleben in der Wüste, wo sie bis zu ihrem Tode verweilt.[21]

Alle frühen Lebensbeschreibungen der Maria Magdalena betonen ihre Rolle als Evangelist. Auch wenn die meisten glaubten, dass sie zuvor eine Sünderin, wenn nicht sogar Prostituierte war, so schwand diese Bedeutung angesichts des Lebens, das sie nach ihrer Bekehrung führte. In erster Linie fühlten die mittelalterlichen Menschen, allen voran die Frauen, eine tiefe Verwandtschaft mit Maria. Ihr zu Ehren entstanden unzählige Gedichte und Lieder, die beileibe nicht alle von → **Minnesängern** stammen.

Allerdings setzt noch eine andere Entwicklung durch

die *Goldenen Legenden* ein. In den frühen Geschichten über Maria handelt diese unabhängig und selbstständig. Sie ist allein dem Herrn Rechenschaft schuldig. Jacobus de Voragine schrieb zu einer Zeit, als sowohl die religiöse wie auch die weltliche Macht zentralisiert und gestärkt wurden. So fügte er eine Szene hinzu, in der Maria erzählt, der heilige Petrus habe sie aufgefordert zu predigen. Einer der männlichen Konvertierten findet dies so abwegig, dass er sich auf den Weg nach Rom macht, um Petrus nach der Wahrheit zu fragen.[22] Dieser Aspekt der Geschichte ist völlig neu.

Ich glaube, diese Entwicklung spiegelt nicht nur wider, wie man die Frauen langsam, aber sicher in religiöse Randbereiche drängte. Voragine erinnert alle Christen daran, dass niemand, egal ob Mann oder Frau, ohne die Genehmigung eines Bischofs predigen dürfe.[23] Es ist eine Reaktion auf die Geschehnisse im Europa des dreizehnten Jahrhunderts und signalisiert die Reglemetierung einer Gesellschaft, die immer mehr erstarkte. Dies wiederum führte unter anderem zu erheblichen Einschränkungen der Frauen. Wie schon im sechsten Jahrhundert erhielt das Bedürfnis nach öffentlicher Ordnung Vorrang vor dem Zeugnis persönlicher Offenbarungen.

Maria Magdalena in Vézelay

Vor mehr als tausend Jahren soll es dem im französischen Burgund gelegenen Kloster Vézelay gelungen sein, die Gebeine Maria Magdalenas aufzunehmen. Gemäß den dortigen Behauptungen brandschatzten muslimische Eindringlinge jene Region der Provence, in der Maria Magdalena ursprünglich begraben lag. Im achten Jahrhundert soll Gerard de Rousillon, der Begründer der Abtei, ihre Gebeine aus Sicherheitsgründen nach Vézelay überführt haben.[24] Im Jahr 1037 werden zum ersten Mal Pilgerreisen zu ihrem Schrein erwähnt.[25] Die Beliebtheit der Maria Magdalena nahm in der Hohezeit des Mittelalters stetig zu. Der heilige Bernhard rief in Vézelay zum zweiten Kreuzzug auf. Bevor sie zum dritten Kreuzzug aufbrachen, beteten Richard Löwenherz und Philipp-August, König von Frankreich, an ihrem Grab. Der heilige Ludwig (Ludwig IX.) besuchte ebenfalls Vézelay, bevor er sich dem Kreuzzug anschloss.

Die Maria Magdalena von Vézelay soll sich insbesondere um Gefangene kümmern. Ich habe keine Ahnung, warum das so ist. Viele der Geschichten, in denen sie Wunder wirkt, handeln von Männern, die zu Maria Magdalena beteten, nachdem man sie in Ketten gelegt hatte. Manche waren Ritter, andere Bürgerliche oder sogar Verbrecher. Wer sich um Hilfe flehend an Maria wandte, dessen Ketten brachen und fielen von ihm ab. Es wird berichtet, dass ein ganzes Altargeländer aus dem Eisen solcher Ketten bestand, welche jene in die Kirche brachten, die Maria befreite.

In keiner der Lebensbeschreibungen über Maria oder den apokryphen Evangelien wird je darauf angespielt, dass sie und Jesus verheiratet waren oder ein Kind hatten. Allerdings berichten die *Goldenen Legenden*, sie sei mit dem Apostel Johannes verlobt gewesen.[26] Dies allerdings ist offenbar eine eher jüngere Ergänzung der Legende. Mich interessiert vielmehr, wie es dazu kam, dass man sie im fünfzehnten und sechzehnten Jahrhundert fast gar nicht mehr verehrte, und warum Maria nach der Wiederbelebung des Kultes ihrer altehrwürdigen und mittelalterlichen Stellung als Evangelist verlustig ging und nur die Sünderin und Prostituierte verblieb.

Literaturempfehlungen

Ann Graham Brock: Mary Magdalene the First Apostle, the Struggle for Authority. Harvard UP 2003

Walter-Johann Cornelius: Maria Magdalena. BoD GmbH 2002

Marianne Frederikson: Maria Magdalena. Fischer 2001

Gregor der Große: Fontes Christiani, Evangelienhomilien. 2. Folge, Bd. 28/1, Herder 2001

Walter Jörg Langbein: Das Sakrileg und die Heiligen Frauen. Rütten und Loening 2004

Rolf Legler: Sternenstraße und Pilgerweg. Lübbe 2000

David Mycoff (Übers.): The Life of Saint Mary Magdalene and of Her Sister Saint Martha. Cistercian Publications 1989

Jacobus de Voragine: Legenda aurea. Manesse 1982

Benedicta Ward: Harlots of the Desert. Cistercian Publications 1987

---

1 Haben Sie sich nie darüber gewundert, was aus Johanna wurde, der dritten Frau am Grab? (Lukas 24,10)

2 Matthäus 26,6, Markus 14,3, Lukas 7,36

3 Lukas 8,2

4 Johannes 11 und 12

5 Ann Graham Brock: *Mary Magdalene the First Apostle, the Struggle for Authority*. Harvard UP 2003, S. 41–60

6 Wesley W. Isenberg (Übers.): *»The Gospel of Philip.«* In: *The Nag Hammadi Library*. Hg. von James M. Robinson. E. J. Brill 1978, S. 148 [vgl. Werner Hörmann, (Hg. und Übers.): *»Das Evangelium nach Philippos.«* In: *Gnosis. Das Buch der verborgenen Evangelien.* Pattloch 1995, S, 292,55]

7 Ebenda

8 Ebenda, S. 145 [S. 288,33]

[9] Brock vertritt diese Ansicht in ihrem gesamten Buch. Siehe auch »The Gospel of Mary.« Übers. von Karen L. King, George W. MacRae, R. McL. Wilson und Douglas M. Parrott. In: *The Nag Hammadi Library*, S. 523–527; »The Gospel of Thomas.« Übers. von Helmut Koester und Thomas O. Lambdin. In: *The Nag Hammadi Library*, S. 124–138 [vgl. »Das Evangelium nach Maria.« In: *Gnosis*, S. 278 ff.; »Das Evangelium nach Thomas.« Ebenda, S. 317,21, 332,114]

[10] Benedicta Ward: *Harlots of the Desert*. Cistercian Publications 1987, S. 27

[11] Ebenda, S. 26

[12] Gregorius Magnus: »Homilia in evangelia.« In: Jacques-Paul Migne: *Patrologia Latina*. Predigt 22, Bd. 73, Spalte 1189. Olms 1977 [vgl. *Fontes Christiani*, Gregor der Große: *Evangelienhomilien*, 2. Folge, Bd. 28/1 + 2, Herder 2001]

[13] Gregory the Great: *Forty Gospel Homilies*. Übers. von David Hurst. Cistercian Publications 1990, S. 188 [vgl. *Fontes Christiani*, Gregor der Große: *Evangelienhomilien*, 2. Folge, Bd. 28/1 + 2, Herder 2001]

[14] Ebenda, S. 195

[15] Gregory of Tours: *Glory of the Martyrs*. Übers. von Raymond van Dam. Liverpool UP 1988, S. 47; Paul Guérin: *Les Petits Bollandist Vies des Saints*. Paris 1880, S. 594 (22. Juli)

[16] Für den Heiligen Jakobus: William Melczer (Hg. und Übers.): *The Pilgrim's Guide to Santiago de Compostela*, Italica Press 1993, S. 7–23 [vgl: Kurt Benesch: *Santiago de Compostela. Als Pilger auf dem Jakobsweg*, Herder 2004; Monika Hauf: *Der Jakobsweg. Das Mysterium der tausendjährigen Pilgerroute nach Santiago de Compostela*. Langen Müller 2003; Rolf Legler: *Sternenstraße und Pilgerweg*. Lübbe 2000
Für Saint Denis: Dom Michel Felibien: *Histoire de L'abbe Royale des Sain-Denys en France*. Paris 1706, S. 1–5 [vgl: Kurt Benesch; Monika Hauf: *Der Jakobsweg. Das Mysterium der tausendjährigen Pilgerroute nach Santiago de Compostela*. Langen Müller 2003]

[17] »Vita Apostolica Mariae Madgalenae.« In: *Monuments inédits sur l'apostolat de sainte Marie-Madeleine en Provence* … Bd. II, Paris 1848, S. 433–436

[18] David Mycoff (Übers.): *The Life of Saint Mary Magdalene and of Her Sister Saint Martha*. Cistercian Publications 1989, S. 84 f.

[19] Mycoff, S. 95

[20] William Graner Ryan: »Introduction.« In: *Jacobus de Voragine: The Golden Legend*. Übers. von William Granger Ryan. Princeton UP 1995 [vgl. Jacobus de Voragine: *Legenda aurea*. Manesse 1982]

[21] Jacobus de Voragine, Bd. I, S. 374–383

[22] Ebenda, S. 377 ff.

[23] Der Gegensatz zwischen charismatischen Predigern und der Hierarchie der Kirche hielt (und hält) immer noch an. Siehe auch: Jeffrey Burton Russell: *Prophecy and Order*. Cornell UP 1985

[24] Joseph Bédier: *Les Legendes Épiques*. Édouard Champion 1926, S. 71–81

[25] Abbé Alexander Pissier: *Le Culte de Sainte Marie-Madeleine a Vézelay*. Saint-Père 1923, S. 14

[26] Jacobus de Voragine, Bd. I, S. 382

Das Marienevangelium

In der englischen Übersetzung ist das Marienevangelium weniger als drei Seiten lang und lediglich in zwei Manuskripten erhalten. In beiden fehlen mehrere Seiten und die Dokumente selbst weisen ebenfalls Lücken auf. Das eine Manuskript ist auf Griechisch verfasst, die wohl ursprüngliche Version; das andere ist eine koptische Übersetzung. Ersteres stammt aus dem dritten Jahrhundert, das zweite ist rund einhundert Jahre später entstanden.[1]

Das Marienevangelium gehörte nicht zu den Texten von → **Nag Hammadi,** wird aber als der gleichen Tradition zugehörig erachtet.[2]

Der noch erhaltene Text besteht aus zwei Teilen. Im ersten finden sich einige Sprüche Jesu in Frage-und-Antwort-Form. Es handelt sich um das Endstück eines viel längeren Textes, der verloren gegangen ist. Die Fragen und Antworten befassen sich mit der Natur der Stofflichkeit und der Sünde und weisen eine → **gnostische** Tendenz auf, was besonders auf jene Passagen zutrifft, welche die Lehren über die Sünde behandeln. Die Sünde ist ein Teil der Menschen und resultiert aus ihren irdischen Leibern. »Im Stofflichen zu verharren zeugt Leidenschaft gegen die Natur.«[3] In *The Nag Hammadi Library* übersetzen

George R. MacRae und R. McL. Williams denselben Abschnitt wie folgt: »[Der Stoff gebar] eine Leidenschaft, die nicht ihresgleichen hat und die [etwas] entsprang, das der Natur entgegengesetzt ist.«[4] Aus diesem Grunde ist es angeraten, mehr als eine Übersetzung zu lesen, es sei denn, Sie beherrschen Koptisch.

Beide Interpretationen spiegeln die gnostische Abneigung gegenüber der fleischlichen Welt wider. Sie stimmen auch im nächsten Abschnitt überein, in dem Maria die verängstigten Apostel tröstet und Petrus sie um Rat bittet: »Schwester, wir wissen, dass der Erlöser dich mehr liebte als alle anderen Frauen. Sag uns die Worte des Erlösers, die dir im Gedächtnis blieben – jene, die du kennst, die uns aber unbekannt sind.«[5]

Maria antwortet daraufhin nicht mit der Wiedergabe einer Unterhaltung, die sie und Jesus zu seinen Lebzeiten führten. Stattdessen berichtet sie den Aposteln von einer Vision, die sie vor kurzem erlebte. In dieser erklärte Jesus, wie Visionen empfangen werden. Es fehlen mehrere Seiten, nach denen Maria von der Reise der Seele in das Himmelreich berichtet.

Der Apostel Petrus und sein Bruder Andreas sind überrascht und verwirrt. Petrus stellt daraufhin Marias Wahrhaftigkeit in Frage. »Hat er wirklich mit einer Frau ohne unser Wissen und insgeheim gesprochen? Sollen wir uns ihr zuwenden und auf sie hören? Hat er sie uns vorgezogen?«[6]

Ich frage mich, ob dieser Abschnitt Teil des nunmehr verschollenen Originals war, denn immerhin bat Petrus Maria um Antwort, da er davon ausging, dass sie private Kenntnisse besaß. Des Weiteren findet sich die Herausforderung des Petrus an Maria auch in anderen apokryphen Evangelien: im Thomasevangelium, im Evangelium der Ägypter und in der Pistis Sophia.[7] Sie mag einen tatsächlichen Konflikt zwischen Maria und Petrus wiedergeben oder aber auch symbolisch für die große Debatte des frühen Christentums zwischen apostolischer Tradition und persönlicher Offenbarung stehen.

Ich vermute, der eigentliche Grund, warum sich dieser Text nicht im kanonischen Neuen Testament findet, liegt weniger darin, dass ihn möglicherweise eine Frau verfasst hat oder dass sie zur Hauptfigur des frühen Christentums avancierte. Es geht vielmehr darum, dass er die mystische Seite des Christentums reflektierte. Diese wurde zwar niemals zur Gänze unterdrückt, dennoch konnte ihr innerhalb der Organisation und der Amtsgeschäfte der Kirche kein Platz eingeräumt werden.

Wenn Sie das Evangelium lesen, werden Sie feststellen, dass niemals erwähnt wird, welche Maria da spricht. Es könnte → **Maria Magdalena** sein, ebenso Maria von Betanien oder sogar eine andere Maria, über die wir nichts wissen. Vielleicht wird eines Tages eine vollständigere Version entdeckt und wir erfahren endlich mehr über diese Frau, welche die Apostel lehrte.

---

1 Karen L. King: »The Gospel of Mary (BG8502, l).« Introduction. In: *The Nag Hammadi Library in English*. Hg. von James M. Robinson. Harper 1978, S. 523 f. [vgl. Gerd Lüdemann und Martina Janßen: *Die Bibel der Häretiker*. Die Texte der Nag-Hammadi-Bibliothek. Radius-Verlag 2003; Christoph Markschies: *Die Gnosis*. C. H. Beck 2001]

2 Jean-Yves Leloup: *The Gospel of Mary Magdalene*. Übers. von Joseph Rowe. Inner Traditions 2002, S. 5 f. [vgl. Gerd Lüdemann und Martina Janßen: *Die Bibel der Häretiker*. Die Texte der Nag-Hammadi-Bibliothek. Radius-Verlag 2003; Christoph Markschies: *Die Gnosis*. C. H. Beck 2001]

3 Ebenda, S. 27

4 *The Nag Hammadi Library*, S. 525

[5] Ebenda

[6] Ebenda, S. 526

[7] Ebenda, S. 524 (Ich empfehle besonders die Lektüre der Pistis Sophia. Es ist ein faszinierendes Dokument, in dem unter anderem steht, dass Eva Adam erschuf.)

Die Merowinger

Als der Schwerpunkt des Römischen Reiches unter → **Konstantin dem Großen** nach Osten verlegt wurde, begann der langsame Verfall des westlichen Teiles. Verschiedene deutsche und slawische Stämme fielen ein und übernahmen im vierten Jahrhundert sogar die Stadt Rom selbst. Einer der deutschen Stämme, die in jener Zeit an Macht gewannen, waren die nordeuropäischen Franken, die aus dem Gebiet des heutigen Deutschland, der Niederlande und Belgien kamen.[1] Schon vor Kaiser Konstantin kämpften fränkische Legionäre in der römischen Armee und Belege über fränkische Piraten vor der afrikanischen Küste datieren bereits aus dem Jahr 260 v. Chr.[2]

Nachdem sie mit Rom in Kontakt gekommen waren, stellten auch die Franken einen eigenen klassischen Stammbaum auf. Sie behaupteten, auf Priamus, den trojanischen König, zurückzugehen, der nach der Eroberung seiner Stadt durch die Griechen nach Osten ausgewichen sei. Diese Legende hatte bis ins Mittelalter Bestand. Der *Roman de Troie* oder *Roman von Troja* war eine beliebte Erzählung und vermittelte den Franzosen das Gefühl, Anteil an der klassischen Geschichte zu haben.

Irgendwann im späten fünften Jahrhundert erweiterte ein Stamm innerhalb der fränkischen Nation seine Macht.

Sie nannten sich selbst die Merowinger, nach einem sagenhaften Vorfahren namens Merowech. Dieser stammte von einem anderen Familienzweig der Trojaner ab. Der Geschichtsschreiber Fredegar berichtete im siebten Jahrhundert, dass Merowechs Mutter eines Tages im Meer schwamm und dabei auf das Meeresungeheuer Qunotaur stieß.[3] Dieser Verbindung entsprang die merowingische Dynastie, jedenfalls ihrer Tradition nach.

Der erste historisch belegte merowingische König ist Childerich, der Sohn Merowichs, dessen Grab 1653 in Tournai entdeckt wurde. Er starb im Jahr 482. Sein Sohn Chlodwig nahm als erster König den christlichen Glauben an. Er vermählte sich mit Chlotilda, einem burgundischen Edelfräulein, die ihn davon überzeugte, zur römischen Religion zu konvertieren (im Gegensatz zum arianischen Christentum der Westgoten). Der Geschichte nach gelang es seiner Frau nicht, ihn zu bekehren. Allerdings schwor er, sich im Falle des Sieges über die Alemannen taufen zu lassen.[4] Konstantin war nicht der Einzige, der auf dem Schlachtfeld zu Gott fand.

Einige Jahre später griff der König den arianischen Westgotenherrscher Alarich an, vertrieb ihn aus der Provence und drängte ihn ins heutige Spanien ab. Er »schlug und tötete Alarich. Danach begab er sich nach Bordeaux, um dort den Winter zu verbringen.«[5] Die Chronisten teilen uns mit, dass er dies aus Hass auf die arianische Häresie tat. Es hatte also nichts mit dem lausigen Winterwetter in Nordfrankreich zu tun. Chlodwig wird ebenfalls zugeschrieben, Paris zur Hauptstadt seines Reiches erhoben zu haben.

In einer seiner ersten Handlungen nach der Eroberung der Provence berief Chlodwig ein Kirchenkonzil nach Orléans ein.[6] Dort vergab er eine Reihe von kirchlichen

Posten. Allerdings fand seine Auswahl nicht den Beifall der Kleriker.[7]

Die beste Quelle über das Leben und die Taten von Chlodwigs Nachkommen ist der gallorömische Bischof Gregor von Tours. Es existieren noch ein paar weitere Dokumente, aber Gregor war der geborene Geschichtenerzähler. Ich weiß nicht, ob die Merowinger sich tatsächlich so zügellos aufgeführt haben, wie er behauptet. Doch würde dieser Mann heutzutage leben, schriebe er mit Sicherheit Seifenopern. Natürlich kann es auch sein, dass er nur die tatsächlichen Geschehnisse wiedergab.

Nachdem Chlodwig aus dem Leben geschieden war, versank jedenfalls der Rest der merowingischen Geschichte in endlosen Kämpfen zwischen seinen Kindern und Kindeskindern, die alle versuchten, so viel Macht wie möglich an sich zu reißen. Mord war eine besonders beliebte Methode, um unliebsame Hindernisse zu beseitigen. Zudem gab es jede Menge Nachkommen, denn die Merowinger lebten polygam. Der christliche Glaube gestattete ihnen eigentlich nur eine Ehefrau, aber diesen Umstand ignorierte man meistens und erkannte den Söhnen der Konkubinen das Erbrecht zu. Sigibert, einer von Chlodwigs Enkeln, fand den Tod durch gedungene Mörder, welche die zweite Frau seines Bruders auf ihn angesetzt hatte. Chilperich, ein weiterer Enkel, wurde auf der Jagd ermordet (eine ganz beliebte Methode), Gundowald verlor sein Leben durch einen Hinterhalt – was für eine große, glückliche Familie![8] Die nächste Generation trieb es übrigens noch wilder.

Erwiesenermaßen gelang es Chilperich, vor seiner Ermordung zwölf Kinder mit drei Frauen zu zeugen. Sigibert brachte es mit seiner Gemahlin Brunichild zumindest auf fünf. Der Kampf um die Vorherrschaft zwischen

Brunichild und Fredegunde, der Mörderin ihres Mannes, hat epische Ausmaße. Fredegunde ließ einen ihrer Stiefsöhne meucheln, der andere beging Selbstmord.[9] Sie unternahm sogar den Versuch, die eigene Tochter umzubringen. Sie bat das Mädchen, etwas in einer Truhe zu suchen, und ließ dann den schweren Deckel auf seinen Hals fallen.[10]

Brunichild aber übertraf alle. Sie stellt sogar sämtliche Bösewichte Shakespeares in den Schatten. Gregor von Tours versuchte, sie in einem guten Licht darzustellen, da sie zu seinen Gönnerinnen gehörte. Allerdings gelang es ihm nicht, ihre Beteiligung an den Ermordungen unbequemer Bischöfe und mehrerer politischer Feinde völlig unter den Teppich zu kehren.[11] Gregor starb vor Brunichild, daher sind auch die Berichte über ihre letzten Lebensjahre weniger schmeichelhaft gehalten. Nach einem Leben voller Intrigen, um ihrer Familie den Thron zu erhalten, geriet Brunichild in die Fänge von Chlothar II., den Sohn Fredegundes. Zu diesem Zeitpunkt über siebzig Jahre alt, wurde sie zunächst gefoltert und dann von wild gewordenen Pferden in Stücke gerissen.

Ermordung im großen Stil hatte auch in der nächsten Generation Tradition. Dagobert II. war nur einer von vielen, der unter verdächtigen Umständen zu Tode kam. Da die merowingischen Könige allerdings unzählige Kinder in die Welt setzten, halte ich es für überaus wahrscheinlich, dass jede Person mit westeuropäischen Vorfahren mindestens einen merowingischen König zu seinen oder ihren Ahnen zählen kann. Dieser Umstand muss aber noch lange nicht bedeuten, dass sich irgendjemand tatsächlich darauf berufen möchte.

Eugen Ewig: Die Merowinger und das Frankenreich. Kohlhammer 2001

Paul Fouracre und Richard Gerberding (Hg.): Late Merovingian France, History and Hagiography. Manchester UP 1996

Patrick Geary: Die Merowinger. Europa vor Karl dem Großen. C. H. Beck 2003

Derselbe: Europäische Völker im frühen Mittelalter. Fischer 2002

Martina Hartmann: Aufbruch ins Mittelalter. Die Zeit der Merowinger. Primus 2003

Yitzhak Hen: Culture and Religion in Merovingian Gaul AD 481–751. E.J. Brill 1995

Edward James: The Franks. Blackwell 1988

Reinhold Kaiser: Das römische Erbe und das merowingische Reich. Oldenbourg 2004

Reinhard Schneider: Das Frankenreich. Oldenbourg 2001

J. M. Wallace-Hadrill: The Long-Haired Kings. Medieval Academy Reprints 1982 (Dieses Buch liest jeder im englischsprachigen Raum, bevor er sich an die Merowinger heranwagt. Ein Klassiker.)

Ian Wood: The Merovingian Kingdoms 450–751. Longman, London 1994

---

1 Edward James: *The Franks*. Blackwell 1988, S. 3

2 Ebenda, S. 38

3 Fredegar, III 9. Zitiert in: Ian Wood: *The Merovingian Kingdoms 450 bis 751*. Longman 1994, S. 37

4 Wood, S. 41

5 Ebenda, S. 46

6 Mansi

7 Wood, S. 48

[8] Gregory of Tours: *Decem Libri Historiarum*. Übers. von Lewis Thorpe. Penguin 1974, S. 377 ff. [vgl. Gregor von Tours: *Fränkische Geschichte*. 3 Bde., Magnus 1988]

[9] Gregor von Tours, Buch V, Kap. 18

[10] Ebenda, Buch IX, Kap. 34

[11] Ebenda, Buch IX, Kap. 8–10

DIE MEROWINGER

(Dagoberts und Pippiniden)

Merowech
(nicht belegt)

Childerich I. † 482

Chlodwig I. † 511

Chlothar I. † 561

Chilperich I. † 584

Chlothar II. † 629

Dagobert I.

Sigibert † 656		Chlodwig II. † 657
Dagobert II. (im Exil ab 656, Rückkehr 676, † 679)	Bilchilde † 675 – Ausberto	Theoderich III. † 690/1
	Arnold	Childebert III. † 711
	Arnulf, Bischof von Metz † 645	Dagobert III. † 715
	Ansegisel – Begga	Theoderich IV. † 737
	Pippin II., der Mittlere † 714 (von Heristal)	
	Karl Martel † 741	
	Pippin III., der Jüngere † 768 (der Kurze)	
	Karl der Große † 814	

Dies ist nur ein skizzenhafter und sehr vereinfachter Stammbaum. Allerdings geht daraus hervor (das hoffe ich zumindest), dass Pippin von Heristal nicht weniger ein Merowinger war als die hypothetischen Nachkommen der Dagoberts.

Die Minnesänger

Das englische Wort für mittelalterliche Sänger und Spielleute lautet *minstrel*. Dieses leitet sich ab von der lateinischen Wurzel *minister*, was wiederum »Diener« bedeutet. Im Gegensatz dazu steht der *magister*, der »Meister« und »Herr«. Im kirchlichen Zusammenhang ist der englische *church minister* ein Diener Gottes, wie auch der Ministrant als Messdiener. Ein *minstrel* ist demnach ein Sänger und Musikant, der darauf hofft, einen Herrn zu finden, der ihm eine feste Stellung anbietet.

Der englische *minstrel* wird im Deutschen häufig mit *Minnesänger* gleichgesetzt. Dieses Wort setzt sich aus dem mittelhochdeutschen *minne*, welches »Liebe, Begehren« bedeutet, und Sänger zusammen, der sich wiederum vom mittelhochdeutschen *singen* ableitet. Im Französischen hingegen heißen sie *troubadours* (auch *trouveres* oder, bei Sängerinnen, *trouveritz*). Diesem liegt *trouver*, »finden« oder »erfinden«, zugrunde. Ein weiterer, in Südfrankreich und Spanien verwendeter Begriff ist *jongleur* oder *jongleuse*, der sich auf andere Talente reisender Unterhaltungskünstler bezieht, nämlich auf das Jonglieren und Verdrehen, also akrobatische Übungen.

Diese Sänger und Dichter schrieben Stücke zum Gedenken an besondere Ereignisse oder zu Ehren von Helden wie → **Gottfried von Bouillon**.[1] Außerdem gaben sie Geschichten aus der legendären Vergangenheit zum Besten, zum Beispiel über König Artus, Karl den Großen oder Wilhelm von Oranien. Klassiker wie die *Ilias* oder die *Aeneis* wurden ebenfalls vertont. Man könnte das Ganze auch als mittelalterliche Geschichtsschreibung im Stile Hollywoods bezeichnen.

Wie der sprachgeschichtliche Hintergrund des *Minnesängers* schon vermuten lässt, gehörten vor allem Liebeslieder zum beliebten Repertoire. Sogar Angehörige der Adelsschicht griffen zur Feder und dichteten die eine oder andere Zeile. Eleonore von Aquitaniens Großvater, Wilhelm von Poitou, war ein bekannter Dichter, ebenso die Gräfin von Dia.

Viele der weltlichen Dichtungen enthielten durchaus religiöse Elemente. Lange Epen über Kriege und Verrat wurden oftmals unterbrochen, damit der Held seinen unverbrüchlichen Glauben zum Ausdruck bringen konnte. Manchmal lässt sich kaum klären, ob ein Liebesgedicht einer Frau oder der Jungfrau Maria gewidmet war. Aber es existierte auch eine frech-frivole Strömung mit vielen beliebten und ausgesprochen satirischen Gedichten über die Exzesse des Klerus. Dazu gehörten außerdem Lieder, die Hymnen parodierten. Einige davon hatten Minnesänger, andere sogar Kirchenmänner selbst geschrieben.

Es gibt Dutzende von Gedichten zu Ehren von → **Maria Magdalena**. In *Sakrileg* sind diese Gedichte Teil der geheimen Kirche Maria Magdalenas. Für Minnesänger jedoch bestand kein Grund, diese Gedichte heimlich zu verbreiten, da sie eine der am meisten verehrten Heiligen ihrer Zeit war.[2]

Von zahlreichen mittelalterlichen Liedern existieren gute Übersetzungen. Dennoch ist es besser, sie im Original zu lesen oder anzuhören. Ich habe eine Liste mit ein paar modernen Musikern zusammengestellt, die versucht haben, die Tradition der Minnesänger aufrechtzuerhalten.

Literaturempfehlungen

Helmut Brackert: Minnesang, Fischer 1983

Peter Gülke: Mönche, Bürger, Minnesänger. Musik in der Gesellschaft des europäischen Mittelalters. Laaber-Verlag 1998

Marcia J. Epstein (Hg. und Übers.): Prions en Chantant. Devotional Songs of the Troubadours. Toronto UP 1997

Walter Koschorrek: Minnesinger in Bildern der Manessischen Liederhandschrift. Insel 1988

Hugo Moser, Helmut Tervooren: Des Minnesängers Frühling. Bd. 1, Texte, Hirzel 1988

Regine Pernoud: Königin der Troubadoure. Eleonore von Aquitanien. dtv 1979

Linda M. Patterson: The World of the Troubadours. Cambridge UP 1993

Günter Schweikle: Minnesang, Metzler 1995

Wilhelm Fr. Veltman: Sänger und Ketzer. Troubadourkult und Katharertum in der provencalischen Welt des Mittelalters. Wachhaus 1997

Helen Waddell: The Wandering Scholar. Penguin 1954

Musikempfehlungen

Ciarlatani u. a.: Minnesang – die Blütezeit. Various 1, Christophorus 2001

Judith Cohen: Dized' Ay, Trobadores! Technosaga 1984

Ensemble Lyra Wien: Troubadours und der Vierte Kreuzzug. Preiser 1997

Ensemble Perceval: Landshuter Hofmusiktage – Minnesänger, Troubadoure, Trouveren. Arte Nova 1998

Paul Hillier, *Andrew Lawrence-King*: French Troubadour Songs. Classical Express 2001 (www.classicalexpress.com)

Kurtzweyl: kurzweil. Verlag der Spielleute 1989

Musiktheater Dingo: Minne, traute Minne. 2001 (www.musiktheater-dingo.de)

New Orleans Musica de Camera: The Cross of Red: Music of Love and War from the Time of the Crusades. Centaur CRC 2373

Knud Seckel: Minnesangs Fruehling. Ich zôch mir einen falken, 2004 (www.minne-saenger.de)

Peter Siche: Nach dir steht mein Verlangen. 23 Minnelieder. 2004

---

1 *Chanson d'Antioch*, *Chanson de Jerusalem*, *les Chetifs*, *L'Enfance Godefroi* usw. Leider scheinen sie nicht in modernen Übersetzungen vorzuliegen. Im zwölften und dreizehnten Jahrhundert hingegen waren sie ausgesprochen beliebt. Ruhm ist eben vergänglich.

2 Siehe die Einträge im Kapitel → **Maria Magdalena**. Dort finden sich Empfehlungen zum Thema.

Mithras

Der Kult des Gottes Mithras wird heute als »Mysterienkult« bezeichnet und bedeutet, dass die Mitglieder des Kultes nach und nach in die Mysterien ihres Glaubens eingeweiht wurden.[1] Normalerweise ist dabei nicht die Religion selbst das Mysterium, im Falle des Mithras allerdings trifft dieser Umstand zu.

Was wir über Mithras wissen

Mithras wurde im frühen ersten Jahrhundert n. Chr. verehrt. Besondere Beliebtheit genoss er unter den Legionären der römischen Armee. Bei den Mithräen, jenen Orten, an denen Verehrung und Zeremonien stattfanden, handelte es sich um Höhlen oder unterirdische Gemäuer. Sie finden sich von Großbritannien über die Donau bis in den Nahen Osten.[2]

Alle Mithräen sind mit Standbildern oder Wandmalereien der gleichen Art geschmückt: Mithras tötet einen Stier. Er sitzt auf dem Bullen und sticht mit einem Kurzschwert oder Messer zu. Eine Schlange und ein Hund richten sich augenscheinlich auf, um das herausspritzende Blut zu trinken, und ein Skorpion hat seine Zangen in die

Mithras tötet den Stier.

Genitalien des Stieres gebohrt. Ist es nicht genug, ihm auf diese Weise das Leben zu nehmen, muss man ihm auch noch die Würde rauben? Mithras, der eine phrygische Mütze trägt, blickt mit abgewendetem Gesicht nach oben. Oftmals finden sich auch zwei weitere Figuren, die mit überkreuzten Beinen links und rechts von Mithras stehen, jeweils mit einer erhobenen und gesenkten Fackel.

Viele Darstellungen des Mithras zeigen außerdem Symbole der Tierkreiszeichen und stellen Bezüge zu einem Sonnengott her. Es existieren auch Bilder, in denen Mithras vielleicht mit einem Sonnengott zusammen an einem Tisch speist.

In einer anderen üblichen Version entsteigt Mithras einem Felsen, der oftmals eher einem Ei ähnelt. Dieses

Bild bezieht sich offenbar auf seine Geburt. Über seinen Tod, sein Begräbnis in einer Höhle oder seine Wiederauferstehung sind, anders als in *Sakrileg* dargestellt, keine Geschichten bekannt.

Aus schriftlichen Quellen wissen wir, dass die Gläubigen in dieser Religion über sieben Initiationsstufen aufstiegen. Die einzelnen hießen Rabe *(corax)*, Bienenpuppe/Bräutigam *(nymphus)*, Soldat *(miles)*, Perser *(perses)*, Sonnenläufer *(heliodromos)* und Vater *(pater)*.[3] Männer aller Schichten, sogar Sklaven, durften dem Kult beitreten, Frauen hingegen waren ausgeschlossen. Mithras war kein monotheistischer Gott. Seine Anhänger durften auch weitere Gottheiten verehren.

Was andere über Mithras berichten

Es gibt keine verlässlichen Quellen darüber, woran die Anhänger des Mithras glauben. Eine Art mithräische Bibel oder Predigtsammlung existiert nicht. Alle Geheimnisse dieser Religion wurden mündlich weitergegeben. Daher kann über die Bedeutung der Wandmalereien und Standbilder nur spekuliert werden. Die Riten selbst sind immer noch ein Mysterium.

Einige Hinweise über den Mithraismus aber haben uns die Menschen jener Zeit hinterlassen. Mithras stand in einer Beziehung zum Sonnengott, die nicht nur auf den Abbildungen beruhte. Er war auch als *sol invictus*, »die unbesiegbare Sonne«, bekannt. Diesen Begriff verwendete → **Konstantin der Große** auch auf seinen Münzen. Es kann nicht mit Sicherheit behauptet werden, dass er damit Mithras meinte, aber viele Menschen der damaligen Zeit wären davon ausgegangen.[4]

Die Christen vermuteten, dass die Riten von ihren eigenen abgeleitet seien. Dies ist nicht völlig abwegig, da beide Religionen ungefähr zum selben Zeitpunkt entstanden und es den Anhängern des Mithras sicher nicht verwerflich erschienen wäre, christliche Zeremonien zu übernehmen. Dennoch können wir nur mit Sicherheit sagen, dass einige christliche Autoren ihren Unmut darüber äußerten.

Bereits 160 n. Chr. schrieb Justinus der Märtyrer über die christliche Zeremonie der Eucharistie und sagte: »Auch dies gaben die gottlosen Dämonen weiter, auf das es nachgeäfft werde in den Mysterien des Mithras. In ihrem geheimen Initiationsritus reichen sie Brot und einen Becher Wasser, die mit bestimmten Anrufungen einhergehen, dieses ist euch bekannt oder zu erfahren.«[5]

Hundert Jahre nach Justinus vermerkte der christliche Autor Origenes im dritten Jahrhundert: »Von diesen Dingen findet sich auch in der Lehre der Perser und in dem Geheimdienst des Mithras, der bei ihnen eingeführt ist, eine dunkle Andeutung. Wir haben dort nämlich eine sinnbildliche Darstellung der zwei Kreisläufe am Himmel, nämlich des Kreislaufs der Fixsterne und des den Planeten zugewiesenen Umlaufs sowie und des Durchgangs der Seele durch diese. Von solcher Art ist das Sinnbild: eine Leiter mit sieben Toren und an ihrer Spitze ein achtes Tor.«[6]

Ein Bericht über Mithras, der nicht in einem christlichen Kontext steht, stammt von Apuleius, dessen Satire *Der goldene Esel* sich bis ins Mittelalter hinein großer Beliebtheit erfreute und auch noch heute gelesen wird. Er beschreibt seine Initiation in die Riten der → **Isis**: »Nachdem ich also zu der erhabenen Göttin gebetet hatte, umarmte ich Mithras, den Oberpriester und nun auch mein geistiger Vater.«[7]

Diese Verbindung zu Isis ist besonders wichtig, da in einigen ihrer Tempel rituelle Stierschlachtungen wie bei Mithras stattfanden. Man schnitt die Genitalien der Bullen ab (denken Sie an den Skorpion im Bild auf Seite 281) und verbrannte sie. Ich habe gelesen, dieses Ritual habe die zuvor übliche Kastration des Hohepriesters ersetzt. Es ist unverkennbar, dass die Aussicht auf dieses Ereignis unter der Priesterschaft kaum größere Ambitionen ausgelöst haben dürfte.

Was die Gelehrten über Mithras sagen

Antike Autoren nahmen an, Mithras sei eine Form des persischen Gottes Mithra. Bis vor kurzem schlossen sich heutige Wissenschaftler dieser These an und gingen davon aus, dass die Unterschiede zwischen den beiden das Ergebnis kultureller Veränderungen seien, die eintraten, als sich der Kult ostwärts verbreitete. Mittlerweile hat man versucht, die Darstellungen des Mithras frei von persischen Bezügen zu betrachten. Die Ergebnisse sind äußerst interessant, wenn auch zum Teil umstritten.

Als er die Darstellungen in den Mithräen betrachtete, bemerkte ein Wissenschaftler: »Es wirft immer noch Fragen auf, denn […] eine merkwürdige Aufmerksamkeit gilt nichtsdestoweniger in den bekannten Kultreliefs den Genitalien des sterbenden Stieres: Samen, der sich ergießt, wird in einem Krater[i] aufgefangen, ein Skorpion greift nach den Hoden und der Schwanz verwandelt sich

[i] Einer Schale, der Grundbedeutung des Wortes → **Gral.** Anm. d. A.

in Getreideähren. Metamorphose der Zeugung noch im Tode. Doch haben wir keinen zugehörigen Text.«[8] Ich bin mir sicher, dass wir die römische Welt erheblich besser verstünden, wenn es denn einen gäbe.

Eine der Theorien besagt, dass es sich beim stiertötenden Mithras tatsächlich um Perseus handelt, der das Zeitalter des Stieres beendet, um das Zeitalter des Widders einzuläuten.[9] Da der Mithraismus seinen Ursprung im Zeitalter der Fische hat, kommt mir diese Theorie ziemlich kompliziert vor. Dennoch passt eine astrologische Erklärung des Symbolismus auf vielerlei Weise. Bei Skorpion, Schlange und Hund handelt es sich sämtlichst um Konstellationen, die Taurus auf seinem ekliptischen Pfad über die Tagundnachtgleichen von einer Sonnenwende zur nächsten begleiten. Der Tierkreis findet sich auf den meisten Mithras-Darstellungen. Er wird mit dem Sonnengott in Verbindung gebracht.

Vielleicht geht es im Mithraismus genau darum. Dennoch bleibt es eine Theorie. Solange wir nicht eine Art Mithras-Evangelium finden, werden wir es nie mit Sicherheit wissen.

Daher können wir auch nicht wissen, ob der Mithraismus sich beim Christentum bediente oder umgekehrt. Womöglich entwickelten sich beide unabhängig voneinander, wenn auch aus den gleichen sozialen und emotionalen Bedürfnissen heraus. Der Mithraismus existierte bis ins fünfte Jahrhundert. Kaiser Julianus Apostata [Julian der Abtrünnige], der im späten vierten Jahrhundert regierte, verehrte Mithras ebenfalls. Mit der Zeit verschwand der Mithraismus oder wurde unterdrückt. Meiner Vermutung nach, und mehr als eine solche ist es nicht, verlor der Mithras-Kult mit dem Niedergang der römischen Armee seine hauptsächliche Stütze. Dieser

Umstand und die ausschließliche Förderung der Christen von Regierungsseite könnten dazu führen, dass die Geheimnisse des Mithras niemals entschlüsselt werden.

Literaturempfehlungen

Walter Burkert: Kulte des Altertums. C. H. Beck 1998
Hans Kloft: Mysterienkulte der Antike. C. H. Beck 1999
David Ulansey: Die Ursprünge des Mithraskult. Theiss 2002

---

[1] Walter Burkert: *Ancient Mystery Cults*. Harvard UP 1987, S. 1–11 [*Kulte des Altertums. Biologische Grundlagen der Religion*, C. H. Beck 1998, S. 9–19]

[2] H. H. Scullard: *Roman Britain: Outposts of the Empire*. Thames and Hudson, S. 162–163; Anthony Kin: *Roman Gaul and Germany*. California UP 1990, S. 150 f. (Beide Autoren geben an, dass die bisher aufgefundenen Mithräen sich normalerweise in der Nähe römischer Militärlager finden.)

[3] Burkert, S. 99 [deutsche Ausgabe S. 83]; Scullard, S. 163

[4] David Ulansey: *The Origins of the Mithraic Mysteries: Cosmology and Salvation in the Ancient World*. Oxford UP 1989, S. 110 (Mithras als *sol invictus*) [vgl. David Ulansey: *Die Ursprünge des Mithraskult*. Theiss 2002, S. 95–99]; Marti Sorda: *The Christians and the Roman Empire*. Croom Helm 1983, S. 139 (*Sol Invictus*-Emblem auf konstantinischen Münzen)

[5] Justin Martyr: *»First Apology.«* In: *Early Christian Fathers*. Hg. und Übers. von Cyril C. Richardson. Collier Books 1970, S. 286 f. [vgl. *Justinus, 1. Apologie, 66*, nach: *Des heiligen Justins, des Philosophen und Märtyrers zwei Apologien*, S. 81, in: *Frühchristliche Apologeten und Märtyrerakten*, Bibliothek der Kirchenväter, Bd. 12, Kösel und Pustet 1913]

[6] Origenes: *Contra Celsum*. Übers. von Henry Chadwick. Cambridge UP 1980, S. 334 [vgl. Henry Chadwick: *Antike Schriftauslegung*. Gruyter 1998). Zitiert in Ulansey, S. 18 [deutsche Ausgabe S. 21] (Zitat hier direkt aus Origenes: *Contra Celsum, VI 22*, Übers. von Paul Koetschau.

In: *Des Origenes acht Bücher gegen Celsus*, 2. Teil (BKV Bd. 53), Kösel und Pustet 1926, S. 123 f.)

[7] Apuleius: *The Golden Ass xi 25*. In: C. K. Barrett: *The New Testament Background: Selected Documents*. Harper und Row 1987, S. 129 [vgl. Apuleius: *Der goldene Esel*. Übers. von Carl Fischer. In: Bernhard Kytzler (Hg.): *Im Reiche des Eros. Sämtliche Liebes- und Abenteuerromane der Antike*. Bd. II. Winkler 1983. (Man sollte bei diesem Werk nicht außer Acht lassen, dass es sich um eine Satire, kein Geschichtswerk handelt. Anm. d. Ü.)]

[8] Burkert, S. 107 [deutsche Ausgabe S. 90]

[9] Ulansey, S. 98 ff. [deutsche Ausgabe S. 73 ff.]

Mona Lisa[1]

Das Antlitz auf Leonardos Gemälde *Mona Lisa* ist wahrscheinlich das bekannteste Gesicht der Welt. Die arme Frau ziert so ziemlich alles, von T-Shirts bis zu Toilettenpapier. Was aber macht dieses Gemälde derart berühmt, dass es sich hinter einer alarmgesicherten Plexiglasscheibe befindet, während die anderen Werke Leonardos offen an den Wänden hängen?

Wer ist Mona Lisa?

Die einzige Information über die Frau, die für dieses Porträt Modell saß, stammt aus Giorgio Vasaris Biografie über Leonardo. Vasari schrieb sie dreißig Jahre nach Leonardos Tod, und mit der lockeren Einstellung der meisten Geschichtsschreiber seiner Zeit ließ er niemals zu, dass handfeste Fakten eine gute Story ruinierten. Er behauptete, das Gemälde zeige Lisa, die Ehefrau des Seidenhändlers Francesco di Bartolomeo di Zanobi del Giocondo. Nach diesem letzten Namensteil nennen die Italiener die *Mona Lisa auch* »La Gioconda«.[2] Nachforschungen ergaben, dass ein Mann dieses Namens existierte und seine Frau tatsächlich Lisa hieß. Vasari könnte also durchaus Recht haben.

Dennoch gibt es einige weitere potenzielle Kandidaten, von einer Geliebten aus der Familie der Medici bis

Mona Lisa.

zu Leonardo selbst. (Letzteres will mir nun gar nicht einleuchten.) Freud meinte, es könne sich um ein Porträt von Leonardos Mutter Caterina handeln.[3] Er berief sich dabei auf die symbolische Auslegung eines Kindheitstraumas, das der Künstler, in seinem Notizbuch vermerkte. Darin schrieb der Künstler, dass sich ein Geier auf seiner Wiege niederließ und »meinen Mund mit seinem Schwanz aufzwang; sein Schwanz schlug mir viele Male auf die Lippen«.[4]

In den ägyptischen Hieroglyphen kann der Geier für

»Mutter« stehen. Des Weiteren existierte der römische und frühchristliche Mythos, dass Geier ausschließlich weiblichen Geschlechts seien und der Wind sie befruchte. Freud schloss daraus, Leonardo habe sich in Wahrheit nach der Brust seiner Mutter gesehnt.[5]

Ich bin mir sicher, Sie können sich Ihren eigenen Reim auf die Sache mit dem Schwanz machen.

Freud entschied zudem, das Lächeln der *Mona Lisa* habe ebenfalls etwas mit Leonardos Mutter zu tun.

»So nahm sie nach der Art aller unbefriedigten Mütter den kleinen Sohn anstelle ihres Mannes an und raubte ihm durch die allzu frühe Reifung seiner Erotik ein Stück seiner Männlichkeit. [...] Als Leonardo auf der Höhe seines Lebens jenem selig verzückten Lächeln wieder begegnete, wie es einst den Mund seiner Mutter bei ihren Liebkosungen umspielt hatte, stand er längst unter der Herrschaft einer Hemmung, die ihm verbot, je wieder solche Zärtlichkeiten von Frauenlippen zu begehren. Aber er war Maler geworden, und so bemühte er sich, dieses Lächeln mit dem Pinsel wieder zu erschaffen [...].«[6]

So können die Folgen aussehen, wenn man sich zu sehr in die eigene Symbolik hineinsteigert. Ein Vorgehen, das in diesem Fall offensichtliche Probleme aufwirft. Es ist höchst unwahrscheinlich, dass Leonardo da Vinci dreihundert Jahre vor der Entzifferung des Steins von Rosetta die Bedeutung der Geier-Hieroglyphe kannte. Überdies heiratete seine Mutter relativ bald nach Leonardos Geburt. Der Platz an ihrer Seite war also besetzt. Hinzu kommt, dass Freud eine sehr schlechte Übersetzung von Leonardos Notizbuch benutzte. Der Vogel in seinem Traum war kein Geier, sondern ein Falke oder Milan. Außerdem übersah Freud geflissentlich, dass diese

Erinnerung auf derselben Seite vermerkt stand wie Leonardos Spekulationen über das Fliegen.[7]

Es mag durchaus sein, dass Leonardo seiner Mutter gegenüber zwiespältige Gefühle hegte, dennoch denke ich, dass Freud hier über das Ziel hinausschießt.

Kehren wir lieber zu dem zurück, was wirklich bekannt ist. Das Bild gelangte auf jeden Fall nicht in den Besitz jener Person, die für das Porträt Modell saß und vielleicht sogar dafür bezahlte, wer immer es auch gewesen sein mag. Leonardo nahm das Gemälde vielmehr mit nach Frankreich, genauso wie das Porträt von Johannes dem Täufer, das ebenfalls ein faszinierendes Lächeln zeigt. Vielleicht war es noch nicht fertig (was niemanden überraschen dürfte) oder Leonardo hielt es für seine beste Arbeit und wollte sich aus diesem Grund nicht davon trennen.

Ein Leben im Verborgenen fristete die *Mona Lisa* dennoch nicht. Viele andere Maler fertigten Kopien von dem Werk an, sobald sie es zu Gesicht bekamen. Raphael sah und bewunderte es ebenfalls. Seine *Dame mit Einhorn* weist deutliche Einflüsse auf. Andere Schüler Leonardos malten eine nackte Mona Lisa, was wiederum zu Spekulationen darüber führte, ob Leonardo einst zwei Versionen erstellte.[8]

Der faszinierendste Aspekt der *Mona Lisa* ist ihr Lächeln. Die Erklärungen hierfür reichen von schlechten Zähnen (verursacht durch Schwangerschaft) über eine nicht auskurierte Krankheit bis zur höflichen Reaktion auf Leonardos schlechte Witze. Vasari schrieb, sie habe Musik gelauscht.[9] Noch etwas, was wir wahrscheinlich nie mit Sicherheit wissen werden.

Aber auch die Landschaft hinter der *Mona Lisa* fasziniert Leonardokenner. Auf einen Blick wird klar, dass die beiden Seiten nicht gleich sind. Lesen wir im Notizbuch des Künstlers, so zeigt sich, dass ihn die Ungezähmtheit der Natur in ihren Bann zog. Die Notizen wimmeln von Stürmen und zerklüfteten Felsformationen. Sie enthalten außerdem Ratschläge, wie die Natur zu malen sei. »Oh du Maler, wenn du die Berge wiedergibst, so denke daran, das der Fuß der Berge immer verschwommener wirkt als sein Gipfel. Je weiter entfernt du sie voneinander darstellst, desto undeutlicher lasse sie im Ansatz wirken. Ragen sie hoch hinauf, so enthüllen sie auch ihre wahre Form und Farbe.«[10] Seine Anweisungen zur Landschaftsmalerei umfassen Nebel, Rauch, das Licht zu verschiedenen Tageszeiten, die Auswirkungen des Windes und sogar den Schattenwurf der Blätter. Nachdem ich dies gelesen hatte, kam ich zu dem Schluss, dass Leonardo hinter der *Mona Lisa* eine imaginäre Landschaft schuf, die es ihm ermöglichte, mit einigen seiner Ideen zu spielen. Offensichtlich hatte er großen Spaß dabei.

Der *Mona Lisa* war allerdings kein beschauliches Leben beschieden. Nach Leonardos Tod geriet sie letztendlich in den Besitz der Könige von Frankreich. Am Ende der Französischen Revolution fand sie sich an Napoleons Schlafzimmerwand wieder. Im Jahr 1804 hielt sie Einzug in den Louvre.[11] Irgendwann nahm man sie von der Wand und entfernte die beiden rahmenden Säulen. Dann, 1911, fiel sie Dieben zum Opfer und wurde nach Florenz geschmuggelt, wo man sie 1913 wiederfand. Im Jahr 1956 überlebte sie einen Angriff, bei dem jemand versuchte, sie aufzuschlitzen. Schließlich ging sie 1963 auf Weltreise, was sie auch in die USA und nach Japan führte. Und 1974 besuchte sie sogar die Sowjetunion.[12] Mit den Jahren nahm sie einen gelblichen Stich an, der einige Einzelheiten des Bildes überdeckt. Ein weniger bekanntes

Werk käme nun in die Restaurationsabteilung, aber wer hat schon den Mut und nimmt das Wagnis auf sich, womöglich dieses Lächeln zu zerstören?

Heute befindet sich die *Mona Lisa* in der Großen Galerie des Louvre. Sie hängt in einem Alkoven auf der rechten Seite, gut geschützt hinter schusssicherem Glas. Die meisten Besucher staunen als Erstes darüber, wie klein sie in Wahrheit doch ist. Man muss ganz nahe vor sie hintreten, um sie gut zu erkennen. Dies erhöht das Gefühl von Intimität und vielleicht auch das Geheimnisvolle an ihr.

Wer ist nun *Mona Lisa*? Göttin hat man sie genannt, Heilige, eine Florentinerin des Mittelstandes, eine Prostituierte, ein Symbol der Androgynie und die »Essenz der Weiblichkeit«.[13] Man hat sie kopiert, verzerrt und verspottet.

Doch warum lächelt sie? Vielleicht amüsieren wir sie einfach.

---

[1] Mein Dank geht an Dr. Georgia Wright, die meine Rohfassung des Kapitels gelesen und kommentiert hat. Alle Fehler liegen daher in meiner Verantwortung.

[2] Serge Bramly: *Leonardo. Discovering the Life of Leonardo da Vinci.* Übers. von Sian Reynolds. Edward Burlingame Books 1991, S. 362

[3] Sigmund Freud: *Eine Kindheitserinnerung des Leonardo da Vinci.* Hg. von Franz Dautiche, Leipzig, 1910, Fischer 1995

[4] Freud, zitiert in: Roy Mc Cullen. *Mona Lisa: The Picture and the Myth.* Houghton Mifflin 1975, S. 185

[5] Wayne Anderson: *Freud, Leonardo da Vinci and the Vulture's Tale. A Refreshing Look at Leonardo's Sexuality.* The Other Press 2001, S. 67

[6] Freud. In: McCullen, S. 188 [Sigmund Freud, *Eine Kindheitserinnerung des Leonardo da Vinci*. In: Studienausgabe Bd. X. Bildende Kunst und Literatur 2000, S. 140 f.]

[7] Anderson, S. 24 ff. (Hier findet sich auch eine Abbildung von Leonardos tatsächlicher Schreibweise.)

8 McCullen, S. 65

9 Ebenda

10 Leonardo da Vinci: *The Notebooks of Leonardo da Vinci.* Hg. von Edward MacCurdy, Konecky und Konecky 2003 (Neuauflage), S. 865

11 Alessandro Vezzosi: *Léonardo de Vinci: Art et science de l'univers.* Übers. von Françoise Liffon. Gallimard 1996, S. 148

12 Ebenda, S. 148

13 Ebenda (Die letzte Aussage stammt vom Marquis de Sade. Ich bin mir nicht sicher, ob es sich wirklich um ein Kompliment handelt.)

Nag Hammadi

Genau wie die Schriftrollen von Qumran wurde auch die Nag-Hammadi-Bibliothek 1945 aus Zufall von Mohammed Ali Samman entdeckt, der im oberägyptischen Dorf Naj Hammadi am Nil lebte. Die Bibliothek besteht aus Tausenden von Papyrusfragmenten, die einstmals zu dreizehn Kodizes oder Büchern gehörten.[1] Sie sind auf Koptisch verfasst, der Sprache der ägyptischen Christen; tatsächlich handelt es sich jedoch um Übersetzungen griechischer Vorlagen. Die meisten, wenn auch nicht alle, sind christlichen Inhalts. Zudem spiegeln sie überwiegend die Glaubensgrundsätze der → **Gnostiker** wider. Sie werden in das erste bis späte vierte Jahrhundert datiert, sind also im allgemeinen dreihundert Jahre älter als die Qumran-Schriftrollen.

Die Nag-Hammadi-Bücher sind keine Schriftrollen, sondern Kodizes. Dabei handelt es sich um Bücher, ähnlich wie wir sie auch heute kennen. Die Blätter sind auf beiden Seiten beschrieben und in Leder gebunden. Die etwa 1200 Seiten sind aus Papyrus, aber nicht einmal die trockene Hitze der ägyptischen Wüste vermochte sie vollständig zu erhalten. Die Bücher bestehen überwiegend aus Fragmenten – manche davon sind kleiner als ein Fingernagel. Sie wieder zusammenzusetzen war wohl eine Puzzlearbeit allerersten Güte und nicht für Allergiker geeignet. Ein Niesen – und die Arbeit eines ganzen Jahres wäre dahin. Doch auch ohne Katastrophen dieser Art weisen viele Seiten große Lücken auf. Welchen Inhalt sie einst umfassten, lässt sich nicht einmal mehr vermuten.

Die Bibliothek besteht aus einer Reihe → **apokrypher** Evangelien und Kommentaren zur Bibel. Sie enthält außerdem ein Kapitel aus Platons *Republik*, das nicht gerade für seine gnostische Philosophie bekannt ist, sowie mehrere Texte, die eindeutig heidnischen Inhaltes sind. Wie diese Bücher zwischen die religiösen gnostischen Texte gelangten, ist unbekannt. Angesichts der Tatsache, dass die mittelalterlichen Klöster häufig weltliche Bücher von Platon, Cicero, Vergil und anderen Autoren besaßen, ist ihr Fund wiederum doch nicht so verwunderlich. Wir besitzen allerdings keinerlei Kenntnisse darüber, wie ihre Besitzer sie auslegten.

Von einigen Texten wissen wir nur aufgrund von Vermerken in anderen Werken. Da diese sich in Bezug auf die Gnostiker im Allgemeinen polemisch äußerten, war die Genauigkeit der Angaben eher zweifelhaft.[2]

Andere Texte beruhen auf späteren Kopien, an denen unter Umständen Veränderungen vorgenommen wurden, so wie das → **Marienevangelium**. Die Nag-Hammadi-Funde ermöglichten es den Wissenschaftlern, die Texte miteinander zu vergleichen und Unterschiede aufzuzeigen.

Außer dem Marienevangelium geben auch viele der anderen Bücher die Worte Jesu wieder. Der *Dialog des Erlösers* zählt zu jenen Texten, die so fragmentarisch sind, dass es kaum einen vollständigen Satz darin gibt. Was lesbar ist, zeigt allerdings wenig Übereinstimmung mit den orthodoxen Evangelien. Andererseits enthält das Thomasevangelium zahlreiche Aussagen, die uns vertraut vorkommen: »Wenn ein blinder Mann einen anderen Blinden führt, so werden beide zu Fall kommen.« Oder auch: »Sei weise wie die Schlange und unschuldig wie die Taube.«[3]

»Ob diese Schriften – genauer gesagt, welche von ihnen – authentische Lehren Jesu und seiner Jünger wiedergeben, vermögen wir nicht zu klären. Genauso wenig wie wir mit Sicherheit zu sagen vermögen, ob die Lehren des Neuen Testamentes authentisch sind.«[4] Für die meisten Wissenschaftler ist dieser Punkt weniger ausschlaggebend als die Möglichkeit, sich mit einer andersartigen Kultur des vierten Jahrhunderts zu beschäftigen.

Literaturempfehlungen

Werner Ekschmitt: Ugarit – Qumran – Nag Hammadi. Die großen Schriftfunde zur Bibel. Von Zabern 1993

Gerd Lüdemann und Martina Janßen: Die Bibel der Häretiker. Die Texte der Nag-Hammadi-Bibliothek. Radius-Verlag 2003

Elaine Pagels: Das Geheimnis des fünften Evangeliums. C. H. Beck 2004

James M. Robinson (Hg.): The Nag Hammadi Library. Harper Collins 1988

---

1 James M. Robinson (Hg.): *The Nag Hammadi Library*. Harper Collins 1988, S, 23 f.

2 Mehrere Autoren des zweiten Jahrhunderts, insbesondere Irenaeus und Tertullian, haben eine Menge Polemik von sich gegeben. Im vier-

ten Jahrhundert listete Epiphanius, der Bischof von Zypern, nicht nur diverse gnostische Texte auf, sondern äußerte sich auch vernichtend über sie.

3 »The Gospel of Thomas.« Übers. von Thomas O. Lamdin. In: *The Nag Hammadi Library*. S. 130 f.

4 Elaine Pagels: *Adam, Eve and the Serpent*. Random House 1988, S. 61 (*Adam, Eva und die Schlange*. Rowohlt 1994)

Newton, Sir Isaac

Isaac Newton kam am 4. Januar 1643 zur Welt. Seine Familie begann als Bauern und Freisassen und arbeitete sich zu Gutsherren mit einem Gut in Woolthorpe nahe Lincoln im Südosten Englands hoch. Sein Vater, der ebenfalls Isaac hieß, starb drei Monate vor seiner Geburt und hinterließ ein ansehnliches Vermögen. Später erbte Isaac auch noch Land von seiner Mutter Hannah und dem Stiefvater Barnabas Smith. Smith war ein dreiundsechzig Jahre alter Rektor, der acht Jahre nach seiner Heirat mit Hannah starb und drei Kinder hinterließ. Newton wuchs jedoch nicht mit seinen Halbgeschwistern auf. Hannah musste den dreijährigen Isaac bei ihrer Familie zurücklassen, als sie Smith heiratete.[1] Offenbar stand sie Isaac nicht besonders nahe, obwohl sie ihn besuchte und ihm ihren Besitz hinterließ. Es gibt umfangreiche Spekulationen darüber, welche Auswirkungen dieses Verhalten auf Newton ausübte. So wird unter anderem behauptet, er sei dadurch für engere Bindungen, besonders zu Frauen, verdorben worden. Aus diversen Aufzeichnungen geht hervor, dass seine Mutter sich sehr gegen seine Erziehung stellte. Sie bat darum, ihn von der Schule zu nehmen und stattdessen auf dem Gut arbeiten zu lassen. Als er sich weigerte, kürzte sie ihm das Taschengeld.[2]

Isaac Newton.
© Giraudon/Art Resource, New York

Newtons Kindheit prägte der englische Bürgerkrieg. Die katholischen Royalisten unter König Charles I. unterlagen schließlich Oliver Cromwells Puritanern. So wuchs Newton in einer streng puritanischen Welt heran und blieb zeit seines Lebens, selbst nach der Rückkehr zur Monarchie, ein standhafter Protestant. Seine privaten Schriften legen offen, dass er dem biblischen Glauben anhing, die Menschheit habe zu Anfang an einen Gott geglaubt, sei jedoch durch ihre Verderbtheit der Götzenanbetung verfallen.[3]

Newtons Brillanz trat früh zutage. Im Jahr 1661 schrieb er sich ungeachtet der Einwände seiner Mutter an der Universität von Cambridge ein. Er schloss nur wenige Freundschaften und auch sein Tutor hielt sich nur selten im College auf. Während der Vorlesungen entwickelte sich seine lebenslange Gewohnheit, alles, was er tat, sowie seine Experimente auf akademische Weise in Notizbüchern festzuhalten. In ihnen zeigt sich seine immense Neugier. Er eignete sich die mathematischen Kenntnisse an, die seinen späteren Arbeiten zugrunde liegen.[4]

Allerdings befasste sich seine Abschlussprüfung nicht mit der Mathematik und so schloss er das Studium 1665 mit einer weniger guten Gesamtnote ab. Dennoch reichte seine Benotung zum Bleiben. Bevor er sich im College einrichten konnte, wütete die Pest in England. Sie hielt bis 1666 an und Newton verbrachte die Zeit im heimatlichen Woolthorpe, das von der Seuche verschont blieb. Dort soll er auch erstmals seine Theorien zur Schwerkraft entwickelt haben.[5]

Die Gelehrten von Cambridge muss seine Begabung überzeugt haben, denn 1668 wurde er zum *Major Fellow of Trinity College* ernannt und erhielt den Magistertitel.[6] Am 26. Oktober 1669 trug man ihm den Lehrstuhl der Lukas-Professur für Mathematik an, einen Posten, den heute Stephen Hawking innehat.

Newtons wissenschaftliches und mathematisches Werk ist wohl bekannt. Auf dem College las ich *Opticks*, sein Buch über das Licht. Es gehört zu den wenigen wissenschaftlichen Werken, denen ich je folgen konnte. Seine *Principia*[i] stellen die Grundlagen der modernen Physik dar. Schon zu Lebzeiten galt er als Genie höchsten Ranges. Aus diesem Grund fiel es seinen Biografen stets schwer, ein ausgewogenes Bild dieses Mannes zu erstellen. Ein Aspekt seines Daseins, der zumeist ignoriert oder

---

[i] Der vollständige Titel lautet: *Philosophiae naturalis principia mathematica* (1687), 3 Bde.

gar unterdrückt wurde, betrifft sein lebenslanges Studium der Alchemie.[7]

Das Streben der Alchemisten war stets auf den Stein der Weisen gerichtet: ein Objekt, das ein Element in ein anderes zu verwandeln vermochte, vor allem Blei in Gold. Newton verbrachte mehrere Jahre mit der Suche nach seiner Version dieses Steines.

Er war nicht der einzige Wissenschaftler des siebzehnten Jahrhunderts, der an der Alchemie ein schon fast Besessenheit zu nennendes Interesse entwickelte. Der Chemiker Robert Boyle (1627–1691) gehörte ebenfalls zu diesem Kreis. »Boyle praktizierte Alchemie ebenso wie Chemie und nutzte viele esoterische Aspekte der Ersteren, um die theoretischen Grenzen der Letzteren auszuweiten.«[8] Beide Männer kannten sich und gehörten der kurz zuvor gegründeten Royal Society an.

Newton ist offenbar davon ausgegangen, das Studium der Alchemie sei für sein letztendliches Ziel unabdingbar. Desgleichen empfand er die Religion, besonders das Studium des Buches Daniel und der Offenbarung, als integralen Bestandteil seiner Forschung. Der Mathematiker und Experimentalwissenschaftler Newton bediente sich sowohl bei seinen alchemistischen Experimenten wie auch bei seiner Analyse der Heiligen Schrift derselben Techniken.

Seine Aufzeichnungen legen nahe, dass er alles mit demselben Vergrößerungsglas inspizierte. »Bei seiner Suche nach einem Kriterium der Wahrheit machte Newton keinen Unterschied zwischen Wissenschaft und Theologie. Letztlich brachte ihn der gleiche Ansatz dazu, der ihn schon die Grenzen zwischen Mathematik und Physik, zwischen geometrischer Optik und Philosophie, zwischen Materie und Geist hatte niederreißen lassen.«[9]

Newton war ein weitaus größerer Geheimniskrämer als → **Leonardo**. So weisen die Briefe, in denen er seine Entdeckungen besprach, komplexe Anagramme auf. Dies trifft insbesondere auf seine Korrespondenz mit Menschen wie Leibniz zu, den er verdächtigte, seine Ideen stehlen zu wollen.[10] Diesem wurde das seltene Geschenk zuteil, sein Werk schon zu seinen Lebzeiten anerkannt zu sehen. Zudem erhielt er auch von Menschen außerhalb der akademischen Kreise überschwängliche Zustimmung.

Newton vertiefte sich derart in seine Arbeit, dass er in seiner Besessenheit alles andere vergaß. Sämtliche Quellen, einschließlich seiner Notizbücher, machen dies deutlich. Die Veröffentlichung der *Principia* verschaffte ihm auch außerhalb von Cambridge einen großen Bekanntheitsgrad. Nicht nur die darin enthaltenen Erkenntnisse sind als revolutionär anzusehen; für seine Methode, die mathematische Beweisführung als Lösungsweg einzusetzen, gilt dies noch mehr.

Wie war es nun um Newtons Glauben bestellt? Wir wissen, dass er eine streng antikatholische Haltung einnahm. So kam es auch zu einer der wenigen Gelegenheiten, bei denen er sich in die akademische Politik einmischte. König Jakob II. versuchte, in Cambridge die Zulassung eines Priesters zu erwirken, ohne dass dieser zuvor den Treueschwur auf die anglikanische Kirche abgelegt hatte. Newton war entschieden dagegen, obgleich er den Schwur selbst nie geleistet hatte. »Eine Mischung aus Papisten und Protestanten an derselben Universität kann weder von langer noch von glücklicher Dauer sein.«[11] Newton unterlag in diesem Kampf, aber im Jahr 1688 verlor Jakob II. England an seine protestantische Tochter Mary.

Unter dem neuen Regime zog Newton sogar für ein

Jahr in das Parlament ein. Offenbar ergriff er während dieser Zeit niemals das Wort, machte sich jedoch umfangreiche Notizen. Er mischte sich verstärkt unter die Gesellschaft und aß sogar einmal mit dem neuen König Wilhelm von Oranien zu Abend.

Niemand weiß genau warum, aber im Jahr 1693 erlitt Newton einen Nervenzusammenbruch. Dieser kündigte sich durch wirre Briefe an seine Freunde John Locke und Samuel Pepys an. Den beiden Männern fiel sein sonderbarer Zustand sofort auf. Zur selben Zeit schrieb Newton eine alchemistische Abhandlung mit dem Titel *Praxis*, in der er die Ergebnisse seiner Suche nach dem Stein der Weisen zu enthüllen beabsichtigte. Er war offenbar davon überzeugt, auf etwas gestoßen zu sein, denn er schrieb: »Daher darf man jeden Stein vier Mal vermehren und nicht mehr, denn dann werden sie zu Ölen, die im Dunkeln leuchten und für magische Zwecke geeignet sind.«[12]

Das Buch wurde niemals fertig. Newtons Suche nach dem Stein blieb unvollendet. Dabei trieb ihn nicht die Jagd nach unsagbarem Reichtum um. Er suchte, gleich Einstein und genauso vergeblich wie dieser, nach dem einen Gesetz, das die Grundlage für alle Naturphänomene darstellt. In der Wissenschaft gibt es vielleicht tatsächlich noch einen → **Heiligen Gral**, der mittlerweile den Namen »Einheitliche Feldtheorie« trägt.

Newton erholte sich von dem Zusammenbruch, aber seine Freunde vertraten die Meinung, das Universitätsleben sei mittlerweile zu anstrengend für ihn. Im Jahr 1695 zeigte sich die politische Konstellation so günstig, dass einer der Freunde ihm die Stelle des königlichen Münzverwalters verschaffte. Und 1696 zog sich Newton endgültig aus Cambridge zurück.[13]

Newton erfuhr zwar nie, wie man Blei in Gold verwandelt, aber er brachte es fertig, das Münzwesen in England von Grund auf zu erneuern. Er wandte seine mathematischen Kenntnisse an, um die Prägemaschinen zu verbessern, und seine organisatorischen Fähigkeiten zur Einziehung des alten und für die Ausgabe des neuen Geldes. Mit der ihm eigenen strengen Moral ging er gegen die vielen Bediensteten vor, die ab und an in die Staatskasse griffen.[14]

Mittlerweile lag Newtons wichtigste Geistesarbeit hinter ihm. Den Rest seines Lebens verbrachte er mit Debatten in der Royal Society und seinem Streit mit Leibniz über die Erfindung der Differenzialrechnung. Im Jahr 1704 stellte er seine früheren Arbeiten über das Licht zusammen und veröffentlichte sie unter dem Titel *Opticks. Eine Abhandlung über die Reflexion, Brechung, Krümmung und die Farben des Lichts.*[15] Ein Jahr später erhielt er den Ritterschlag von Königin Anne. Schließlich wurde er zum Direktor der königlichen Münze ernannt. Am 31. März 1727 starb er im fünfundachtzigsten Lebensjahr.

Er fand seine letzte Ruhestätte in der → **Westminster Abbey**. An dem Begräbnis nahmen die größten Wissenschaftler Englands und des Kontinents teil. Sogar Voltaire, der ihm zu Lebzeiten nie begegnete, reiste an und erwies ihm die letzte Ehre. Die Grabrede hielt Alexander Pope. Er schrieb über Newton:

Natur lag, und Naturgesetz,
in Finsternis;
Gott sprach: »Es werde Newton!«
und das All ward licht.[16]

Vielleicht ist es den vielen Fassetten von Newtons Persönlichkeit nur angemessen, dass Alexander Popes Lobpreisung nicht uneingeschränkt galt. Nach Newtons Tod erwähnte Pope ihn in seinem bitteren Gedicht über die Menschheit:

Die höhern Wesen sahen jüngst erschreckt:
Ein Mensch hat das Naturgesetz entdeckt.
Erstaunt, welch' Wissen sich auf Erden rührt,
wurd' Newton wie ein Affe vorgeführt.[17]

Ist es vorstellbar, dass Newton Oberhaupt eines Geheimbundes war? Vielleicht, aber dann nur eines solchen, der auf festen Beweisen und glasklarer Forschungsarbeit fußte. Seine religiösen Ansichten waren nonkonformistisch, aber christlich. Er definierte sich selbst als Arianer, was die Bischöfe des → **Konzils von Nizäa** dazu veranlasst hätte, sich die Haare zu raufen, waren sie doch irrigerweise davon ausgegangen, dieses Problem schon vor eintausenddreihundert Jahren aus der Welt geschafft zu haben.

Newton war unstrittig ein Genie. Es sollte daher niemanden überraschen, dass er zudem ein komplexer Mensch seiner Zeit war, der für die Geheimnisse der Religion wie für die Natur gleichermaßen leidenschaftliche Empfindungen hegte und vielleicht auch keinen Unterschied zwischen ihnen machte.

Literaturempfehlungen

I. Bernard Cohen und Robert E. Schofield (Hg.): Isaac Newton's Letters and Paperson Natural Philosophy. Bearbeitete Auflage. Harvard UP 1978

I. Bernard Cohen und Eberhard Böhringer: Geburt einer Neuen Physik. Desch 1960
Betty Jo Teeter Dobbs: The Foundations of Newton's Alchemy or The Hunting of the Greene Lyon. Cambridge UP 1975
James Gleick: Isaac Newton. Artemis und Winkler 2004
Alexander Roob: Alchemie und Mystik. Taschen 2005
Hans-Werner Schütt: Auf der Suche nach dem Stein der Weisen. Die Geschichte der Alchemie. C. H. Beck 2000
Richard Samuel Westfall: Never at Rest: A Biography of Isaac Newton. Cambridge UP 1983
Michael White: Isaac Newton: The Last Sorcerer. Perseus Books 1997
Johannes Wickert: Isaac Newton. Rowohlt 1995

---

1 Richard Samuel Westfall: *Never at Rest: A Biography of Isaac Newton.* Cambridge UP 1983, S. 1–9

2 Michael White: *Isaac Newton: The Last Sorcerer.* Perseus Books 1997, S. 25 und 47

3 Karen Figala: »Newton's Alchemy.« In: I. Bernard Cohen und George E. Smith, *The Cambridge Companion to Newton.* Cambridge UP 2002, S. 375

4 White, S. 63

5 Westfall, S. 21

6 Robert A. Hatch: »Newton Timeline.« University of Florida Web Class

7 Alle jüngeren Arbeiten über Newton haben dies in gewissem Umfang berücksichtigt. Die beste Arbeit über Newton und die Alchemie steht in Betty Jo Teeter Dobbs: *The Foundations of Newton's Alchemy or The Hunting of the Greene Lyon.* Cambridge UP 1975

8 White, S. 135

9 Maurizi Mamiani: »Newton on Prophecy and the Apocalypse.« In: Cohen und Smith, S. 391

10 Gjertson, Derek und Paul Kegen: *The Newton Handbook.* Routledge 1986, S. 17

11 White, S. 230

[12] Ebenda, S. 250

[13] Ebenda, S. 254

[14] Ebenda, S. 255–271

[15] Hatch

[16] Alexander Pope: »Grabrede für Isaac Newton.« In Werner von Koppenfels (Hg. und Übers.): *Englische und amerikanische Dichtung 2*, C. H. Beck 2000, S. 68

[17] Alexander Pope: *Vom Menschen*. Übers. von Eberhard Breidert. Englisch-Deutsch, Felix Meiner Verlag 1993, S. 43

Nodier, Charles

Als echtes Kind der Französischen Revolution debattierte Charles Nodier (1780–1844) bereits im Alter von zehn Jahren in seiner französischen Heimatstadt Besancon über die Menschenrechte. Sein Vater Antoine arbeitete als Anwalt. Seine Mutter Suzanne war Dienstmädchen im Haushalt von Antoines Vater. Die beiden verließen sein Heim, als sie mit Charles schwanger ging. Schließlich heirateten sie.

Antoine Nodier war ein glühender Anhänger der Revolution. Zum Richter des örtlichen Tribunals ernannt, schwelgte er in der Bestrafung der »Staatsfeinde«. Es gelang ihm, mehrere davon auf die Guillotine zu schicken. Sein damals zwölfjähriger Sohn sah dabei zu.[1]

Charles erhielt Privatunterricht von seinem Vater und galt als Wunderkind, das bereits mit acht Jahren lateinische Texte las und mit elf Jahren Essays verfasste. Er verbrachte nicht sehr viel Zeit mit anderen Kindern oder körperlicher Ertüchtigung. Nach damaliger Einschätzung litt er unter Fallsucht [Epilepsie], heute geht man von der Addison-Krankheit aus, eine Fehlfunktion der Nebennierenrinde.[2]

Mit achtzehn trat Charles eine Stelle als Bibliothekar an, die ihm sein Vater vermittelte. Aber Nodier wollte seine eigenen Bücher schreiben. Er begann Opium zu rauchen und wandte sich dem Alkoholgenuss zu, um seine Fantasie zu beflügeln.[3]

Von Kindesbeinen an faszinierten Nodier mystische Dinge. Auf der Universität gründete er einen Geheimbund mit Symbolen und Handzeichen, die auf den Traditionen der → **Freimaurer** beruhten. Als er später in Paris lebte, interessierte er sich sehr für Theosophie und die → **Rosenkreuzer**.[4]

Im Alter von vierundvierzig Jahren traf Nodier den jungen Victor Hugo und nahm ihn unter seine Fittiche.[5]

Im Unterschied zu vielen anderen, die als Großmeister auf der Liste der → **Prieuré de Sion** angegeben sind, führte Nodier ein durchaus respektables Leben. Er bekam den Posten als Direktor der Arsenal-Bibliothek in Paris und gehörte zu den ersten romantischen Schriftstellern, die Mitglied der Academie Française wurden.

Für seine Aufnahme in die Liste der Großmeister der Prieuré de Sion gibt es zwei mögliche Gründe. Zum einen war er der Mentor von Victor Hugo, der nach ihm als Großmeister aufgeführt wird. Plantard, der die Liste aufsetzte, hat wohl mit Vorliebe Verbindungen zwischen den von ihm erfundenen Großmeistern geknüpft. Der zweite Grund könnte sein, dass Nodier sich vom Revolutionär zum überzeugten Monarchisten wandelte. Plantard träumte davon, die Monarchie wieder einzuführen – mit ihm als gekröntem Oberhaupt.

Im Unterschied zu Victor Hugo wird Nodier heutzutage nur wenig gelesen.

[1] A. Richard Oliver: *Charles Nodier, Pilot of Romanticism*. Syracuse UP 1964, S. 10–13

[2] Ebenda, S. 8

[3] Jean Larat: *La Tradition et l'Exotisme dan l'Œuvre de Charles Nodier (1780–1844)*. Eduard Campion 1923, S. 31

[4] Oliver, S. 29

[5] Ebenda, S. 145

ODAN

Das Opus Dei Awareness Network (ODAN)[1] wurde 1991 von einer bemerkenswerten Frau namens Dianne Di Nicola begründet. In ihrem ersten Jahr am College trat → **Opus Dei** an Diannes Tochter Tammy heran und warb sie an. Die Di Nicolas waren zwar praktizierende Katholiken, hatten jedoch noch nie etwas von Opus Dei gehört. In den kommenden Monaten zog sich ihre Tochter nicht nur immer stärker zurück, auch ihr Verhalten änderte sich. Schließlich eröffnete sie ihren Eltern, dass dies ihr letzter Besuch zu Hause sei, da sie Opus Dei als zölibatäre Numerandin beitrete. Ihre Eltern erkannten, dass es höchste Zeit war, mehr über diese Organisation zu erfahren.[2]

Was sie über die Struktur, die Philosophie und die Anwerbungsverfahren des Opus Dei erfuhren, ließ bei ihnen alle Alarmglocken schrillen. Sie baten Tammy, sich mit einem »Austrittsberater« zu treffen. Diese halten auf freiwilliger Basis Sitzungen mit dem Mitglied einer mutmaßlichen Sekte und dessen Eltern ab. Darin unterscheiden sie sich von »Deprogrammierern«, die sich offensiv mit widerspenstigen Sektenmitgliedern auseinander setzen, die zuvor mit Gewalt dem Einflussbereich ihrer Sekte entzogen wurden.

Berater und Familie verliehen ihrer Besorgnis um Tammy Ausdruck und baten sie um weitere Informationen über Opus Dei und ihre Rolle darin. Tammy erkannte, dass vieles von dem, was Opus Dei ihr vermittelt hatte, bei eingehender Betrachtung keinen Sinn ergab. »Es war, als drängen stecknadelkopfgroße Lichtpunkte der Wahrheit durch eine dicke Tür. Ich versuchte sie zu öffnen. Plötzlich ging sie auf, und ich erkannte, wie Opus Dei mich manipulierte und täuschte.«[3]

Sie verließ die Gruppe und ist heute Ehefrau und Mutter. In ihrer katholischen Kirchengemeinde ist sie immer noch tätig. Kurz nach Tammys Erlebnis begannen Dianne Di Nicola und ihr Ehemann Carlo das Opus Dei Awareness Network aufzuziehen, um Informationen auszutauschen und den Familien gegenwärtiger und ehemaliger Angehöriger des Opus Dei beizustehen. Diese Arbeit führen sie mit einem minimalen Budget von einer privaten Wohnung aus. Sie pflegen eine Internetseite und geben einen Newsletter sowie Aufklärungsschriften für Eltern heraus. Vor kurzem haben sie ein Interview mit Anuel Fisac veröffentlicht, einem ehemaligen Opus-Dei-Mitglied, das die Gruppe nach zwanzig Jahren verließ. Sie haben zudem mehrere Lebensberichte von ehemaligen Anhängern des Opus Dei veröffentlicht.

Literaturempfehlungen

Michael F. Lehner: Eine Jugend im Opus Dei. Wichern-Verlag 2002

Maria del Carmen Tapia: Hinter der Schwelle. Goldmann 1999

Peter Hertel: Ich verspreche euch den Himmel. Patmos 1998

[1] Opus Dei AchtsamkeitsNetzwerk (*Sakrileg*, S. 46). Anm. d. Ü.

[2] Dianne Di Nicola in einem persönlichen Gespräch am 22. Juni 2004

[3] Robin Greenspan, »A Double Life for God«. In: The Berkshire Eagle, Sonntag, 4. März 2001, S. 6

Opus Dei

Opus Dei[i] ist eine Organisation katholischer Laien. Diese folgen einem Verhaltenskodex, den ihr Gründer, der spanische Priester Josemaría Escrivá de Balaguer y Albas, in den dreißiger Jahren des vorigen Jahrhunderts festlegte. Die Gruppe ist weltweit tätig, steht unter dem persönlichen Schutz des Papstes und ist den Bischöfen, in deren Diözesen die Mitglieder leben, keine Rechenschaft schuldig. Ihr Dogma ist ausgesprochen konservativ.

Die Recherchen zum Hintergrund des Opus Dei erwiesen sich als eine der schwierigsten Aufgaben, die ich mir je gestellt habe. Offenbar ist niemand, der über Opus Dei schreibt, zu einer objektiven Beurteilung fähig. Als Historikerin finde ich das frustrierend und faszinierend zugleich. Das Zitat, das meinem Vorwort vorangestellt ist, trifft hier in besonderem Maße zu. Was jemand von Opus Dei denkt, hängt vollkommen von seiner persönlichen Einstellung und Erfahrung ab.

Als Mediävistin stieß ich bei der Sichtung von Mate-

---

[i] Vollständige Bezeichnung: *Societas Sacerdotalis Sanctae Crucic et Opus Dei,* was etwa mit »Priesterliche Gemeinschaft des Heiligen Kreuzes und des Werkes Gottes« übersetzt werden kann. Anm. d. Ü.

rial aus dem zwölften Jahrhundert auf das gleiche Problem. Also wandte ich bei meinen Nachforschungen zu diesem Thema die gleiche Technik an, die mir half, die Wahrheit über Menschen herauszufinden, die achthundert Jahre zuvor gelebt haben.

Sämtliche Quellen stimmen darin überein, dass der spanische Priester Josemaría Escrivá Opus Dei (lateinisch für »Gottes Werk«) begründet hat. Er erblickte das Licht der Welt am 9. Januar 1902 als Sohn von José und Dolores Escrivá in Babastro. Josemarías Vater war Ladenbesitzer, dem ein Wäschegeschäft und eine kleine Confiserie gehörten.[1] Von seinen weiteren Geschwistern erreichten nur eine Schwester und ein Bruder das Erwachsenenalter.

Zwei Ereignisse in Escrivás Kindheit haben seine Lebenssicht offenkundig geprägt. Das erste war eine Krankheit, die er sich als Zweijähriger zuzog. Von hohem Fieber geschüttelt, glaubte niemand daran, dass er überlebte, aber seine Mutter gab Unserer Guten Frau von Torreciudad ein Versprechen. Sollte ihr Sohn durch ihren Beistand überleben, so würde Dolores ihn der Heiligen Jungfrau weihen.[2]

Das zweite Ereignis erklärt vielleicht, warum Opus Dei reiche Katholiken nicht verdammt. Im Jahr 1915 ging das Geschäft von Escrivás Vater Konkurs. Bankrott musste die Familie unter Hinnahme eines weitaus geringeren Lebensstandards in eine andere Stadt ziehen und sich eine neue Existenz aufbauen. Dieses Erlebnis »lehrte ihn die Bedeutung des Leidens und verlieh seinem offenen und fröhlichen Temperament Reife«.[3] Es flößte ihm wohl auch Respekt für jene Menschen ein, die sich im Umgang mit Geld auskannten.

Im Jahr 1925 empfing Escrivá die Priesterweihe und

diente einige Monate als Seelsorger in einer kleinen Gemeinde. Allerdings betrieb er damals schon das Jurastudium, dem er sich bald wieder intensiver widmete. Als er 1927 seinen Abschluss machte, erhielt er von seinen Vorgesetzten die Erlaubnis, das Studium für das Doktorat in Madrid fortzusetzen.[4]

1928 zog sich Escrivá in eine Priesterklause zurück. Am 2. Oktober, dem Fest der Schutzengel, erschien ihm offenbar eine Vision von Jesus. Dieser forderte ihn auf, mit dem Werk zu beginnen, das später den Namen Opus Dei tragen sollte. Er war sechsundzwanzig Jahre alt. Die Vision wurde übrigens erst nach Escrivás Tod bekannt. Während seines gesamten Lebens sprach er niemals in der Öffentlichkeit darüber, was ihn bewog, diesen Weg zu gehen.[5]

Im Rahmen dieser Aufgabe, zu der Escrivá sich berufen fühlte, ermutigte er Laien, sich zu einer Glaubensgemeinschaft zusammenzuschließen und dabei dennoch in der Welt zu verbleiben. Die »Arbeit« von Opus Dei ist ein unabdingbarer Teil seiner Mission. »Arbeitet!«, forderte Escrivá. »Wenn ihr euch in beruflicher Arbeit ergeht, wird euer Seelenleben gedeihen.«[6]

Die zunächst kleinen Gruppen lebten in Gemeinschaften, betreut von Escrivás Mutter und Schwester. Die ersten Mitglieder gehörten sämtlichst dem männlichen Geschlecht an. Bei einigen von ihnen handelte es sich um Freunde aus den Kindertagen Escrivás. Das noch unbenannte Werk wuchs allmählich heran.

Im Jahr 1936 begann der Spanische Bürgerkrieg, und Escrivá hielt sich in jenem Teil des Landes auf, der unter Kontrolle der antiklerikalen Volksfront stand, einem losen Bündnis linksgerichteter Gruppen. Die Anarchisten gingen auf besonders brutale Weise gegen die Geistlichkeit vor. Zahlreiche Bischöfe, Priester, Mönche und Nonnen litten und starben unter der Folter. Escrivá legte seine Soutane ab und den Hochzeitsring seiner Mutter an. Schließlich floh er nach Andorra und kehrte im Gefolge von Francos Heer nach Spanien zurück.[7]

Als die Faschisten an die Macht kamen, erlebte Opus Dei einen rapiden Wiederaufschwung. Escrivá beharrte stets darauf, dass Opus Dei kein Interesse an Politik habe, aber er sprach sich immer wieder für ein starkes und katholisches Spanien aus. Gewiss unterstützte er jede antikommunistische Regierung. Zudem passte sein fester Glaube an gute Bildung und Erfolg im erwählten Arbeitsfeld sehr gut in die spanische Gesellschaft unter Franco.

Während des Zweiten Weltkrieges etablierte Opus Dei sich in ganz Spanien. Im Jahr 1934 verfasste Escrivá ein Regelwerk für seine Gefolgsleute. Es trug den Titel *Camino [Der Weg]* und bestand aus mehreren hundert Regeln und Ermahnungen für das Leben als Mitglied des Opus Dei. Im Jahr 1950 fügte er eine Verfassung hinzu, die formale Ränge in der Mitgliedschaft vorsah und eine Hierarchie festsetzte.

Opus Dei war zunächst nur allein stehenden männlichen Laien vorbehalten, zu denen später auch Frauen kamen. Ab 1948 gewährte man jedoch auch verheirateten Paaren den Zutritt, die im Übrigen kein Keuschheitsgelübde ablegen mussten. Die Mitgliedschaft unterteilt sich in zwei Hauptzweige: die *Numerarier*, die in den Häusern des Opus Dei ähnlich Klostergemeinschaften unter der ständigen Aufsicht der Organisation leben, und die *Supernumerarier*, Menschen, die in ihrem eigenen Zuhause wohnen und die Lehren Escrivás innerhalb ihres Privatlebens befolgen. Alle Mitglieder des Opus Dei unterstehen einem spirituellen Lehrer. Im Jahr 1943 richtete man auch eine Priesterschaft des Opus Dei ein.[8] So ist es den Mitgliedern möglich, die katholischen Sakramente zu empfangen, ohne sich an einen Geistlichen außerhalb des Ordens wenden zu müssen. Die Tatsache, dass Opus Dei bei seinen Mitgliedern darauf besteht, nur auf die eigenen Ordenspriester zurückzugreifen, ist von anderen Orden innerhalb der katholischen Kirche mehrfach in Frage gestellt worden.

Die meisten meiner Quellen stimmen in den oben angeführten Fakten überein. Zwar hat jede Seite eigene Ansichten über die Motive, die dem Vorgehen des Opus Dei unterliegen, aber immerhin existieren für diese Handlungen schriftliche Belege. Darüber hinaus geraten wir allerdings in sehr trübe Gewässer.

Das Werk Gottes in Aktion

Ein Hindernis, etwas über die inneren Abläufe des Opus Dei zu erfahren, besteht darin, dass es sämtlichen Mitgliedern verboten ist, über ihr geistliches Leben zu sprechen. Die Supernumerarier, also jene Mitglieder, die außerhalb der Gemeinschaftshäuser leben, geben noch nicht einmal zu, dem Opus Dei anzugehören.

In Escrivás Leitfaden *Der Weg* ist ein ganzer Abschnitt dieser Verschwiegenheit gewidmet. »Gib die tieferen Einzelheiten deines Apostolats nur zögerlich preis. Erkennst du nicht, dass die Welt in ihrer Selbstbezogenheit es nicht verstehen wird?« (Nr. 643). Des Weiteren: »Wenn du Schweigen bewahrst, wirst du größere Wirksamkeit in deinen apostolischen Unternehmungen erzielen [...] und viele Gefahren der Eitelkeit vermeiden« (Nr. 648).

Diese Geheimniskrämerei ist mit ein Grund, warum Außenstehende die Gruppe häufig mit Argwohn betrachten. Zahlreiche Geschichten machen die Runde, etwa wie Opus Dei sich auf den Campusanlagen der Universitäten etabliert und Studenten falsche Freundschaften vortäuscht. Die Mitglieder nutzen ihren zunehmenden Einfluss, um junge Menschen zum Beitritt zur Gemeinschaft zu bewegen. Sind sie erst einmal eingetreten, nimmt die Willenslenkung weiter zu, bis sie das Gefühl haben, die Mitglieder des Opus Dei seien ihre einzigen Freunde.[9] Entspricht das der Wahrheit? Opus Dei richtet eine besondere Botschaft an Universitätsstudenten. »Lernen – jede berufliche Weiterentwicklung – ist uns eine ernsthafte Verpflichtung« (*Der Weg*, Nr. 334). In den Vereinigten Staaten existieren mindestens vierundsechzig Zentren der Gemeinschaft, von denen sich die meisten in der Nähe von Universitäten befinden. Opus Dei betreibt auch fünf eigene Oberschulen, zwei für Jungen und drei für Mädchen.[10]

Diejenigen, die sich Opus Dei anschließen, müssen sich einem spirituellen Laienlehrer unterordnen und dürfen auch nur bei einem Priester des Opus Dei beichten. Sie werden aufgefordert, vor dem Direktor keine Geheimnisse zu haben und ihm in allen Dingen Folge zu leisten. »Gehorche, wie ein Instrument der Hand des Künstlers gehorcht – halte nicht inne, um das Warum und Wieso dessen zu bedenken, was es tut. Sei gewiss, dass du niemals zu etwas angeleitet wirst, was nicht gut und zum größeren Ruhm Gottes ist« (*Der Weg*, Nr. 617).

Zugleich betonte Escrivá in mehreren Interviews, dass die Mitglieder von Opus Dei in keiner Weise in ihrem freien Willen eingeschränkt seien. »Von dem Augenblick an, da sie auf das Werk zugehen, sind sich alle Mitglieder ihrer individuellen Freiheit vollständig bewusst [...] Die Achtung vor der Freiheit der Mitglieder ist eine wesentliche Bedingung für die grundsätzliche Existenz des Opus Dei.«[11] Stimmt das? Einige frühere Mitglieder sagen aus, dass sie sich großen emotionellen Qualen ausgesetzt sahen. »Die Leiden, die ich durchgemacht habe, als ich ausgetreten bin [...] ich möchte sie niemandem wünschen«, berichtet ein ehemaliges Mitglied.[12] Jene, die all die Glaubensgrundsätze und Ziele der Organisation akzeptieren, beharren darauf, dass sie genau so leben, wie sie zu leben wünschen, und dass es ihnen freisteht, jederzeit ohne nachteilige Auswirkungen zu gehen.

Alle Angehörigen des Opus Dei werden dazu aufgefordert, neue Mitglieder anzuwerben. Dieses Vorgehen ist eine Hauptsorge, die nicht nur Familienangehörige umtreibt, sondern auch Campusgeistliche außerhalb von Opus Dei. In Notre Dame berichtete der Direktor der Campuspfarrei, Vater Warner, 1995 in einem Interview: »Ich bin einer Reihe von Personen begegnet [...] denen [durch Opus Dei] Schaden zugefügt worden ist oder die sich zu stark bedrängt gefühlt haben.«[13]

In *Der Weg* hält Escrivá seine Gefolgsleute dazu an, neue Mitglieder anzusprechen. »Deine Liebe ist klein, wenn du nicht im Eifer für die Erlösung aller Seelen entflammst. Deine Liebe ist armselig, wenn du nicht andere Apostel mit deiner Ekstase entflammst« (Nr. 796). Und: »Ziehe in die Tiefe aus. Wirf die Niedergeschlagenheit ab, die einen Feigling aus dir macht [...] Und wirf deine Netze aus, um einen Fang zu holen [...] Rufe aus: ›Jesus, in deinem Namen will ich nach Seelen fischen!‹« (Nr. 792).

Diese Suche nach Seelen, der »Fischzug«, haben mehrere ehemalige Mitglieder erläutert. Numerarier sollen mögliche Kandidaten ausfindig machen und sich mit ihnen anfreunden, ohne Opus Dei zu erwähnen. Dabei geht das interne Nachrichtenblatt des Opus Dei, *Chronica*, das nur für Numerarier erhältlich ist, noch einen Schritt weiter als *Der Weg*: »Keines meiner Kinder kann zufrieden ruhen, wenn es nicht in jedem Jahr vier oder fünf getreue Berufene gewinnt.«[14]

Eine ehemalige Numerarierin beschreibt, wie sie für alle ihre Freundinnen ein Formular ausfüllen und eine Einschätzung abgeben musste, ob sie gute Kandidatinnen abgäben. Auf dem Formular waren Dinge einzutragen wie Ausbildungsstand (ein Universitätsabschluss war das Mindeste), Familienverhältnisse, außerdem »menschliche Qualitäten, Tugenden«, worunter auch Freizeitbeschäftigungen fielen, sowie »Prinzipien, Werte, Einstellung zu Autorität, Gehorsam, Fügsamkeit, Fleiß, Frohsinn, Reinheit, Opferbereitschaft und Verschwiegenheit«.[15] Nachdem die Frau das Formular ausgefüllt hatte, folgte ein Gespräch mit ihrem spirituellen Lehrer über die beschriebene Freundin. Danach erhielt sie Anweisungen, ob sie die Freundschaft weiter vertiefen sollte.

Die Kasteiung des Fleisches

Ein im Zusammenhang mit Opus Dei oft erwähnter Aspekt entspricht der Wahrheit. Josemaría Escrivá übte sich in Selbstgeißelung und ermunterte alle Opus-Dei-Angehörigen, seinem Beispiel zu folgen. Man sagt, die Wände seines privaten Badezimmers seien mit Blutspritzern übersät gewesen, die von seinen fast täglichen Kasteiungen herrührten. »Wo keine Kasteiung ist, da ist auch keine Tugend« (*Der Weg*, Nr. 180). »Wenn du dich nicht selbst kasteist, wirst du nie eine Seele voll des Gebetes sein« (*Der Weg*, Nr. 172). Mitglieder tragen täglich zwei Stunden lang einen → **Bußgürtel** um den Oberschenkel und geißeln einmal pro Woche Rücken und Pobacken.

Escrivá sah dies nicht als Bestrafung oder als Mittel zur Unterdrückung der Fleischeslust, sondern als eine Möglichkeit, das körperliche Leiden Christi mitzuerleben.[16] Allerdings deuten einige seiner Aussagen darauf hin, dass Gefolgsleute ihre Kasteiung verlängern dürfen, so sie denn das Bedürfnis nach zusätzlicher Buße verspüren.[17] Da ich keine Psychologin bin, vermag ich das nicht weiter zu kommentieren.

Opus Dei und die Frauen

Zu Anfang bestand Opus Dei als reine Männergemeinschaft. Aber am Valentinstag des Jahres 1930, »als er die Kommunion ausgab, erhielt er eine Eingebung Gottes, die ihn anwies, in seinem noch unbenannten Werk einen eigenen Bereich für Frauen einzurichten«.[18]

In seiner fundamentalistischen Sicht des Christentums sah Escrivá die wichtigste Aufgabe der Frau darin, zu heiraten und eine Familie zu gründen. Die enthaltsame Frau innerhalb des Opus Dei »kann ihre Mission als Frau (mit all ihren weiblichen Eigenheiten einschließlich ihrer mütterlichen Empfindungen) im Umfeld außerhalb ihrer eigenen Familie erfüllen«.[19] Das schließt die Erledigung aller Haushaltsarbeiten in den Opus-Dei-Häusern ein, die separate Eingänge für Männer und Frauen haben. Er ist der Ansicht, dass die »weiblichen Eigenschaften« der Frauen im Geschäftsleben und in der Politik durchaus nützlich sind. Vermutlich gibt es Supernumerarierinnen, die in der Geschäftswelt tätig sind. Aber das

Die Opus-Dei-Zentrale in New York.
Eingang der Männer.
© Bjørg Magnea

ist nur eine Vermutung, da sie ja die Zugehörigkeit zu Opus Dei nicht zugeben sollen. Regel Nummer 946 in *Der Weg* besagt: »Frauen müssen keine Gelehrten sein, es genügt, wenn sie verständig sind.«

Selbstverständlich ist Opus Dei ganz und gar gegen Geburtenkontrolle und Scheidung eingestellt. Ich habe in *Der Weg* nichts gefunden, was Frauen gebietet, ihren Gatten zu gehorchen, wie es andere fundamentalistische Prediger verlangen. Darin impliziert ist der Zwang, den Anweisungen ihres spirituellen Lehrers vor denen eines Familienmitgliedes zu folgen.

Meine Schlussfolgerung aus der Lektüre der Opus-Dei-Literatur lautet, dass eine Frau, die nach einer führenden Rolle innerhalb der Kirche strebt, an anderer Stelle danach suchen sollte.

Opus Dei und der Vatikan

Als katholischer Orden hat Opus Dei natürlich auch Bindungen an den Vatikan. Im Jahr 1946 verlegte Escrivá seinen Wohnsitz nach Rom. Als Grund gab er an, dass er Opus Dei von einer größtenteils auf Spanien beschränkten Organisation zu einer weltweit agierenden zu erweitern gedachte.[20] Gegner von Opus Dei hingegen sagen, er wollte lediglich in der Lage sein, Einfluss auf das Papsttum zu nehmen und Angehörige von Opus Dei in Schlüsselpositionen unterzubringen.[21] Wie bei vielen Anschuldigungen dieser Art ist auch diese nur sehr schwer zu beweisen. Im Jahr 1947 wurde Opus Dei offiziell als eine katholisch-weltliche Institution anerkannt. Das Welthauptquartier befindet sich heute in Rom.

Man weiß, dass Papst Johannes-Paul II. die Philosophie und extrem konservative Haltung des Opus Dei mit Wohlwollen betrachtete. Andere Angehörige der Kirche, besonders der Jesuitenorden und jene, die eine Fortführung des Reformkurses wünschen, der unter Papst Johannes XXIII. beim Zweiten Vatikanischen Konzil seinen Anfang nahm, zeigen sich weniger beeindruckt. Die Tatsache, dass die Seligsprechung Josemaría Escrivás bereits wenige Jahre nach seinem Tod stattfand – der erste Schritt zur Anerkennung als Heiliger –, halten viele für ein sichtbares Zeichen des ungebührlichen Einflusses von Opus Dei auf den letzten Papst. Mittlerweile ist Escrivás

Heiligsprechung ergangen. Üblicherweise nimmt dieses Verfahren mehrere Jahrzehnte in Anspruch, wenn nicht länger.

Sonderbarerweise war dabei kein *Advocatus Diaboli* zugegen. Das ist jemand, der vom Vatikan dazu bestimmt wird, Ansprüche auf Heiligkeit zu untersuchen und zurückzuweisen. Dies entspricht seit Jahrhunderten dem üblichen Ablauf. Die Kongregation für Heiligenangelegenheiten versagte zahlreichen Personen die Aussage, da sie womöglich eine negative Meinung über Escrivá geäußert hätten, darunter auch sein Neffe und sein Sekretär.[22] Diese Unregelmäßigkeiten haben bei vielen die Frage aufgeworfen, wie weit sich der Einfluss des Opus Dei auf Johannes Paul II. (1920–2005) erstreckte.

Opus Dei hat seine Verbindung zum Papst oft als Beweis dafür angeführt, dass der Gruppe nichts Unorthodoxes anhaftet. »Wir genießen die Unterstützung des Heiligen Stuhls! An uns ist nichts Sektenhaftes!«[23] Für viele Menschen, zu denen auch Katholiken gehören, deutet dies lediglich darauf hin, dass der Heilige Stuhl einen Fehler begangen hat. Mir ist aufgefallen, wie viele Artikel in katholischen Zeitschriften sich kritisch über Opus Dei äußern. Offenbar besteht unter den Geistlichen das starke Empfinden, dass es sich um eine Gruppe handelt, die der näheren Untersuchung und der Reform bedarf.

Opus Dei und die Finanzwelt

Könnte Opus Dei Geheimabsprachen mit Banken unterhalten? Diese Frage ist irgendwann einmal aufgeworfen worden, und es gibt einige Hinweise, die diese Idee unterstützen. Mitglieder von Opus Dei waren erwiesener-

Die Opus-Dei-Zentrale in New York.
© Bjørg Manea

maßen in einen Fall von internationalem Betrug und Geldwäsche verwickelt.[24] Man hat Opus Dei zudem beschuldigt, auch an diversen Finanzskandalen in Spanien und Italien beteiligt zu sein.[25] Der schwerwiegendste Fall war der des José María Ruis Mateos, dem Gründer des Wirtschaftskonglomerats Rumasa. Als es zusammenbrach und die spanische Regierung es übernahm, floh

Ruis Mateos außer Landes. Später fand man heraus, dass er mehr als dreißig Millionen Dollar an das Opus Dei gespendet hatte.[26]

Außerdem hält sich hartnäckig das Gerücht, Opus Dei habe der im Jahre 1974 in Finanznot geratenen Vatikanbank das großzügige Angebot gemacht, sechzig Millionen Dollar anzuweisen, um ihr über die Misere hinwegzuhelfen. Einige sind sich sicher, die Offerte sei angenommen worden, andere verneinen dies. Bisher sind in der Sache keine schriftlichen Belege aufgetaucht.

Dieser Umstand führt uns zu einem weiteren Problem, was eingehendere Nachforschungen hinsichtlich Opus Dei betrifft. Selbst wenn man mit Gewissheit wüsste, dass mehrere Angehörige der Organisation in skrupellose Bankgeschäfte verwickelt wären, bedeutet dies etwa automatisch, dass sie stellvertretend für Opus Dei oder auf sein Geheiß handelten? Das lässt sich nicht in Erfahrung bringen. Opus Dei hält seine Finanzangelegenheiten ebenso unter Verschluss wie alles andere. Es veröffentlicht weder Güteraufstellungen noch Spendenbelege.

Aber selbst wenn herauskäme, dass die Angestellten einer bestimmten Bank oder Firma ausnahmslos dem Opus Dei angehören, würde das sofort eine Verschwörung bedeuten? Menschen neigen dazu, Firmen mit Freunden aufzubauen, die die gleichen Ansichten hegen. Wenn ein neues Restaurant eröffnet, verkündet es für gewöhnlich auch nicht, dass die Besitzer allesamt derselben politischen Partei angehören oder linkshändige Flügelhornspieler sind. Nicht wenigen bereitet es heutzutage Sorge, dass viele große multinationale Konzerne unter der Leitung von Menschen stehen, über die wir nichts wissen und die gut und gerne eigene verborgene Ziele verfolgen können. Dass sich eine religiöse Gruppe wie

Opus Dei zusätzlich Verschwiegenheit auferlegt, verstärkt nur das Gefühl, etwas sei da nicht ganz koscher.

Der Spionageskandal, bei dem der FBI-Agent Robert Hanssen angeklagt und für schuldig befunden wurde, Staatsgeheimnisse verkauft zu haben, lenkte die Aufmerksamkeit der Weltöffentlichkeit erneut auf das Opus Dei. Hanssen war eingestandenermaßen ein Mitglied der Gemeinschaft. Man sagt, sein Beichtvater habe ihm nahe gelegt, einen Großteil seines Profits der Organisation zu spenden.[27] Erneut stellt sich die Frage, wie wir diese Art Anklage beweisen oder widerlegen sollen.

Laut Schätzungen gibt es weltweit etwa einhunderttausend Mitglieder des Opus Dei bei etwa einer Milliarde Katholiken. Es hat den deutlichen Anschein, als übten die reichen und gut ausgebildeten Mitglieder des Opus Dei einen unangemessen starken Einfluss auf die päpstliche Verwaltung aus. Ob dies nun positiv ist oder nicht, hängt von der jeweiligen eigenen Perspektive ab. Möglicherweise werden wir es erst mit Sicherheit wissen, wenn wir Opus Dei durch die Brille der Geschichte betrachten können.

---

1 Robert Hutchinson: *Their Kingdom Come: Inside the Secret World of Opus Dei*. St. Martin's Press 1999, S. 20 [vgl. Robert Hutchinson: *Die Heilige Mafia des Papstes: Opus Dei*. Droemer 1998]

2 Ebenda, S. 21

3 Josemaría Escrivá: *Conversations with Josemaría Escrivá*. Scepter 1968, S. 199

4 Michael Walsh: *Opus Dei. An Investigation into the Secret Society Struggling for Power within the Roman Catholic Church*. Harper 1992, S. 17

5 Hutchinson, S. 51

6 Josemaría Escrivá: *The Way*. Scepter 2002, Nr. 343, S. 79 [vgl. Josemaria Escrivá: *Der Weg*, Adamas Verlag 1984]

7 Hutchinson, S. 73–83

[8] Walsh, S. 45

[9] John J. Roche: »Winning Recruits in Opus Dei: A Personal Experience.« In: *The Clergy Review*, Nr. 10, Ausg. LXX, Oktober 1985, S. 349–359

[10] James Martin: »Opus Dei in the United States.« In: *America*, Ausg. 172, Nr. 6, 25. Februar 1985, S. 10 [vgl. für die Entwicklung in Deutschland: Peter Hertel: *Schleichende Übernahme*. Publik-Forum 2003]

[11] Escrivá, *Conversations*, S. 55

[12] Martin, S. 26

[13] Steve Myers: »The Work of God?« In: *Scholastic Magazine*, 14. September 1995, S. 7

[14] Escrivá: *Chronica* vii 1968

[15] Die Kopie des Opus-Dei-Formulars hat mir freundlicherweise Ann Schweninger vom → **ODAN** zur Verfügung gestellt.

[16] Josemaría Escrivá: *The Way of the Cross*. Scepter 1983

[17] Besonders Regel Nr. 202: »Du willst dich freiwillig für deine Schwäche und deinen Mangel an Großmut züchtigen? Gut. Aber gehe sicher, dass es eine vernünftige Züchtigung ist.«

[18] Hutchinson, S. 54

[19] Escrivá: *Conversations*, S. 163

[20] Ebenda, S. 76 f.

[21] Siehe Hutchinson, S. 251 ff.; Walsh, S. 43 ff.

[22] Michael J. Farrell: »What Escrivá's beatification says about the church.« In: *National Catholic Reporter*, 17. April 1992, S. 5

[23] Zitiert in: Martin, S. 26

[24] Hutchinson, S. 127–136

[25] Zu Spanien siehe Hutchinson, S. 117–138; zu Italien S. 251–277

[26] *The Remnant*, 30. Juni 2002, S. 11

[27] Hutchinson, S. 227–239

Das Papsttum und der Vatikan

»Und ich sage dir auch, du bist Petrus, und auf diesen Felsen will ich erbauen meine Gemeinde, und die Pforten der Hölle sollen sie nicht überwältigen.«[1]

In diesem Abschnitt, der sich nur im Matthäusevangelium findet, gibt Jesus dem Apostel Simon den neuen Namen Petrus oder *Felsen*. Hierin sehen die Bischöfe von Rom die Grundlage für eine traditionelle Vorrangigkeit in der katholischen Kirche. Dieser Anspruch führte letztlich zur Spaltung zwischen den Christen in Ost und West. Er verursachte zudem Jahrhunderte währende Konflikte, da die Päpste stets danach strebten, die Herrschaft über das religiöse Leben aller Christen zu erlangen.

Der Vatikan ist zunächst ein realer Ort, nämlich ein souveräner Staat innerhalb der Stadt Rom. Der Begriff ist aber auch zu einer gängigen Bezeichnung für das Papsttum als Ganzes geworden. Daher behandele ich diese Begriffe gemeinsam, wenngleich der Vatikanstaat als solcher erst seit 1929 existiert.

Laut Überlieferung der apostolischen Nachfolge gilt der Apostel Petrus als erster Bischof von Rom. Das ist jedoch nicht der Fall. Sowohl die orthodoxen als auch die → **apokryphen** Evangelien stimmen darin überein, dass Petrus unter den Aposteln eine wichtige Rolle spielte. Diese aber bestand darin, die Lehren Jesu zu verbreiten und nicht eine Bürokratie zur Aufrechterhaltung der Kirche zu schaffen. Er begründete noch nicht einmal die Kirche in Rom, wenn es auch als ziemlich sicher angesehen wird, dass er dort den Märtyrertod erlitt.

Rom zählte zwar zu den frühesten, aber bei weitem nicht zu den wichtigsten Kirchen. Antiochia (von Petrus gegründet), Alexandria und auch Jerusalem (selbst nach der Zerstörung durch die Römer im Jahre 79 n. Chr.) genossen höheres Ansehen.

»Jahrhundertelang blieben alle Landeskirchen […] unabhängig von Rom. […] In der Frage des römischen Bischofs folgte Tertullian (ca. 160–210) dem ursprünglichen Text des Evangeliums […] allerdings las er darin nur eine persönliche Auszeichnung für Petrus, nicht die Begründung eines kirchlichen Amtes, auch keine Primatur und keine Rechtshoheit.«[2]

In den Anfangsjahrhunderten der Kirche räumten Petrus und Paulus Rom als Stätte des Martyriums wichtige Position ein. In vielerlei Hinsicht genossen die Briefe und Weisungen des Paulus das höhere Ansehen. Paulus war schlicht als »der Apostel« bekannt, auch wenn er Jesus zu Lebzeiten gar nicht kennen gelernt hatte, sondern ihm erst in jener Vision begegnete, die seine Bekehrung verursachte.[3] Dies ist einer der großen Widersprüche des Christentums. Paulus predigte nicht nur unermüdlich über die neue Religion, sondern war auch entschlossen, ihr eine Sozialstruktur zu verleihen. Er stellte die erste Qualifikationsliste für das Amt des Bischofs auf. Darin legte er fest, dieser dürfe lediglich einmal verheiratet gewesen sein und müsse gehorsame Kinder erzogen haben, »denn wenn jemand nicht weiß, wie er sein eigenes Haus zu bestellen hat, wie soll er dann Gottes Kirche vorstehen?«[4]

Obwohl später eine Liste der römischen Bischöfe seit Petrus entstand, ist nicht gesichert, dass es vor dem zweiten Jahrhundert einen gewählten Bischof in Rom gegeben hat.[5]

Allerdings war Rom das einzige apostolische Bistum im westlichen Reich. Als sich die Spaltung zwischen dem griechischen Osten und dem lateinischen Westen vertiefte, war es den westlichen Christen immer wichtiger, dass ihr einziges Bistum eine Vorrangstellung einnahm. Im späten zweiten Jahrhundert legte Iranäus, der Bischof des gallischen Lyon, Rom bereits als herrschendes Bistum fest. »Mit ihr [der Kirche Roms] muss, wegen ihres besonderen Vorrangs, jede Kirche übereinstimmen, das heißt die Gläubigen auf der ganzen Welt, denn in ihr ist von den Gläubigen, die aus der ganzen Welt kommen, jene Überlieferung bewahrt worden, die von den Aposteln stammt.«[6]

Aber es dauerte lange, bis Rom diese Stellung innerhalb der christlichen Gemeinschaft auch nur annähernd erreichte. In Rom war der heidnische Einfluss stärker als in den afrikanischen und östlichen Kirchen. Im dritten Jahrhundert spaltete sich die römische Kirche in der Frage über die Rückkehr derjenigen, die, unter Druck gesetzt, vom Glauben abgefallen waren und sich wieder dem Heidentum zugewendet hatten, jetzt jedoch Wiederaufnahme in die Gemeinde begehrten. Eine Zeit lang gab es zwei Bischöfe in der Stadt, von denen der eine ohne Unterschied all jene aufnahm, die sich als Christen bezeichneten, während der andere nur diejenigen akzeptierte, welche sich während der Verfolgungen standhaft gezeigt hatten. Nun raten Sie mal, wessen Kirche die größere war.

Die Akzeptanz des Christentums durch Kaiser → **Konstantin** verbesserte schließlich die Situation für die römische Kirche. Dennoch unternahmen die Bischöfe von Rom erst lange nach dem → **Konzil von Nizäa** erste Schritte, um die Vorherrschaft über die anderen Bistümer zu erlangen. »Die unmittelbarste Wirkung der Konstantinischen Verlagerung zur römischen Kirche bestand darin, dass sie – wie jede andere Kirche im Römischen Reich – zu einer gesetzlichen Körperschaft innerhalb des römischen Rechtes wurde.«[7] Die Kirche von Rom fand sich auf einmal als Teil der beachtlichen römischen Bürokratie wieder.

Als das Westreich an die einfallenden Scharen der Wandalen, Goten, Lombarden und Franken fiel, sahen sich die östlichen Herrscher außerstande, die Regierungsgewalt aufrechtzuerhalten oder die Menschen Italiens und des Westens zu schützen. Im Jahr 410 fiel Rom an den Goten Alarich.

Die Stadt gehörte nun zwar ihnen, aber den neuen Königen mangelte es an der Fähigkeit, eine derart komplizierte Verwaltungsmaschinerie zu beherrschen. Die Bischöfe von Rom füllten dieses Vakuum aus. Sie unterwiesen die gotischen Könige in den Pflichten christlicher Herrscher und ersuchten sie um Schutz für die Kirche als Ganzes.

Erst gegen Ende des fünften Jahrhunderts, lange nach der Eroberung Roms durch die Goten, begannen die Päpste Ansprüche auf weltliche Regierungsgewalt zu erheben. Im östlichen Reich kam es nie zu einer solchen Entwicklung, da der Kaiser deutlich machte, wer dort das Sagen hatte. Dies hielt die Päpste allerdings nicht von entsprechenden Versuchen ab. Ein kühner Papst namens Gelasius (492–496) schrieb im Jahr 495 an den Kaiser: »Zwei Schwerter sind es, von denen die Welt hauptsächlich beherrscht wird: die geheiligte Autorität der Bischöfe und die königliche Macht. Von diesen wiegt die Verantwortung der Bischöfe schwerer, da sie beim göttlichen Gericht für die Könige der Menschen selbst Rede und Antwort zu stehen haben.«[8] Die Antwort des Kaisers hat die Zeiten nicht überdauert. Vielleicht war sie ein wenig zu forsch formuliert, als dass Chronisten sie für die Nachwelt noch hätten aufpolieren können.

Mitte des fünften Jahrhunderts schuf Papst Leo der Große (440–461) das Konzept, auf dem auch heute noch die Autorität des Papsttums beruht. Die Päpste als Menschen konnten sich zwar nicht als leibliche Erben des heiligen Petrus bezeichnen, aber das Amt der Papstschaft betrachtete man als direkt von Christus auf Petrus übertragen. Der Papst selbst war nur der »unwürdige Erbe« des Petrus. Insofern »[hing] die Gültigkeit einer päpstlichen Handlung oder Verkündung [...] nicht von der Sittlichkeit oder Heiligkeit des Papstes ab, sondern lediglich davon, ob das Urteil oder die Verkündung gesetzlich und gültig sei, und diese Anforderung war durch objektive Maßstäbe feststellbar«.[9]

Die allgemeine Akzeptanz, die den Mann vom Amt

trennt, ist mit ein Grund, warum das Papsttum bis heute überdauert hat. Das Konzept unterscheidet sich in dieser Hinsicht nicht von der amerikanischen Präsidentschaft. Ganz gleich was die Amerikaner vom jeweiligen Chef im Weißen Haus halten, das Amt des Präsidenten verdient Respekt.

Obgleich Italien nach Papst Leo eine Zeit lang unter der Kontrolle der östlichen Kaiser stand, verwendete man doch einen Großteil des sechsten Jahrhunderts darauf, weitere Einfälle der Goten abzuschmettern. Nur wenige Jahre nach einem Friedensschluss mit ihnen fiel der nächste Stamm ein: die Lombarden. Im Laufe der folgenden zweihundert Jahre fungierte das Papsttum weiterhin als Regierung der Stadt Rom. »Der Lateran übernahm die Verantwortung für öffentliche Aufführungen und städtische Versorgungseinrichtungen, die von der Wasserversorgung bis zum öffentlichen Gesundheitswesen und sanitären Maßnahmen reichten.«[10] Die Päpste waren in die Stellung weltlicher Herrscher hineingerutscht.

Außerdem veränderte sich allmählich die Art und Weise der Papstwahl. Ursprünglich wählten alle Gläubigen der Diözese die Bischöfe. Als → **Gregor der Große** 590 den Papststuhl einnahm, geschah dies durch »den Klerus, den Senat und das Volk«. Ein Jahrhundert später wählten die Aristokraten und das Militär die Päpste – ein klares Zeichen dafür, wie sehr das Papsttum alte römische Sitten angenommen hatte.[11] Die Kaiser galten sowohl als weltliche Herrscher wie auch halbgöttlich in den Augen des Staates. Einst hatten das Heer und die beherrschenden Familien Roms sie gewählt und das kam nun auch den Päpsten für ihre eigene Wahl ganz natürlich vor.

Leider etablierte sich dadurch ein Präzedenzfall, der

jahrhundertelang gültig blieb und im Grunde den Streit zwischen den Päpsten und dem restlichen Westeuropa auslöste. Das Amt des Papstes verkam oft zu kaum mehr als dem Siegespreis in einem Machtkampf unter den mächtigen römischen Familien. Die Borgia- und Medici-Päpste der Renaissance sind herausragende Beispiele dafür.

Einige Päpste mögen verderbt und korrupt gewesen sein. Dennoch überdauerte das Papsttum die Zeit, und bis zur Reformation hielt man zumindest die Institution in Ehren, wenn auch nicht unbedingt den Mann, der ihr vorstand.

Im Mittelalter stellte man das Recht der Päpste, in allen religiösen Angelegenheiten die letzte Rechtssprechung innezuhaben, nur selten in Frage. Aber als sich die weltliche Macht des Papsttums mehr und mehr über Roms Grenzen hinweg ausbreitete, missfiel das den Königen und Kriegsherren des Westens. Seit der Zeit Konstantins hatte das Papsttum die Laienkontrolle über Grundstücke, Dörfer, ja ganze Landstriche übertragen bekommen. Diese Ländereien wurden ab dem neunten Jahrhundert in ihrer Gesamtheit als Papst- oder Kirchenstaat bezeichnet und befanden sich zum größten Teil im heutigen Mittelitalien. Die Einkünfte aus diesen Ländereien sorgten für einen Großteil des Unterhalts der päpstlichen Zivilverwaltung.

Es ist gut möglich, dass sich einige Päpste nicht nur für die Erben des heiligen Petrus, sondern auch für die Konstantins gehalten haben. In der zweiten Hälfte des achten Jahrhunderts tauchte ein als *Konstantinische Schenkung* bekanntes gefälschtes Dokument auf. Darin stand, der Kaiser habe bei der Gründung von Konstantinopel das Westreich, insbesondere aber die Stadt Rom an die Päpste übergeben.[12] Sinn und Zweck des Schriftstückes sind nicht ganz klar, denn zur Zeit seiner Fälschung wurde es nicht zur Unterstützung päpstlicher Machtansprüche eingesetzt. Vielleicht sollte es als Rückversicherung dienen für den Fall, dass die Könige des Westens zu dominant würden.

Am Weihnachtstag des Jahres 800 wurde es jedenfalls nicht hervorgeholt. Da krönte Papst Leo III. (795–816) den Frankenkönig Karl zum ersten Heiligen Römischen Kaiser. Leo hatte Karl bereits Gefolgschaft für die päpstlichen Lande geschworen, die der König kurz zuvor erobert und der Kirche überlassen hatte.[13] Aus dem Franken Karl wurde schließlich der Kaiser, den wir heute als Karl den Großen kennen. Mit einem Mal fanden sich die Päpste auf eine bis dato nicht vorstellbare Art und Weise in die Politik des neuen westlichen Reiches verwickelt.

Die Bischöfe von Rom sahen sich also vor allem aus Gründen einer im Westteil des alten Römischen Reiches fehlenden starken Führung mit zwei Schwertern ausgestattet, dem Schwert der moralischen religiösen Macht und einem irdischen Schwert, das ihnen als Herren über den Kirchenstaat zustand.

Innere und äußere Reform

In den Jahren zwischen 800 und etwa 1050 bestanden nach wie vor enge politische Bindungen zwischen dem Papsttum und der Stadt Rom. Die Päpste wurden nicht von den Abgeordneten der Kirche als Ganzes gewählt. Viele Jahrhunderte lang bedeutete dies, dass die Interessen Roms Vorrang vor den Interessen der allumfassenden Kirche besaßen.

In der Geschichte des Christentums bestanden stets Spannungen zwischen jenen, welche die Kirche einschließlich des Papsttums zu reinigen und zu reformieren wünschten, und denjenigen, die glaubten, dass zum Überleben in der wirklichen Welt Zugeständnisse nötig seien. Diese Spannungen existieren bis zum heutigen Tage. Es gab viele Versuche einer gründlichen Reform der Kirche. Kirchenkonzilien verdammten immer wieder Priester, die eine Ehe eingingen, ebenso jene, die sich in ihre Ämter einkauften, und andere, die ihren religiösen Stand zur persönlichen Bereicherung nutzten. Der Erfolg war stets bescheiden. Die durchgreifendsten Veränderungen hat Papst Gregor VII. (1073–1085) vorgenommen.

Gregor stammte aus der Toskana, war jedoch in Rom aufgewachsen. Er hatte außerdem eine gewisse Zeit als Benediktinermönch des Kluniazenserordens in Frankreich verbracht. Er verfügte über eine derart große Begabung und Intelligenz, dass Papst Leo IX. (1049–1054) ihn aus dem Kloster und als Schatzmeister der römischen Kirche (nicht des Papsttums als Ganzem) nach Rom berief.[14]

Mit der Ernennung zum Papst verband Gregor Pläne zur Reform der Kirche. Seiner Ansicht nach bestand das schlimmste Problem darin, dass die Herrscher Europas Kirchenämter nutzten, um ihre Macht zu vergrößern. Sie taten dies, indem sie ihren eigenen Leuten Bistümer in ihren Herrschaftsgebieten zuschanzten. Diese schon seit Jahrhunderten bestehende Vorgehensweise nannte man »Laieninvestitur«.

Unter den großen Familien Europas galt es als selbstverständlich, mindestens einen der jüngeren Söhne einer Adelsfamilie in den Schoß der Kirche zu übergeben. Im zwölften Jahrhundert war beispielsweise Henry, der Bruder des englischen Königs Stephen I. (1135–1154), Bischof von Winchester. In vielen Fällen war daran nichts auszusetzen. Die Männer waren gut ausgebildet und verfügten zudem über die richtigen Verbindungen. Auf diese Weise sorgten sie dafür, dass die Beziehungen zwischen Kirche und Staat ohne größere Störungen verliefen. Einige hegten sogar ein inniges Verlangen nach dem geistlichen Leben.

Allerdings hatten die Könige Europas es sich zur Gewohnheit gemacht, Bischöfe ihren eigenen politischen Bedürfnissen entsprechend einzusetzen, ohne dabei den traditionellen Wahlablauf einzuhalten. Die Heiligen Römischen Kaiser entschieden sogar darüber, wer Papst werden sollte, wann immer sie damit durchkamen.

Im Jahr 1059 beschlossen sie, dass der Papst nicht länger durch »die Geistlichkeit und die Menschen von Rom« gewählt werden sollte. Stattdessen lag die Entscheidung nun allein bei den Kardinälen.[15] Auf diese Weise sollte aussichtsreichen Kandidaten die Möglichkeit genommen werden, die Bürger Roms durch Bestechungen zu entsprechenden Stimmabgaben zu bewegen. Außerdem war diese Entscheidung Teil der anhaltenden Entschlossenheit der Päpste, sich der Kontrolle durch die säkulare Welt zu entziehen.

Im Jahr 1075 verkündete Papst Gregor ein Manifest, das unter anderem bestimmte, dass »der Papst alle richten konnte, jedoch nicht selbst durch einzelne oder ein Konzil zu richten sei […] Er allein vermochte Gesetze erlassen, die für die gesamte Kirche galten […] und die Dekrete einer Synode waren so lange nicht von allgemein bindender Gültigkeit, bis der Papst sie genehmigt hatte.«[16] Dieses Manifest ist als *Dictatus papae* oder *Die päpstlichen Lehrsätze* bekannt.

Wäre den Päpsten nun tatsächlich diese Allmacht zu Eigen gewesen und wäre ein willenloses Europa Spielball ihrer Gewalt, dann hätte diese Verkündung keinerlei Probleme verursacht. Aber die Herrscher Europas und ihre Untertanen besaßen eigene Vorstellungen und einen eigenen Willen. Der Papst genoss sehr wohl Respekt als religiöser Führer und letzte Instanz in einigen weltlichen Gesetzesfragen. Dennoch vertraten viele die Meinung, er habe kein Recht dazu, sich in die inneren Angelegenheiten der irdischen Reiche einzumischen, und das schloss die Wahl von Bischöfen ein.

Der Heilige Römische Kaiser Heinrich IV. beantwortete die Lehrsätze mit der Einberufung eines eigenen Konzils. Dieses setzte Gregor ab und wählte einen Gegenpapst. Gregor ließ daraufhin den Kaiser exkommunizieren. Dies wiederum bedeutete, dass Heinrich die Sakramente nicht empfangen durfte, andere Christen sich nicht mit ihm abgeben durften und – das Schlimmste von allem – dass sein Volk nicht länger verpflichtet war, ihm zu gehorchen.

Zum ersten Mal traf einen Herrscher die Exkommunikation nicht aufgrund seiner Sünden gegen Gott, sondern wegen seines Trotzes gegenüber dem Papst. Heinrich erkannte rasch, welchen politischen Fehler er begangen hatte. Er begab sich nach Canossa, wo sich der Papst gerade aufhielt, und erflehte barfuß im Schnee stehend dessen Vergebung.[17]

Das sieht doch ganz danach aus, als hätte der Papst gewonnen, nicht wahr? Einige Historiker haben es tatsächlich so gesehen, aber die meisten sind der Ansicht, dass dieses Ereignis lediglich als öffentliche Geste Heinrichs einzuschätzen ist. Er nominierte auch weiterhin seine Bischöfe, und da er sich nun mit dem Papsttum ausgesöhnt hatte, zählte er auf Gregors Hilfe im Kampf mit einem anderen Thronanwärter, dem Gegenkönig Rudolf von Schwaben. Als keine Hilfe kam, kehrte Heinrich zu seinen alten Gewohnheiten zurück. Im Jahr 1080 exkommunizierte ihn Gregor erneut. Heinrich berief ein Konzil seiner Bischöfe ein und setzte den Papst noch einmal ab. Dieses Mal setzte er allerdings nach, zog mit seinem Heer nach Rom und trieb Gregor ins Exil. Er erwählte einen Gegenpapst, Clemens III. (1080 und 1084–1098), der ihn am Ostersonntag 1084 zum Kaiser krönte.[18]

Papst Gregor starb im folgenden Jahr »von fast allen verlassen«.[19]

Dies soll also nun die Institution sein, von der spätere Historiker behaupten, sie habe den kollektiven Geist der gesamten Christenheit kontrolliert? Die Päpste vermochten noch nicht einmal die Heiligen Römischen Herrscher zu kontrollieren, die sie selbst gekrönt hatten. Die Religion, nicht der jeweilige Papst, stand demnach im Mittelpunkt der mittelalterlichen Gesellschaft.

Die Spannung zwischen den Päpsten und den verschiedenen Herrschern hielt während des gesamten Mittelalters an. Im Laufe der nächsten zwei Jahrhunderte sahen sich die Könige von England und Frankreich häufig exkommuniziert. Offenbar betrachteten sie die Angelegenheit als nicht mehr denn eine geringfügige Unannehmlichkeit. Die Päpste verbrachten häufig einen Großteil ihrer Amtszeit außerhalb von Rom, da ständig die Gefahr bestand, einem Mordanschlag politischer Gegner zum Opfer zu fallen. Eine Zeit lang sah es so aus, als ob es zu jedem Papst einen Gegenpapst gäbe, und wer als das eine oder andere galt, hing ganz und gar davon ab, welche Seite wen unterstützte. Einer jener Päpste hieß Anaklet II. (1130–1138) und entstammte einer prominenten

Familie konvertierter Juden namens Pierleoni. Das nördliche Europa zog jedoch seine eigene Wahl vor, nämlich Innozenz II. (1130–1143), der sein gesamtes Pontifikat (oder auch Gegenpontifikat) in Frankreich und Norditalien verbrachte. Obgleich Anaklet heutzutage den Gegenpäpsten zugerechnet wird, betrachteten ihn die Römer damals als ihren rechtmäßig gewählten Pontifex.[20]

Dann gab es da natürlich noch den Streit zwischen → **Philipp dem Schönen** und Papst Bonifatius VIII. (1294 bis 1303), der zum Tod des Papstes führte. Nur wenig später fand die Wahl von Clemens V. (1305–1314) statt sowie die Verlegung des Papsttums nach Avignon. Fast siebzig Jahre lang residierten die Päpste nicht in Rom, sondern in einem Kirchenstaat im Süden von Frankreich, wo sie meist unter der Fuchtel der französischen Könige standen.

Sobald das päpstliche Amt seinen Sitz wieder in Rom einnahm, erwies sich der nächste gewählte Papst, Urban VI. (1378–1389), als gefährlicher Versager. Viele Kardinäle gelangten zunehmend zu der Überzeugung, er sei dem Wahnsinn verfallen. Also flohen sie aus Rom, setzten den Papst ab (klingt das allmählich bekannt?) und erwählten einen neuen Gegenpapst, nämlich Clemens VII. (1378–1394).[21]

Diese Spaltung, bekannt als das Große Abendländische Schisma, unterschied sich von den vorherigen dadurch, dass ein und dasselbe Kardinalskolleg sowohl den eigentlichen Papst als auch den Gegenpapst wählte. Wie sollte das Volk da entscheiden, wer nun wirklich Papst war? »Dies hatte zur Folge, dass einige Klöster zwei Äbte und zwei Prioren besaßen, einige Gemeinden betreuten zwei Gemeindepriester und so weiter. Europa war in zwei Hälften gespalten.«[22] Die Könige wandten sich an die

Universitäten, um den Rat der Magister einzuholen. Dieses Präzedenzverfahren sagt mir zwar persönlich zu, allerdings half es ihnen nicht unbedingt weiter.

Die Angelegenheit wurde schließlich im Jahr 1415 auf dem Konzil zu Konstanz beigelegt. Mittlerweile gab es drei Päpste und einen weiteren Anwärter, alle mit eigener Gefolgschaft. Das Konzil brachte es fertig, sich auf einen Papst, Martin V. (1417–1431), zu einigen, aber es tat noch viel mehr. Mehrere Jahrhunderte lang versuchten die Päpste, sich zu absoluten Monarchen aufzuschwingen. Nun legte man Bestimmungen fest, die den Pontifex der Universalkirche, repräsentiert durch die Kardinäle, Bischöfe und Äbte, gegenüber rechenschaftspflichtig machten. »Jeder, ganz gleich wie hoch sein Stand oder seine Würde sein mag, und sei sie päpstlicher Natur, muss ihm [dem Konzil] in jenen Dingen gehorchen, die sich auf den Glauben beziehen.«[23] Offenbar war die Autorität der Päpste unwiderruflich Einschränkungen unterworfen.

Die Verwirrung darüber, wer nun das Oberhaupt der Kirche war, leistete dem allgemeinen Empfinden vieler Menschen Vorschub, dass sie besser daran täten, die Bibel selbst zu lesen und ihre Glaubensangelegenheiten für sich zu entscheiden. Der Glaube an die persönliche Offenbarung, der als Unterströmung im Christentum nie versiegte, stand vor einem neuerlichen Aufschwung. Das Papsttum sollte diese Welle nicht aufhalten können. Das Konzil zu Konstanz versuchte sich ihr entgegenzustemmen, indem es den tschechischen Reformator Jan Hus (ca. 1370–1415) auf dem Scheiterhaufen verbrannte und die Lehren von John Wyclif (ca. 1330–1384) verdammte, aber es war schon zu spät.[24]

Die Stadt Rom befand sich seinerzeit in einem schlimmeren Zustand als das Papsttum selbst. Während der Auseinandersetzungen erduldete die Stadt immer wieder Vernachlässigung und Plünderungen. Martin V. machte sich daran, die Stadt wieder aufzubauen, und stellte dafür Tausende von Baumeistern und Handwerkskünstlern ein. Er versuchte dem Hundertjährigen Krieg zwischen Frankreich und England, der inzwischen ins neunzigste Jahr ging, ein Ende zu bereiten.[25] Er korrespondierte mit Konstantinopel, um eine eventuelle Wiedervereinigung der östlichen und westlichen Kirchen herbeizuführen. Er schalt jene, die gegen die Juden predigten, denen man die neuerlichen Ausbrüche der Pest anlastete, und verbot die Zwangstaufe jüdischer Kinder.[26] Trotz der Einbußen, welche die päpstliche Autorität in Konstanz hatte hinnehmen müssen, entwickelten die Dinge sich wohl gut.

Nach Martin ging das Spiel mit Papst und Gegenpapst jedoch munter weiter, bis zur Wahl von Nikolaus V. im Jahre 1447. Er leitete Reformen ein, die besonders jene zahlreichen Priester betrafen, die aus mehreren Gemeinden Einkünfte bezogen und sich in nicht einer davon in priesterlicher Eigenschaft blicken ließen. Er setzte auch die Restauration der Stadt Rom fort. Zudem war er ein begeisterter Bücherliebhaber, der viele griechische Autoren ins Lateinische übersetzen ließ und Manuskripte aus aller Herren Länder sammelte. Sein Privatbesitz bildete den Grundstock für die Vatikan-Bibliothek. Als er 1455 starb, blieb jedoch immer noch vieles zu tun.[27]

Es gehört zu den interessanten Ironien der Geschichte, dass die offensichtlich unmoralischsten Päpste die größte Kunst der Renaissance unterstützten. Das liegt womöglich daran, dass ein wahrhaftig frommer Papst das Geld den Armen gegeben hätte, anstatt damit die Künste zu finanzieren.

Wir befinden uns jetzt aber in der Zeit von Sixtus IV. (1471–1484), der seine Position dazu nutzte, seine nichtehelichen Kinder in gute Familien zu verheiraten. Außerdem verkaufte er Ämter in der Kurie an den Höchstbietenden. Kunstwerke, die ihn und seine Familie verherrlichten, galten mehr als gute Werke.

Ihm folgte Alexander VI. (1492–1503), geboren als Rodrigo de Borja y Borja in Spanien. Als er nach Italien zog, änderte er seinen Namen in Borgia. Er war der Vater von Lucrezia und Cesare.[28] Sex, Mord und Kunst prägten seine Amtszeit.

Vetternwirtschaft betrieben die Päpste stets erfolgreich, aber das sechzehnte Jahrhundert erreichte in dieser Hinsicht numerische Spitzenwerte. Mehrfach ernannte man die Söhne und Neffen von Päpsten noch im Kindesalter zu Bischöfen und Kardinälen. Zwei Ausnahmen waren Pius III., der nur zehn Tage im Amt blieb, und sein unmittelbarer Nachfolger Julius II. (1503–1513), der einen Teil seines Pontifikats damit verbrachte, an der Spitze seines Heeres gegen die Borgias zu Felde zu ziehen. Den Rest der Zeit saß er Michelangelo im Nacken, damit dieser endlich sein Werk in der Sixtinischen Kapelle vollendete.[29]

Als Luther und Calvin aus Protest gegen die Schändlichkeiten Roms ihre eigenen Kirchen gründeten, existierte zur gleichen Zeit innerhalb der römisch-katholischen Kirche eine Gruppe, die ebenfalls Reformen anstrebte. Sie wollte dies durch Konzile sowie mittels der Durchsetzung bereits bestehender Bestimmungen erreichen. »Denn das Papsttum war […] in erster Linie eine regierende, also eine gesetzgebende Institution, die das Gesetz für die gläubigen Untertanen festlegte.«[30] In den Tagesgeschäften der Kirche nahm man die spirituelle Seite nur allzu oft als gegeben hin.

Die im sechzehnten Jahrhundert stattfindende Reformation zwang das Papsttum zur Neubetrachtung seiner spirituellen Wurzeln. Das Konzil von Trient, das in drei Tagungsperioden zwischen 1545 und 1563 stattfand, befasste sich mit zahlreichen Fragen, die während der Verwicklung des Papsttums in innere und italienische Politik unbeachtet geblieben waren. In vielerlei Hinsicht war dies eine Rückkehr zu Nizäa. Die versammelten Bischöfe des Tridentinums verfassten ein Glaubensbekenntnis, das dem nizänischen sehr ähnelte. Sie gaben einige Verfehlungen zu und verdammten diese, besonders den Ablasshandel, der gegen Bargeld die Aufhebung aller Sünden und verkürzte Zeit im Fegefeuer versprach.

In einer Hinsicht gab das Konzil jedoch nicht nach und das betraf den alten Konflikt zwischen Autorität und persönlicher Offenbarung. Trient wiederholte, dass die Kirche, »geleitet vom Heiligen Geist«, die einzige Interpretin der Heiligen Schrift sei. Das Konzil bekräftigte die Doktrin der Kirche zur Ursünde, zum Fegefeuer und zu den Sakramenten. Es wiederholte, dass die im Mittelalter bereits verfeinerte Doktrin der Eucharistie Leib und Blut Christi sei. Damit zog die Kirche Roms die Grenze zwischen sich und den verschiedenen protestantischen Glaubensgrundsätzen.

Damit die Gläubigen die orthodoxen Lehren auch verstanden, setzte das Konzil von Trient einige grundlegende Reformen durch. Viele Gemeindepriester konnten weder lesen noch schreiben. Die Bischöfe erhielten daher Anweisung, auf deren Ausbildung sowie die sonntägliche Durchführung der Predigt zu achten. Zum ersten Mal richtete man eigens Seminare für die Ausbildung neuer Priester ein.[31]

Das Konzil ordnete zudem eine neue lateinische Übersetzung der Bibel an und befahl, die Erläuterungen der Doktrin in den jeweiligen Landessprachen der Gemeindemitglieder zu veröffentlichen.

In der unheilschwangeren Stimmung jener Zeit verfielen jedoch nur allzu viele kirchliche Würdenträger dem Verfolgungswahn. Paul IV. (1555–1559) ging ebenso tollwütig gegen Protestanten vor, wie Joseph McCarthy seinerzeit gegen die Kommunisten. Paul erweiterte die Machtbefugnisse der Inquisition und bezichtigte loyale Kardinäle der → **Häresie**. Außerdem stellte er zum ersten Mal eine Liste von Büchern auf, die Katholiken nicht lesen durften. Er kam zu dem Schluss, dass die römischen Juden die Protestanten auf geheimnisvolle Weise unterstützten. Daher trieb er sie in einem Getto zusammen und zwang sie dazu, besondere Hüte zu tragen. Ungeachtet der Tatsache, dass Abzeichen für die Juden schon durch das vierte Lateranische Konzil von 1215 eingeführt worden waren, mussten doch nur wenige Juden sie tatsächlich tragen. In all den Jahrhunderten, die das Christentum bestand, hatte niemand je zuvor den Juden vorgeschrieben, wo sie wohnen durften. Um der Angelegenheit die Krone aufzusetzen, hasste Paul auch die Spanier, die von den frömmsten Königen Europas regiert wurden.

Das alles missfiel den Bürgern Roms, obgleich zu viele von Pauls Neuerungen auch nach seinem Tod in Kraft blieben. »Bei seinem Tod brach sich der Hass des Volkes gegen ihn und seine Familie Bahn; die aufrührerische Menge zerstörte das Hauptquartier der Inquisition [...] stürzte seine Statue vom Kapitol und verstümmelte sie.«[32]

Das Tridentinum endete schließlich 1563. Zwar sprach es viele Sorgen der Protestanten an, aber es reichte nicht aus und geschah auch zu spät, um die Bildung christlicher Kirchen aufzuhalten, die Rom keine Treue schuldeten.

Allerdings veränderte es den Katholizismus. Im folgenden Jahrhundert gab es zwar liberale, tolerante Päpste, doch das Papsttum selbst wurde strenger und willkürlicher. Die nachfolgenden Religionskriege fanden ohne aktive Mitwirkung der Päpste aus nationalen und politischen Gründen statt. Stattdessen konzentrierten sie sich während des siebzehnten Jahrhunderts auf die inneren Angelegenheiten der Kirche und die Verbreitung des Glaubens durch die Jesuiten in der Neuen Welt, Indien und China.

Ursprünglich sollten die Jesuiten den Protestantismus aufhalten, aber sie wirkten nunmehr als Erzieher und Missionare. Sie erregten den Zorn der spanischen und portugiesischen Eroberer in Amerika, denn sie bestanden darauf, dass die Eingeborenen dort beseelte menschliche Wesen seien, und zwar mit allen Rechten, die mit diesem Status einhergingen.[33] Sie imitierten zudem die ersten christlichen Missionare und passten den örtlichen Glauben in die christlichen Lehren ein. Den neuen, puritanisch orientierten Katholiken gefiel dies nicht. Bald war der Orden ständiger Zankapfel zwischen den Päpsten und den Anführern der Katholiken in den einzelnen Ländern. Die gegen sie vorgebrachten Anklagen besaßen große Ähnlichkeit mit jenen, die schon gegen die → **Templer** erhoben worden waren. Papst Klemens XIV. (1769–1774) sah sich gezwungen, die Jesuiten aufgrund des Drucks durch die verbliebenen katholischen Monarchen aufzulösen. Allerdings wurde der Orden 1773 wieder zugelassen.[34]

Genau an diese konservative Kirche nach dem Konzil von Trient denken die meisten Menschen, wenn sie von den Päpsten und dem Vatikan sprechen. Das Papsttum konnte sich nicht länger der Erkenntnis verwehren, dass die Möglichkeit, die Welt als christlichen Staat zu beherrschen, auf immer verloren war. Umso wichtiger war es daher, strenge Gesetze für die noch verbliebenen Gläubigen zu erlassen. Weltliche Führer, selbst jene katholischen Glaubens, lachten über die Drohung der Exkommunikation. Die einzige Macht, auf die die Kirche noch hoffen konnte, käme durch das Volk.

Allerdings schien die Französische Revolution auch diese Hoffnung zu zerschlagen. Da nimmt es nicht wunder, dass Papst Pius VI. (1775–1799) die Verkündung der Menschenrechte verdammte und royalistische Flüchtlinge willkommen hieß. Kaum kam Napoleon an die Macht, eroberte er Rom und setzte Papst Pius gefangen. Als Pius starb, sah es so aus, als stürbe das Papsttum mit ihm.[35]

Im neunzehnten Jahrhundert gingen die Päpste ihrer sämtlichen Ländereien verlustig, mit Ausnahme jenes kleinen Fleckens, der als Vatikan bekannt ist. Der Kirchenstaat hörte 1870 auf zu existieren – im selben Jahr, in dem die Doktrin der päpstlichen Unfehlbarkeit zum Dogma erklärt wurde.

In Erwiderung auf die deistischen und atheistischen Neigungen des frühen neunzehnten Jahrhunderts gebärdete sich das Papsttum noch konservativer. Die Kirche verlieh »dem Beharren [Ausdruck], die Relevanz der Kirche für die Welt läge darin, die doktrinierten und disziplinarischen Ansprüche des römischen Glaubens zu erneuern und voranzutreiben«.[36] Die Päpste entschieden sich gegen die Modernisierung. Sie entschlossen sich, den Gläubigen stattdessen den Trost der Struktur und Tradition zu bieten.

Während das Papsttum an Kraft verlor, gewann der Katholizismus an Aufschwung. Protestantische Staaten gestatteten den Katholiken allmählich, wieder ihren Glauben auszuüben. Romantische Dichter und Künstler, die sich auf dem Rückzug vor einer zunehmend industrialisierten Welt der Vergangenheit zuwandten, fanden in den Ritualen der Messe Zuflucht.

Seltsamerweise trugen die Übel der Industrialisierung dazu bei, dem Papsttum die Achtung der Arbeiterklasse zu verschaffen. Im Jahr 1891 gab Papst Leo XIII. (1878 bis 1903) eine Enzyklika heraus, in der er christliche Unternehmer dazu aufrief, ihren Arbeitern gerechte Löhne zu zahlen, damit sie ihre Familien ernähren konnten. Die Enzyklika wandte sich gegen die selbstsüchtige Gier der Arbeitgeber, »den enormen Reichtum einiger weniger Individuen und die elende Armut der Massen«.[37] Das war zu einer Zeit, als in Amerika die Elendsfabriken wie Pilze aus dem Boden schossen und eine Einkommensteuer nicht existierte.

Allerdings sorgten der wachsende Sozialismus und die damit einhergehende Anarchie in Europa dafür, dass spätere Päpste sich nur ungern damit in Verbindung bringen ließen. Mit dem Aufstieg des Faschismus in Italien vermochten die Päpste endlich um etwas zu verhandeln, nach dem sie seit mehr als eintausend Jahren strebten – einen eigenen Staat. Der Kirchenstaat war stets in ein Lehensverhältnis zu Italien, Frankreich oder dem Heiligen Römischen Reich eingebunden gewesen. Im Jahr 1929 unterzeichnete Papst Pius XI. (1922–1939) eine Übereinkunft mit Mussolini, die dem Vatikan die Unabhängigkeit bescherte.[38] Erst ab diesem Zeitpunkt sind die Begriffe »Papsttum« und »Vatikan« mehr oder weniger gegeneinander austauschbar. Pius war offenbar der Ansicht, Ordnung in der Regierung sei wichtiger als Demokratie, und unterstützte die Faschisten in Italien.[39] Über den Aufstieg des Nationalsozialismus war er jedoch weniger glücklich, da er sich des Gefühls nicht zu erwehren vermochte, dieser könnte mit dem katholischen Glauben unvereinbar sein.[40] Dennoch versuchte er aus mehreren Gründen eine schlichtende Haltung gegen die Nazis einzunehmen. Schließlich gab Pius 1937 als Antwort auf die Einschüchterung der Katholiken und die Überfälle auf Kirchen eine Enzyklika in deutscher Sprache heraus, die den Titel *In brennender Sorge* trug. Darin forderte er die deutschen Katholiken auf, ihren Glauben auch im Angesicht der Nazigesetze zu bewahren. Er ließ außerdem den Entwurf zu einer weiteren Enzyklika aufsetzen, in der er den Rassismus in all seinen Formen verdammte. Ehe sie veröffentlicht werden konnte, starb Pius XI. jedoch.[41]

Sein Nachfolger, Kardinal Eugenio Pacelli, nahm den Namen Pius XII. an. Als Berater seines Vorgängers hatte er sich stets mit Nachdruck dafür ausgesprochen, Hitler nicht offen zu trotzen. Man nannte ihn daher auch »Hitlers Papst«.[42]

Seine Befürworter halten dem entgegen, dass Pius durch seine Neutralität nicht nur deutsche Katholiken rettete, sondern auch jüdischen Flüchtlingen im Vatikan Zuflucht gewährte. Wäre es anders ausgegangen, wenn der Papst eindeutigere Worte gegen die Nazis gesprochen hätte? Welchen weltlichen Einfluss besaß das Papsttum damals überhaupt noch? In dieser Frage fühle ich mich außerstande, ein Urteil abzugeben.

Auf Pius XII. (1939–1958) folgte der beliebteste Papst des Jahrhunderts, Johannes XXIII. (1958–1963). Angelo Giuseppe Roncalli erblickte 1881 als Sohn einer Bauernfamilie das Licht der Welt, diente im Ersten Weltkrieg als Kaplan, arbeitete als Historiker und war als päpstlicher Gesandter in der Türkei sowie in Griechenland tätig. Dort tat er sein Bestes, um die Deportation der Juden und die Verfolgung der griechischen Bevölkerung im Zweiten Weltkrieg zu verhindern.[43] Erst im hohen Alter von siebenundsiebzig Jahren zum Papst gewählt, gingen viele davon aus, er sei nicht mehr als ein Statthalterpapst. Den Kardinälen stand eine Überraschung bevor.

Johannes griff sich einen Reformbesen und begann heftig auszufegen. Er erhöhte die Anzahl der Kardinäle von siebzig auf siebenundachtzig; viele der Neuzugänge kamen nicht aus Europa. Er trat einigen kommunistischen Ländern versöhnlich entgegen.[44] Aber seine weitreichendste Leistung war die Einberufung des zweiten Vatikanischen Konzils im Jahre 1962. Dessen Ende erlebte er zwar nicht mehr, aber auf seine Anregung hin kam es zu vielen Modernisierungen in der praktischen Ausübung sowie in Glaubensfragen der katholischen Kirche. Durch Vatikan II änderte sich die Sprache der Messe von Latein in die jeweilige Landessprache, ein äußeres Zeichen für die grundlegende Veränderung in der Art und Weise, wie der Vatikan den Rest der Kirche sah. Zum ersten Mal verschafften sich Bischöfe aus Afrika, Asien und Südamerika auf einem Konzil Gehör und verlangten Respekt gegenüber ihren Kulturen.[45] Afrikanische Delegierte wiesen darauf hin, dass die ersten Christen aus Ägypten, Griechenland und Palästina stammten und dass allen Bemühungen Hollywoods zum Trotz die ersten Heiligen weder blond noch blauäugig waren.

Papst Johannes zollte diesen Eingaben Beifall. Über die liturgischen Veränderungen in der Kirche strebte er eine tiefer gehende Verwandlung an, um ein Gefühl der Bruderschaft zu bewirken, das sich nicht nur auf Katholiken, sondern auch auf die Beziehungen zwischen ihnen und Andersgläubigen auswirken sollte.

Johannes starb nur wenige Monate nach Eröffnung des Konzils an Krebs. Endgültige Entscheidungen lagen zu diesem Zeitpunkt noch nicht vor. Die Richtung der Kirche war nun komplett der Gnade des Kardinalskollegs überlassen.

Zwei Hauptkandidaten bemühten sich um die Nachfolge von Johannes. Einer von ihnen, Idelbrando Antoniutti, genoss die Unterstützung der Traditionalisten. Er stand bekanntermaßen in Verbindung mit → **Opus Dei** und man vermutete, er werde den vorgeschlagenen radikalen Veränderungen Einhalt gebieten. Den anderen, Giovanni Mintini, verdächtigte man linksgerichteter Neigungen.[46]

Montini errang im sechsten Wahlgang die notwendige Mehrheit. Als Paul VI. (1963–1978) stand er vor der gewaltigen Aufgabe, dem von Johannes gemachten Anfang weitere Taten folgen zu lassen. Er berief das Konzil wieder ein und gemahnte es daran, dass sein Ziel darin bestand, die Kirche zu erneuern und einen Dialog mit der modernen Welt in Gang zu setzen. In einem erstaunlichen Bruch mit der päpstlichen Tradition forderte er die Bischöfe auf, an der Last der Kirchenregierung teilzuhaben.[47]

Er war ein glühender Befürworter der Vereinten Nationen und gab auch eine Bulle heraus, in der er den Antisemitismus verdammte; etwas, was seinem Vorgänger Pius XII. nicht gelungen war.[48] Paul veröffentlichte auch diverse Erklärungen, die von den Rechten und der Verantwortung der Menschen füreinander handelten. Viele sahen dies als Befürwortung der Befreiungstheologie, die besonders in Südamerika großen Rückhalt besitzt. In ihr wird der Glaube vertreten, die Kirche müsse sich in einem Klassenkampf auf die Seite der Unterdrückten schlagen.[49]

Wie liberal Paul auch war, vor zwei oftmals behandelten Streitthemen wich er dennoch zurück – der Geburtenkontrolle und der priesterlichen Enthaltsamkeit. Erstere dürfe nicht gestattet sein, erklärte er, und Letztere sei zu erzwingen.[50] Diese Aussage enttäuschte viele innerhalb und außerhalb der Kirche. Es besteht allerdings kein Zweifel daran, dass er eine große Veränderung im Katholizismus bewirkte, die noch immer spürbar ist.

Sein Nachfolger, Johannes-Paul I., wirkte entschlossen, in die Fußstapfen seiner beiden Vorgänger zu treten. Er begann damit, indem er die päpstliche Tiara verkaufte und das Geld für wohltätige Zwecke ausgab. Jedoch überlebte er seine Wahl im August 1978 nur um einen Monat. Seitdem gehen immer wieder Verschwörungstheorien um, in denen von Mord die Rede ist, der einen Skandal um die Vatikanbank im Keim ersticken sollte. Das ist durchaus möglich, aber wahrscheinlicher ist es, dass Johannes-Paul einem Herzanfall erlag.

Wir kommen schließlich zu Johannes-Paul II. (1920 bis 2005), dem ersten polnischen Papst und letzten Amtsinhaber vor dem aktuellen Papst Benedikt XVI. Johannes-Paul II. wurde sowohl gepriesen als auch geschmäht. Er bereiste nahezu jede Weltgegend und reichte vielen Nichtkatholiken die Hand. Seine Enzykliken hoben die Einrichtung einer Weltordnung hervor, die weder kapitalistisch noch kommunistisch war, sondern auf der Achtung vor dem Wert des Individuums beruhte.[51] In seiner Einstellung zur Geburtenkontrolle, zur priesterlichen Enthaltsamkeit, zur Scheidung, zur Abtreibung, zur Homosexualität und zur Stellung der Frauen in der Kirche erwies er sich als erzkonservativ und übertraf darin noch mehrere Päpste aus jüngerer Zeit.[52] Außerdem leiteten seine Unterstützung des → **Opus Dei** und die geradezu blitzartig erfolgte Heiligsprechung des Gründers Josemaría Escrivá viele dazu an, sich Gedanken über den Einfluss zu machen, den diese fundamentalistische weltliche Organisation auf ihn gehabt haben nochte.

Diese extrem lückenhafte Übersicht über zweitausend Jahre Geschichte des Papsttums soll belegen, dass niemals eine allmächtige Kirche existierte, wie sehr die Päpste sich dies auch gewünscht hätten. Jeder Papst ließ sich auf dem Stuhl Petri mit seinen eigenen Vorstellungen und Altlasten nieder. Letztere bestanden nicht zuletzt häufig aus einer ganzen »Neffenhorde«. Die Vorstellung, dass der »Vatikan« seit mehr als eintausend Jahren eine Vendetta aufrechterhält, gesteht ihm Lorbeeren zu, die er nicht verdient. Die einzige wirkliche Gemeinsamkeit bestand darin, dass jeder Papst entschlossen war, seine Autorität unter Beweis zu stellen und die Bischöfe und Könige der Christenheit dazu zu bringen, sich nach ihr zu richten. Aber oft genug waren es die Päpste, die sich als Spielball der Mächtigen erwiesen.

Mich stört ungemein, dass so viele Menschen frisch und frei eine Institution für alle Übel der Vergangenheit verantwortlich machen. Es ist leicht und es ist bequem. Gewiss haben so manche Päpste an einigen schrecklichen Verfolgungen teilgehabt. Doch wenn wir den Eindruck vermitteln, dass die Exzesse der Inquisition, die → **Hexen**verbrennungen, die Unterdrückung der freien Meinungsäußerung und dergleichen mehr von einem bösartigen Papsttum an einer unschuldigen Welt verübt wurden, so ignorieren wir nicht nur historische Tatsachen. Wir geben auch vor, dass die Menschen der Vergangenheit keinerlei Kontrolle über ihr Leben besaßen und zudem dumm und leichtgläubig zu nennen sind.

Dies wiederum glaube ich nicht. Die römische Welt des westlichen Europas hat das Papsttum erschaffen und seine Geschichte ist mit den Ereignissen und Glaubensfragen der vergangenen zweitausend Jahre unauflösbar und innig verwoben. Das Amt des Papstes ist sowohl als Befürworter des Wandels wie auch der Unterdrückung eingesetzt worden. Als sie zu den Kreuzzügen aufriefen, versuchten die Päpste vergeblich, in Europa auch eine Gottesfriedensbewegung durchzusetzen. Als sie Ketzer verdammten, bemühten sie sich ebenso, die Hilflosen, Frauen, Kinder, Arme und Opfer der Mächtigen zu beschützen. Ich habe es schon in meiner Einleitung erwähnt: Geschichte ist ein furchtbares Durcheinander und die des Papsttums ist ein noch größerer Wirrwarr als die der meisten anderen Institutionen. Es war niemals ein Monolith, der unbeschadet und unverändert die Jahrhunderte überdauerte. Es war stets ein Spiegelbild der oder eine Reaktion auf die Welt, in der es wirkte. Schon aus diesem Grund ist es wichtig, das Papsttum wie jede andere sich wandelnde Institution zu studieren, ohne sich von persönlichen Ansichten oder Vorurteilen den Blick trüben zu lassen.

Literaturempfehlungen

Giuseppe Alberigo: Geschichte der Konzilien. Marixverlag 1998

Christopher M. Bellitto: The General Councils. A History of the Twenty-One Church Councils from Nicaea to Vatican II. Paulist Press 2002

Uta-Renate Blumenthal: Der Investiturstreit. Kirche und Monarchie vom neunten bis zwölften Jahrhundert. Kohlhammer 1981
Frank J. Coppa: The Modern Papacy Since 1789. Longman 1998
Karlheinz Deschner: Kriminalgeschichte des Christentums. Bd. 8: Das 15. und 16. Jahrhundert. Vom Exil der Päpste in Avignon bis zum Augsburger Religionsfrieden. Rowohlt 2004
Karl Fink: Papsttum und Kirche im abendländischen Mittelalter. C. H. Beck 1996
Horst Fuhrmann: Von Petrus zu Johannes Paul II. Das Papsttum. Gestalt und Gestalten. C. H. Beck 1998
H. Müller: Die kirchliche Krise des Spätmittelalters. Schisma, Konziliarismus und Konzilien. Oldenbourg 2005
Peter Nichols: Die Politik des Vatikans. Lübbe 1969
Thomas F. X. Noble: The Republic of St. Peter. The Birth of the Papal State 680–825. University of Pennsylvania Press 1984
Bernhard Schimmelpfennig: Das Papsttum. Wissenschaftliche Buchgesellschaft 1996
John A. F. Thompson: Popes and Princes 1417–1517. Politics and Policy in the Late Medieval Church. George Allen & Unwin 1980
Walter Ullmann: Kurzgeschichte des Papsttums im Mittelalter. Gruyter 1978

---

1 Matthäus 16,18

2 Friedrich Gontard: *The Chair of Peter.* Übers. von A. J. und E. F. Peeler. Holt, Rinehart and Winston 1967, S. 81 [vgl. Friedrich Gontard: *Die Päpste*. Desch 1959]

3 Apostelgeschichte 9,1–9,9

4 Erster Timothäus 3,5

5 Frederick W. Norris: »Papacy.« In: *The Encyclopedia of Early Christianity*. Hg. Ed Everett Ferguson. Garland Publishing 1990, S. 680

6 *»Ad hanc enim Ecclesiam propter protentiorem principalitatem necesse est*

omnem convenire Ecclesiam, hoc est eos qui sunt undique dideles, in qua semper ab his, qui sunt undique, conservata est ea quae est ab apostolis traditio.« Iraeneus: »Against Heresies.« Übers. von Cyril C. Richardson. In: *Early Christian Fathers*. MacMillan 1970, S. 372 [vgl. *Fontes Christiani*, 1. Folge, Bde. 8/1–8/5. Irenäus von Lyon und andere: *Gegen die Häresien/Adversus Haereses III*, 3,2. Herder 1997–2001]

7 Walter Ullmann: *A Short History of the Papacy in the Middle Ages*. Routledge 1972, S. 3 [vgl. Walter Ullmann: *Kurzgeschichte des Papsttums im Mittelalter*. Gruyter 1978]

8 J. Michael Miller: *The Shepherd and the Rock*. Our Sunday Visitor 1994, S. 94

9 Ullmann, S. 21

10 Thomas F. X. Noble: *The Republic of St. Peter. The Birth of the Papal State 680–825*. University of Pennsylvania Press 1984, S. 10

11 Ebenda, S. 7

12 Noble, S. 134–137

13 Christopher Dawson: »The Coronation as Evidence of the Birth of a New Civilization.« In: Richard E. Sullivan (Hg.): *The Coronation of Charlemagne. What Did It Signify?* D. C. Heath & Co. 1959, S. 53 (Hierbei handelt es sich um eine exzellente Sammlung von Artikeln bekannter Historiker des vorigen Jahrhunderts, die dieses Kernereignis der Geschichte aus unterschiedlicher Sicht betrachten.)

14 J. N. D. Kelly: *The Oxford Dictionary of Popes*. Oxford UP 1986, S. 154

15 Nicholas Cheetham: *Keepers of the Keys*. Scribner 1982, S. 90; Richardson, S. 35

16 Ullmann. S. 152 ff.

17 Robinson, S. 406

18 Ullmann, S. 160

19 Ebenda, S. 161

20 Kelly, S. 167–170

21 Ebenda, S. 226 ff.

22 Ullmann, S. 295

23 Christopher M. Bellitto: *The General Councils. A History of the Twenty-One Church Councils from Nicaea to Vatican II*. Paulist Press 2002, S. 87

24 Ebenda (Bellitto fügt hinzu, dass sich Papst Johannes-Paul II. im Jahr 1999 für den Tod von Hus auf dem Scheiterhaufen entschuldigte. Besser spät als nie?)

25 Der Versuch schlug fehl. Der Krieg dauerte einhundertsechzehn Jahre und endete erst 1453.

[26] Kelly, S. 240
[27] Ebenda, S. 244
[28] Ebenda, S. 254
[29] Bellitto, S. 97
[30] Ullmann, S. 315
[31] Bellitto, S. 107–110
[32] Kelly, S. 266
[33] Valerie Flint, *Ideas in the Medieval West*. Veronium Reprints 1988, S. 65–80
[34] Peter Nichols: *The Politics of the Vatican*. Pall Mall Press 1968, S. 75 [vgl. Peter Nichols: *Die Politik des Vatikan*. Lübbe 1969]
[35] Kelly, S. 302
[36] Nichols, S. 79
[37] Nichols, S. 90
[38] Ebenda, S. 91
[39] Frank J. Coppa: *The Modern Papacy Since 1789*. Longman 1998, S. 172 f.
[40] Ebenda, S. 177
[41] Ebenda, S. 182 ff.
[42] John Cornwell: *Hitler's Pope*. Penguin, New York 2000 [vgl. John Cornwell: *Pius XII*. List 2001]
[43] Kelly, S. 321
[44] Ebenda
[45] Gontard, S. 579
[46] Coppa, S. 223
[47] Ebenda, S. 226
[48] Ebenda, S. 228
[49] Ebenda, S. 229
[50] Kelly, S. 324
[51] Kelly, S. 327
[52] Coppa, S. 239

I. M. Pei

Ieoh Ming Pei, der Architekt der Pei-Pyramide vor dem → **Louvre,** erblickte 1917 im chinesischen Kanton als Sohn eines Bankiers das Licht der Welt und wuchs in Shanghai auf. Er besuchte eine von protestantischen Missionaren geleitete Schule und eignete sich Grundkenntnisse in Englisch an, ehe er 1935 auf ein College in die Vereinigten Staaten ging. Seinem Vater wäre Oxford lieber gewesen, aber der Konsum zahlreicher amerikanischer Filme weckte in Pei den Wunsch, das Land kennen zu lernen. Er begann ein Architekturstudium an der University of Pennsylvania und wechselte anschließend zum Massachusetts Institute of Technology (MIT).[1]

Im Jahr 1942 heiratete er eine Chinesin, die gerade das Studium in Wellesley abgeschlossen hatte. Eileen Loo bereitete sich auf eine Fortsetzung ihres Studiums der Landschaftsarchitektur an der Universität Harvard vor. Pei kam zu dem Schluss, dass die Graduate School of Design auch für ihn das Richtige sei. Er schrieb sich in Harvard ein, verbrachte jedoch die Zeit von 1943 bis 1945 in Princeton, wo er nicht etwa Gebäude entwarf, sondern nach besseren Möglichkeiten forschte, sie von der Armee der Vereinigten Staaten in Schutt und Asche legen zu lassen. Er kehrte nach Harvard zurück und studierte Architektur unter Walter Gropius, dem Begründer der Bauhaus-Schule.[2]

Nach dem Krieg lehrte Pei für kurze Zeit in Harvard, zog aber dann nach New York, um bei William Zeckendorf an Regierungsaufträgen für Stadthäuser zu arbeiten. Bald schuf er sich einen Namen mit seinen Projekten, in die oft Wände mit mehreren hundert Glasscheiben eingearbeitet waren. Zu seinen dramatischsten Gebäuden gehört die Kennedy Library in Boston mit einem fast fünfunddreißig Meter messenden Atrium.[3]

Im Jahr 1983 erhielt Pei den Auftrag zum kontroversesten Projekt seiner Laufbahn, der Renovierung des Louvre. Damals nutzte das Finanzministerium den Richelieu-Flügel an der Rue de Rivoli, das Museum war im Denon- sowie dem Sully-Flügel untergebracht und der einzige Eingang befand sich im Denon. Die Höfe davor boten Parkplätze. »1983 war der Louvre eine Barriere, ein Hindernis. Die [...] Büsche und Bäume im Cour Napoléon machten den Besuch zu einer unsicheren Angelegenheit, besonders zur Nachtzeit. Wir schlugen vor, den Cour von einer Barriere in eine Attraktion umzuwandeln«, erklärte Pei.[4]

Aber Peis Entwurf eines großen unterirdischen, von gläsernen Pyramiden überdachten Zugangsbereiches löste einen allgemeinen Sturm der Entrüstung aus. Die französischen Zeitungen nannten ihn »eine Abscheulichkeit«.[5] Allerdings genoss Pei die Unterstützung des französischen Staatspräsidenten François Mitterrand sowie den Beistand von Claude Pompidou, der Witwe von Präsident Georges Pompidou.[6] Vielleicht empfand sie ein gewisses Mitgefühl für Pei, da dem kurz zuvor fertig gestellten Museumsgebäude des Centre Pompidou ähnlich starker Widerstand entgegenschlug. Das Gebäude stand den Ausstellungsstücken als experimentelles Kunstwerk in keiner Weise nach.

Der eigenwillige Architekt entschied sich für die Pyramidenform und präsentierte sie Mitterrand sowie dem Präsidenten für »Öffentliche Gestaltung des Grand Louvre«, Emile Biasini. Biasini unterhielt überwiegend Kontakt zu Pei und setzte sich mit der französischen Regierungsbürokratie auseinander.[7]

Pei begründete seine Wahl einer Pyramidenform. »Formal gesehen ist sie mit der Architektur des Louvre am besten zu vereinen, besonders mit den fassettierten Ebenen seiner Dächer. Sie ist außerdem eine der strukturell stabilsten Formen, was ihre Transparenz sicherstellt, ein sehr wichtiges Entwurfsziel. [...] Sie bezieht sich nicht auf Napoleons Ägyptenfeldzug. [...] Die ägyptischen Pyramiden wurden aus Stein errichtet. [...] Es besteht keine Verwandtschaft zwischen einer steinernen Pyramide und unserer Glaspyramide; die eine ist für die Toten erbaut und die andere für die Lebenden.«[8]

I. M. Pei entwirft auch weiterhin Bauten für die Lebenden.

Literaturempfehlungen

Dieter Hezel: Architekten. Ieoh Ming Pei. IRB-Verlag 1998
Bruno Suner: Ieoh Ming Pei. Birkhäuser Verlag 2002

---

1 Carter Wiseman: *I. M. Pei. A Profile in American Architecture*. Harry N. Abrams 1990, S. 29–39

2 Ebenda, S. 38 ff.

3 Ebenda, S. 104 ff.

4 Gero von Boehm: *Conversations with I. M. Pei. Light Is the Key*. Prestel 2000, S. 78

[5] *France Soir*. In: Wiseman, S. 249
[6] Von Boehm, S. 86
[7] Wiseman, S. 232
[8] Von Boehm, S. 84 f.

Die Pei-Pyramide

(La Pyramide Inversée)

Der Sturm der öffentlichen und politischen Entrüstung, der → **I. M. Pei** entgegenschlug, als er den Vorschlag unterbreitete, im Cour Nepoléon des → **Louvre** eine Pyramide zu errichten, war nichts im Vergleich zu den Schwierigkeiten, denen er sich beim eigentlichen Bau gegenübersah.

Zum einen liegt der Louvre sehr dicht an der Seine, und die Pläne sahen vor, die meisten neuen Zugänge unterirdisch anzulegen. Schutzmaßnahmen gegen Überflutungen waren einzuplanen. Und wie bei den meisten Bauvorhaben in Europa durften auch die Archäologen nicht außer Acht gelassen werden.[1]

Die nüchternen Daten für die große Pyramide lauten wie folgt: Die Höhe beträgt 20,9 Meter. Das Glas ist 21 Millimeter dick. Es gibt 673 Fenster (nicht 666 – tut mir Leid), von denen 603 rhombenförmig und 70 dreieckig sind. Das Gesamtgewicht beträgt 105 Tonnen.[2] Letzteres will ich gar nicht wissen. Jetzt werde ich jedes Mal wenn ich den Louvre besuche, an diese Tonnen und Abertonnen über meinem Kopf denken.

Dieser Umstand wird mich selbstverständlich nicht von einem Besuch abhalten. Ich gehörte übrigens zu jenen, die es für eine schreckliche Idee hielten, zwischen

Die Pei-Pyramide.

den Flügeln eines Barockgebäudes eine Glaspyramide zu errichten. Doch inzwischen gefällt es mir. Wenn Sie an einem trüben Tag von der Rue de Rivoli durch den Tunnel kommen, schimmert die Pyramide im Regen, und trotzdem wirft sie im Sonnenschein kein blendendes Reflexlicht, sondern wirkt wie ein ätherischer Kupferstich vor dem Himmel.

Natürlich hat sie auch ihren praktischen Nutzen. Es gibt dort mittlerweile eine Metro-Haltestelle, von der aus man direkt in den Eingangsbereich gelangt. Das bedeutet, man ist weder an den trüben Tagen noch in der drückendsten Augusthitze gezwungen, draußen Schlange zu stehen, um eine Eintrittskarte zu lösen. Dieses eine Mal

Die *Pyramide Inversée.*
Foto von Sharan Newman

bin ich froh, dass die Traditionalisten den Kampf verloren haben und die Pei-Pyramide erbaut werden konnte.

La Pyramide Inversée

Die umgekehrte Pyramide befindet sich in dem Durchgang, der unter dem Richelieu-Flügel des Louvre zur Metro-Station führt. Auch an einem bewölkten Tag ist sie schön. Für Pei war es in diesem Fall wichtig, den Menschen das Gefühl zu nehmen, dass sie unter der Erde gefangen sind.[3] Die Pyramide erlaubt dem Licht nicht nur hereinzuscheinen, sondern auch zu tanzen.

Allerdings ist die Umgebung nicht gerade besonders würdevoll zu nennen. Im Umfeld der Pyramide befinden sich ein Musik- und ein Bekleidungsgeschäft, ein Restaurant und ein Kino. Vielleicht liegt es ja an mir, aber wenn ich ein heiliges Relikt an einem angemessenen Ort unterbringen wollte, dann würde ich dafür nicht die Mitte eines Einkaufszentrums auswählen.

---

1 Im Keller des Sully-Flügels des Louvre befindet sich inzwischen eine Ausstellung der Gegenstände, die bei den Ausgrabungen gefunden wurden, sowie das Originalfundament des Turmes von König Philipp I.

2 Emile Biasini, Jean LeBrat, Dominique Bezoimbes und Jean-Michel Vincent: *Le Grand Louvre. Metamorphose d'un Musée 1981–1993*. Electa Moniteur 1989, S. 136

3 Ieoh Ming Pei: *I. M. Pei*. Prestel 2003, S. 80

Philipp IV. (der Schöne)

Philipp IV., also *Philippe le Bel* von Frankreich, trug im Englischen den Beinamen »the fair«. Der deutsche Beiname »der Schöne« trifft es besser, da man weniger auf seinen Großmut als vielmehr seinen hellen Teint, die blonden Locken und sein gutes Aussehen anspielte. Als Enkel des auf dem Kreuzzug verstorbenen Ludwig IX. verwandte Philipp einen Großteil seiner Regierungszeit darauf, seinen Großvater heilig sprechen zu lassen.[1]

Philipp wurde um 1267 geboren. Seine Mutter, Königin Isabella, starb 1270, ebenfalls auf dem Kreuzzug. Philipps Stiefmutter, Marie von Brabant, hegte offensichtlich keine übergroßen Sympathien für die Kinder ihrer Vorgängerin.[2]

Im Jahr 1284 erhielt Philipp die Krone Frankreichs, kurz nach seiner Verehelichung mit Jeanne, der Erbin von Navarra und der Champagne. Philipps Braut brachte eine Mitgift mit, die dem Territorium ihres Ehemannes kaum nachstand. Viel wichtiger aber ist, dass sie ihn offenbar geliebt hat und er sie. Leider traf dieser glückliche Umstand in Philipps Leben jedoch zu spät ein, um ihn zu einem wirklich netten Menschen zu machen. Dem Ehepaar waren drei Söhne und eine Tochter beschieden. Betrachtet man seine spätere Handlungsweise, so hat Philipp seinen Kindern wohl nicht gerade viel Zuneigung entgegengebracht, aber vielleicht hatte er ja auch nur eine seltsame Art, diese zu zeigen.

Im Oktober 1285 starb Philipps Vater und hinterließ ihm nicht nur das Königreich, sondern auch einen verheerenden Krieg mit Aragon und einen monumentalen Schuldenberg.[3] Neben seiner Obsession, seinen Großvater heilig sprechen zu lassen, musste Philipp zudem neue Wege finden, um Geld zu beschaffen. Die großen Konflikte seiner Regierungszeit entspringen alle diesen beiden Zielen.

Philipp der Schöne und Papst Bonifaz VIII.

Geld war auch der Knackpunkt im Konflikt zwischen Philipp und dem Papst. Um seinen Krieg gegen Edward I. von England finanzieren zu können, erhob Philipp eine Steuer auf alle Ländereien, die der Kirche gehörten. Dies war nicht neu und ermöglichte üblicherweise »die Verteidigung des Reiches«, auch wenn vorangegangene Könige und Kleriker immer vorgegeben hatten, dass es sich mitnichten um eine Steuer, sondern vielmehr um eine freiwillige Abgabe handele.[4]

Philipp übertrieb es ein wenig mit dem Prozentsatz, den er erhob. Als Edward merkte, dass sich trotzdem niemand übermäßig beschwerte, folgte er auf dem Fuße. An diesem Punkt stellte Bonifaz sich quer und erließ 1296 die Bulle *Clerico Laicos*. Dieser Erlass verbot es dem Klerus, einem Landesherren irgendwelche »Beihilfen oder Zuschüsse« ohne Genehmigung des Heiligen Stuhles auszuhändigen.[5]

Da die Kirche sowohl in Frankreich wie auch in Eng-

Philipp der Schöne und seine Familie.
Liber Kalilae et Dimnae, ca. 1313.
© *Snark/Art Resource, New York*

land große Ländereien besaß, zeigten sich weder Philipp noch Edward sonderlich glücklich über dieses Dekret. Philipp jedoch fuhr schwere Geschütze auf. Er organisierte eine groß angelegte Öffentlichkeitskampagne gegen Papst Bonifaz. Schmähschriften erschienen, die den Papst und den Klerus an den Pranger stellten, ohne dass die Autoren sich Sorgen um mögliche Konsequenzen machen mussten. Die Kampagne verlief so erfolgreich, dass Philipp dieselben Autoren auch für seinen Kampf gegen die → **Templer** einspannte.

Zunächst gab Bonifaz nach. Dann aber entschied er, sich zu wehren. Er erließ eine Bulle nach der anderen, in denen er erklärte, das Papsttum stehe über jedem weltlichen Monarchen. Diese Erklärung päpstlicher Vormachtsstellung war ein altes Thema. Die Päpste bestanden darauf, dass sie die Oberhirten des Christentums darstellten und die Könige lediglich ihre Verwalter auf Erden waren. Die Könige waren natürlich nicht sehr erbaut über diese Einstellung, und die Päpste vermochten es nie, jemanden lange von ihren Ideen zu überzeugen.

Warum also schlug Bonifaz diesen Selbstmordkurs ein? Ein Historiker mutmaßte, dass »er unter Gallensteinen litt, die seinen Charakter versauerten«.[6]

Die Schlacht ging bald über rein verbale Attacken hinaus. Philipp beschuldigte Bonifaz der → **Häresie,** der Sodomie und anderer unkirchlicher Verhaltensweisen. Er überzeugte den französischen Zweig der Inquisition davon, den Papst zu verhaften. Es sieht ganz danach aus, als seien die Sympathien danach zumindest außerhalb Frankreichs zugunsten des Papstes umgeschlagen. Wir werden wohl niemals ergründen, wer letztendlich den Sieg davongetragen hätte. Papst Bonifaz starb nämlich einen Monat später am 11. Oktober 1303.[7]

Dies ist lediglich eine kurze Zusammenfassung eines sehr komplexen Themas. Ich möchte nur herausstellen, dass hier ein bestimmtes Muster seinen Anfang nahm.

Philipp und die Juden

Die Situation der Juden in Frankreich war nie sonderlich gefestigt. Sie waren nicht sehr zahlreich und lebten überwiegend in den größeren Städten. Die Traditionen ihrer Gemeinschaft unterschieden sich allerdings stark von denen der Christen. Sie fielen mehr auf als andere Minderheiten und boten sich daher leichter als Opfer an. Immer wieder kam es zu sporadischen Anschuldigungen über Ritualmorde, der schlimmste Fall ereignete sich

1171 in Blois.[8] Massenverfolgungen hingegen gab es in Frankreich nicht. Philipp II. verwies die Juden 1182 des Landes, begrüßte jedoch schon wenige Jahre später ihre Rückkehr.[9]

Abgelenkt durch die Bemühungen, die Häretiker des dreizehnten Jahrhunderts auszumerzen, ließ man die Juden im Grunde in Ruhe. Ende des Jahrhunderts aber herrschte wieder die allgemeine Meinung vor, sie hätten in christlichen Landen nichts verloren. Edward I. vertrieb sie daher 1290 aus England. Viele von ihnen begaben sich daraufhin nach Frankreich.

Nachdem Philipp 1306 die Gascogne an Edward und Flandern an Herzogin Margarete abtreten musste, blickte er sich nach neuen Geldquellen um. Da fiel ihm eine unübersehbare Gemeinschaft von Menschen ins Auge.

Philipp benötigte Geld und er musste dringend sein Ansehen beim französischen Volk stärken. Vor nicht allzu langer Zeit hatte er für den Verfall der Währung verantwortlich gezeichnet und so eine enorme Inflation ausgelöst. Wir alle wissen, wie beliebt ein Politiker nach solchen Aktionen ist. In Paris herrschte eine »explosive, aufgewiegelte Stimmung«. Die Einwohner der Stadt sahen sich gezwungen, ihre Häuser zu vermieten und auf königliches Geheiß die neu geprägten Münzen als Zahlungsmittel zu akzeptieren. Die meisten Bürger empfanden dies als Belastung, zumal sich die Mieten verdreifachten.[10]

Philipp entschied, die Juden des Landes zu verweisen und ihren Besitz zu konfiszieren. Er und seine Berater kamen zu dem Schluss, es sei besser, die ganze Angelegenheit bis zum Moment des Zuschlagens geheim zu halten. Schließlich galt es Beschwerden der ortsansässigen Adeligen zu vermeiden. Die Juden sollten keine Gelegenheit erhalten, ihre Habe zu packen und vorzeitig zu verschwinden. Auch wollte niemand, dass der lokale Mob verfrüht in Stimmung geriet und zu Plünderungen überging, bevor die Männer des Königs eintrafen.[11]

Die plötzliche Festnahme gelang allerdings nicht ganz so reibungslos wie ursprünglich geplant. Einige Juden entkamen mit ihrem Hab und Gut. Auch versuchten einige Adelige, sie zu schützen. Dennoch machte Philipp genug Profit, so dass sich das Ganze für ihn rechnete. Um nichts zu übersehen, verwies er auch gleich noch die Lombarden des Landes, eine weitere Gruppe von Fremden, die mit dem Verleih von Geld in Verbindung stand.[12]

Aber Philipp benötigte immer noch mehr. Er hielt Ausschau nach einer weiteren wohlhabenden Gemeinschaft, die viel Geld, jedoch wenig Beliebtheit ihr Eigen nannte. Er entschied sich für die Templer. Deren Geschichte findet sich in diesem Buch an anderer Stelle.[13] Bei seiner Attacke nutzte er alle Mittel und Wege, die er in seinen früheren Aktionen perfektioniert hatte.

Die letzten Jahre

Die Historiker sind sich nicht einig darüber, inwieweit Philipp tatsächlich der Initiator jener Taten war, die man ihm zur Last legt. Ein Bischof, der mit ihm in Konflikt geriet, berichtete: »Unser König ähnelt der Eule, dem schönsten, aber auch wertlosesten unter den Vögeln. Er ist der ansehnlichste Mann dieser Welt, doch er weiß nicht mehr, als die Leute starr und stumm anzustarren.«[14] Ein weiterer Zeitgenosse schrieb: »Unser König ist ein teilnahmsloser Mensch, ein Falke. Während die Flamen zum Angriff ritten, amüsierte er sich auf der Jagd [...] Er ist ein Kind; er erkennt nicht, dass er hintergangen wird und sein Gefolge ihn lediglich ausnutzt.«[15]

Entspricht dies wirklich seiner Natur? Ich vermag es nicht zu beurteilen. Philipp besaß einen engen Berater, Guillaume de Nogaret, der für jede begangene Schandtat verantwortlich gemacht wird. Es ist durchaus möglich, dass sich Philipp leicht betrügen ließ. Es ist genauso wahrscheinlich, dass er, wie viele andere vor ihm, es vorzog, nach außen hin einen guten Eindruck zu vermitteln, und die Drecksarbeit seinen Untergebenen überließ. Vielleicht war er wirklich äußerst geschickt und hielt so den Anschein eines Unschuldslammes aufrecht. Angesichts der Quellen über ihn neige ich zu dem Schluss, dass er erheblich klüger war, als die Menschen ihm zugestanden, und nicht nur ein Marionettenkönig auf der Hofbühne. Ich bin mir jedoch sicher, dass diese Sache noch lange Gegenstand hitziger Debatten sein wird.

Nach der Hinrichtung der Templer war Philipp in einen weiteren Skandal verwickelt. Im November des Jahres 1314 klagte man seine drei Schwiegertöchter allesamt des Ehebruchs an und nahm sie in Haft. Offenbar sind zwei von ihnen wirklich schuldig gewesen, aber ich möchte es nicht beschwören. Der dritten gelang es, ihre Unschuld zu beweisen. Die beteiligten Männer richtete man hin, die beiden überführten Frauen landeten im Kerker, wo sie bald darauf starben.[16]

Diese ganze Geschichte ist äußerst seltsam. Man fragt sich insgeheim, was mit den Prinzen los war. So habe ich zum Beispiel nirgendwo einen Hinweis darauf gefunden, dass auch nur einer von ihnen sich von seiner Frau losgesagt oder sie verteidigt hätte. Sämtliche Fäden liefen über den König. Seine drei Söhne trugen alle nacheinander nach ihm die Königskrone. Keiner von ihnen zeugte einen Erben. Durch eine ironische Fügung des Schicksals hatte Philipp nur einen einzigen Nachfolger seiner Linie – den Sohn seiner Tochter Isabelle, die Edward den II. von England heiratete und Edward den III. gebar. Wenn ihr Vorgehen in England bezeichnend für sie war, dann gilt Isabelle zu Recht als echter Spross des französischen Königshauses.[17] Man warf ihr vor, den eigenen Ehemann ermordet zu haben und das Königreich an sich reißen zu wollen.

Philipps Jagdleidenschaft war legendär. So sollte es auch niemanden verwundern, dass er am 29. November 1314 bei einem Jagdunfall starb.

Literaturempfehlungen

Haim Beinert: Geschichte der Juden. Atlas der Verfolgung und Vertreibungen im Mittelalter. Bechtermünz 1998

Dieter Berg u. a.: Juden im Mittelalter. Vendenh. U. R. 1999

Javier Castano u. a.: Europas Juden im Mittelalter. Hatje Cantz Verlag 2004

Joachim Ehlert: Die Kapetinger. Kohlhammer 2000

Derselbe: Geschichte Frankreichs im Mittelalter. Kohlhammer 1997

Jean Favier: Geschichte Frankreichs. 6 Bde. Frankreich im Zeitalter der Lehnsherrschaft 1000–1515. Bd. 2. DVA 1989

Joseph Strayer: The Reign of Philip the Fair. Princeton UP 1980

Charles T. Wood (Hg. und Übers.): Philip the Fair and Boniface VIII. Holt Rinehart Winston 1967

---

[1] Letztendlich wurde er zum Heiligen, wie sonst hätte Saint Louis, Missouri, seinen Namen erhalten?

[2] Joseph Strayer: *The Reign of Philip the Fair*. Princeton UP 1980, S. 6

[3] Strayer, S. 11

[4] Robert Fawtier: *The Capetian Kings of France*. Macmillan 1965, S. 90 f.

[5] Ebenda

[6] Jean Favier: *Philippe le Bel*. Fayard 1978, S. 269 (Die Übersetzung stammt von mir. Anm. der A.) [vgl. J. Favier: *Geschichte Frankreichs*. 6 Bde. *Frankreich im Zeitalter der Lehnsherrschaft 1000–1515*. Bd. 2. DVA 1989]

[7] T. S. R. Boase: *Boniface VIII*. Constable and Co. Ltd. 1933, S. 341–351

[8] Robert Chazan: *Medieval Jewry in Northern France*. Johns Hopkins UP 1973, S. 56–60

[9] Ebenda, S. 74

[10] Fortsetzung des Guillaume de Nangis: *Chroniques Capétiennes. Tome II*. Übers. von Francoix Guizot. Paleo 2002, S. 88

[11] William Chester Jordan: *The French Monarchy and the Jews*. University of Pennsylvania Press 1989, S. 202 f.

[12] Favier, S. 205

[13] Siehe die Einträge zu den → **Templern** und → **Klemens V.**

[14] Bischof Bernard Saisset. Zitiert in: Charles-Victor Langlois: »Philip the Fair: The Unknown King.« In: Charles T. Wood (Hg. u. Übers.): *Philip the Fair and Boniface VIII*. Holt Rinehart Winston 1967, S. 85

[15] Ebenda, S. 86

[16] Guillaume de Nangis, S. 129 f.

[17] Isabelles Leben ist ebenfalls eine äußerst interessante Geschichte. Glauben Sie einfach nicht alles, was Sie in *Braveheart* gesehen haben. Am Tage von William Wallaces Hinrichtung war sie gerade mal fünf Jahre alt.

Das Philipposevangelium

Das Philipposevangelium gehört zu den Schriften von → **Nag Hammadi** und hat besondere Aufmerksamkeit erregt, da es offenbar Frauen Autorität zubilligt.[1] Der Text hat viele Lücken, entstanden durch tatsächliche Löcher im Papyrus selbst, daher ist es auch schwierig, den Sinn einiger Abschnitte zu erschließen. Was uns jedoch zur Verfügung steht, das bestärkt diese Ansicht. In diesem → **apokryphen** Evangelium steckt jedoch wesentlich mehr drin als die Feststellung, dass Frauen ein Recht auf Macht haben – falls der Autor dies überhaupt auszudrücken beabsichtigte.

Der Text ist zudem nur deshalb als Philipposevangelium bekannt, weil er der einzige (männliche) Jünger ist, der darin erwähnt wird.[2] Allerdings legt der Zusammenhang nahe, dass ein Jünger des Philippos den Text verfasst hat, ein Gnostiker der Valentinianer-Sekte. Diese vertrat die Ansicht, die meisten Christen hielten »die bloßen Bilder Gottes für [...] die Wirklichkeit«.[3] Der Verfasser erläutert sodann mittels mehrerer Parabeln die Schichten, die zwischen menschlichen Wesen und dem wahren Verständnis Gottes liegen.

Ein Thema, das im Philipposevangelium immer wieder auftaucht, wendet sich der Notwendigkeit zu, dass sich die männliche und die weibliche Kraft zusammenschließen. Darunter sind auch einige Hochzeitsszenen, die ich entzückend finde. Zum Beispiel wird an einer Stelle erklärt, wie das Böse jede Kraft einzeln angreifen kann, da eine Frau oder ein Mann, die alleine sitzen, leichte Beute für Verführer sind. »Wenn sie aber sehen, dass ein Mann mit einer Frau zusammenlebt, können die Frauen nicht einfach zum Manne hingehen und auch die Männer nicht zur Frau. Genauso ist es, wenn das Bild und der Engel sich miteinander vereinigen. Keiner kann dann mehr wagen, zu dem Mann oder der Frau hineinzugehen.«[4] Weiter wird die Vorstellung einer Einheit zwischen Mann und Frau wie folgt ausgeführt: »Als Eva noch in Adam ruhte, da gab es keinen Tod. Da sie sich von ihm trennte, kam der Tod.«[5] Außerdem: »Es vereinigt sich aber die Frau mit ihrem Mann im Brautgemach. Und die sich im Brautgemach vereinigt haben, trennen sich nicht mehr.«[6]

In diesem Zusammenhang müssen wir auch den Textabschnitt zu → **Maria Magdalena** verstehen. Zwei Passagen sind hier relevant: »Drei gingen jederzeit mit dem Herrn: seine Mutter Maria und ihre Schwester und Magdalena, die man seine Geliebte nennt. Maria ist seine Schwester und seine Mutter und seine Geliebte.«[7] Nun lesen einige Übersetzer stattdessen »Gefährtin«[i].[8] Der koptische Text dieses Evangeliums ist in sehr schlechtem Zustand und jede Übersetzung deckt eine erkleckliche Bandbreite von möglichen Bedeutungen ab.

Sämtliche von mir herangezogenen Übersetzungen stimmen bezüglich des Abschnittes überein, den ich auch im Eintrag zu → **Maria Magdalena** zitiert habe, in dem

---

i »Gefährtin« ist hier im Sinne von »Gemahlin« zu verstehen. Anm. d. Ü.

Jesus Maria häufig küsst, und das vermutlich auf den Mund. Die anderen Jünger fragten ihn: »Warum liebst du sie mehr als uns?« Der Erlöser antwortete und sprach: »Warum liebe ich euch nicht so wie sie? Wenn ein blinder Mann und ein sehender zusammen in der Dunkelheit sind, so unterscheiden sie sich nicht. Wird es aber Licht, so wird jener, der sehend ist, das Licht erblicken, und jener, der blind ist, verharrt in der Dunkelheit.«[9]

All diese Kommentare könnten bei Ihnen als Leser den Eindruck erwecken, dass der Verfasser des Philipposevangeliums Jesus und Maria als Ehepaar beschreibt. Allerdings deutet der Kontext der anderen → **gnostischen** Aussagen im Text darauf hin, dass diese Vereinigungen eher spiritueller Natur sind. Es herrscht die Ansicht vor, bei Philippos könne es sich um eine Zusammenstellung verschiedener Initiierungszeremonien oder Ansprachen handeln, um Anwärter auf die volle Mitgliedschaft in der Gemeinde vorzubereiten.[10] Das war in den meisten frühchristlichen Gemeinschaften normal. Diejenigen, die sich gerade erst mit dem Christentum vertraut machten, durften dem Gottesdienst nur teilweise beiwohnen. Vor dem Empfang der Kommunion mussten sie sich zurückziehen.

An einigen Stellen wird auch deutlich, dass der Autor den gnostischen Glaubensvorstellungen über das Fleisch und die Erde anhängt. »Die Welt entstand durch einen falschen Schritt. Denn der sie erschuf, wollte sie unvergänglich und unsterblich erschaffen. In der Erfüllung dieses Verlangens versagte er.«[11] Es steht ohne Zweifel fest, dass dies kein Gott ist, der eine gute Welt erschuf. Hier handelt es sich um den gnostischen *Demiurgen*, ein Wesen von niedrigerem Rang. Der Verfasser nennt es den »Geist der Welt«. »Wenn der Wind der Welt weht, dann bringt er den Winter herbei. Wenn die Heilige Geistin[ii] atmet, dann kommt der Sommer.«[12]

Das Philipposevangelium ist schwierig – und dies nicht nur wegen der zahlreichen Lücken im Text. Es macht vielmehr einen zusammenhanglosen Eindruck. Ein Großteil der erhaltenen Textstellen ergeht sich in mystischen Anspielungen, die vielerlei Bedeutungen haben können. Sind alle Bezüge auf die geschlechtliche Vereinigung metaphorisch zu verstehen? Die Möglichkeit ist nicht auszuschließen. Die meisten gnostischen Gemeinschaften waren außerordentlich asketisch orientiert. Sind jegliche Bezüge auf die Gleichheit der Frau gegenüber dem Mann nur philosophisch gemeint? Ich glaube nicht. Meine Auffassung des Textes, gepaart mit der Erforschung der ersten zweihundert Jahre des Christentums, bringen mich zu dem Schluss, dass die von Philippos angesprochene Gruppe sowohl Männer als auch Frauen umfasste. Es steht zu hoffen, dass man sie auf Erden so gleich behandelt hat, wie sie es vom Himmelreich erwarteten.

Literaturempfehlungen

»The Gospel of Philip.« In: *The Nag Hammadi Library*. Hg. von James M. Robinson. Harper 1988

Gerd Lüdemann und Martina Janßen: Die Bibel der Häretiker. Die Texte der Nag-Hammadi-Bibliothek. Radius-Verlag 2003

E. Pagels: Das Geheimnis des fünften Evangeliums. C. H. Beck 2004

[ii] Der biblische Heilige Geist ist weiblich! Er wird bei den Valentinianern mit Sophia, der Schöpferin und Weisheit, gleichgesetzt. Anm. d. Ü.

[1] Ann Graham Brock: *Mary Magdalene, the First Apostle. The Struggle for Authority*. Harvard UP 2003, S. 90 f.; Elaine Pagels: *The Gnostic Gospels*. Random House 1979, S. XV [vgl. Elaine Pagels: *Das Geheimnis des fünften Evangeliums*. C. H. Beck 2004; Werner Hörmann (Hg. und Übers.): *Gnosis, das Buch der verborgenen Evangelien*. Pattloch 1995]

[2] Wesley W. Isenberg (Übers.): »The Gospel of Philip.« In: *The Nag Hammadi Library*. Hg. von James M. Robinson. Harper 1988 [vgl. Gerd Lüdemann und Martina Janßen: *Die Bibel der Häretiker. Die Texte der Nag-Hammadi-Bibliothek*. Radius-Verlag 2003]

[3] Elaine Pagels: *The Gnostic Gospels*. Vintage Books 1979, S. 83 [vgl. Elaine Pagels: *Das Geheimnis des fünften Evangeliums*. C. H. Beck 2004]

[4] »The Gospel of Philip«, S. 149 [vgl. G. Lüdemann und M. Janßen: *Die Bibel der Häretiker. Die Texte der Nag-Hammadi-Bibliothek*. Radius-Verlag 2003; W. Hörmann: *Gnosis*. »Das Evangelium nach Philippos«, Spruch 61, S. 294]

[5] Ebenda, S. 150 [vgl. W. Hörmann: Gnosis. Spruch 71, S. 296]

[6] Ebenda [vgl. W. Hörmann: *Gnosis*. »Das Evangelium nach Philippos«, Spruch 79, S. 298]

[7] »The Gospel of Philip« In: *Lost Scriptures: Books that did not make it into the New Testament*. Brad D. Ehrman (Hg. und Übers.). Oxford UP 2003, S. 41 [vgl. W. Hörmann: *Gnosis*. »Das Evangelium nach Philippos«, Spruch 32, S. 288]

[8] Wesley W. Isenberg (Übers.): »The Gospel of Philip« In: *The Nag Hammadi Library*. Hg. von James M. Robinson. Harper 1988, S. 145 [vgl. G. Lüdemann und M. Janßen: *Die Bibel der Häretiker. Die Texte der Nag-Hammadi-Bibliothek*. Radius-Verlag 2003; W. Hörmann: *Gnosis*. »Das Evangelium nach Philippos«, Spruch 32, S. 288]

[9] Ehrman, S. 22 (Siehe auch das Kapitel zu → **Maria Magdalena**.) [W. Hörmann: *Gnosis*. Spruch 55, Seite 292]

[10] Isenberg, »Introduction to the Gospel of Philip.«, S. 41

[11] »The Gospel of Philip«, S. 154 [vgl. G. Lüdemann und M. Janßen: *Die Bibel der Häretiker*; W. Hörmann: Gnosis. »Das Evangelium nach Philippos«, Spruch 99, S. 301, sowie »Das System der Valentinianer nach Irenäus I, 1–7,1«, S. 167; *Fontes Christiani*. 1. Folge. Irenäus von Lyon u. a.: *Gegen die Häresien V*, Bd. 8/5. Herder 2001]

[12] Ebenda, S. 155 [vgl. W. Hörmann: *Gnosis*. »Das Evangelium des Philippos«, Spruch 109, S. 303

Pope, Alexander

Der Dichter, Essayist, Literaturkritiker und Bewunderer von Isaac → **Newton** wurde am 21. Mai 1688 in London in eine katholische Familie geboren. Es war das Jahr der »Glorreichen Revolution«, die den katholischen König James (oder Jakob) II. zugunsten seiner protestantischen Tochter Mary und ihres Gatten Wilhelm von Oranien stürzte.

Alexander war ein begabtes Kind, das früh lesen lernte und mit elf Jahren Gedichte verfasste. Mit zwölf Jahren zog er sich jedoch die Pott'sche Krankheit zu, »eine tuberkulöse Beeinträchtigung des Rückgrats, welche die Bandscheiben zusammenbrechen lässt, der Wirbelsäule die Kraft raubt und auf lange Sicht den gesamten Körper verunstaltet«.[1] Diese Krankheit veränderte sein ganzes Leben. Sein Kopf und seine Arme wuchsen, seine Beine dagegen nicht. Zur Stützung seines Rückens musste er außerdem eine Leinenjacke tragen.[2] Alexander Pope wurde nie größer als knapp 1,38 Meter.

Seine Brillanz überwand jedoch seine Behinderung und er gehörte lange Jahre der Londoner Intellektuellenszene an. Vermutlich als Waffe gegen die gaffenden Blicke und grausamen Verhöhnungen entwickelte er eine messerscharfe Beobachtungsgabe, die in vielen seiner Gedichte zutage tritt.

Ich habe Popes berühmtestes Gedicht »Der Lockenraub« an der Universität gelesen und war wirklich noch nicht alt genug, um es zu schätzen. Es beruht auf einer wahren Begebenheit, in der ein Baron aus Popes Bekanntenkreis einer Frau, die er bewunderte, heimlich eine Haarlocke abschnitt. Pope schrieb 1712 ein spöttisches Versepos, um diesen Augenblick zu verewigen. Bei der ersten Lektüre gefiel es mir vor allem deshalb nicht besonders, weil ich Popes Quellen nicht gelesen hatte; daher fehlte mir die Grundlage, um verstehen zu können, was er da eigentlich parodieren wollte.

Als ich die Geschichte der → **Rosenkreuzer** für dieses Buch recherchierte, entdeckte ich den Hinweis, »Der Lockenraub« sei voller Rosenkreuzer-Themen – ein möglicher Hinweis darauf, dass Pope ein Mitglied dieses Geheimbundes gewesen sein könnte. In seiner Widmung merkte er an, das Gedicht baue »auf einem französischen Buch, *Le Comte de Gabalis*, auf, das seinerseits auf der ›Rosenkreuzer-Doktrin des Geistes‹ beruhe«.[3] Es handelt sich dabei um einen Roman, der damals in Frankreich recht populär war. Das Buch erzählt von übernatürlichen Geschöpfen aus einer Welt, die neben der unseren existiert, von verborgener Weisheit und einem Weisen, der nach der Lösung eines Geheimnisses sucht. Sollte er sie jemals finden, so droht ihm der Tod.[4] Pope hat von den Rosenkreuzern wohl nicht mehr als dies gewusst. Aber die Tatsache, dass er sich dieses Themas bediente und davon ausging, seine Leser verstünden all die Bezüge, zeigt, welchen Beliebtheitsgrad Geschichten von den Rosenkreuzern und anderen Geheimbünden seinerzeit genossen.

Im Unterschied zu den meisten Dichtern war Pope finanziell erfolgreich. Bevor er sich an die Übersetzung der *Ilias* machte, teilte er dem Verleger mit, er benötige eintausend Abonnenten im Voraus, von denen jeder eine Guinea Vorschuss zu leisten habe.[5] Der Plan ging auf und die Übersetzung verkaufte sich auch weiterhin sehr gut.

Pope war offenbar kein Mitglied einer der mystischen oder wissenschaftlichen Gruppierungen, die im siebzehnten und achtzehnten Jahrhundert wie Pilze aus dem Boden schossen. Er bewegte sich eindeutig nicht in den gleichen Kreisen wie Newton. »Newtons Fähigkeit, das Universum zu systematisieren, beeindruckte ihn, aber er machte sich Sorgen über den Weg, den die Menschheit nunmehr einschlug.«[6] Warum hielt er also die Grabrede auf Newtons Beerdigung?

Ganz einfach: Isaac Newton war der herausragendste Wissenschaftler Englands. Pope galt als Englands größter Dichter. Man engagierte ihn also, um dem großen Mann einen angemessenen Abschied zu verschaffen.

Trotz seiner gesundheitlichen Probleme wurde Pope sechsundfünfzig Jahre alt. Er starb am 30. Mai 1744 und liegt in der katholischen Kirche begraben, die sich nahe seines Heimes im englischen Twickenham befindet.

---

1 Peter Quennel: *Alexander Pope. The Education of Genius 1688–1728*. Stein and Day 1968, S. 6

2 Joseph A. Seabury, »Introduction and Notes.« In: Alexander Pope: *Essay on Man and Essay on Criticism*. Silver, Burnett & Co. 1900, S. 6

3 Quennel, S. 71

4 Ebenda

5 Ebenda, S. 91

6 Michael White: *Isaac Newton: The Last Sorcerer*. Perseus Books 1999, S. 291

Die Prieuré de Sion

Bei der Bruderschaft von Sion handelte es sich um eine kurzlebige rechtsgerichtete Gruppe, die Mitte der fünfziger Jahre des zwanzigsten Jahrhunderts in Ostfrankreich entstand. Der offizielle Eintrag der Organisation erfolgte am 20. Juli 1956 bei der Subpräfektur von Saint-Julien-en-Genevois.[1] Zu ihren Geschäftsführern gehörte unter anderem Pierre Plantard, der Schöpfer der → **Dossiers Secrets**.

Die Prieuré de Sion bezeichnete sich selbst als die *»Chevalerie d'Institutions et Regles Catholique & d'Union Independante Traditionaliste«* – also als die »Ritterschaft der katholischen Institutionen und Gesetze sowie der unabhängigen und traditionellen Union«.[2] Ihr Zweck war die »Wiederherstellung der alten Ritterlichkeit, das Streben nach Erkenntnis und Solidarität«. Die Organisation stand allen Katholiken offen, die mit den Zielen der Prieuré übereinstimmten und fünfhundert Franc parat hatten.[3]

Die Mitglieder der Prieuré brachten einen Newsletter heraus, den *Circuit*, dessen Redakteure einen Großteil des Inhalts darauf verwandten, sich über örtliche Politik und mangelnde staatliche Dienstleistungen zu beschweren. Die Gruppe hat sich offenbar nicht über die ursprüngliche Gründungsregion hinweg ausgedehnt. Im Jahr 1984 schied Pierre Plantard aus der Prieuré aus. Als Begründung nannte er seine Unzufriedenheit darüber, dass einige Brüder freundschaftliche Beziehungen zu Engländern und Amerikanern unterhielten.

Er gibt noch einen weiteren Auslöser für seinen Rücktritt an: »Dieser gründet sich in den Veröffentlichungen über mich in der Presse, in Büchern und in Broschüren, die in der Bibliothèque Nationale erfasst und vervielfältigt wurden und falsche oder gefälschte Dokumente über mich betreffen.«[4]

Die einzigen Dokumente, von denen ich weiß, sind die *Dossiers Secrets*. Versuchte er sich von ihnen zu distanzieren, nachdem sie als Grundlage für das Buch *Der Heilige Gral und seine Erben* gedient hatten? Seine wahren Beweggründe sind nicht bekannt. Kurz darauf hat sich die Gesellschaft dann aufgelöst.

Die mythische Prieuré de Sion ist allerdings ein anderes Thema. Laut *Sakrileg*, das für seinen Hintergrund vieles aus *Der Heilige Gral und seine Erben* herleitet, war die Prieuré eine Geheimgesellschaft, die → **Gottfried von Bouillon** 1099 in Jerusalem gründete. Bevor er zum Eroberer Jerusalems wurde, trug er die Titel des Grafen von Flandern und des Herzogs von Niederlothringen.

Gemäß *Der Heilige Gral und seine Erben* begründete Gottfried die Prieuré, um seine Blutlinie zu schützen, nämlich die von Jesus und Maria Magdalena und das Geheimnis ihrer Existenz. Die Prieuré wiederum rief die → **Templer** ins Leben, angeblich um Beweise für diese Blutlinie auszugraben, die unter dem Tempel Salomons verborgen sein sollten. Dan Brown fügte in *Sakrileg* noch ein Element der Göttinnenverehrung hinzu, das den äußerst christlichen Gottfried als Sohn eines Heiligen und

Verwandten eines Papstes mit Sicherheit verdutzt und entsetzt hätte.

Auf dem Berg Sion in Jerusalem lag ein Kloster, was jedoch nie ein Geheimnis war. Außer den im Jahre 1964 aufgetauchten *Dossiers Secrets* existiert nicht der kleinste Beweis dafür, dass eine Organisation dieser Art je existiert hätte. Die für diese erfundene Geheimgesellschaft aufgestellte Liste der Großmeister ist faszinierend. Sie zeigt deutlich, wie gut der unbekannte Verfasser die okkulten Interessen der meisten Männer kannte, denen unwissentlich diese Ehre zuteil wurde.

---

1 Bill Putnam und John Edward Wood: *The Treasure of Rennes-le-Chateau. A Mystery Solved.* Sutton Publishing 2003, S. 129 f. [vgl. Thomas Ritter: *Rennes-le-Chateau. Rätsel in den Pyrenäen. Eine Entdeckungsreise zu den verlorenen Schätzen der Templer und Katharer.* Bohmeier-Verlag 2001]

2 Anmeldung beim Sous-Préfet von St-Julien, Haute Savoie, vom 7. Mai 1956. Eine Fotokopie des Dokumentes steht unter http://members.surfeu.fi/pos2004/rd1.jpg im Internet.

3 Ebenda, Abschnitte VI und VIII

4 Pierre Plantard, Austrittserklärung vom 10. Juli 1984. Eine Fotokopie des Dokumentes steht unter http://members.surfeu.fi/pos2004//posd/rd1.jpg im Internet.

Die Proportionsstudie nach Vitruv

Eine der dramatischsten Szenen in *Sakrileg* beschreibt, wie Robert Langdon zum ersten Mal den nackten Körper von → **Jacques Saunière,** ausgebreitet wie die *Proportionsstudie* nach Vitruv[1], auf dem Fußboden des Louvre erblickt. Man mag Langdon den Schock zugute halten, weil er sich nicht daran erinnert, dass der Mann in → **Leonardo da Vincis** Zeichnung nicht nur den Betrachter anblickt, sondern auch jeweils zwei Paar Arme und Beine sein Eigen nennt. Ziemlich schwierig, dies nachzustellen.

Saunière zog außerdem einen Kreis um seinen Körper, was Langdon als da Vincis Darstellung der gemeinsamen Harmonie des Weiblichen und Männlichen interpretierte. Der Kreis bildet dabei das Zeichen weiblichen Schutzes.[2]

Vielleicht wollte Saunière Langdon diese Botschaft vermitteln. Doch Leonardos Zeichnung weist ein Quadrat um den Kreis auf. Ich könnte die Metapher an ihre Grenzen treiben und jetzt behaupten, das Quadrat sei Leonardos Versuch, der Welt zu zeigen, dass Frauen in Schubladen gepresst werden. Aber das wäre lächerlich. Warum soll man sich in Spekulationen ergehen, wenn da Vinci ausreichend Notizen darüber hinterließ, warum er diese Zeichnung anfertigte?

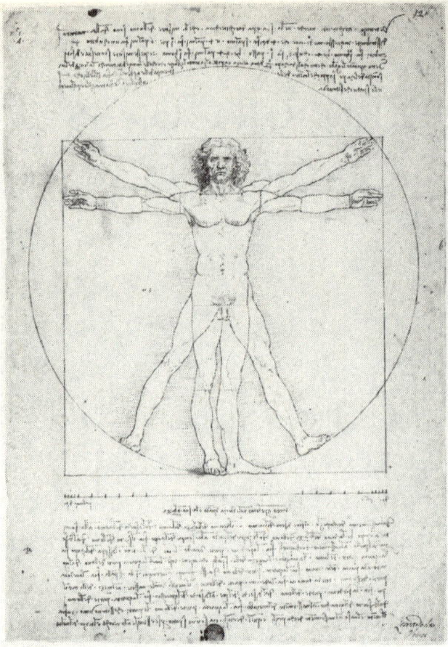

Proportionsstudie nach Vitruv, Leonardo.
© Cameraphoto/Art Resource, New York

»Der Architekt Vitruvius gibt in seinem Werk über die Architektur an, dass die Maße eines Menschen von der Natur wie folgt zusammengesetzt sind [...] Wenn du die Beine so weit spreizt, dass sie den vierzehnten Teil der Länge ausmachen, wenn du die Arme ausbreitest und anhebst, bis du die Schnittpunkte der Scheitellinie des Kopfes mit dem Kreis mit deinen Mittelfingern berührst, dann wisse, dass die Mitte des Kreises, den deine ausgestreckten Gliedmaßen bilden, dein Nabel ist und der Raum zwischen den Beinen ist ein gleichschenkeliges Dreieck.«[3]

Die Vorstellung der perfekten Form innerhalb eines Kreises oder Quadrates war an sich nichts Besonderes.

Leonardo aber beließ es nicht dabei, sondern setzte den Mann in beide Formen gleichzeitig ein. Sollten Sie den Wunsch verspüren, Zirkel und Lineal hervorzuholen, so werden Sie feststellen, dass der Nabel tatsächlich den Mittelpunkt des Kreises bildet und die Genitalien den Mittelpunkt des Quadrates.[4]

Diese Zeichnung entstand während Leonardos Studien über die menschlichen Proportionen. Er hat offenbar jeden Zentimeter und jede Position ausgemessen. Er tat dies, damit seine Gemälde so natürlich wie möglich wirkten. So sagte er zum Beispiel: »Die Breite des Halses im Profil entspricht der Länge vom Kinn zum Kiefer und sie findet sich fünfzehnmal im gesamten Mann.«[5] Des Weiteren: »Streckt man die Finger der Hand aus und hält diese eng geschlossen, so stellt man fest, dass sie nicht breiter sind als die maximale Breite des Fußes an dem Punkt, da die Zehen beginnen.«[6]

Ich habe diese Angaben nicht selbst überprüft. Aber ich spiele mit dem Gedanken, mir ein Maßband zu schnappen und seine Theorie auf der nächsten Party auszuprobieren. Mag sein, dass auf diese Weise eine völlig neue Gymnastikwelle ihren Anfang nimmt.

Literaturempfehlungen

Klaus Schröer und Klaus Irle: Ich aber quadriere den Kreis … Leonardo da Vincis Proportionsstudie. Waxmann Verlag 1998

---

1 *Sakrileg*, S. 66

2 Ebenda

3 Leonardo da Vinci: *The Notebooks of Leonardo da Vinci.* Übers. von Ed-

ward MacCurdy, Konecky & Konecky 2003, S. 213 [vgl. Leonardo da Vinci: *Sämtliche Gemälde und die Schriften zur Malerei.* Schirmer/Mosel 1990]

4 Ich danke Dr. Georgia Wright, die mich auf diesen Umstand aufmerksam gemacht hat.

5 Leonardo, S. 211

6 Ebenda, S. 210

Qumran

(Die Schriftrollen vom Toten Meer)

Im Frühjahr des Jahres 1947 stieß ein arabischer Schäfer zufällig auf eine Höhle mit Handschriften[1], die als »Fund 1 der Schriftrollen vom Toten Meer« Bekanntheit erlangen sollten. Er fand sie am Westufer des Meeres, ungefähr dreizehn Kilometer südlich von Jericho im damaligen Jordanien. Der Schäfer brachte die Rollen zu einem christlich-orthodoxen Syrer namens Khalil Iskander Shahin. Durch diesen wiederum gelangten die Schriftrollen vom Toten Meer (damals noch als »Schriftrollen von Qumran« bezeichnet) letztendlich an die Öffentlichkeit.[2]

Was nach diesem Fund geschah, ist eine Abhandlung über akademische Selbstsucht und Geheimniskrämerei, die jeder Agentenstory das Wasser zu reichen vermag. Geheime Treffen, geschmuggelte Dokumente, gefährliche Ausflüge in Feindesland, unglaubliche Rivalitäten und Freunde, die zu Gegnern werden – dies sind samt und sonders Aspekte der Geschichte. All dies spielte sich ab, noch bevor der tatsächliche Inhalt der Schriftrollen bekannt war. Ein kleiner Teil der spannenden Ereignisse betrifft den Fund der Schriftrollen selbst, nur wenige Monate vor der Gründung des Staates Israel und des ersten arabisch-israelischen Krieges (auch als Palästinenser- bzw. israelischer Unabhängigkeitskrieg bekannt). Die meisten Spannungen entstanden allerdings durch die wilde Entschlossenheit jener Wissenschaftler, in deren Obhut sich die Schriftrollen befanden. Diese befürworteten, die Existenz der Texte bis zur Publikation völlig zu verschweigen. Dies hatte allerdings nicht das Geringste mit Religion, dafür aber umso mehr mit ihrem eigenen akademischen Ruf zu tun.[3]

Der Inhalt der Schriftrollen ist mittlerweile publiziert und in verschiedene Sprachen übersetzt, dennoch schwelt der Konflikt weiter.

Die Schriftrollen enthalten Weisungen für eine zuvor unbekannte jüdische Gemeinschaft, die im letzten Jahrhundert vor sowie im ersten Jahrhundert nach Christi Geburt existierte. Darin finden sich zahlreiche Gebete und Hymnen der Gemeinschaft. Am wichtigsten aber ist die Auflistung sämtlicher Bücher der hebräischen Bibel, mit Ausnahme des Buches Esther. Viele der Schriften sind wesentlich älter als die Gemeinschaft selbst und stellen die ältesten Dokumente zu den ersten fünf Büchern der hebräischen Bibel dar. Außerdem enthalten die Schriftrollen viele → **apokryphe** Bücher, die auch aus anderen Quellen bekannt sind. Dabei handelt es sich um jüdische Apokryphen, nicht um christliche. Obwohl die Gemeinschaft, die diese Schriftrollen zusammentrug, zur Lebenszeit Jesu tätig war, wird er nirgendwo erwähnt. Christliche Elemente fehlen ebenfalls.[4]

Allerdings erzählen uns die Schriftrollen etwas über die Welt, in die Jesus hineingeboren wurde. Sie enthüllen uns, dass die hebräische Bibel, *Tanakh*, zu diesem Zeitpunkt noch keine offiziell abgesegnete Sammlung darstellte, ein großer Teil davon jedoch bereits weitgehend akzeptiert war.

In einigen Passagen wird auch die Ankunft des Messias beschrieben. Für manche ist dies ein Hinweis darauf, dass die Schriften in Wahrheit frühchristliche Dokumente seien. Ich halte dies für unwahrscheinlich. In keinem der bisher übersetzten Dokumente steht geschrieben, dass der Messias bereits gekommen sei. Stets wird von seiner erwarteten Ankunft berichtet, wobei der Hoffnung Ausdruck verliehen wird, dies möge bald sein. Wichtig ist an dieser Stelle die verwendete Terminologie: »Er wird der Sohn Gottes genannt werden und sie erkennen ihn als Sohn des Allerhöchsten.«[5] Dies zeigt, dass die Menschen bereits eine Vorstellung davon besaßen, in welcher Form der versprochene Messias wohl erschien.

Die tatsächliche wissenschaftliche Auseinandersetzung über die Schriftrollen drehte sich vornehmlich darum, wer sie sehen durfte. In akademischen Kreisen ist es ungeschriebene Tradition, nicht in den Projekten anderer zu wildern. Bald nach ihrer Entdeckung bildete sich ein Team, um die Schriften für eine spätere Veröffentlichung zu übertragen. Die jordanische Regierung, in deren Besitz sich die Schriftrollen damals befanden, förderte das Projekt. Der Rest der Religionswissenschaftler übte sich in Geduld. Einige Jahre vergingen. Und noch mehr Jahre. Bis John Allegro, einer der autorisierten Wissenschaftler, 1959 seine Erkenntnisse über die rätselhafteste dieser Schriften veröffentlichte, die aus einem dünnen Kupferblech bestand.[6]

Diese Schrift hatte von allen am wenigsten mit Religion zu tun. Dennoch regte der Inhalt die öffentliche Fantasie an, denn auf der Schriftrolle befand sich eine Aufzählung von Orten, an denen die Vorsteher des Tempels von Jerusalem einst Schätze versteckt hatten.[7] Dies entfachte stürmische Diskussionen unter den Wissenschaftlern und weckte ein ungewöhnlich breites Interesse an früher jüdischer Theologie. Allegro erhielt finanzielle Unterstützung von auswärtigen akademischen Stellen und begab sich auf Schatzsuche. Er fand nichts. Aus ungeklärten Gründen machte Allegro den Vatikan für den Abbruch seiner Schatzsuche verantwortlich. Heute befindet sich die Kupferrolle im jordanischen Amman.[8]

In der Zwischenzeit erhitzte das langsame Vorankommen der mit den Schriftrollen befassten Wissenschaftler weltweit die Gemüter der übrigen Religionswissenschaftler und Archäologen. Der Leiter des Teams, Roland de Vaux, führte gleichzeitig Ausgrabungen in der Stadt Qumran durch, in deren Nähe man die Schriftrollen gefunden hatte. Er ging davon aus, dass einst die Essener, jüdische Asketen, die Stadt errichteten und dass sie die Schriften sowohl verfasst als auch verborgen hatten. Erste Übersetzungen wurden bereits 1956 veröffentlicht, aber akademische Ausgaben der Originale ließen weiter auf sich warten. Andere Wissenschaftler aber wollten die Sachlage persönlich überprüfen.

Mit Hilfe der Computeranalyse, die den früheren Wissenschaftlern nicht zur Verfügung stand, gelang es 1992 Michael Wise, einem Professor an der University of Chicago, den Inhalt der Schriftrollen zusammenzusetzen, unter anderem durch eine Kopie aus dem Besitz der Huntington Library in Pasadena. Diese Arbeit war nicht als abschließende Veröffentlichung gedacht, doch sie vermochte als Notlösung zu dienen, bis das Qumran-Team davon überzeugt werden konnte, die Ergebnisse seiner Anstrengungen endlich zu publizieren.[9] Die Veröffentlichung von Wise sorgte für akademische Furore, die immer noch nicht völlig abgeflaut ist.

Soweit mir bekannt ist, war Allegro der Einzige, der

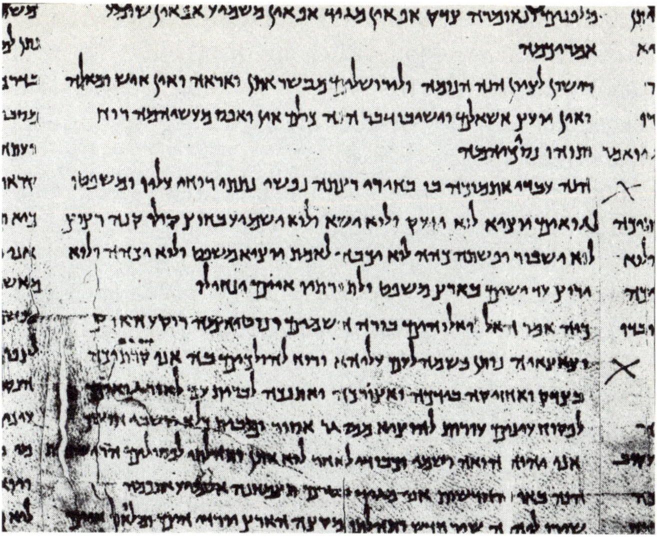

Aus dem Buch Jesaja.
© Erich Lessing/Art Resource, New York

jemals den Vatikan mit den Schriftrollen oder deren verzögerter Veröffentlichung in Verbindung brachte. Der lange Zeitraum zwischen der Entdeckung der Schriftrollen und ihrer Veröffentlichung ist offensichtlich auf interne akademische Machtkämpfe sowie die Politik der jordanischen und israelischen Regierung zurückzuführen.

Mehr als achthundert Schriftrollen hat man bisher am nordwestlichen Ufer des Toten Meeres, auf dem Plateau von Qumran, gefunden. In den Hügeln Judäas mögen noch weitaus mehr ruhen, allerdings lässt die derzeitige politische Situation fortlaufende archäologische Arbeiten nicht zu. Es ist eine Schande angesichts des seltenen Blicks in die jüdische Welt, den die bisherigen Funde erlauben. Für Juden ist es ein Porträt ihrer Vorfahren, für Christen wie gesagt ein Blick auf die Welt, in die Jesus geboren wurde. Die Informationen bereichern den Fundus an Wissen, das wir über die Menschen besitzen und damit auch über uns selbst.

Die Schriftrollen befinden sich heute in einem eigenen Museum in Jerusalem.

Literaturempfehlungen

Werner Ekschmitt: Ugarit – Qumran – Nag Hammadi. Die großen Schriftfunde zur Bibel. Von Zabern 1993

Philip R. Davies u. a.: Qumran. Theiss 2002

Norman Golb: Qumran. Wer schrieb die Schriftrollen vom Toten Meer? Hoffmann und Campe 1994

A. Schick: Faszination Qumran. CLV 1999

Annette Steudel (Hg.): Die Texte aus Qumran. Hebräisch/aramäisch und deutsch. Wissenschaftliche Buchhandlung 2001

Al Walters: The Copper Scrolls; Overview, Test and Translation. Sheffield Academy Press 1996

Michael Wise, Martin G. Abeg Jr. und Edward M. Cook: Die Schriftrollen von Qumran. Bechtermünz 2000

---

[1] Die erste Höhle von Qumran (1Q) wurde bereits im November oder Dezember 1946 von drei Beduinen des Stammes der Ta'amireh gefunden: Muhammed edh-Dhib, Jum'a Muhammed und Khalil Musa. Allerdings behielten sie ihre Fundstücke zunächst für sich, um sie später gewinnbringend zu veräußern. Vgl. hierzu die Literaturempfehlungen. Anm. d. Ü.

[2] Hershel Shanks: *The Mystery and Meaning of the Dead Sea Scrolls*. Random House 1998, S. 11 f.

[3] Shanks, S. 33–60; Norman Golb: *Who Wrote the Dead Sea Scrolls?* Simon & Schuster 1995, S. 217–247

[4] G. Vermes: *The Dead Sea Scrolls in English*. Penguin 1962 (Lesen und bilden Sie sich Ihr eigenes Urteil.)
[5] Schriftrolle 4Q246, siehe Vermes, S. 275
[6] Shanks, S. 180–196
[7] Vermes, S. 308 f.
[8] Shanks, S. 180–196
[9] Golb, S. 310 ff.

Die Rosenkreuzer

Es lag etwas in der Luft im Europa des siebzehnten Jahrhunderts. In Schottland fragten sich Adelige, ob die → **Freimaurer** mit ihren Logen und *old charges* womöglich über okkultes Wissen verfügten, das sie zu teilen bereit wären. In England und den Niederlanden vermischten ernsthafte Gelehrte Wissenschaft und Alchemie in der Hoffnung, neue Naturgesetze zu entdecken. In Deutschland gründete derweil eine unbekannte Gruppe die Rosenkreuzer.

Die Anfänge dieses Ordens gehören zu den seltsamsten in der Zunft der Geheimbünde, die sich zur damaligen Zeit großer Beliebtheit erfreuten. Im Jahre 1613 fand sich in einem anonymen Pamphlet mit dem Titel »Die Reformation der ganzen weiten Welt« ein erster Hinweis auf den neuen Bund.[1] Es handelt sich um eine Geschichte, wie der Gott Apollo über die Vorschläge mehrerer griechischer und römischer Staatsmänner zur Reform der Welt urteilt. Allerdings ist es die deutsche Version eines italienischen Textes. Er ähnelt vielen mittelalterlichen Kommentaren zur Gesellschaft, in denen die Götter des Altertums stellvertretend Kritik üben.

Der Text hat vielleicht nicht allzu viel mit den Ideen gemeinsam, die in den späteren Manifesten der Rosenkreuzer Verbreitung fanden, aber er wurde oft gemeinsam mit ihnen nachgedruckt. So tauchte er 1614 erneut mit der *Fama Fraternitatis* wieder auf.[2] Dieser Begriff lässt sich auf verschiedene Weisen übersetzen. *Fraternitas* bedeutet »Bruderschaft«, aber *fama* kann sowohl »Bekanntheit« oder »Ruhm« bedeuten als auch »Klatsch« oder »Gerücht«. Die *Fama* berichtete von einem Geheimbund, den ein gewisser »C. R. C.« (Christian Rosen Creutz) im fünfzehnten Jahrhundert gründete. Dieser verbrachte einen Großteil seines Lebens mit langen Wanderschaften, auf denen er sich die Weisheit der Araber und der Afrikaner aneignete, die im Unterschied zu den Weisen seines Heimatlandes ihr Wissen freimütig weitergaben.[3]

Nach Deutschland zurückgekehrt, begründete »C. R. C.« die »Bruderschaft vom Rosenkreutz – zuerst mit lediglich vier Personen. Von ihnen stammen die magische Sprache und Schrift.«[4] Die Mitglieder machten es sich zur Aufgabe, die Welt zu bereisen, Heilkunde zu betreiben und insgeheim Gutes zu tun. Jedes Mitglied sollte sich zudem einen Schüler nehmen und ihn ausbilden, damit das Werk nach dem Tod der ersten vier fortgeführt werde. Die letzte Übereinkunft lautete, der Bund solle hundert Jahre lang ein Geheimnis bleiben.[5]

Die Veröffentlichung der *Fama Fraternitatis* und einer eingehenderen Erklärung der Glaubensgrundsätze des Bundes, der *Confessio Fraternitatis*, verursachten zunächst in Deutschland und dann in ganz Europa einen Aufschrei der Empörung. Die *Confessio* beginnt mit der Verdammung des Papstes und Mohammeds für »ihre Blasphemien gegen unseren Herrn Jesus Christus«, wodurch sich die Gruppe als ausgeprägt protestantisch etabliert.[6]

Das Werk führt weiter aus, dass die Menschen in der Endzeit angelangt seien, den letzten Tagen der Welt. Gott habe Zeichen an den Himmel, in die Natur und in die Bibel gesetzt, um jene zu warnen, die sie verstehen können. Es wird impliziert, dass der Bund ein Geheimnis zur Verlängerung des Lebens kennt. Das Hauptziel aber besteht in der wahren Reformation der Welt und ganz bestimmt im Sturz des Papstes, »[des] römischen Betrüger[s], der mit offenem Munde seine Lästerlichkeiten gegen Christus verströmt […] auf dass er dadurch das Maß seiner Sünde voll mache und gerichtet werde; dass er dem Richtbeil anheim falle«.[7] Bei dem damaligen Papst handelte es sich um Paul V. (1605–1621), der 1552 als Camillo Borghese in Siena das Licht der Welt erblickte. Zwar wird sein Name auf ewig mit dem Prozess gegen Galileo verbunden sein, doch Paul gehörte zu den Reformpäpsten und verwandte viel Zeit darauf, so viel von Europa, wie es ihm nur möglich war, im katholischen Glauben zu bewahren.[8]

Im Anschluss an die Veröffentlichungen der *Fama* und der *Confessioni* versuchten viele herauszufinden, wie sie der Bruderschaft vom Rosenkreutz beitreten könnten. Zwar beharrte das Manifest darauf, dass es sich um einen Geheimbund handele, dennoch stand darin, neue Mitglieder seien willkommen. Ein jeder studierte die Texte eingehend in der Hoffnung, einen Hinweis auf den Hauptsitz des Bundes zu entdecken.[9] Flugblätter erschienen, die den Bund sowohl priesen als auch verdammten. Die Verfasser der Lobesschriften fügten oft ihre eigene Interpretation der Geheimlehre hinzu, in die auch alchemistische Elemente einflossen. Die bekanntesten stammen von dem Wundarzt Michael Maier (1568 bis 1622). Von seinen Büchern weiß man, dass sie einen Teil von → **Isaac Newtons** alchemistischer Bibliothek ausmachten.[10]

Nach einigen Jahren begannen die Leute sich jedoch zu fragen, warum sie keine Spur vom Orden des Rosenkreuzes aufzuspüren vermochten. Schließlich kam heraus, dass gar kein derartiger Orden existierte. Christian Rosen Creutz war vermutlich die Erfindung eines idealistischen lutheranischen Pastors namens Johann Valentin Andreae, dem Sohn eines prominenten Vorkämpfers der Reformation.[11] Nach dem Tod seines Vaters arbeitete Andreaes Mutter als Hofapothekerin für Herzog Friedrich I. von Württemberg (1593–1608).[12] Andreae absolvierte die Tübinger Universität, wurde Diakon und heiratete. Er schrieb recht viel und etliches handelt von christlichen Lebensutopien. In seiner Autobiografie gesteht er ein, *Die Chymische Hochzeit des Christian Rosenkreutz*, den mystischsten der Rosenkreuzer-Texte, verfasst zu haben.[13] Hierbei handelt es sich um eine Traumerzählung nach klassischem Muster. Der Träumer wird in einem Schloss gefangen gehalten und muss sich verschiedenen Prüfungen unterziehen, um seine Eignung zu beweisen. *Die Chymische Hochzeit* weist Einflüsse der deutschen Artus- und → **Gral**sliteratur des Mittelalters auf.[14]

Es ist nicht sicher, ob Andreae auch die anderen Rosenkreuzer-Texte verfasst hat, aber der Stil ist der gleiche, und die Ansichten stimmen mit denen überein, die er in anderen Werken vertrat. Womöglich hegten er und seine Freunde die Hoffnung, mit der Geschichte vom Rosenkreutz eine Bewegung für gesellschaftlichen Wandel zu säen.

Mit der Entlarvung als Schwindel schwand das Interesse am Geheimbund. Der Rosenkreuzer-Historiker

Frances Yates geht davon aus, dass es den Versuch gab, in Böhmen eine Gesellschaft zu etablieren, die auf den Rosenkreuzer-Prinzipien beruhte. Als dies fehlschlug, verloren die Philosophen der Bewegung den Mut und stellten die Produktion ihrer Schriften ein.[15]

Rund einhundert Jahre hörte man nichts mehr von dem Geheimbund, obwohl einige der Konzepte in den sich entwickelnden Orden der spekulativen → **Freimaurer** einflossen. »Zwei der frühesten spekulativen Freimaurer, Sir Robert Moray (um 1600–1675) und Eias Ashmole (1618–1692) [...] waren [...] sehr am Rosenkreuzertum interessiert.«[16]

Als der Orden um 1710 wieder auftauchte, unterschied er sich sehr von den lutheranisch geprägten Manifesten des vorangegangenen Jahrhunderts. Der Schwerpunkt lag nun weit mehr auf der Alchemie statt auf der Religion, wodurch auch Katholiken Zutritt erhielten.[17]

Die Rosenkreuzer haben dieser Tage ihren fruchtbarsten Boden in den Vereinigten Staaten gefunden. Schon 1694 hat man von einer deutschen Gemeinschaft in Pennsylvania behauptet, dass sie in der Rosenkreuzer-Tradition wurzele.[18] Ein weiterer früher amerikanischer Rosenkreuzer war der 1825 geborene Paschal Beverly Randolph. Er räumte allerdings ein, dass sein Rosenkreuzertum »in meiner Seele entstand, und ich habe [...] kaum einen einzigen Gedanken von jenen geborgt, die sich vor Zeiten diesen Namen gaben«.[19]

Im Jahr 1880 bildete eine Freimaurergruppe eine Rosenkreuzer-Gesellschaft, die ausschließlich Meistern offen stand; in anderen Ländern existierten Gegenstücke. Andere frühe Gesellschaften, die aus Freimaurerlogen entstanden, entwickelten sich zu eigenständigen Organisationen. Heute sind mehrere Rosenkreuzer-Bünde in

Amerika beheimatet. Zu den größten gehört der *Ancient and Mystical Order Rosae Crucis* (AMORC), dessen Hauptsitz im kalifornischen San Jose liegt.[20]

Die Thesen der verschiedenen Rosenkreuzer-Gruppen sind nicht einheitlich. Die meisten haben kaum etwas mit dem gesellschaftlichen Utopia gemein, das Johann Andreae vorschwebte. Heutzutage liegt die Betonung auf verborgenem und mystischem Wissen. Aber da die ersten Gesellschaften auf etwas fußten, das im Wesentlichen ein Schwindel war, stellt sich die Frage nach der Rückkehr zum wahren Ursprung nicht. »Das Rosenkreuzertum hat oft Farbe und Gestalt gewechselt, um sich seiner Umwelt anzupassen, dennoch ist es stets recht undefinierbar geblieben. Selbst ernannte Eingeweihte haben alle möglichen ausgefallenen Behauptungen in seinem Namen aufgestellt, ohne Gefahr zu laufen, dass man ihnen hätte widersprechen können. Denn niemand befand sich je in der Position, eindeutig sagen zu können, worin das ›wahre‹ Rosenkreuzertum bestünde.«[21]

Damit soll keinesfalls der Eindruck erweckt werden, die Rosenkreuzer einschließlich Johann Andreae hätten nicht an die von ihnen vertretenen Doktrinen geglaubt. Auch sind die heutigen Mitglieder keiner Schwindlersekte aufgesessen. Das Rosenkreuzertum war niemals eine Religion, sondern ein Rahmenwerk aus Mystizismus und Lebensregeln. Die meisten Menschen verspüren ein Bedürfnis nach einem solchen Rahmenwerk. Manche finden es in ihrem Beruf, andere in der organisierten Religion, wieder andere in Wohlfahrtsverbänden. Viele von uns erschaffen sich ihr Rahmenwerk aus der Vielzahl von Teilen, die unser Leben ausmachen. Ganz gleich wie es seinen Anfang nahm, das Rosenkreuzertum ist für seine Anhänger ein wichtiger Teil dieser Struktur. Die Bedeutung seiner Symbole hängt mehr von der Einzelperson als von irgendeiner Tradition ab.

Literaturempfehlung

Wolfram Frietsch: Die Geheimnisse der Rosenkreuzer. Rowohlt 1999

---

1 Arthur Edward Waite: *Real History of the Rosicrucians*. George Redway 1887 (Nachdruck bei Kessinger Publications o. J.), S. 35

2 Waite, S. 64

3 A. E. Waite (Übers.): »Fama Fraternitatis«. In: *Real History of the Rosicrucians*, S. 67 [vgl. Johann Valentin Andreae und Richard van Dülmen (Hg.): *Fama Fraternitatis (1614). Confessio Fraternitatis (1615). Chymische Hochzeit: Christiani Rosenkreutz. Anno 1459 (1616)*. Calwer-Verlag 1994]

4 Ebenda, S. 71

5 Ebenda, S. 73

6 A. E. Waite (Übers.): »Confessio Fraternitatis.« In: *Real History of the Rosicrucians*, S. 86 [vgl. J. V. Andreae und R. van Dülmen]

7 Ebenda, S. 96

8 J. N. D. Kelly: *The Oxford Dictionary of Popes*. Clarendon Press 1986, S. 278

9 David Stevenson: *The Origins of Freemasonry*. Cambridge UP 1988, S. 100

10 Michael White: *Isaac Newton, The Last Sorcerer*. Perseus Books 1997, S. 120 f.

11 Der als Großmeister der → **Prieuré de Sion** aufgeführt wird, was nicht weiter überrascht.

12 Christopher McIntosh: *The Rosicrucians*. Samuel Weiser Inc. 1997, S. 19 f.

13 Ebenda, S. 19

14 *The Chymical Marriage of Christian Rosencreutz*. In: Waite, S. 99–196 [vgl. J. V. Andreae und R. van Dülmen]

15 Ebenda

[16] McIntosh, S. 43
[17] Ebenda, S. 52
[18] Ebenda, S. 119
[19] McIntosh, S. 121
[20] Ebenda, S. 130
[21] Ebenda, S. 138

Rosensymbolik

Die Rose symbolisiert so viele Dinge, dass niemand alleinigen Anspruch auf sie zu erheben vermag. Die Schönheit und der Duft dieser Blume wecken offenbar eine Vielzahl an Assoziationen. Dies ist heute noch so wahr wie vor Tausenden von Jahren.

Die frühesten Rosen hatten nichts gemein mit den vielblättrigen, üppigen Blumen, die wir heute kennen. Es waren einfache, stark duftende Blüten mit vier oder fünf Blütenblättern.

Wie in *Sakrileg* dargestellt, bedeutet der lateinische Begriff *sub rosa* nicht nur »unter der Rose«, sondern spielt auch auf ein Geheimnis an. »Harpocrates, der Gott des Schweigens, trug in den Darstellungen manchmal einen Kranz aus Rosen; daher gilt die Rose als Symbol des Schweigens und der Geheimnisse.«[1] (Harpocrates ist der griechische Name für den altägyptischen Gott Horus.)

In der mittelalterlichen Literatur wird die Jungfrau Maria oftmals mit einer Rose verglichen, und zwar mit der *rosa mundi*, der »Rose der Welt«. Am anderen Ende des Spektrums, in Jean de Meungs *Roman de la Rose*, besitzt die Rose im Zentrum des labyrinthischen Gartens eindeutig sexuelle Konnotationen.

Die fünfblättrige Rosenblüte des Mittelalters.
Zeichnung von Lisa Newman

Die Briten trugen gar einen Rosenkrieg zwischen den beiden Zweigen der Plantagenet-Familie aus.[2] Das Haus der Yorks symbolisierte die weiße Rose, das der Lancasters die rote.

Auch der mythischen → **Prieuré de Sion** sagte man nach, sie habe, genau wie die Frauen des → **Opus Dei,** die Rose als Symbol benutzt. Letzteres lässt sich auf eine Offenbarung ihres Gründers Josemaría Escrivá zurückführen. Während des Spanischen Bürgerkrieges suchte er nach einem Zeichen, dass Gott seiner Arbeit wohlgesinnt wäre. Er bat im Spätherbst um eine Rose. Kurze Zeit später stieß er in einer ausgebombten Stadt inmitten der Trümmer einer Kirche auf eine geschnitzte Rose. Seither galt ihm die Blume der Blumen als wichtiges Symbol.[3]

Portland, die Stadt, in der ich lebe, wird als »Stadt der Rosen« bezeichnet (ja mir ist bekannt, dass Pasadena denselben Titel führt). Im Juni findet hier das Rosenfest statt. Ich glaube nicht, dass diesem irgendwelche okkulten Strömungen zugrunde liegen. Rosen gedeihen einfach wunderbar in dem kühlen, feuchten Klima, das dort herrscht. Nun ja, gestehen Sie mir ein bisschen Zeit und Fantasie zu und ich könnte gewisslich eine glaubhafte mystische Geschichte über die Entstehung des Festes zusammenspinnen. Ich gehe einfach nicht davon aus, das jedes Mal wenn ich eine Rose sehe, der Künstler Mitglied eines Geheimordens ist.

Wie Gertrude Stein so treffend anmerkte, gilt manchmal: »Eine Rose ist eine Rose ist eine Rose.«

Literaturempfehlung

Barbara G. Walker: Geheime Symbole der Frauen. Hugendubel 2002 (Einträge zur Rose, zum Pentagramm und zum *hieros gamos*, die in *Sakrileg* eine zentrale Rolle spielen)

Dies.: Das geheime Wissen der Frauen. Arun Verlag 2003 (Einträge zur Rose, zum Pentagramm und zum *hieros gamos*)

---

[1] Arthur Edward Waite: *A New Encyclopedia of Freemasonry*. Wings Book 1996, S. 330 [vgl. Jan David Ictswaard: *Die Rosensymbolik*. Übers. von Georg A. Pippig. Kallos-Verlag 1984]

[2] Seltsamerweise ist die tatsächliche Bedeutung des Namens Plantagenet *»Planta genista«*. Geoffrey, Graf von Anjou und erster Plantagenet, trug diese Blume gerne an seinem Hut.

[3] Robert Hutchison: *Their Kingdom Come: Inside the Secret World of Opus Dei*. St. Martin's Press 1997, S. 7 [vgl. Robert Hutchison: *Die Heilige Mafia des Papstes*. Droemer Knaur 1998]

Royal Holloway

Sophie Neveu wählte ein ausgezeichnetes College, sowohl was die dortige Ausbildung als auch dessen Geschichte betrifft. Thomas Holloway gründete das Royal Holloway College im Jahre 1879 auf Anraten seiner Ehefrau Jane. Es war eines der ersten Colleges Großbritanniens, das sich der Ausbildung von Frauen verschrieb. Es erhielt das Königliche Siegel der Anerkennung und wurde 1886 offiziell von Königin Viktoria persönlich eröffnet.[1]

Sein Vermögen machte Holloway durch den Verkauf von *Holloway's pills*, einer Patentmedizin, der man nachsagte, so ziemlich alles kurieren zu können, von »Kopfschmerzen mit Übelkeit« bis zu »nervösen Störungen«.[2] Die Pillen enthielten Aloe, Myrrhe und Safran. Somit lief zumindest niemand Gefahr, sich mit ihnen zu vergiften.[3] Sie verkauften sich weltweit. Dies war allerdings in den Tagen vor der Gründung der Gesundheitsbehörde.

Der Architekt, der das Gebäude errichtete, in dem das Holloway College untergebracht ist, orientierte sich an dem im Loire-Tal gelegenen französischen Schloss Chambord. »Die beiden Quadrate mit Innenhof beeindrucken heute weniger durch ihre Größe als vielmehr durch die überschwängliche Dachgestaltung mit ihren vielen Eck-, Mauer- und weiteren Türmen und Türmchen.«[4] Das College liegt in der Grafschaft Surrey, etwa dreißig Kilometer südöstlich von London.

Im Jahre 1900 wurde das Royal College in die Universität aufgenommen und zur Hochschullehranstalt ernannt. Männer erhielten bis 1965 keine Zulassung. Aber dies liegt weit vor Sophies Zeit. Im Jahr 1985 verschmolz das Royal Holloway mit Bedford, einer weiteren ehrwürdigen Frauenhochschule. Obwohl zur Universität London gehörend und allgemein als Royal Holloway bekannt, sind auch die Bedford-Bibliothek und, noch viel wichtiger, das Bedford-Zentrum für Frauengeschichte immer noch integraler Teil der Hochschule.

---

[1] Royal Holloway College Profile. Die Geschichte des Royal Holloway findet sich u. a. auf der Internetseite *http://www.rhul.ac.uk*.

[2] Laut einer Anzeige für Holloway's pills vom 25. März 1864; siehe hierzu auch die Internetseite *www.sensationpress.com/victorianbloodpurification/htm*.

[3] Ebenda

[4] College Profile, S. 2

Saint Sulpice

Die Kirche Saint Sulpice liegt im ehrwürdigen sechsten Arrondissement von Paris, gleich schräg gegenüber von meiner Lieblingsbuchhandlung *Picard et Fils*. Direkt auf der anderen Straßenseite befindet sich das Gebäude der Bezirksverwaltung mit dem Polizeipräsidium. Der Platz vor der Kirche wird von Bäumen und einem großen Brunnen aufgelockert. Er liegt nur zwei Blocks von der mittelalterlichen Abteikirche Saint Germain de Pres entfernt. Die jetzige Kirche ist jedoch recht modern und stammt aus der Mitte des siebzehnten Jahrhunderts. Die einzige Ähnlichkeit mit Notre Dame besteht übrigens darin, dass es sich bei beiden um Kirchen handelt.

An jener Stelle erhob sich seit dem frühen zwölften Jahrhundert immer eine Kirche, die dem heiligen Sulpicius geweiht war. Es ist gut möglich, dass dort im siebten Jahrhundert einige Kanoniker lebten, aber dafür gibt es keine Beweise.[1]

Der ägyptische → **Isis**-Kult war zwar zur Spätzeit des Römischen Reiches sehr beliebt, doch auch in diesem Fall existiert kein Hinweis darauf, dass sich am gegenwärtigen Standort von Saint Sulpice jemals ein Isis-Tempel befunden hat. Wohl traten bei Ausgrabungen in der Nähe die Spuren römischer Behausungen zutage, unter der jetzi-

Saint Sulpice.
Foto von Sharan Newman

gen Kirche befindet sich allerdings nichts bis auf das Fundament des mittelalterlichen Vorgängergebäudes.[2]

Sankt Sulpicius war → **merowingischer** Bischof von Bourges zu Zeiten der Könige Clothar II. und → **Dagobert I.** Laut seiner Lebensgeschichte entstammte er einem französischen Adelsgeschlecht. Obgleich er von Kindesbeinen an Mönch werden wollte, bestanden seine Eltern darauf, dass er ein Mitglied des Hofstaates wurde. Sulpicius blieb bis zu seinem vierzigsten Lebensjahr am Hof des Königs. Im Jahre 613 ermöglichte die Intervention des Bischofs von Bourges ihm den Traum der Priesterweihe. Dank dieses verspäteten Eintritts in das geistliche Leben ist er der Schutzheilige der Spätentschlossenen sowie jener Menschen, die eine zweite Laufbahn anstreben. Er starb 647 in Alter von siebenundsiebzig Jahren.

Der Obelisk von Saint Sulpice.
© *Aviva Cashmira Kakar*

Den Auftrag für die Errichtung der gegenwärtigen Kirche erteilte Kurat Jean Jacques Olier, der sich über den Verfall der mittelalterlichen Kirche entsetzte. Dieser stach angesichts des in der Nähe gelegenen prächtigen Luxemburgpalastes von Königin Maria de Medici besonders ins Auge. Der achtjährige Ludwig XIV. wohnte der Grundsteinlegung bei. Drei Jahre später entstand ein Seminar der Weltpriesterkongregation von Saint Sulpice in der Nähe. An die Kirche selbst hat man jedoch kein Gebäude angefügt.[3]

Finanzielle Schwierigkeiten verzögerten die Fertigstellung von Saint Sulpice bis 1780, gewissermaßen gerade rechtzeitig zur Französischen Revolution.

Der Marmorobelisk von Saint Sulpice befindet sich auf der linken Seite des Querschiffes. Durch dessen Mitte verläuft eine Kupferlinie, die sich auf dem Boden fast über die gesamte Breite des Querschiffes fortsetzt. Man hat ihn eigens für den Kuraten Languet de Gergy (1675–1750) in den Boden eingelassen. Dieser wünschte eine Art Sonnenuhr, ein Gnomon, welches die Zeit der Frühjahrs-Tagundnachtgleiche anzeigte und dadurch das korrekte Osterdatum lieferte.[4] Durch eine kleine Fensteröffnung auf der anderen Seite des Querschiffes fällt zur Tagundnachtgleiche ein Sonnenstrahl auf die Meridianlinie. Der Gnomon selbst ist ebenso wenig ein heidnisches Gerät wie ein Hammer. Er ist vielmehr ein Werkzeug, keine religiöse Apparatur. Auf dem Obelisken sind folgende Zeilen eingraviert:

> »*Was habe ich im Himmel außer dir? Neben dir erfreut mich nichts auf der Erde. Auch wenn mein Leib und mein Herz verschmachten, Gott ist der Fels meines Herzens und mein Anteil auf ewig. Du machtest meine Tage nur eine Spanne lang, meine Lebenszeit ist vor dir wie ein Nichts. Ein Hauch nur ist jeder Mensch.*«[5]

Das Pariser Observatorium liegt nicht weit von Saint Sulpice entfernt, und sein damaliger Direktor, Monsieur Cassini, förderte den Bau des Gnomons, um ihn für Abweichungsmessungen der Erdrotation mit zu nutzen. Die Wissenschaftler arbeiteten unter der Leitung des Astronomen Pierre-Charles Lemonnier (1715–1799).[6] Die Kupferlinie wurde allerdings nie als → **Rosenlinie** bezeichnet, wie in *Sakrileg* behauptet.

Der Gnomon steht auf einem Meridian, der etwa neunzig Meter vom Pariser Meridian entfernt liegt. Jede direkte Linie vom geografischen Nordpol zum geografischen Südpol wird als Meridian bezeichnet. Dies ist seit mehreren tausend Jahren bekannt, und viele Menschen haben sich der Gnomone bedient, um die Daten von jahreszeitlich gebundenen religiösen Ereignissen festzulegen. Da Ostern und das Passahfest bewegliche Feiertage sind, die mit der Tagundnachtgleiche in Verbindung stehen, war und ist es den Juden und den Christen stets sehr wichtig, die entsprechenden Daten genau feststellen zu können. In vielen Kirchen Europas existieren Gnomone, darunter einer in der Kathedrale von Bologna, wo Papst Gregor XIII. (1572–1585) die Studien für den gregorianischen Kalender vornehmen ließ, den wir heute noch verwenden.[7]

Obwohl der Pariser Meridian niemals als Nullmeridian galt, verwendete man ihn dennoch, um die Maßlänge des Meters festzulegen. »1791 wurde der Meter definiert als ›der zehnmillionste Teil […] der Entfernung zwischen Nordpol und Äquator *auf dem durch Paris verlaufenden Längengrad*.«[8]

Bis heute gibt es ein der Kirche von Saint Sulpice angeschlossenes Seminar, jedoch keinen Konvent. Zwar hilft eine Nonne tagsüber in der Kirche aus, aber »es ist unvorstellbar, dass eine Nonne aufgefordert würde, nachts allein als Wache in einer leeren Kirche zu schlafen. […] Wenn man jemandem eine solche Aufgabe übertrüge, dann wohl eher einem kräftig gebauten Küster.«[9] Der Kirche steht kein Abbé oder Abt vor, sondern ein Hilfsgeistlicher, der ganz in der Nähe wohnt.

Um der Handlung willen lässt Dan Brown Schwester Sandrine Biele auf dem Chorbalkon stehen. Den gibt es in Saint Sulpice jedoch nicht. Von außen scheint das Gebäude zwei Stockwerke zu haben, doch das ist lediglich eine Täuschung der Fassade. Innen erhebt sich die Kirche ungebrochen bis zur Decke. Um die obere Hälfte verläuft ein eisernes Geländer, das vermutlich Reinigungs- und Reparaturarbeiten ermöglichen soll. Allerdings ist es extrem schmal und man kann sich darauf nicht verstecken.

Auf der dem Chor gegenüberliegenden Seite des Kirchenschiffes steht eine erstaunliche Cavaille-Coll-Pfeifenorgel aus dem Jahre 1861, die in eine Holzeinfassung aus dem achtzehnten Jahrhundert eingelassen und mit korinthischen Säulen und Statuen verziert ist.[10] Sie nimmt die gesamte Wand ein. Es ist durchaus die Zeit wert, Solodarbietungen oder der Musikbegleitung während der Gottesdienste zu lauschen.

Wie in den meisten katholischen Kirchen Europas gibt es auch in Saint Sulpice keine Kirchenstühle. Bis vor recht kurzer Zeit standen oder knieten die Menschen während der Messen. Heute hält man Stühle für die Gläubigen bereit. In Saint Sulpice sind sie aus Holz mit aus Stroh geflochtenen Sitzflächen. Kniestützen oder Bänke existieren nicht.

Ausgerechnet dieser Umstand wird in *Sakrileg* nicht erwähnt, aber warum Saint Sulpice die Verbindung zur → **Prieuré de Sion** herstellen soll, ist offensichtlich: Die Buchstaben P und S kommen in der Kirche vor. Sie stehen für »Petrus« und »Sulpicius«, die beiden Schutzheiligen.

Es tut mir Leid, dass die Saint-Sulpice-Kirche des Romans der wirklichen so unähnlich ist. Aber die echte Saint Sulpice ist wundervoll und verdient Aufmerksamkeit um ihrer selbst willen. Ich habe vor, sie bei meinem nächsten

Aufenthalt in Paris wieder aufzusuchen – gleich nachdem ich in der Buchhandlung gestöbert habe.

---

[1] Ch. Des Granges: *Institute Illustré des Paroisse de Paris*. Paris 1886, S. 77

[2] Marie-Edmeé Michel, Alain Erlande-Brandenburg und Catherine Quétin: *Carte Archéologique de Paris*. Première Série, Paris 1971, Planche 4

[3] Irénee Noye: *Saint Sulpice*. Paroisse Saint Sulpice 2003, S. 11

[4] Ebenda, S. 23–26

[5] Des Granges, S. 91 [vgl. Diego Arenhoevel, Alfons Deißler und Anton Vögtle (Hg.): *Die Bibel, Deutsche Ausgabe mit den Erläuterungen der Jerusalemer Bibel.* Psalm 73 (72),25–26 und Psalm 39 (38),6. Herder 1965]

[6] Noye, S. 26

[7] M. Michael Rougé von der Gemeinde Saint Sulpice in einer privaten Korrespondenz vom 25. Mai 2004. Ich bin ihm sehr dankbar, dass er diesen Eintrag durchgelesen und kommentiert hat. Jedwede verbliebenen Fehler unterliegen meiner Verantwortung, nicht der seinen.

[8] Bulent Atalay: *Math and the Mona Lisa*. Smithsonian Books 2004, S. 50

[9] Rougé, aus einer privaten Korrespondenz vom 26. Mai 2004

[10] Rougé, aus einer privaten Korrespondenz vom 28. Mai 2004

Saunière, Jacques

Jacques Saunière, der ermordete Kunsthistoriker in *Sakrileg*, ist nach François Berénger Saunière (1852–1917) benannt, einem geheimnisumwitterten Priester, der die meiste Zeit seines Lebens als Kurat der Pfarrkirche von Rennes-le-Château verbrachte. Diese liegt südlich der französischen Stadt Carcassonne am Fuße der Pyrenäen.

Sein Leben ist zum Kern einer Legende geworden, die jedes Mal wenn sie erzählt wird, weitere Fassetten gewinnt. Wie es dazu kam, ist fast so seltsam wie die Legende selbst.

Berénger Saunière wurde in dem kleinen Dorf Montazels geboren, das nicht weit von Rennes-le-Château liegt. Sein Vater war dort Bürgermeister und verwaltete außerdem eine Kornmühle. Seine Mutter gebar elf Kinder, von denen sieben überlebten. Sein älterer Bruder Alfred erhielt ebenfalls die Priesterweihe. Berénger empfing seine im Juni 1879 in Narbonne. Zunächst Kurat in der kleinen Stadt Alet-les-Bains, berief man ihn später zum leitenden Priester von Le Clat.[1]

Offenbar hatte Saunière Meinungsverschiedenheiten mit seinen Vorgesetzten, denn am 1. Juni 1885 versetzte man ihn, wieder als Kurat, in die Gemeinde von Rennes-le-Château, einen abgelegenen Ort, dessen Kirche dringend reparaturbedürftig war.[2]

Zu einer Zeit, in der die Franzosen wieder einmal mit einer Republik herumexperimentierten, blieb Saunière gestandener Monarchist. Seine Predigten zu diesem Thema trugen ihm eine scharfe Rüge seines Vorgesetzten ein, der ihm das Gehalt kürzte.[3] Zudem sollte er für ein Jahr Arbeitsdienst in einem Seminar in Narbonne verrichten. Dort fiel sein Elend glücklicherweise der Gräfin Chambord auf, der Witwe des Bourbonen-Anwärters auf den französischen Thron. Sie übergab ihm eine Spende. Nach Rennes-le-Château zurückgekehrt, sah er sich in der Lage, dem Kirchenrat 518 Franc zu leihen, damit die Reparaturarbeiten an der Kirche Sainte Marie-Magdeleine begonnen werden konnten.[4]

Als das Pfarrhaus bezugsfertig war, nahm Saunière Marie, die achtzehnjährige Tochter der Familie, die ihm bis dahin Unterkunft gewährt hatte, als Haushälterin zu sich. Sie blieb den Rest seines Lebens bei ihm.[5]

Durch verschiedene Spenden vermochte Saunière die Reparaturen noch einige Jahre fortzusetzen. Im Jahr 1891 jedoch ereignete sich etwas, was es ihm gestattete, die Kirche nicht nur instand zu setzen, sondern sie auch reich zu schmücken. Des Weiteren ließ er ein gut ausgestattetes Gästehaus bauen und leistete sich einen annehmlichen Lebensstil. Wie kam es zu dieser Veränderung seiner Finanzlage? Ein Dutzend verschiedene Antworten drängen sich auf.

Die früheste schriftlich niedergelegte Theorie stammt erst aus dem Jahr 1967.[6] Demnach befasste sich Saunière gerade mit der Restaurierung des Altars, als er bemerkte, dass sich im Hohlkörper einer vermeintlich steinernen Stützsäule einige alte Pergamente verbargen. Dabei handelt es sich um jene Schriften, die Pierre Plantard laut eigener Aussage 1967 für die → ***Dossiers Secrets*** kopierte.

Laut Plantard brachte Saunière die Dokumente nach Paris, damit sie am Seminar von → **Saint Sulpice** ausgewertet werden konnten. Während seines Aufenthaltes schloss er Bekanntschaft mit Künstlern, Gelehrten und Opernsängern. Bei seiner Rückkehr fuhr er mit den Restaurationsarbeiten fort und entdeckte einige Zeit später einen Goldschatz, der sich in der Erde am Fuße des Hochaltars verbarg.[7]

Leider gibt es keine unwiderlegbaren Aufzeichnungen, die den Wahrheitsgehalt dieser Behauptungen bestätigen. Die gesamte Geschichte lässt sich zu keinem früheren Zeitpunkt als 1967 zurückverfolgen.

Auch Vater Saunière selbst ist sehr geheimnisumwittert. Manchmal verreiste er für mehrere Tage und ließ seiner Haushälterin handgeschriebene Antwortbriefe zurück, die sie im Falle einer schriftlichen Anfrage versenden sollte. Doch leider gibt es keine eindeutigen Belege oder auch nur interessante Hinweise, wo er sich aufgehalten haben könnte. Er beschloss, den Kirchfriedhof aufzugraben, um die Gebeine in ein Ossurium (ein Beinhaus) zu verlegen.[8] So begann er tatsächlich, den Kirchhof umzugraben. An Orten, wo Land knapp ist und fünfzig Generationen auf ein und demselben Friedhof liegen, ist dies nicht ungewöhnlich. Die jeweils ältesten Überreste werden in regelmäßigen Abständen ausgegraben, um den in jüngerer Zeit Verstorbenen Platz zu machen.

Den Menschen von Rennes-le-Château gefiel dies jedoch nicht und sie beschwerten sich beim Präfekten. Im Jahr 1895 erhielt Saunière daher einen Unterlassungsbefehl.[9] Aufgrund seiner Grabungsaktivitäten vermutete man später allerdings, der Priester habe auf dem Friedhof nach einem Schatz gesucht.

Es trifft zu, dass Saunière um 1896 plötzlich über sehr

viel mehr Geld verfügte als vorher. Er begann die Kirche massiv zu erneuern. Er ließ die Krypta verstärken, die Wände neu verputzen und beauftragte einen Maler und Bildhauer aus Toulouse, »Statuen der Heiligen aus Terrakotta, Reliefszenen, [Bilder von] Menschen in natürlichen Farben, historischer Kleidung, mit Hintergrund und Landschaft« anzufertigen.[10] All diese Kunstwerke sind auch heute noch zu besichtigen.

Als der Bischof von Carcassonne ihm einen Besuch abstattete, erklärte Saunière in einer an ihn gerichteten Ansprache, das Werk sei finanziert worden durch »meine Gemeindemitglieder, [...] meine Sparsamkeit und die Hingabe und Großzügigkeit bestimmter Seelen, die dieser Gemeinde nicht angehören«.[11]

Die Bauarbeiten erstreckten sich auch über die Jahre 1901 bis 1908. Saunière fügte eine Villa im Stil von Ludwig XV. hinzu sowie einen mittelalterlichen Turm, der den Namen »Tour Magdala« erhielt. Hier brachte er sein Büro und seine Bibliothek unter.[12]

Woher stammte nun all das Geld, das für diese Maßnahmen und seinen ausschweifenden Lebensstil erforderlich war? Seine Vorgesetzten kamen zu dem Schluss, dass er in betrügerischer Manier Messen über Anzeigen in katholischen Zeitschriften verkauft habe. Es ist allgemein üblich, einer Kirche oder einem Kloster Geld zu spenden, um dafür eine bestimmte Anzahl von Messen zu erhalten, die der Priester für die Seelen geliebter Verstorbener liest, oder auch für andere liturgische Dienste. Eine solche Messe sollte jedoch stets lediglich einem Zweck dienen. Nun aber verdächtigte man Saunière, Geld für bis zu dreihundert Messen pro Tag angenommen zu haben, die er schon rein zeitlich nie und nimmer hätte abhalten können. Am 15. Oktober 1910 befahl man

Saunière, »sich in das Haus einer priesterlichen Gemeinschaft zurückzuziehen, um sich für zehn Tage geistlicher Besinnung zu widmen«.[13] Die Richter erklärten, es gebe zwar Hinweise, die auf seine Schuld deuteten; indes waren sie nicht »ausreichend und rechtlich einwandfrei überzeugt«. Wären sie zu einem Schuldspruch gelangt, so hätte Saunière die Priesterschaft verlassen müssen.[14] Er stritt jede Schuld ab und beharrte darauf, jede Messe, für die man ihn bezahlt hatte, auch gelesen zu haben. Das Geld, das er zur Erneuerung der Kirche Saint Maria Madeleine aufwandte, sei ihm von anonymen Spendern zugeflossen. Dennoch untersagte man ihm 1911, weiter die Messe zu lesen.

Bald darauf geriet er in ernsthafte finanzielle Schwierigkeiten. Er fragte um einen Bankkredit an, aber da er all sein Eigentum auf seine Haushälterin überschrieben hatte, verweigerte man ihm den Kredit. Im Januar 1917 starb er an einem Herzanfall.

Viele Jahre später stieß Pierre Plantard auf diese merkwürdige Geschichte und die Geburtsstunde der *Dossiers Secrets* hatte geschlagen. Aber das sollte erst der Anfang sein. Im Laufe der Jahre hat sich Rennes-le-Château zum Roswell[i] Frankreichs gemausert. Saunières Bauten sind nach Hinweisen durchkämmt worden, die auf Verbindungen zum Schatz der → **Templer** oder dem der Katharer verweisen, ebenso zum wahren Versteck des Leichnams Christi, zu Erdkraftlinien, kosmischen Konfigurationen und dem Hundsstern Sirius.[15] Das alles nur

---

[i] Roswell ist ein kleiner Ort in New Mexico/USA, in dessen Nähe im Juli 1947 ein geheimnisvolles Flugobjekt abstürzte. Seit 1980 wird behauptet, es sei ein Ufo gewesen, und der Ort hat sich seither in ein Touristenmekka für Ufo-Gläubige verwandelt. Anm. d. Ü.

wegen eines Priesters mit einer geheimen Geldquelle. Woher nahm er das Geld? Ich weiß es nicht. Unter Anwendung von *Ockhams Rasiermesser*[ii], jenem wundervollen mittelalterlichen Grundsatz der Beweisführung, lautet die einfachste Erklärung, dass er sowohl unzählige Messen gelesen als auch Spenden angenommen haben könnte. Zu seinen Lebzeiten fehlten dafür jedoch die schlüssigen Beweise. Die Kirche, die Villa und der Turm stehen immer noch und sind heute eine beliebte Touristenattraktion. Nach wie vor suchen die Leute nach Schätzen mit Hilfe von Karten, die sie aus Hinweisen in der Kirche, der Anordnung der umliegenden Berge und natürlich den Sternen herausgelesen haben. Ich wäre begeistert, wenn tatsächlich mal jemand etwas fände. Doch bis dahin halte ich an der einfacheren Erklärung fest. Ich bin der Ansicht, dass Berénger Saunière erschrocken und einigermaßen entsetzt über die mystischen Implikationen wäre, die man aus seinem Werk ableitet. Seine Notizbücher und seine Briefe lassen den Schluss zu, dass er ein ergebener und konservativer Katholik war. Ich kann mir nicht vorstellen, dass er tatsächlich etwas mit Erdkraftlinien oder Katharern zu tun gehabt hat. Allerdings hätte ihn vielleicht die Einschätzung der Schatzsucher hinsichtlich einer hohen geistigen Spitzfindigkeit und eines komplexen Verstandes wirklich gefreut. Womöglich haben sie damit sogar Recht. Er brachte es fertig, ein behagliches Leben zu führen und ein Rätsel zu hinterlassen, das wohl niemals zur Zufriedenheit aller gelöst wird.

---

ii Lat. *novacula Occami*, so benannt nach Wilhelm von Ockham (1280 bis 1349), der den Grundsatz zwar nicht aufstellte, aber oft in seinen Schriften anwendete: »*Theorien sollten nicht über das Notwendige hinaus vermehrt werden.*« Anm. d. Ü.

[1] Bill Putnam und John Edwin Wood: *The Treasure of Rennes-le-Château. A Mystery Solved.* Sutton Publishing 2003, S. 159 [vgl. Thomas Ritter: *Abbé Saunière und der Schatz der Templer*, Kopp 2002; derselbe: *Rennes-le-Château. Rätsel in den Pyrenäen.* Bohmeier Verlag 2001]

[2] Gérard de Séde: The Accursed Treasure of Rennes-le-Château. Übers. ins Englische von W. T. und R. W. Kersey. DEK Publishing 2001, S. 8

[3] Claude Boumendil: *Les Cahiers de Rennes-le-Château. Archives, documents, études.* Belisane Press 1996, S. 47

[4] Putnam und Wood, S. 160 f.

[5] Ebenda

[6] De Sède, S. 12

[7] Ebenda, S. 17 f.

[8] Putnam und Wood, S. 164 f.

[9] Ebenda, S. 165; De Sède, S. 20

[10] Putnam und Wood, S. 157

[11] Ebenda, S. 166

[12] Boumendil, S. 34–39

[13] Ebenda, S. 51 (Die Übersetzung stammt von mir. Anm. d. A.)

[14] Ebenda

[15] Ich habe keine Ahnung, was der Hundsstern damit zu tun haben soll.

Das Tarot

Es ist gut möglich, dass die ersten Tarotkarten in einem dem *Tarock*[i] ähnelnden Spiel Verwendung fanden. Im Tarock wie im Tarot kommen Trumpfkarten vor. Die Worte »Tarot« und »Tarock« sind beide verwandt mit dem italienischen *tarroco* oder »Trumpf«. Diese wiederum leiten sich vom lateinischen *triumphi* oder »Triumph« ab.[1] Man spielt eine Trumpfkarte aus, um zu triumphieren, zu gewinnen.

Die Karten sind in die großen und kleinen Arkana unterteilt. *Arcana* ist das lateinische Wort für »Geheimnisse«. In den kleinen Arkana gibt es vier so genannte Farben: Kelche, Pentagramme, Stäbe und Schwerter. Diese tragen aber auch andere Bezeichnungen, wie Becher, Schalen, Kessel, Münzen, Scheiben, Stöcke, Äste, Sterne, Glocken, Blätter, Dolche, Messer, Speere und Eicheln.[2] Die großen Arkana zeigen Bildmotive mit Namen wie der Narr, der Magier, der Stern, der Mond, das Gericht, der Kaiser, die Kaiserin, die Päpstin und der Hängende.[3]

---

[i] *Tarock* ist ursprünglich ein italienisches Kartenspiel des frühen fünfzehnten Jahrhunderts und auch heute noch in den Ländern der ehemaligen Habsburgmonarchie und Frankreich äußerst beliebt. Anm. d. Ü.

Die frühsten Belege über die Karten stammen bereits aus dem dreizehnten Jahrhundert, aber der erste bekannte Kartensatz gehörte Francesco Sforza, dem Sohn des Herzogs von Mailand, und seiner Braut Bianca Visconti. Er trägt den Namen Visconti-Sforza-Deck und entstand um 1450.[4]

Dieser Kartensatz liefert uns einen wichtigen Hinweis auf Entstehungszeit und -ort des Tarotspieles. Er findet sich in der Karte der »Päpstin«. Die Karte zeigt eine Frau im Gewand einer Nonne, geschmückt mit der dreiteiligen Tiara des → **Papsttums**. Es wird zumeist davon ausgegangen, dass sich dieses Bild auf Päpstin Johanna bezieht, der es als Mann verkleidet gelungen sein soll, im zehnten Jahrhundert die Papstwürde zu erlangen. Für die Kunsthistorikerin Gertrude Moakley handelt es sich womöglich eher um Mayfreda de Provano, eine entfernte Verwandte der Viscontis.[5]

Mayfreda gehörte den Umiliati-Nonnen an und lebte um 1300 in Italien. Sie stand einer »kleinen häretischen Sekte« in Mailand vor, für die sie die Messe las. Diese Gemeinschaft verehrte eine Frau namens Guglielma (Vilemina von Böhmen), die 1279 in einem Zisterzienserkloster starb. Ihre Anhängerinnen sahen sie als weibliche Inkarnation des Heiligen Geistes an und Mayfreda als wahre Päpstin. Es nimmt daher nicht wunder, dass Mayfreda erst im Kerker und anschließend auf dem Scheiterhaufen endete. Die Erinnerung an sie aber mag in den Karten überlebt haben, die am Ort ihres Wirkens entstanden.

Wo und was auch immer der Ursprung der Tarotkarten sein mag, vor dem achtzehnten Jahrhundert kam ihnen jedenfalls keine belegbare okkulte Bedeutung zu. Gleichwohl besteht die Möglichkeit, dass man sie in Ita-

Die Päpstin aus dem Sforza-Tarotdeck.
© *The Pierpont Morgan Library/Art Resource, New York*

lien bereits 1527 zum Wahrsagen benutzt hat.[6] Offenbar sind zwei Franzosen für die okkulte Bedeutung der Karten verantwortlich. Einer von ihnen, Antoine Court de Gébelin (1725–1784), gehörte dem protestantischen Klerus und den → **Freimaurern** an. Gébelin lehrte, die Karten besäßen eine Verbindung zu den Mysterien des alten Ägyptens. Der Comte de Melle, ein Freund Gébelins, fügte der ägyptischen Theorie schließlich das hebräische Alphabet hinzu. Diese »einfallsreichen Symbolisten« traten eine völlig neue Lawine der Tarot-Mythologie los.[7]

Es gibt jedoch keinerlei Beweise für irgendeine Verbindung mit dem alten Ägypten oder Judäa. Im späten achtzehnten Jahrhundert galt alles Altägyptische als wahnsinnig schick und bedeutend. Viele Gruppierungen, einschließlich der Freimaurer, dichteten den Hieroglyphen fantasievolle Bedeutungen an. Nach der Entdeckung des Rosetta-Steines durch Napoleons Armee schwand das Interesse an ihnen allerdings wieder. Dieser Stein führte zur Entschlüsselung der Hieroglyphen. Hebräisch hingegen galt den westlichen Magiern seit dem Mittelalter als magische Sprache.[8] Es ist nur natürlich, dass Menschen, die ihren Glauben auf ein altes Erbe zurückführen möchten, die eine oder andere dieser Sprachen auswählten.

Die ursprüngliche Bedeutung der Karten ist leider verloren gegangen. Sie symbolisierten womöglich tatsächlich reale Ereignisse und Persönlichkeiten wie Mayfreda, die im Italien der Renaissance lebte. Sie können aber genauso gut das Kommunikationsmittel einer Geheimgesellschaft gewesen sein. Wenn dem so war, dann ist es in diesem Fall ein Geheimnis geblieben. Über die Jahrhunderte hinweg entstanden darüber unzählige Theorien. Heutzutage nutzen Menschen die Tarotkarten, um ihre Zukunft zu erforschen, als Meditationshilfe oder einfach nur aus Spaß an der Sache. Ich besitze noch immer einen Kartensatz aus meiner Universitätszeit und wüsste nur zu gern, woher die Symbole auf den Karten stammen und welche Bedeutung ihnen innewohnt. Allerdings ist es sehr unwahrscheinlich, dass mir dieser Wunsch je erfüllt wird.

Literaturempfehlungen

Hajo Banzhaf: Das Tarot-Handbuch. Goldmann 1998

Raymond Buckland: The Fortune Telling Book. Visible Ink Press 2003

Ronald Decker, Thierry Depaulis und Michael Dummett: A Wicked Pack of Cards: The Origins of Tarot Occultism. Duckworth 1996

Michael Dummett und John McLeod: A History of Games Played with the Tarot Pack. The Game of Triumphs. Edwin Mellen Press 2004

Mark Patrick Hederman: Tarot: Talisman or Taboo? Currach Press 2003

Rachel Pollack: Tarot – 78 Stufen der Weisheit. Irtis 2004

Barbara G. Walker: Die Geheimnisse des Tarot. Mythen, Geschichte und Symbolik. B. Martin Verlag 1985

---

1 Mark Patrick Hederman: *Tarot: Talisman or Taboo?* Currach Press 2003, S. 32

2 Raymond Buckland: *The Fortune Telling Book.* Visible Ink Press 2003, S. 460

3 Ebenda (Ich bitte darum, zu vermerken, dass »der Hängende« der korrekte Titel der Karte ist. Menschen wie Bilder werden aufgehängt, jedenfalls in gehobener Gesellschaft. Tut mir Leid, die Lehrerin in mir verstummt niemals. Anm. d. A.)

4 Hederman, S. 33

5 Die Informationen über die Guglielmiten stammen aus Barbara Newman: *From Virile Woman to Woman Christ.* University of Pennsylvania Press 1995, S. 183–215. Dieses Kapitel befasst sich mit der alternativen Dreieinigkeit, in der der Heilige Geist weiblich ist. Dies war ein Glaube, der sich während des gesamten Mittelalters im Untergrund hielt. [vgl. P. Dinzelbacher, D. Bauer (Hg.*): Religiöse Frauenbewegung und mystische Frömmigkeit im Mittelalter.* Böhlau 1988]

6 Stuart R. Kaplan: *The Encyclopdia of Tarot Vol III.* U. S. Games Systems 1990, S. xiv [vgl. Barbara G. Walker: *Die Geheimnisse des Tarot. Mythen, Geschichte und Symbolik.* B. Martin Verlag 1985]

7 Hederman, S. 34 f.

8 Mark Zier: »The Healing Power of the Hewbrew Tongue. An Example from Late Thirteenth-Century England.« In: Sheila Campbell, Bert Hall und David Klausner: *Health, Disease and Healing in Medieval Culture.* St. Martin's Press 1992, S. 103–118

Teabing, Sir Leigh

Leigh Teabing ist Königlicher Historiker Großbritanniens, der in *Sakrileg* als Experte für den → **Heiligen Gral** auftritt. Sein Name ist aus zwei anderen Namen zusammengesetzt: Leigh steht für Richard Leigh und Teabing ist ein Anagramm von Baigent. Michael Baigent und Richard Leigh sind die Verfasser des Buches *Der Heilige Gral und seine Erben*, das auf den → ***Dossiers Secrets*** und der Geschichte um Bérenger → **Saunière** beruht. Laut Dan Browns eigener Aussage inspirierte ihn die Lektüre zu einem Großteil von *Sakrileg*. Ich kann es dennoch nicht empfehlen. Ich habe die Fußnoten gelesen und war nicht sonderlich beeindruckt. Es ist ein klassisches Beispiel dafür, wie eine reißerische Geschichte Vorzug vor solider historischer Forschung genießt. Als Grundlage für einen Roman war es allerdings eine ausgezeichnete Wahl.

Ein britischer Kollege hat mich gebeten, zu erwähnen, dass es so etwas wie einen Königlichen Historiker in Großbritannien nicht gibt – dabei wäre das gar nicht so verkehrt.

Die Temple Church

Versteckt in einem Hof von Temple Bar an den Ufern der Themse befindet sich eine der ältesten Kirchen Londons: die Temple Church, 1185 geweiht durch Heraclius, den Patriarchen von Jerusalem.[1]

Die runde Kirche bildete einst das Zentrum der Templer Englands – umgeben von Wohnquartieren, Ställen, Versammlungsräumen und Lagerhäusern. Heutzutage muss man sich seinen Weg hauptsächlich zwischen Anwaltskanzleien suchen, bis man auf ein unscheinbares Schild stößt, das auf die Kirche verweist.

Diese trägt eigentlich den Namen »Neuer Tempel«. Der erste wurde um 1128 errichtet, kurz nach Hugo de Payens großer Rund- und Werbereise für den Orden. Der alte Tempel befand sich in Holburn, »mit einem Garten, Obstwiese, Begrenzungsgraben, Friedhof und der ersten runden Kirche«.[2] Die meisten Templerkirchen waren Rundbauten in Anlehnung an die Grabeskirche in Jerusalem aus der Zeit → **Konstantins des Großen**.[3]

Die englische Monarchie, insbesondere unter König Stephen (1135–1151), unterstützte die Templer wohlwollend. Stephen war der Sohn eines Kreuzzugsfahrers und seine Frau Matilda die Nichte → **Gottfried von**

Bouillons. Beide Herrscher überließen den Templern großzügige Schenkungen.[4]

Die Templer zogen 1161 an den jetzigen Standort zwischen Fleet Street und Themse und errichteten dort ihre Neue Tempelkirche. Im Jahr 1185 diente sie bereits als Schatzhaus des Königs.[5]

Nach Auflösung der Templer im Jahre 1313 sollten alle Besitztümer an die Ritter vom Hospital des St. Johannes (Hospitaliter) fallen. Stattdessen überließ Edward II. von England den Tempel zunächst William Marshall, dem Herzog von Pembroke, und danach dem Herzog von Lancaster, der das Gebäude wiederum an eine Gruppe von Rechtsstudenten und ihre Professoren vermietete. Den Launen späterer Könige und der letztendlich doch noch stattfindenden Übernahme durch die Hospitaliter (1340) zum Trotz blieben die Juristen dort.[6]

Die ehemaligen Bediensteten der Templer blieben ebenfalls vor Ort und Edward II. zahlte ihre Löhne und Pensionen.[7]

Im sechzehnten Jahrhundert stand die Kirche zwischen den Gottesdiensten für Gespräche zwischen Anwälten und Klienten zur Verfügung. Beide Parteien wanderten zwischen den Ritterbildnissen mit ihren überkreuzten Beinen und den Steintafeln auf dem Boden herum.[8]

Während der Reformation übertünchte man die Wände weiß und bedeckte den Boden mit »Hunderten von Karrenladungen voller Erde und Bauschutt«.[9] Im Jahr 1840 fanden erste Restaurationsarbeiten statt. Man legte den Boden wieder frei und rekonstruierte die zerbrochenen Steinplatten. Diese Gedenktafeln zeigen keine Templer, sondern »Confratres«: Adelige, die den Wunsch verspürten, den Orden zu unterstützen, ohne ihm aktiv beizutreten. Man setzte sie auf Templer-Friedhöfen bei und sie

Das Mittelschiff der Temple Church.
Foto von Sharan Newman

erhielten steinerne Gedenktafeln. Ritter mit überkreuzten Beinen nahmen entweder am Kreuzzug teil oder hatten zumindest den Eid geleistet, sich diesem anzuschließen. Man nimmt an, dass einer der Ritter mit gestreckten Beinen William Marshall sei, der erste Herzog von Pembroke. Marshall gilt als Prototyp des untadeligen Ritters – loyal, mutig und tapfer. Ihm zu Ehren entstanden Gedichte und Biografien, deren jüngste von dem französischen Historiker Georges Duby stammt. Die Templer wären stolz gewesen, ihn zu den Ihren zu zählen.

Die Kirche überstand alle Fährnisse bis zum Jahre 1941 unbeschadet. Dann fielen die deutschen Bomben auf

England. Das Gewölbe verkraftete den Angriff, aber die schwarzen Marmorsäulen bildeten in der Hitze Risse, daher ersetzte man sie vorsichtshalber.

Es ist schwierig, sich die Temple Church in ihrer einstigen Umgebung vorzustellen. Ziegelhäuser bedrängen sie heute von allen Seiten. Früher umgab sie ein grasbewachsener Hof, an den die Gebäude der Templer grenzten. Die Ritter rezitierten bei Tages- oder Kerzenlicht die Stundengebete. Der Wind strich vielleicht vom Fluss oder dem Stall herüber, wobei die Ritter letzteren Geruch wahrscheinlich angenehmer fanden. Die höchsten Adeligen und reichsten Kaufleute gingen ein und aus, um ihre Schätze dort zu verwahren oder einen Kredit zu erbitten.

Lärm, Farben und Leben haben einst an dieser Stätte geherrscht. Heute steht hier nur eine kleine, einsame Kirche.[i]

---

1 Malcolm Barber: *The New Knighthood.* Cambridge UP 1994, S. 195

2 Edward Burman: *The Templars, Knights of God.* Destiny Books 1986, S. 33

3 Barber, S. 195

4 Burman, S. 34

5 Ebenda, S. 80

6 C. G. Addison: *The Temple Church*. Longman, Brown Green and Longmans 1843, S. 3f.

7 Ebenda, S. 11

8 Ebenda, S. 21

9 Ebenda, S. 43

---

i Eine weitere Rundkirche der Tempelritter, The Round Church of the Holy Sepulchre, findet sich in Cambridge. Diese steht relativ frei und ist zumindest von Blumenbeeten und einem eisernen Zaun umgeben. Da die angrenzenden Gebäude ebenfalls historisch sind, entsteht hier schon eher ein Eindruck der damaligen Zeit. Anm. d. Ü.

Die Templer

Fast vom ersten Augenblick ihres Bestehens an, etwa um 1119, stand der Orden der armen Ritter Christi und des Tempels von Salomon zu Jerusalem[i], später einfach Templer genannt, im Mittelpunkt von Kontroversen und Spekulationen. Das Konzept eines Ordens kämpfender Männer stellte eine Revolution dar. Mönche gaben sich schließlich der Kontemplation und dem Gebet hin. Schwerter zu tragen oder Pferde zu reiten war ihnen untersagt. Die Männer Gottes vergossen kein Blut, nicht einmal das von Ungläubigen.

Wer also waren diese Templer? Wie begann alles? Wie gelangten sie zu so viel Land, Geld und Macht? Vor allem, warum besitzen sie seit Anbeginn ihres Bestehens einen solchen Einfluss auf die Literatur und Legendenbildung?

Die Hintergründe

Der erste Kreuzzug führte zur Bildung mehrerer westchristlicher Kreuzritterstaaten auf dem Gebiet des heutigen Israel, Syrien, Jordanien und der Türkei. Diese Rei-

---

i *Pauperes commilitones Christi templique Salomonici Hierosalemitanis.* Anm. d. Ü.

che sahen sich ständigen Bedrohungen ausgesetzt und ihre Herrscher kontrollierten kaum mehr als die eroberten Städte, in denen sie residierten. Diese hießen Edessa, Antiocha, Tripoli, Tortosa, Tyrus und, vor allen anderen, Jerusalem. Durch die Einrichtung dieser Kreuzzugstaaten verbreitete sich im westlichen Europa die irrige Annahme, es sei nun sicher, die heiligen Stätten der Christenheit aufzusuchen, und eine Flut von Pilgern ergoss sich in diese Gebiete.[1]

Doch schon bald zeichnete sich ab, dass die Könige und Grafen außerstande waren, die größtenteils unbewaffneten Pilger auf ihrem Weg von einer heiligen Stätte zur nächsten zu beschützen. Ein Massaker im Jahre 1118, dem mehr als dreihundert Pilger zum Opfer fielen, machte deutlich, dass dringender Handlungsbedarf bestand. Die Stadt Jerusalem zeigte sich besonders besorgt, da der religiöse Tourismus die Haupteinkommensquelle für König Balduin I. darstellte.

Schon vor dem ersten Kreuzzug spendete eine Gruppe von christlichen Kaufleuten aus Amalfi in Jerusalem ein Spital für jene Pilger, die sich auch durch die muslimische Herrschaft nicht von einer Fahrt abschrecken ließen. Der ägyptische Statthalter von Jerusalem erteilte den Christen die Genehmigung, an einer von ihnen gewählten Stätte ihre Pilgerunterkunft zu errichten. Die Spitalbruderschaft lebte nach der benediktinischen Regel und wählte einen Bischof aus dem siebten Jahrhundert, Johannes den Almosengeber, einen Heiligen aus Alexandria, zu ihrem Patron. Sie unterstanden einem Meister und der obersten Autorität der Benediktiner von Palästina. Ungefähr vierzig Jahre lang, ausgenommen die Zeit der Belagerung von Jerusalem, geleiteten diese Mönche die Pilger auf ihrer Reise und kümmerten sich um ihre Bedürfnisse.

Nach der Eroberung Jerusalems durch die Christen übernahmen die Mönche von Sankt Johannes zusätzliche Besitzungen und Verantwortung. Um 1118 stand ihnen ein neues Oberhaupt vor, Raymond Le Puy. Dieser entschied, dass es nicht ausreiche, den Pilgern lediglich Geleit und Nahrung zu geben, er wollte auch ihren Schutz sicherstellen. Also gründete er einen an das Spital angeschlossenen Ritterorden. Seine Mitglieder trugen zunächst weiße Tatzenkreuze auf ihren schwarzen Mänteln und wurden bekannt als Ritter- und Hospitalorden vom heiligen Johannes zu Jerusalem, auch Hospitaliter oder Johanniterorden genannt.[ii] Dieser könnte durchaus das Vorbild für die Templer abgegeben haben.

Die ersten Templer

Ungefähr zum Zeitpunkt der Gründung der Hospitaliter wandte sich Hugue (Hugo) de Payens, ein Ritter aus der Champagne, in Jerusalem an König Balduin II. Er bat darum, mit einigen seiner Männer einen religiösen Orden mit dem üblichen Gelübde der Armut, Keuschheit und des Gehorsams gründen zu dürfen. Es ist nicht belegt, wer den Vorschlag machte, über einen normalen Mönchsorden hinauszugehen und sich stattdessen dem Schutz der Pilger zuzuwenden. Jedenfalls nahmen Hugo und seine Anhänger diese Idee auf. Balduin brachte die Männer in einem Flügel des königlichen Palastes unter, einer ehemaligen Moschee im einstigen Tempelbereich. Daher rührt auch ihr Name, die Armen Ritter des Tempels von

---

[ii] Der Orden existiert noch heute als katholischer Malteser- und protestantischer Johanniterorden. Anm. d. Ü.

Salomon zu Jerusalem. Der mystischen Tradition gemäß soll es am Anfang neun dieser Ritter gegeben haben, aber es existieren keine zeitgenössischen schriftlichen Belege darüber. Wahrscheinlicher ist, dass es um die dreißig waren, wie der Chronist Michael, der syrische Patriarch von Antiocha, etwa vierzig Jahre später berichtete.[2]

Es ist so gut wie nichts über die ersten Jahre des Ordens bekannt. Wir wissen lediglich, dass sich im Jahre 1120 ein gewisser Fulk, Herzog von Anjou, zukünftiger König von Jerusalem und Großvater Heinrichs II. von England väterlicherseits, bei den Rittern aufhielt. Er gewährte ihnen eine jährliche Schenkung von dreißig *Livres.* Fulk besaß sehr viel Einfluss und verbreitete später wahrscheinlich die Kunde von den Rittern, die für Gott kämpften.

Viele der östlichen Dokumente über die Templer gingen verloren, als die ottomanische Armee im Jahre 1571 ihre Hauptkomturei auf Zypern belagerte. Allerdings existieren einige westliche Urkunden, aus denen ersichtlich ist, dass die Templer im Jahre 1126 Spenden aus dem gesamten Französisch sprechenden Raum erhielten.[3]

Dennoch lässt sich ihre Stellung in Palästina zu diesem Zeitpunkt lediglich als prekär bezeichnen. Nur wenige neue Rekruten stießen zu ihnen und sie besaßen noch keine religiöse Regel, nach der sie sich richten konnten, wie es andere monastische Orden taten. Der übliche klösterliche Tagesablauf mit sechs Gebeten am Tag, einschließlich zweier mitten in der Nacht, eignete sich nicht für Männer, die zum größten Teil des Lateinischen nicht mächtig waren. Zudem reichte die asketische Ernährungsweise mit zwei Mahlzeiten pro Tag und geringem Fleischanteil nicht aus für Männer, die täglich Tausende von Kalorien im Training und im Kampf verbrannten.

Im Jahre 1126 reisten Hugo, André de Montbard und einige weitere Templer zurück nach Europa, um Spenden und Rekruten für ihren Orden anzuwerben. Zudem wollten sie die päpstliche Anerkennung erwirken und um eine religiöse Regel für sich bitten.

Durch ihre Verbindungen gelang es Hugo und André, mit den mächtigsten westeuropäischen Herrschern zu sprechen. Viele von ihnen waren die Kinder und Enkelkinder der Anführer des ersten Kreuzzuges und daher mit den Legenden um die Eroberung Antiochas und Jerusalems aufgewachsen.

Eine der ersten Spenden kam von Matilda, der Königin von England und eigenständigen Herzogin von Boulogne. Sie war die Nichte des Kreuzzugshelden → **Gottfried von Bouillon** und seines Bruders Balduin, dem ersten König von Jerusalem. Ihr Ehemann, König Stephen, war der Sohn Stephens von Blois, der in Palästina fiel. Im Jahre 1128 richteten die Templer in London ihre erste europäische Komturei ein. Die Komtureien stellten eine Mischung aus Kloster und Rekrutierungsstelle dar.[iii] Als die erste Komturei nicht mehr genug Platz bot, erbauten sie 1185 eine neue an anderer Stelle. Dies ist die → **Temple Church** aus *Sakrileg*.

Während der nächsten zwanzig Jahre richteten die Templer weitere Komtureien in England, Frankreich, Spanien und Italien ein sowie 1147 in Portugal. Die meisten davon befanden sich in Südfrankreich, das zu jener Zeit noch aus unabhängigen Herzogtümern und Grafschaften bestand, die nicht der französischen Krone angehörten, sowie in den spanischen Königreichen Aragon

---

[iii] In Deutschland gab es den *Tempelhove*, den Tempelhof in Berlin. Der einstige Friedhof im Alten Park existiert heute noch. Anm. d. Ü.

und Kastilien. In den frühen Tagen nutzten die Templer diese Komtureien für Rekrutierungen und zur Verwaltung der erhaltenen Land- und Geldschenkungen.

In Spanien und Portugal engagierten sie sich allerdings auch aktiv in der Reconquista. Im zwölften Jahrhundert nahmen die Bestrebungen stark zu, die Iberische Halbinsel von den muslimischen Herrschern zurückzuerobern. Dieser Kreuzzug war erheblich erfolgreicher als jene in Palästina. Die Templer erstritten viel Ehre und Reichtum. Als → **Philipp IV.** von Frankreich die Templer 1307 anklagte, schenkten ihm die Spanier und Portugiesen keinen Glauben. Tatsächlich gründete König Jaime II., el Justo (der Gerechte), von Spanien im Jahre 1316, vier Jahre nach der Auflösung des Templerordens, den Orden von Montesa, der dem benediktinischen Calatrava-Orden unterstand. Nur drei Jahre später folgte ihm König Dionysius von Portugal, genannt der *Bauernkönig (Dom Dinis o labrador)*, und richtete den Christusorden ein. Beide Orden übernahmen die Regel der Templer, nutzten die alten Besitzungen und nahmen viele ehemalige Templer auf, die den Königen als Diener und Knappen zur Seite standen.

Die glorreichen Tage

Der Wendepunkt für die Templer kam mit dem Konzil von Troyes im Jahre 1129. Das zunehmende Interesse und der steigende Respekt, die den Templern danach zuteil wurden, waren den Anstrengungen eines Mannes zuzuschreiben: Bernhard, dem Zisterzienserabt von Clairvaux.

Bernhard erblickte 1090 das Licht der Welt in einer Ritterfamilie des Fontaines-lès-Dijons in der Champagne. Hugo, Graf der Champagne, kämpfte im Heiligen

Land und trat 1120 als volles Mitglied in den Tempelritterorden ein. Die Verwaltung der Champagne überließ er seinem Neffen Thibault. Als Hugo de Payens und André de Montbard im Jahre 1127 nach Frankreich zurückkehrten, unterbrachen sie ihre Reise unter anderem in der Champagne. Dort trafen sie Graf Thibault und Abt Bernhard. Beide Männer wollten dem neuen Orden nur zu gerne helfen. Thibault steuerte Spenden und seine Schirmherrschaft bei. Aber letztlich gab Bernhard, der Neffe von André de Montbard, den wahren Impuls für den Erfolg der Ritter. Er verfasste ihre Ordensregel, nach der sie ihr Leben gestalten konnten, und verwandte sich für sie im konservativen klerikalen System.

Zu jener Zeit war Bernhard einer der machtvollsten Männer des Christentums. Er war berühmt für seine Schriften und Predigten ebenso wie für seinen unermüdlichen Kampf gegen die Häretiker. Fünf Jahre zuvor (1121) gelang es ihm, den berühmten Pierre Abaelard im Konzil von Soissons zu demütigen. Abaelards Lehren wurden dort für ketzerisch erklärt. Sowohl religiöse als auch weltliche Führer baten Bernhard um Rat und Hilfe.[4]

So berief man im Januar des Jahres 1128 ein Kirchenkonzil in Troyes in der Champagne ein, das über eine Ordensregel für die Tempelritter entscheiden und den päpstlichen Segen ermöglichen sollte. Papst Honorius II. war nicht anwesend,[iv] aber er sandte seinen Legaten, Mat-

---

[iv] Aufgrund des Urkundenstils gibt es hier Datierungsschwankungen: Das Konzil von Troyes ist zeitgenössisch für Januar 1128 verbrieft. Allerdings wurden damals in Südfrankreich die Urkunden im so genannten Stil *Mariä Verkündigung* datiert, in dem der Jahresbeginn am 25. März begangen wird, so dass der urkundliche 13. Januar 1128 viel wahrscheinlicher der 13. Januar 1129 nach heutiger Zeitrechnung war. Anm. d. Ü.

thieu de Remois. Bernhard von Clairvaux' Anwesenheit wog allerdings schwerer. Er kam mit sechs weiteren Äbten, zwei Erzbischöfen und den Herzögen der Champagne und Nevers. Sie einigten sich unter der Leitung von Bernhard auf eine lateinische Ordensregel. Die Ritter hatten sich den monastischen Tugenden der Armut, Demut, Keuschheit und des Gehorsams zu verpflichten. Sie mussten sich schlicht kleiden und Abstand nehmen vom modischen Gebot langer Haare, langer Gewänder und spitzer Schuhe. Die ritterlichen Unterhaltungen der Falkenjagd wie anderer Jagden waren ihnen untersagt. Einzige Ausnahme bildete die Löwenjagd. Anders als anderen Mönchen waren ihnen Knappen gestattet, die ihre Pferde und ihre Ausrüstung betreuten. Da sie nicht die lateinische Ausbildung der Klöster genossen hatten, erlegte man ihnen auf, den Stundengebeten des kanonischen Tageslaufes beizuwohnen und statt der üblichen Psalmen eine festgelegte Anzahl von Vaterunsern zu beten.[5]

Die Regel untersagte ihnen außerdem unmissverständlich den Umgang mit Frauen. Tempelrittern war es sogar verwehrt, ihre eigenen Schwestern oder Mütter zu küssen. Dies legte den Grundstein für die späteren Anschuldigungen der Homosexualität. Ich allerdings gehe davon aus, dass diese strengen Regularien von Bernhard selbst stammen. Er kannte den Ruf als Weiberhelden, welcher der Ritterschaft anhaftete, und wollte die Templer von jedem Ruch der Unzucht befreien. Nach der Lektüre von Bernhards Werk habe ich den Eindruck gewonnen, dass er selbst mit seinen heterosexuellen Bedürfnissen kämpfte, offensichtlich mit großem Erfolg. Daher waren ihm die Schwierigkeiten durchaus bewusst.

Nachdem sich das Konzil auf die Ordensregel geeinigt hatte und die päpstliche Zustimmung vorlag, tat Bernhard noch etwas für die Tempelritter. Er schrieb eine Verteidigung ihres Ordens, *De Laude Novae Militae* (»In Lobpreisung der Neuen Ritterschaft«). Er verfasste diese in Briefform an Hugo de Payens. Sie ist sowohl Ermahnung an die Ritter als auch eine Bestätigung der Gerechtigkeit ihrer Arbeit. Es handelt sich um ein erstaunliches Dokument, das deren Zeitgenossen nur schwerlich verdauten. Das Grundkonzept der Kreuzzugspredigten proklamierte, es sei ein nobler Akt, die Ungläubigen zu töten, um das Heilige Land zu befreien. Durch dieses Bestreben den Tod in der Schlacht zu finden, galt als ultimative Buße, die jede Sünde aufhob. Bernhard ging aber noch weiter. Er stellte fest, dass »die Ritter Christi ohne Furcht vor der Sünde den Feind töten dürfen [...] Wenn jemand in Christi Namen auf den Tod trifft, sei es, dass er ihn erleide oder austeile, so ist nichts Verwerfliches darin. Beiden wohnt derselbe Ruhm inne.«

Gewappnet mit dem Segen Bernhards und des Papstes, machten sich die Templer auf den Weg, um nicht länger nur Pilger zu schützen, sondern sich auch den Feinden Christi zu stellen.

Die Saat der Zerstörung

Rückwirkend betrachtet erscheint es offensichtlich, dass die Templer ein zu großes Paradoxon darstellten, um unbegrenzt zu bestehen. Selbst vielen Zeitgenossen von Hugo de Payens und Bernhard von Clairvaux kam die Vorstellung kämpfender Mönche wie barer Unsinn vor. In seiner *Policraticus* von 1157 schreibt John of Salisbury: »Vor unseren Augen geschieht ein Wunder, das sich nicht in den Kanones der Väter findet. Denn die Tempelritter fordern mit päpstlicher Zustimmung das Recht der Kirchenverwaltung für sich. Sie beanspruchen sie über Weihbischöfe; und jene, deren normale Betätigung es ist, auf eine bestimmte Weise Blut zu vergießen, nehmen für sich in Anspruch, das Blut Christi zu gewähren.«[6] Im Anschluss daran verdammt er das Privileg der Templer, welches es ihnen ermöglicht, einmal jährlich die Kirchen in Landstrichen unter Interdikt zu öffnen. Ein Interdikt ist eine päpstliche Weisung, die es jeder Person innerhalb eines gewissen Bereiches untersagt, die Sakramente zu empfangen. Diese Härte wendete man an, um die Untergebenen eines »sündigen« Herrn dazu zu bewegen, diesen zu zwingen, sich dem Papsttum unterzuordnen. Oftmals zeitigte diese Vorgehensweise Erfolg. Die Templer jedoch durften den Gläubigen dieser Landstriche einmal im Jahr Taufe, Heirat und Abendmahl gewähren. »Es ist absolut verwerflich«, schreibt John. »Verlockt durch die Liebe zum Geld, öffnen sie Kirchentüren, die Bischöfe einst verschlossen.«[7]

Von Anbeginn hat man den Templern vorgeworfen, sie seien nicht nur arrogant und gierig, sondern vernachlässigen gar die Pilgerwege zugunsten profitablerer Angriffe auf muslimische Festungen. Es lässt sich nicht abstreiten, dass der Orden trotz der zahlreichen Spenden des Westens sehr kostspielig in der Unterhaltung blieb. Im Haushalt eines normalen Klosters schlugen Pferde – drei für jeden Ritter –, Rüstungen, Schwerter und andere Waffen einfach nicht zu Buche. Gleichzeitig mit den Beschwerden erhob sich aber auch uneingeschränktes Lob für den Mut der Templer in der Schlacht. Im Sinne ihrer Ordensregel schworen sie, stets die Ersten in der Angriffslinie zu sein und die Letzten, die das Schlachtfeld verließen. Die grauenvollen Verlustraten von manchmal bis zu neunzig Prozent dokumentieren diesen Einsatzwillen.

Ein anderes Problem stellten die Kreuzzüge dar, die, abgesehen von der Iberischen Halbinsel, nicht dauerhaft zum Erfolg führten. Das Königreich Jerusalem ging 1187 verloren. Die Templer mussten nach Akkon umziehen und Richard Löwenherz brach zum dritten Kreuzzug auf, um die Heilige Stadt zurückzugewinnen. Dieser erwies sich als Fehlschlag, genau wie die nachfolgenden Kreuzzüge. Mit der Zeit wurden die Templer ganz aus Palästina verdrängt und ließen sich auf Zypern nieder.

Bereits im zweiten Kreuzzug entwickelte sich zwischen den Templern und dem französischen König eine finanzielle Verbindung. Ich denke nicht, dass die Templer dies beabsichtigten. Louis VII. und seine Frau, Eleonore von Aquitanien, waren beide Mitte zwanzig, als sie sich dem Kreuzzug anschlossen. Louis musste schon bald erkennen, dass er sich für diese unglückselige Expedition nicht ausreichend mit baren Mitteln eingedeckt hatte. Seine Briefe an seinen Regenten, den Abt Suger, klingen sehr nach einem Studenten, dessen finanzielle Mittel sich bereits vor Semesterende erschöpften. »Eure Umsicht ist sich der grundsätzlichen Notwendigkeit des Geldes wohl bewusst, das für unsere täglichen Bedürfnisse unabdingbar ist. Wir fordern so viel wie möglich, und dies unverzüglich.«[8] Louis beschwerte sich bei Suger, dass er sich von den Templern Geld leihen müsse, und wies den Abt an, es ihnen möglichst umgehend zurückzuzahlen.[9] Dieser Vorfall trug gewiss zur finanziellen Abhängigkeit der französischen Krone von den Templern und damit auch zu deren späterem Untergang bei.

In *Sakrileg* steht, dass die Templer die ersten Bankiers Europas stellten. Das stimmt so nicht ganz. Jüdische

Kaufleute errichteten mindestens hundert Jahre vor den Templern ein privates Netzwerk, um Gelder und Investitionen zu transferieren. Die italienischen Stadtstaaten standen ihnen zeitlich gesehen kaum nach, denn sie besaßen bereits im zwölften Jahrhundert private Bankhäuser.[10] Durch ihre Verbindung mit dem Königshaus agierten die Templer als Bankiers lediglich mehr im Rampenlicht. Auch im Bereich religiöser Einrichtungen existieren Vorläufer dieser Praxis. So hat man nicht selten Klöster mit der Verwahrung wichtiger Dokumente oder Schätze betraut. Und obwohl so genannte Wuchergeschäfte verboten waren, verliehen die Mönche oft Gelder oder akzeptierten Land- und Besitzübertragungen.

Die Templer allerdings erhoben diese Tätigkeit zur Kunstform. Sie verwahrten nicht nur Bargeld, sondern transferierten auch Gelder und Güter über ihr Netzwerk von Komtureien. Sie handelten zudem als Verwalter jener Ländereien, deren Eigentümer dem Orden beitraten. Überall schöpften sie ihren Anteil ab, dennoch ist dies alles nicht die Ursache ihres legendären Reichtums. Die meisten in Europa eingenommenen Summen flossen in den Mittleren Osten, um den Unterhalt der dortigen Ritter zu finanzieren. Ein weiterer Fonds diente dazu, aus dem aktiven Dienst ausgeschiedenen Templern eine Pension zu zahlen oder den Unterhalt von Familien getöteter Templer zu sichern. Der Orden erlitt natürlich auch Verluste, vor allem, wenn er sich mit dem Adel einließ. Die Kredite für Louis VII. im zweiten Kreuzzug erschöpften die Reserven der Templer fast vollständig. Ein Vorgang, der sich wiederholte, als sie das Lösegeld für dessen Urgroßenkel Louis IX. stellten.

Die Templerbank in Paris war die geschäftigste und von den Kapetinger-Königen am meisten genutzte Einrichtung. Dies führte letztlich mehr als alles andere zu ihrer Vernichtung.

Das Ende des Ordens

Nach dem Fall von Akkon im Jahre 1291 hörte das christliche Outremer im Heiligen Land auf zu existieren. Wie bereits beschrieben, verlegten die Templer ihre Hauptkomturei daraufhin nach Zypern, wohin sich auch die Hospitaliter zurückgezogen hatten. Die Zeit der Kreuzzüge neigte sich damit dem Ende zu, auch wenn es in den darauffolgenden Jahren immer wieder sporadische Bemühungen gab, eine neue Kampagne auf die Füße zu stellen. Damit war der ursprüngliche Auftrag der Templer erloschen. Allerdings hatten sie sich in den vergangenen hundertundsiebzig Jahren ihres Bestehens andere Pflichten geschaffen.

So verwalteten sie riesige Ländereien, dienten dem Adel Frankreichs und Englands als Bankhäuser und nahmen immer noch aktiv am Kriegsgeschehen gegen die Moslems in Spanien und Portugal teil. Aufgrund des verlorenen Heiligen Landes kam schließlich der Vorschlag auf, Hospitaliter und Templer in einem Orden zu vereinen. Aus diesem Grund sandte Jacques de Molay, der letzte Großmeister der Templer, ein Memorandum an Papst Klemens V., in dem er die Gründe gegen eine Zusammenlegung auflistete. Im Jahr 1307 reiste er von Zypern nach Paris, um die Templer gegen erste Anschuldigungen zu verteidigen. Er hatte keine Ahnung, was ihn dort erwartete.

Seit dem Prozess gegen die Templer entstanden viele Werke, in denen ihre Schuld oder Unschuld Gegenstand der Diskussion ist. Ich finde es äußerst seltsam, dass außerhalb der Prozessakten die generelle Auffassung herrschte, die Anschuldigungen seien alle an den Haaren herbeigezogen. So unterschiedliche Männer wie Adam von Murimouth, ein englischer Kleriker, und Christian Spinola, ein Genueser Kaufmann, schrieben übereinstimmend, die Templer fielen der Gier oder dem Machtstreben Philipps IV. zum Opfer. Dante vertrat nachdrücklich die Meinung, Philipp habe ausschließlich danach getrachtet, das Vermögen der Templer in seinen Besitz zu bringen.[11]

Jede Menge Belege unterstützen diese Einschätzung. Im Jahr 1306 verfügte König Philipp bereits die Ausweisung der Juden aus Frankreich ebenso wie die Beschlagnahmung ihrer Besitztümer. Er war unablässig auf der Suche nach neuen Geldquellen. Mehrere frühe Regierungsjahre verbrachte er im Streit mit Papst Bonifaz VII. Der Zwist entbrannte, weil Philipp Kircheneigentum und -einkünfte hoch besteuerte, um Krieg gegen Edward I. von England führen zu können (Edward finanzierte den Krieg auf dieselbe Weise). Aber Philipp sah sich auch von einer selbst definierten Frömmigkeit getrieben. Seine Handlungen verlangten nach Rechtfertigung durch die Religion. Dies ist im Hinblick auf die Templer besonders interessant. Im März 1303 rief Philipp in Paris ein Konzil zusammen, um Anklage gegen Papst Bonifaz zu erheben. Die Anschuldigungen decken sich fast komplett mit denen gegen die Templer. Die Anklagepunkte – Häresie, Götzenverehrung, schwarze Magie und Sodomie – ähneln zudem jenen, die man gegen die ketzerischen Katharer in Südfrankreich ins Feld führte. Tatsächlich berief man sogar zwei Inquisitoren vom Kampf gegen die Katharer ab, damit sie die Ordensmitglieder verhörten. All dies macht die Verurteilung der Templer noch suspekter.

Ob Philipp sich nun gegen die Templer wandte, weil sie sich nicht mit den Hospitalitern vereinen wollten, weil er ihren Reichtum begehrte oder weil er sie für Häretiker hielt, ist letztendlich unerheblich. Fakt bleibt, dass Philipp für den 13. Oktober 1307 die Festnahme aller Templer in Frankreich anordnete. Er hoffte in dieser Sache auf ein Mandat des neuen französischen Papstes, Klemens V., ließ sich von dessen Ausbleiben jedoch nicht davon abhalten, dennoch in Aktion zu treten.

Die Templer in Frankreich waren überwiegend ältere, unbewaffnete Männer, da sich die kampffähigen Ordensmitglieder alle im Osten aufhielten. Allerdings gingen den Häschern bei jener Aktion sowohl der Großmeister als auch mehrere andere damals in Paris anwesende Meister ins Netz. Sie folterten die Männer so lange, bis sie die meisten der ihnen zur Last gelegten Verfehlungen eingestanden. Erst zu jenem Zeitpunkt, dem 22. November 1307, stimmte Papst Klemens dem Aufruf zur Inhaftierung außerhalb Frankreichs zu. Die Könige von England und Aragon reagierten mit Skepsis auf diese Anordnung. Daher unternahm man in diesen Ländern auch keine größeren Anstrengungen, um der Mitglieder des Ordens habhaft zu werden.

Es sieht ganz danach aus, als sei die Entscheidung zur Einkerkerung der Templer im Geheimen in der königlichen Abtei von Maubuisson gefallen. Der Verweser des königlichen Siegels, der Bischof von Narbonne, trat plötzlich zurück – vielleicht weil er sich weigerte, die Haftbefehle zu besiegeln. Seinen Posten übernahm Guillaume de Nogaret, den viele für das durchtriebene, bösartige Genie an der Seite des Königs halten.[12]

Dem Druck Philipps trotzend, erließ Klemens erst fünf Jahre später eine entsprechende Bulle (ein päpstliches Dekret), welche die Auflösung des Templerordens verfügte. Aber selbst jetzt noch untersagte der Papst die Übernahme der Besitztümer durch die französische Krone. Das meiste wurde den Hospitalitern zusammen mit der Pflicht übertragen, den Unterhalt der Ruheständler und Angehörigen der Templer weiter sicherzustellen. Die einzigen Templer, die man der Häresie für schuldig befand, waren Ritter, die ihren Dienst zu jenem Zeitpunkt in Frankreich versahen. Alle anderen sprach man von jeglichem Verdacht frei.

Es war erneut Philipp, der anordnete, am 12. Mai 1310 vierundfünfzig Templer auf dem Scheiterhaufen zu verbrennen. Der Verurteilung lag nicht Häresie zugrunde, sondern deren vorheriges Eingeständnis und späterer Widerruf durch die Ritter.[13] Ich muss gestehen, dass sich mir die Logik darin nicht völlig erschließt. Generell galt, dass jemand, der sich der Häresie bezichtigte und dann bereute, zwar Buße tun musste, jedoch nicht hingerichtet wurde. Dem ehemaligen Häretiker stand die Chance zu, seine Seele zu retten. Jene aber, die ihre Schuld eingestanden und später widerriefen, stufte man als rückfällig ein. Dies widerum bedeutete, dass sie immer noch Häretiker waren und entsprechend zu bestrafen seien.

Diese Auslegung verwirrte viele. Selbst in Frankreich schrieb Geoffrey von Paris: »Ich weiß nicht, ob die Templer richtig oder falsch handelten. Aber es ist unzweifelhaft, dass das französische Königreich sie alle vernichtete.«[14]

Für Frankreich, damals ein wesentlich kleineres Land als heute, trifft dies offenbar wirklich zu. Ein päpstliches Konzil entschied allerdings 1312, dass die Templer außer-

Die Verbrennung der Templer.
Aus einer Handschrift des vierzehnten Jahrhunderts.
© Snark/Art Resource, New York

halb Frankreichs nicht schuldig im Sinne der Anklage Philipps seien.[15] Den Orden selbst vernichtete man, nicht aber die ihm angehörenden Männer. Die Konferenz von Frankfurt gestattete den ehemaligen deutschen Templern 1317, den Hospitalitern beizutreten. Alte, ehemalige Templer und ihre Witwen erhielten überall in Europa finanziellen Unterhalt.

Zwar konfiszierte man den gesamten Besitz der Templer, dennoch ist es nicht völlig abwegig, dass frühere Angehörige des Ordens aus den Komtureien einige »Souvenirs« abzweigten. Es mag auch durchaus sein, dass einige Mitglieder von Zeit zu Zeit Versammlungen abhielten mit dem Gedanken, einen Teil des Ordens aufrechtzuerhalten. Allerdings gibt es hierfür keine Beweise. Offenbar haben sich die verbliebenen Templer entweder zurückgezogen oder sind anderen Orden beigetreten.

Jacques de Molay, der sein Schuldgeständnis ebenfalls widerrief, führte man am 18. März 1314, sechs Jahre nach seiner Verhaftung, in Paris auf den Scheiterhaufen.[16] Auch wenn die endgültige Abwicklung aller finanziellen Aspekte noch einige Jahre in Anspruch nahm, so besiegelte Molays Tod faktisch das Ende der Templer und bildete den Nährboden der Legendenbildung.

Die rankende Legende

Auf ihre Zeitgenossen wirkten die Templer immer überlebensgroß. Ihre Regel legte fast unerreichbare Standards für Mut, Reinheit und Frömmigkeit fest. Selbst ihre Feinde räumten ein, dass einige der Ritter diesen Anforderungen sogar gerecht wurden – vor allem in den frühen Tagen ihres Bestehens, als sie die meiste Zeit auf dem Schlachtfeld verbrachten. Der deutsche Dichter Wolfram von Eschenbach reiste um 1218 in das Heilige Land und war von den Templern derart beeindruckt, dass er sie in seinem epischen Gedicht *Parzival* zu den Hütern der Gralsburg machte.[17] Das Bild dieser pflichtbewussten Ritter in ihren weißen Mänteln mit dem roten Kreuz auf der Schulter fesselte die romantische Vorstellungskraft. Es ist kein Wunder, dass dieses Bild trotz ihres traurigen Endes achthundert Jahre überdauerte.

Die ersten Legenden um die Templer entstanden bereits kurz nach dem Tod Jacques de Molays am 20. April 1314. So ging die Geschichte um, dass Molay auf dem

Ein Templer küsst das Hinterteil eines Klerikers.
Jacques de Longuyon, Les Vœux du Paon, ca. 1350.

Scheiterhaufen Papst Klemens und König Philipp mit einem Fluch belegte, der sie dazu verdammte, ihm noch vor Ablauf eines Jahres in den Tod zu folgen.[18] Klemens starb tatsächlich innerhalb eines Monats, Philipp fand sieben Monate später den Tod. Natürlich kursierte die Geschichte mit dem Fluch erst nach diesen Todesfällen. Aber sie gedieh prächtig und trug zum geheimnisvollen Mythos der Templer bei.

Dennoch sieht es so aus, als hätte Philipps Propaganda Früchte getragen. Die populäre Literatur des vierzehnten Jahrhunderts verunglimpfte und verspottete die Templer. Die obige eindeutige Darstellung eines obszönen Kusses zeigt, wie tief die Templer im öffentlichen Ansehen gesunken waren.

Die Legende der Templer verblasste in den kommenden dreihundert Jahren, die von der Beulenpest, dem Hundertjährigen Krieg und der Reformation gebeutelt waren. Erst im frühen achtzehnten Jahrhundert, mit der Gründung der → **Freimaurer,** stieg das Interesse an den Templern schlagartig wieder an. Als Erster zog Andrew Michael Ramsey (1696–1743), ein aus Schottland stammender Kanzler der Großloge Frankreichs, eine Verbindung zwischen Templern und Freimaurern. Seinem Bericht zufolge begab sich eine Geheimgesellschaft mittelalterlicher Ritter von Schottland aus auf den Kreuzzug in das Heilige Land. Diese Männer seien sowohl »Baumeister als auch Kämpfer für die christliche Sache« gewesen.[19] Später erinnerten sich die deutschen Freimaurer vielleicht an die Geschichte von Parzival, jedenfalls fügten sie den bisherigen Templerlegenden den → **Gral** hinzu.

Von diesem Zeitpunkt an wuchs und gedieh die Legende, oftmals von Freimaurern weitergetragen und ausgeschmückt, die Autoren oder Komponisten waren. Im zwanzigsten Jahrhundert verstärkten Bücher und Filme wie *Indiana Jones und der letzte Kreuzzug* die Vorstellung von den Templern als Hüter des Grals.

In *Sakrileg* folgt Dan Brown dieser Version des Templer-Mythos, fügt dem Gral aber noch eine weitere Fassette hinzu. Auch das macht Legenden so wundervoll. Sie lassen sich in immer neuem Gewand den Bedürfnissen einer jeden Generation anpassen.

Malcolm Barber: The New Knighthood. A History of the Order of the Temple. Cambridge UP 1994

Derselbe: The Trial of the Templars. Campbridge UP 1978

Derselbe und Keith Bate: The Templars. Selected Sources translated and annotated. Mancester UP 2002

Edward Burman: The Templars, Knights of God. Destiny Books 1986

Peter Dinzelbacher: Die Templer. Herder 2002

Kaspar Elm: »Der Templerprozess.« In: Alexander Demandt (Hg.): Große Prozesse in der Geschichte. 1996

Großer Bildatlas der Kreuzzüge. Herder 1992

Jean Leclerq: Bernhard von Clairvaux. Neue Stadt 2005

Peter Partner: The Murdered Magicians. The Templars and Their Myth. Oxford UP 1982

Steven Runciman: Geschichte der Kreuzzüge. dtv 2001

Ernst Stähle: Johanniter und Templer, Weishaupt 1998

Dieter H. Wolf: Internationales Templerlexikon. Studienverlag 2003

---

[1] Einen kompletten Überblick über die Kreuzzüge verschaffen: Steven Runciman: *Geschichte der Kreuzzüge*. dtv 2001; Jonathan Riley-Smith (Hg.): *The Oxford Illustrated History of the Crusades.* Oxford UP 2001; und *The First Crusaders*. Cambridge UP 1998 (Für deutsche Bücher vgl. die obigen Literaturempfehlungen, besonders empfehlenswert ist das Templerlexikon. Anm. d. Ü.)

[2] Ein Großteil dieser Zusammenfassung stammt aus Malcolm Barber: *The New Knighthood. A History of the Order of the Temple*. Cambridge UP 1994

[3] Die mir bekanntesten sind *Cartulaire de la Commanderie de Richerences de l'Ordre du Temple (1136–1244)*. Hg. von Marquis de Ripert-Monclar. Paris 1907; und *Cartulaire des Templiers de Douzens*. Hg. von Gérard und E. Magnou, Paris 1965

[4] Es gibt viele Biografien über Bernhard von Clairvaux. Ich habe folgende verwendet: Adriaan H. Bredero: *Bernhard von Clairvaux: zwischen Kult und Historie. Über seine Vita und ihre historische Auswertung.* Steiner 1996; und Brian Patrick McGuire: *The Difficult Saint*. Cistercian Press 1991

[5] Laurent Dalliez: *Règle et Statuts de L'ordre du Temple.* Dervy 1996, Abschnitte 279–384

[6] John of Salisbury: *Policraticus.* Hg. und Übers. von Cary J. Nederman. Cambridge UP 1990, S. 173

[7] Ebenda

[8] Louis an Abt Suger, Epistola XXII, *Sugerii Abbatis S. Dionsii, Epistolae Patralogia Latina*, Bd. 1854, Kolumne 1558 (Die Übersetzung stammt von mir. Anm. d. A.)

[9] Ebenda, Briefe 50, 57 und 58

[10] Lester K. Little: *Religious Poverty and the Profit Economy in Medieval Europe*. Cornell UP 1978, S. 13

[11] Barber, S. 300

[12] M. Boutaris: *Clement V, Philippe le Bel et les Templiers.* Chartres 1871, S. 331

[13] Barber, S. 304

[14] Edward Burman: *The Templars, Knights of God.* Destiny Books 1986, S. 170 (Die Übersetzung stammt von mir. Anm. d. A.)

[15] Barber, S. 308

[16] Ebenda, S. 314

[17] Burman, S. 178; Barber, S. 281

[18] Barber, S. 314

[19] Ebenda, S. 317

Die Tuilerien

Gleich hinter dem → **Louvre** und dem Place du Carrousel liegen die Gärten der Tuilerien. Diese Gartenanlagen gehörten einst zum Palast der Königin Marie de Medici, die auch den Luxemburg-Palast erbauen ließ. Doch lange bevor man dort Gärten pflanzte und Statuen aufstellte, dienten die Tuilerien als Kalksteinbruch.[1]

Ich gebe es gerne zu: Diese Information ist lange nicht so spannend wie der Gedanke, dass die Gärten einen heidnischen Tempel überdecken, in dem sonderbare sexuelle Rituale stattfanden. Aber die römischen Bürger des ersten nachchristlichen Jahrhunderts konnten mit einem Steinbruch vermutlich mehr anfangen. Die Gebäude des frühen Paris, damals noch Lutetia genannt, bestanden zum größten Teil aus Kalksteinblöcken. Viel wichtiger ist jedoch, dass auch die kurzen, runden Säulen, welche die Böden der *Hypokausten*, der Heißluftheizung für die Bäder, stützten, ebenfalls aus Kalkstein bestanden. Man nannte sie *tuiles*. Heute kann man solche Konstruktionen im Musée de Cluny auf dem Boulevard Saint Michel gegenüber der Luxemburg-Gärten besichtigen. Der römische Abschnitt des Museumskellers ist faszinierend. Zusammen mit dem kleinen Museum vor den Stufen von Notre Dame ist es einer der wenigen Orte, an denen man eine Vorstellung davon gewinnen kann, wie das gallorömische Paris ausgesehen haben mag.

Der Steinbruch wurde bis ins Mittelalter genutzt und lieferte Baumaterialien für Steinhäuser und Dachziegel.[2] Nach dem Bau des Louvre schüttete man ihn schließlich auf. Um die gleiche Zeit verfügte König Philipp II. die Verlegung der Schlachter von den nahen *Halles* an weiter entfernte Plätze. Damals verspürten die Königsfamilien wenig Neigung, sich mit dem Gestank geschlachteter Tiere und den feinen Staubschwaden des Kalksteins abzufinden, die durch die Fenster krochen.

Während der Revolution hielt man Ludwig XVI. und seine Familie für kurze Zeit im Palast der Tuilerien gefangen. Nach einem Brand im Jahr 1871 fiel ein Flügel dem Abriss zum Opfer. Dadurch entstand das hufeisenförmige Gebäude, das wir heute als Louvre kennen.

---

1 Philippe Velay: *De Lutece à Paris*. CNRS 1993, S. 29

2 Anne Lombard-Jourdan: *Aux Origines de Paris: la genèses de la Rive droite jusqu'en 1223*. CNRS 1985, S. 104

Weihnachten am 25. Dezember

Wann Jesus genau geboren wurde, entzieht sich unserer Kenntnis. In keiner der Schriften findet sich hierzu ein exakter Hinweis. Lediglich die Geschichte aus dem Lukasevangelium verweist darauf, dass die Hirten ihre Herden auf den Feldern hüteten.[1] Diese Darstellung veranlasste einige Wissenschaftler zu der Vermutung, dass dieses Ereignis im Frühling oder Sommer stattfand.

In der Frühzeit des Christentums widmete man dem Geburtsdatum Jesu nicht allzu viel Aufmerksamkeit. Tod und Auferstehung nahmen einen weitaus größeren Stellenwert ein. Der Kirchenvater Origenes schrieb sogar, Christen sollten ihre Geburtstage nicht feiern, da dies »eine heidnische Sitte« sei.[2]

Dennoch versuchten einige frühchristliche Autoren das Datum aus reiner Neugier festzusetzen. Einer vertrat die Ansicht, es müsse jener Tag sein, da Gott die Sonne erschaffen hatte. Seiner Rechnung nach fiel der erste Tag der Schöpfung auf die am 25. März stattfindende Frühlings-Tagundnachtgleiche. Entsprechend wäre der Geburtstag Jesu am 28. März.[3]

Diese Berechnung setzte sich jedoch nicht durch – vermutlich weil ein ungenannter Schlauberger darauf hinwies, dass die Tagundnachtgleiche vor Erschaffung der Sonne gar nicht existierte. Irgendwie schießt irgendjemand immer quer.

Eine Gruppe namens Basilidianer glaubte, dass Jesus erst nach der Taufe durch Johannes zu Gott wurde. Diese Vorstellung erachtete man später als → **Häresie** und ordnete sie einer anderen Bewegung zu, nämlich dem Adoptionismus. Aus nur ihnen bekannten Beweggründen beschlossen die Basilidianer, dass dieses Ereignis auf den 6. Januar fiele. Diesen Tag nannten sie Epiphanias (Manifestation).[4]

Ein Winterfest fand deutlich mehr Anklang, da es einen hübschen Kontrapunkt zum Osterfest im Frühling setzte. Viel wichtiger jedoch war die Tatsache, dass fast alle anderen Religionen einen Feiertag zur oder um die Wintersonnenwende aufwiesen, dem kürzesten Tag des Jahres mit den wenigsten Sonnenstunden. Bräuche dieser Art sind schwer zu tilgen.

Als die Basilidianer nach dem Konzil von Nizäa in Ungnade fielen, deutete man das Epiphanias-Fest kurzerhand um. An jenem Tag erschien nun das Jesuskind den drei Weisen. Allerdings hielt sich auch der Glaube, Jesus sei an diesem Tag getauft worden, mehrere Jahrhunderte lang.[5] Dadurch war das Geburtstagsproblem aber immer noch nicht gelöst.

In Rom gab es zahlreiche winterliche Festtage. Der 25. Dezember galt als Geburtstag des → **Mithras**, eines Gottes, der mit der Sonne in Zusammenhang stand. Auch der Geburtstag eines weiteren Sonnengottes, des Apollo, fiel auf diesen Tag. Zudem beging man am selben Tag das Fest des Weingottes Bacchus, die Brumalia (bei den Griechen hieß er Dionysos).[6] Obwohl ich keine Verbindungen zu Osiris oder Adonis gefunden habe, wie in *Sakrileg* dargestellt, muss es nicht bedeuten, dass es sie nicht gibt.

Die Gründe, den Geburtstag Jesu auf den 25. Dezember zu legen, waren kein Geheimnis. Wenn die Menschen ohnehin in Feierlaune waren, warum sollte man ihnen nicht einen Grund liefern, der dem christlichen Glauben entsprach?

Rom hat die erste an einem 25. Dezember stattfindende Weihnachtsfeier offenbar um das Jahr 336 abgehalten. Konstantinopel folgte im Jahr 379, Ägypten im Jahr 435. Die Kirchen in Palästina hielten bis zum sechsten Jahrhundert durch und die armenische Kirche feiert Weihnachten bis heute am 6. Januar.

---

1 Lukas 2,8

2 Origenes: *Commentary on Matthew*. Zitiert in: Hendrik F. Strander: »Christmas.« In: *Encyclopedia of Early Christianity*. Hg. von Everett Ferguson u. a. Garland Publishing 1990, S. 206 [vgl. Origenes: »Homilie 8 zu Leviticus.« In: Migne, *Patrologia Graeca*, XII, S. 495; vgl. auch Origenes: *Kommentar zum Matthäus-Evangelium*, X 22]

3 Ebenda

4 Ebenda

5 Stephen C. McCluskey: *Astronomies and Cultures in Early Medieval Europe*. Cambridge UP 1998, S. 34 ff.

6 Jeffrey Burton Russell. *Witchcraft in the Middle Ages*. Cornell UP 1972, S. 68

Westminster Abbey

Als die ersten Mönche die Stätte betraten, an der sich später die Westminster Abbey erhob, war diese gerade mal ein sumpfiges Inselchen in der Themse, die von den Sachsen den Namen »Thorne Ey« oder »Dorneninsel« erhielt. Es gibt archäologische Hinweise auf eine Besiedlung durch die Römer, jedoch keine schriftlichen Belege.[1]

Es mag dort vielleicht schon im achten Jahrhundert eine Gemeindekirche, ein *minster*, gegeben haben, aber wieder haben wir nur den Namen *West Minster* als Fingerzeig. Wir wissen allerdings, dass Sankt Dunstan dort um 970 oder kurz danach eine Abtei gründete, die er dem heiligen Petrus weihte. Die Mönche kamen ursprünglich aus dem Kloster in Glastonbury. Der heutige amtliche Name der Abtei lautet »Collegiate Church of Saint Peter at Westminster«.

Zu jener Zeit umflossen Bäche das Areal, auf dem heute Westminster und das Parlament stehen. Diese trugen eher weniger elegante Bezeichnungen wie »Mill Ditch« [Mühlengraben], »Long Ditch« [Langer Graben] und »Merseflete« [Mersefleet (wovon sich »Fleet Street« ableitet)]. Bald nach der Errichtung der Abtei verbreitete sich die Legende, die ursprüngliche Kirche auf Thorne Ey habe Sankt Petrus höchstpersönlich gesegnet.

In der Nacht vor der Weihung der Kirche – so erzählt man sich – ruderte ein armer Fischer einen Fremden zur Insel hinüber. Als der Mann die dunkle leere Kirche betrat, durchdrang ein gleißender Lichtschein die Fenster, Engelsstimmen erschallten und der Duft von Blumen und Weihrauch erfüllte die Luft. Als der Fremde die Insel wieder verließ, bemerkte er, dass diese Vision den Fischer überwältigt hatte und dieser darob das Fischen vergaß. Er befahl dem Fischer, seine Netze auszuwerfen. Sofort füllten sich diese prallvoll mit Fischen, unter denen sich auch ein ungewöhnlich großer Lachs befand. Der Fremde wies den Fischer an, diesen Lachs dem Bischof im Namen Petri zu überreichen, der gekommen war, um die ihm zu Ehren errichtete Kirche zu segnen.

Der Fischer erzählte seine Geschichte und zeigte dem Bischof nicht nur den Lachs, sondern auch die Spuren von Kerzenwachs und Weihrauch in der Kirche. »Sie erkannten diese heiligen Zeichen und hielten einen Dankesgottesdienst ab, ehe sie den Lachs verspeisten.«[2]

Von Anfang an stand die Abtei unter dem Schutz der sächsischen und dänischen Könige und zu Ostern 1043 erlebte die Abtei die Krönung von Edward dem Bekenner. Allerdings handelte es sich dabei noch nicht um das beeindruckende Gebäude, das wir heute kennen, sondern um ein wesentlich kleineres. Edward verspürte offenbar das Gefühl, das Königreich verdiene eine bessere königliche Abtei. Da er in Frankreich erzogen worden war, ließ er den französischen Abt Robert von Jumièges kommen, den er zum Bischof von London ernannte. Roberts Abtei in Frankreich unterlief gerade Renovierungen im neuen romanischen Stil, und Edward wünschte, dass Westminster diese an Schönheit überträfe. Ironischerweise unterstützte der normannische Herzog Wilhelm die Arbeiten in Jumièges. Nur allzu bald machte er sich als Wilhelm, der Eroberer von England, einen Namen.[3]

Von Edwards Kirche ist nicht mehr viel übrig. Wir kennen sie hauptsächlich von ihrer Darstellung auf dem *Teppich von Bayeux*, der im Gedenken an Wilhelms Sieg entstand. Ganz so wie Edward geplant hatte, fiel sie größer als die Kirche von Jumièges aus. Ihre Gesamtlänge betrug 98,2 Meter und sie besaß das erste Querschiff Englands.[4] Bei sächsischen Kirchen handelt es sich samt und sonders um schlichte rechteckige Bauten.

Die Weihe der Kirche fand am Weihnachtstag des Jahres 1065 statt. Elf Tage später starb Edward und fand als erster König seine letzte Ruhestätte in der neuen Kirche. Sein Schwager Harald wurde der neue König, herrschte jedoch nur kurze Zeit. Am Weihnachtstag des Jahres 1066 übernahm Wilhelm I. (der Eroberer) in Westminster Abbey die Königskrone Englands.[5] Von da an blieb Westminster die offizielle Krönungsstätte aller Könige von England. Als die Normandie für sie verloren war, ließen sich auch die Nachfahren des normannischen Eroberers dort begraben. Edward der Bekenner wurde 1161 heilig gesprochen und seinen Schrein über dem Hochaltar haben die späteren Könige voller Hingabe verehrt. In der Mitte des dreizehnten Jahrhunderts ließ Heinrich III. einen größeren Schrein für Edward erbauen, der seitdem diverse Erweiterungen erfuhr.[6]

Die gotische Kirche, die wir heutzutage kennen, ist das Werk von Heinrich III., der dem Kult um den Bekenner besonders nahe stand: Er benannte sogar seinen ältesten Sohn nach ihm, den zukünftigen Edward I. Heinrichs Wunsch nach einer moderneren und besser ausgestatteten Kirche entsprang nicht nur der Frömmigkeit, sondern auch der alten Rivalität zwischen England und Frank-

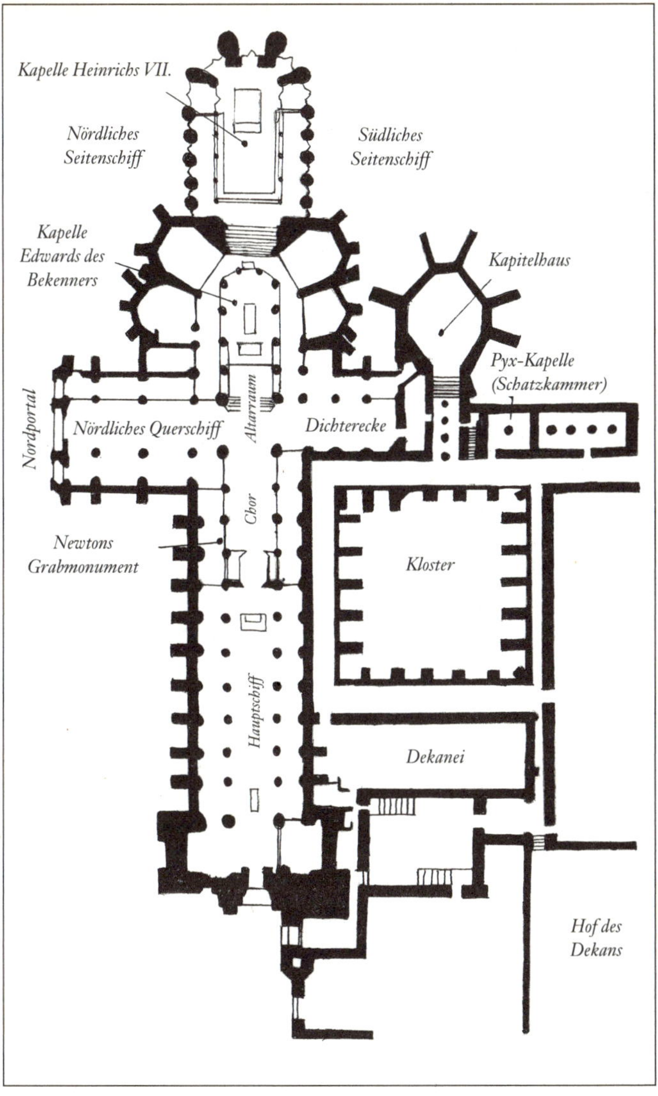

Die Collegiate Church of St. Peter at Westminster.

reich. Ludwig IX. (der Heilige) brachte kurz zuvor die Dornenkrone von seinem Kreuzzug nach Hause und ließ die schöne Kirche Sainte Chappelle in Paris errichten, um ihr einen würdigen Aufbewahrungsort zu schaffen. Heinrich wollte dies nicht auf sich sitzen lassen. Nach seiner Zeit kam es nur zu wenigen größeren Anbauten an der Kirche, etwa der Kapelle von Heinrich VI. Anfang des sechzehnten Jahrhunderts, zu der ein Treppengang über dem Schrein des Bekenners führt, und die Vollendung der Westtürme im achtzehnten Jahrhundert.

Aber nicht einmal die Schutzherrschaft der Könige vermochte die Abbey gänzlich vor den Auswirkungen der englischen Reformation zu bewahren. Heinrich VIII. beschlagnahmte die meisten Besitztümer, aus denen die Mönche ihr Einkommen bezogen. Eine Inventur des damaligen beweglichen Kircheneigentums enthält »ein kleines Kästchen aus Silber und Gold und Beryll mit dem Haar von Maria Magdalena«.[7] Ich habe nicht herausfinden können, was damit geschehen ist.

Die Abtei blieb eine Zeit lang geschlossen, bis man sie als protestantischen Stift wieder eröffnete. Schließlich ließ Maria I., die katholische Tochter Heinrichs VIII., sie von neuem weihen. Nach ihrem Tod im Jahr 1558 gab Elisabeth I. die Abtei an die Kirche von England zurück. Die Briten feierten das Datum für die nächsten dreihundert Jahre.[8]

Im siebzehnten Jahrhundert hatte die Abtei erneut zu leiden – diesmal unter den Händen Oliver Cromwells und der puritanischen Regierung. Gegenstände, denen der Ruch des »Papismus« anhaftete – Statuen, liturgische Gefäße, Altäre und Schreine, sogar die Orgelpfeifen –, riss man heraus, um sie zu zerstören. Das Parlament befahl außerdem die Entfernung aller Buntglasfenster. Die

Die Gedenkstätte Newtons in der Westminster Abbey.

Kirche blieb zwar stehen, fiel jedoch der Vernachlässigung anheim, bis 1660 die Monarchie wiederhergestellt wurde.

Eine Einkommensquelle, welche die Abtei (und die Kirchendiener) versorgte, entstammte dem Verkauf von Bestattungsraum in der Kirche. Das herrschende Königshaus besaß stets das Vorrecht, sich dort bestatten zu lassen. Während des späten siebzehnten Jahrhunderts aber wurde es zum Prestigesymbol, eine Grabstätte in Westminster sein Eigen zu nennen. Die meisten Gräber gehören zu politischen und militärischen Führungspersönlichkeiten sowie verschiedenen Angehörigen des Adels. Die berühmteste derartige Abteilung ist die Dichterecke an der Ostseite des Schiffes. Eigentlich sind die meisten

Grabsteine nur zum Gedächtnis angebracht. Schriftsteller wie John Keats, Percy Bysshe Shelley, Dylan Thomas, William Shakespeare, Oscar Wilde, T. S. Eliot, Jane Austen, Geoffrey Chaucer, Charlotte Brontë und William Blake liegen an anderer Stelle begraben. Allerdings sind Robert Browning, Alfred Lord Tennyson, Ben Jonson (in aufrechter Haltung) und seltsamerweise auch der standhafte Puritaner John Milton in der Abbey begraben. Es gibt auch einen kleinen Abschnitt für berühmte Schauspieler, von David Garrick im achtzehnten Jahrhundert bis zu Laurence Olivier, Lord Brighton, der 1981 in Westminster seine letzte Ruhestätte fand.

In der Mitte des Kirchenschiffes, gleich hinter dem Altar, befindet sich das Monument für → **Isaac Newton**. Es ist in klassischem Stil angefertigt und zeigt Newton in eine römische Toga gewandet und mit einem Lorbeerkranz auf dem Kopf. Er lehnt sich auf einen Stapel seiner Bücher *Divinity*, *Chronology*, *Optica* und *Philosophia Naturalis Principia* aus den *Mathematica*. Über ihm halten zwei Putten[9] eine Schriftrolle mit einem Zitat aus der *Mathematica*. Darunter ist ein Basrelief, auf dem Knaben sich mathematischer Instrumente bedienen. Der Globus über ihm zeigt den Tierkreis sowie die Sternbilder und zeichnet die von Newton vorhergesagte Bahn eines Kometen nach, der am 24. Dezember 1680 erschien. Außerdem sind dort seine Berechnungen über das Datum der Reise von Jason und den Argonauten verzeichnet.[10] Die lateinische Inschrift am unteren Ende listet seine Errungenschaften in Wissenschaft und Religion auf. Über dem Globus ruht die Gestalt der Urania, der Muse der Astronomie.[11]

Bevor ich die Arbeiten zu diesem Buch begann und erneut Westminster aufsuchte, hatte ich ihr schon viele

Male einen Besuch abgestattet. In meiner Eigenschaft als Romanautorin und Mittelalterhistorikerin hatte ich bisher nur die Gräber der Könige und Königinnen besucht und kurz bei den Dichtern vorbeigeschaut. Dieses Mal erforschte ich die Abbey eingehender. Die traurigen Gräber der kleinen Töchter von Jakob II. sind mir nie zuvor aufgefallen. Mir war auch nicht bewusst, dass eine Gruft existiert, in der jene einst im Tower gefundenen Gebeine liegen, die man für die Überreste der verschollenen Prinzen Edward und Richard hält, über deren mutmaßliches Schicksal schon so viel geschrieben wurde.

Westminster ist mehr als einen langen Besuch wert. Ohne Eintrittsgeld kommt man zwar nicht hinein, aber derzeit sind noch keine Metalldetektoren installiert. Fotoapparate sind nicht gestattet, doch bei meinem nächsten Besuch nehme ich mein Fernglas mit, um mir in aller Ruhe die Kunst hoch über mir anzusehen, der die Jahrhunderte der Entweihung und des Verfalls nichts anhaben konnten.

Literaturempfehlung

Claudio, Gorlier (Hg.): England. Westminster Abbey in London. Pawlak 1989

---

1 Dean and Chapter of Westminster: *Westminster Guide*. London 1997, S. 2

2 John Field: *Kingdom, Power and Glory*. James and James 1996, S. 9–13

3 William of Jumièges: *Gesta Normannorum Ducum*. Book VII, 22. Hg. und Übers. von Elisabeth M. C. Van Houts. Clarendon Press 1995, S. 134

4 Field, S. 18

5 David C. Douglas: *William the Conqueror*. University of California Press 1964, S. 248 ff. [vgl. David C. Douglas: *Wilhelm der Eroberer*. Diederichs 2002]

[6] *Westminster Guide*, S. 43
[7] Field, S. 79
[8] Ebenda, S. 83
[9] In der Kunst sind mit *putti* »Kleinkinder, Cheruben oder Wickelkinder« gemeint. Das Wort leitet sich vom lateinischen *putus*, »kleiner Junge«, ab. [vgl. Heinrich Laag: *Kleines Wörterbuch der frühchristlichen Kunst und Archäologie*. Reclam 1990]
[10] Michael White: *Isaac Newton: The Last Sorcerer*. Perseus Books 1997, S. 361
[11] White, S. 361

Wren, Christopher

Christopher Wren, der Architekt, der London nach dem Großen Brand von 1666 aus der Asche wieder aufstehen ließ, wurde am 20. Oktober 1632 in eine Familie von anglikanischen Kirchenführern geboren. Sein Onkel Matthew war Bischof von Ely. Sein Vater, der ebenfalls Christopher hieß, war Dekan von Windsor und verwahrte die Insignien des Hosenbandordens. Der junge Christopher genoss am Hof von Karl I. eine reiche und privilegierte Stellung.

Dies änderte sich in den vierziger Jahren, als das von Oliver Cromwell geführte puritanische Parlament König Karl absetzte. Die Wren-Familie blieb weiterhin standhaft monarchistisch und hatte nach Karls Gefangennahme und Enthauptung am 30. Januar 1649 entsprechend zu leiden.[1]

Diese plötzliche Veränderung seiner Lebensumstände wirkte sich natürlich entsprechend stark auf Wren aus. Sein Onkel saß als Gefangener im Tower. Die Familie verlor ihr Heim und den Großteil ihrer Besitztümer im Bürgerkrieg. Sie verbrachten die Jahre des Krieges und der protestantischen Herrschaft in Ungnade und ständiger Ungewissheit über ihre Sicherheit.

Was seine Ausbildung anbetrifft, profitierte Wren vielleicht sogar mehr von den Umständen, als wenn sein Leben in den ursprünglich geplanten Bahnen verlaufen wäre. Seine frühen Jahre verbrachte er an der Westminster School in London. Zu seinen Mitschülern gehörten der künftige Philosoph John Locke und der angehende Dichter John Dryden.[2] Die Schule stand fest auf Seiten der Royalisten, und Christophers Ausbildung zielte gewiss darauf ab, die Nachfolge seines Vaters oder seines Onkels in der Kirche anzutreten. Diese Aussicht machte der Tod des Königs zunichte.

In den ersten Kriegsjahren hatte Charles sein Hauptquartier in der royalistischen Stadt Oxford aufgeschlagen. Dekan Wren und seine Familie wohnten ebenfalls dort. Christopher bot sich die Gelegenheit, mit vielen Gelehrten zusammenzutreffen, die ihren Lehrberuf in London und Cambridge nicht mehr ausüben durften. Er lernte viel von ihnen, machte sich mit den neuesten wissenschaftlichen Methoden bekannt und zeigte eine Begabung für Mathematik und Mechanik. So fertigte er etwa die Zeichnung einer Laus an, wie sie unter dem Mikroskop erschien.[3] Außerdem entwarf er eine Uhr, die »Schwankungen der Windgeschwindigkeit und der Temperatur während der Nacht« aufzeichnete.[4] Er verbrachte viel Zeit mit diesen älteren Männern, die zu seinen Lehrern avancierten. Dort schloss er auch eine lebenslange Freundschaft mit Robert Hooke, der seinen Vater an die Sache der Royalisten verloren hatte.[5]

Wren erhielt während Cromwells Herrschaft keinen Universitätsstuhl, aber als Karl II. 1660 aus der Verbannung zurückkehrte, belohnte dieser seine Loyalität. Die Stadt London war schwer in Mitleidenschaft gezogen worden, und er reichte Pläne für die Restaurierung der Saint Paul's Cathedral ein, welche die Puritaner als Pferdestall benutzt hatten. Das Gebäude war schon sehr alt. Unter der Herrschaft von Karl I. hatte der Architekt Inigo Jones es modernisiert, doch die Mauern wölbten sich nach außen. Den Turm traf 1561 ein Blitz, aber den Schaden ließ man nie reparieren.[6]

Wren war nur einer von mehreren, die Vorschläge für London und Saint Paul's vorlegten. Damals besaß er noch keine Bauerfahrung; bisher hatte er ausschließlich Entwürfe angefertigt und vielleicht hätte er den Auftrag gar nicht erhalten. Am Sonntag, dem 2. September 1666, brach jedoch in einer Bäckerei in der Nähe der London Bridge ein Feuer aus. Zuerst schien es unter Kontrolle zu sein. Dann landeten durch aufkommenden Wind einige Funken in einem Heuhaufen. Dieser ging in Flammen auf und sandte weitere Funkenschauer über die Lagerhäuser und die Werften »voller Teerpech, Zucker, Brandy und Öl [...] Holzwolle und Kohle«.[7] Als das Feuer fünf Tage später endlich gelöscht werden konnte, war ein großer Teil Londons einschließlich der alten Saint Paul's Cathedral den Flammen anheim gefallen.

Nun musste die Stadt wieder aufgebaut werden und die Pläne für die Restaurierung der Kirche konnten abgelehnt und durch den Entwurf einer völlig neuen Stadt mit breiteren Straßen, steinernen Häusern und Geschäften ersetzt werden. Wren erhielt den Auftrag, einen Teil der Arbeiten zu beaufsichtigen. In der Zwischenzeit zeichnete er für den Entwurf des Sheldonian Theatre in Oxford verantwortlich, das sich gerade im Bau befand. Damit vermochte Wren etwas Konkretes vorzuweisen, das sein Talent belegte.

Wren und sein Freund Robert Hooke waren am Wiederaufbau der meisten Gemeindekirchen in London beteiligt, aber Saint Paul's bleibt sein Meisterstück. Die Kathedrale ist noch heute ein Wahrzeichen der Stadt und während der Luftangriffe im Zweiten Weltkrieg hielten sich unzählige Freiwillige Nacht um Nacht dort auf und riskierten ihr Leben für den Schutz der Kirche.[8] Wren liegt in Saint Paul's begraben.

Die → **Temple Church** entging dem Brand, was umso erstaunlicher ist, da sie mitten in der Schneise der Flammen lag. Wren renovierte die Kirche, aber darin erschöpft sich auch schon seine Verbindung zu ihr.[9]

Christopher Wren war ein frühes Mitglied und späterer Präsident der Royal Society, einer Gruppe von Wissenschaftlern und Intellektuellen, die zu Cromwells Zeiten das *Invisible College* gründeten, einen Geheimbund von Royalisten in Oxford. Weitere Mitglieder waren Robert Boyle und → **Isaac Newton**. Wren gehörte auch zu den ersten spekulativen Freimaurern. Seine Aufnahme erfolgte 1691, zum Teil als Ehrung für seine Arbeit beim Wiederaufbau der Stadt.

Im Jahr 1669 erhielt er den Titel des Königlichen Generalarchitekten *(Royal Surveyor)*, den er fünfundvierzig Jahre lang innehatte. Bis zu seinem Tode am 25. Februar 1723 im Alter von einundneunzig Jahren blieb er rührig.[10]

Wren gehörte jener internationalen Gruppe von Intellektuellen des siebzehnten Jahrhunderts an, deren Wissensdurst keine Grenzen kannte. Wie Newton und Boyle verfolgte auch Christopher Wren breit gefächerte Interessen. Er führte Experimente in Physik, Astronomie und Anatomie durch und erfand praktische Maschinen, beispielsweise für die Aussaat von Getreide.[11] Im Unterschied zu anderen Mitgliedern der Royal Society hat er sich allerdings nicht mit Alchemie oder anderen mystischeren Weisheiten befasst.

Saint Paul's steht heute noch, ebenso wie viele andere von Wren entworfene Bauten. Allerdings legte er seinem Vorschlag für den Wiederaufbau von London auch einen Plan bei für Straßenzüge mit runden Kreuzungen und breiten Querstraßen. Diesen verwirklichte man in London nicht, aber einhundertdreißig Jahre später griffen Pierre L'Enfant und Thomas Jefferson seine Vision einer Stadt wieder auf, als sie die Pläne für die Hauptstadt einer jungen Nation zeichneten: Washington D. C.

Literaturempfehlung

Peter Ackroyd und Holger Fließbach (Übers.): London. Knaus 2002

---

[1] Lisa Jardine: *On a Grander Scale: The Outstanding Life of Christopher Wren*. Harper Collins 2002, S. 23f.

[2] Adrian Tinniswood: *His Invention So Fertile*. Oxford UP 2001, S. 13

[3] Jardine, S. 98

[4] Tinniswood, S. 26

[5] Jardine, S. 23

[6] Ebenda, S. 141f.

[7] Ebenda, S. 147

[8] Tinniswood, S. 380 (Siehe auch die Kurzgeschichte »Fire Watch« von Connie Willis, welche die Arbeiten der Rettungskräfte beschreibt und außerdem auf brillante Weise die Arbeitsweise von Historikern darlegt. Die gleichnamige Kurzgeschichtensammlung ist 1982 bei Bantam in New York erschienen; 1987 publizierte Luchterhand den Band unter dem Titel *Brandwache*.)

[9] »The History of the Temple Church.« Siehe www.The History of the Temple Church.htm

[10] Jardine, S. 472

[11] Ebenda, S. 11

Die Zürcher Depositenbank

Soweit ich es feststellen konnte, hat der gute Dan Brown die Zürcher Depositenbank eigens für *Sakrileg* erfunden. An der Rue Haxo 24, die am Rande des 20. Arrondissements von Paris liegt, gibt es keine Bank. Wenn Sie sich davon mit eigenen Augen überzeugen wollen, nehmen Sie am besten die Linie 3 der Metro, die zwischen der Rue Gambetta und der Porte des Lilas verkehrt, und steigen Sie an der Haltestelle St. Fargeau aus. Sie stehen sodann direkt an der Kreuzung der Rue Gambetta und der Rue Haxo. Nun wenden Sie sich nach Norden, und Sie werden feststellen, dass sich dort keine Bank befindet.[1]

Ein Wort der Warnung: Versuchen Sie nicht, per Auto vom Bois de Bologne dorthin zu fahren, wenn Sie nicht gerade ein begeisterter Fan des Innenstadtverkehrs sind. Das 20. Arrondissement liegt auf der anderen Seite von Paris, allerdings auf der gleichen Seite der Seine wie die Rue Haxo. Sollten Sie die Bank in der Nähe der Roland-Garros-Tennisanlage suchen, so werden Sie ebenfalls kein Glück haben.[2] Die Anlage liegt südöstlich, im 16. Arrondissement, in der Nähe des Bois de Bologne. Es existiert zwar ein Square Roland Garros, der nur wenige Straßenzüge von der Rue Haxo entfernt ist, aber dort Tennis zu spielen, wäre nicht nur außerordentlich gefährlich,

Der Platz nahe der Rue Haxo – nicht der Tennisplatz.
© *Aviva Cashmira Kakar*

sondern auch verboten, da Sie dem Autoverkehr in die Quere kämen.

Mehrere Schweizer Banken besitzen Zweigstellen in Paris, aber die Direktoren sind kaum für ihren Sinn für Humor bekannt und wären sicher nicht darüber amüsiert, sich in einem Roman wiederzufinden. Die Idee mit der fiktiven Bank war demnach eine kluge Entscheidung.

---

[1] Ich möchte gerne meiner Freundin Aviva Cashmira Kakar danken, dass sie sich dort für mich umgesehen hat.

[2] Für weitere Informationen zu Roland Garros lesen Sie bitte im Kapitel über → **Jean Cocteau** nach.

Weiterführende Literatur

Eine Auswahl

Apokryphen/Gnostiker (Marien-/Philipposevangelium)

Philip R. Davies u. a.: Qumran. Theiss 2002

Konrad Dietzfelbinger: Erleuchtungsberichte aus Nag Hammadi. Gmelin 1996

Derselbe: Schöpfungsberichte aus Nag Hammadi. Gmelin 1996

Werner Ekschmitt: Ugarit – Qumran – Nag Hammadi. Die großen Schriftfunde zur Bibel. Von Zabern 1993

Norman Golb: Qumran. Wer schrieb die Schriftrollen vom Toten Meer? Hoffmann und Campe 1994

Christoph Greiner: Das Thomasevangelium. Genius Verlag 1998

Alfred Läpple: Verborgene Schätze der Apokryphen. Ludwig 2002

Gerd Lüdemann und Martina Janßen: Die Bibel der Häretiker. Die Texte der Nag-Hammadi-Bibliothek. Radius-Verlag 2003

Christoph Markschies: Die Gnosis. C. H. Beck 2001

Elaine Pagels: Das Geheimnis des fünften Evangeliums. C. H. Beck 2004

Dieselbe: Versuchung durch Erkenntnis. Suhrkamp 1987

Alexander Schick: Faszination Qumran. CLV 1999

Alfred Schindler: Apokryphen zum Alten und Neuen Testament. Manesse 1988

Annette Steudel (Hg.): Die Texte aus Qumran. Hebräisch/aramäisch und deutsch. Wissenschaftliche Buchhandlung 2001
Al Walters: The Copper Scrolls. Overview, Test and Translation. Sheffield Academy Press 1996
Erich Weidinger: Die Apokryphen – Verborgene Bilder der Bibel. Pattloch 1985
Michael Wise, Martin G. Abeg Jr. und Edward M. Cook: Die Schriftrollen von Qumran. Bechtermünz 2000

Architektur und historische Gebäude

Gabriele Bart und Eberhard König: Louvre. Kunst und Architektur. Könemann 2002
Claudio Gorlier (Hg.): England. Westminster Abbey in London. Pawlak 1989
Dieter Hezel: Architekten. Ieoh Ming Pei. IRB-Verlag 1998
Bruno Suner: Ieoh Ming Pei. Birkhäuser Verlag 2002

Fabeln, Satiren

Apuleius: Der goldene Esel. Artemis und Winkler 1998
Johann Wolfgang von Goethe: Reineke Fuchs. Insel 1999

Das frühe Christentum

Giuseppe Alberigo (Hg.): Geschichte der Konzilien. Vom Nicaenum bis zum Vaticanum II. Patmos 1993
P. Johannes Stöckerl (Bearb.): Bibliothek der Kirchenväter. Kösel und Pustet 1931
Bruno Bleckmann: Konstantin der Große. Rowohlt 1996

Rudolf Brändle: Johannes Chrysostomos. Kohlhammer 1999
Eusebius von Caesarea: Über das Leben des Kaisers Konstatin. Werke I/1. Akademie-Verlag 1998
Derselbe: Kirchengeschichte. Hg. und Einl. Heinrich Kraft, Übers. von Philipp Haeuser. Kempten 1932, neu durchgesehen von Hans Armin Gärtner. Wissenschaftliche Buchgesellschaft 1967
Henry Chadwick: Die Kirche in der antiken Welt. Gruyter 1972
Derselbe: Bildatlas der Weltkulturen: das Christentum. Bechtermünz 1998
Elizabeth Clark: Jerome, Chrystostom, and Friends. Edwin Mellon 1979
Manfred Clauss: Konstantin der Große und seine Zeit. C. H. Beck 1996
Alexander Demandt: Die Spätantike. Römische Geschichte von Diocletian bis Justinian, Handbuch der Altertumswissenschaften, III.6, C. H. Beck 1989
Derselbe: Geschichte der Spätantike. C. H. Beck 1998
Hartmut Leppin: Die Kirchenväter und ihre Zeit. C. H. Beck 2000
Karen Piepenbrink: Konstantin der Große. Wissenschaftliche Buchgesellschaft 2002
Wilhelm Winkelmann: Geschichte des frühen Christentums. C. H. Beck 2005

Das frühe Christentum und die Stellung der Frau/ Maria Magdalena

Walter-Johann Cornelius: Maria Magdalena. BoD GmbH 2002
Marianne Dirks (Hg.): Sie prägten das Antlitz der Kirche. Heilige Frauen. M. Grünewald 1982
Liselotte von Eltz-Hoffmann: Frauen in der frühen Kirche. Quell-Verlag 1991

Marianne Frederikson: Maria Magdalena. Fischer 2001
Johannes Hoffmann u. a.: Frauen, die die Kirche prägten. Lebensbilder aus den ersten sechs Jahrhunderten. EOS-Verlag 1988
Anne Jensen und Livia Neureiter: Frauen im frühen Christentum. Peter Lange 2002
Jens-Uwe Kraus: Witwen und Waisen im frühen Christentum. Bd. 1 der Reihe Witwen und Waisen im römischen Reich. F. Steiner Verlag 1998
Hans Küng: Die Frau im Christentum. Piper 2001
Walter Jörg Langbein: Das Sakrileg und die Heiligen Frauen. Rütten und Loening 2004
Joyce Salisbury: Church Fathers, Independent Virgins. Verso 1991
Margaret Starbird: Die Frau mit dem Alabasterkrug. Allegria 2005
Storch: Der Dienst der Frau im Neuen Testament. Warum Frauen predigen und leiten sollten. BoD GmbH 2003
Laura Swan: The Forgotten Desert Mothers. Paulist Press 2001
Jacobus de Voragine: Legenda aurea. Manesse 1982
Benedicta Ward: Harlots of the Desert. Cistercian Publications 1987

Geheimgesellschaften

Hans Biedermann: Das verlorene Meisterwort. Böhlau 1999
Dieter Binder: Die diskrete Gesellschaft. Geschichte und Symbolik der Freimaurer. StudienVerlag 2004
Wolfram Frietsch: Die Geheimnisse der Rosenkreuzer. Rowohlt 1999
Alexander Giese: Die Freimaurer. Böhlau 1999
Monika Hauff: Der Mythos der Freimaurer. Bohmeier 2004
Luigi Ranieri: Die Loge, Macht und Geheimnis der Freimaurer. Lübbe 2000
Guy Wagner: Bruder Mozart. Amalthea 2003

Das göttlich Weibliche/Frauenspiritualität (hieros gamos)

Rosemarie Bog: Die Hexe. Schön wie der Mond – häßlich wie die Nacht. Kreuz 1987

Carolyn Walker Bynum: Jesus as Mother. University of California Press 1982

Eva Cantarella: Pandora's Daughter: The Role and Status of Women in Greek and Roman Antiquity. Übers. von Maureen B. Fant. Johns Hopkins UP 1987

Michel Debus: Maria-Sophia. Verlag Freies Geistesleben 2000

Janet F. Gardner: Frauen im antiken Rom. C. H. Beck 2000

Marija Gimbutas: Die Zivilisation der Göttin, Zweitausendeins 1998

Heide Göttner-Abendroth: Die Göttin und ihr Heros. Frauenoffensive 1997

Mary R. Lefkowitz: Die Töchter des Zeus: Frauen im alten Griechenland. dtv 1995

Barbara Newman: God and the Goddess: Vision, Poetry and Belief in the Middle Ages. University of Pennsylvania Press 2003

Ellen D. Reeder u. a.: Pandora. Frauen im klassischen Griechenland. Von Zabern 1996

Aline Rousselle: Der Ursprung der Keuschheit. Kreuz 1989

Arthur Schult: Maria Sophia. Das ewig-weibliche in Gott, Mensch und Kosmos. Lorber/Turm Verlag 1986

Merlin Stone: Als Gott eine Frau war. Goldmann 1989

Dieselbe: Das geheime Wissen der Frauen. Arun Verlag 2003 (Einträge zur Rose, zum Pentagramm und zum *hieros gamos*)

Barbara G. Walker: Geheime Symbole der Frauen. Hugendubel 2002 (Einträge zur Rose, zum Pentagramm und zum *hieros gamos*, die in *Sakrileg* eine zentrale Rolle spielen)

Barbara G. Walker: Göttin ohne Gott. Hugendubel 2002

Claudia von Werlhof u. a.: Die Diskriminierung der Matriar-

chatsforschung. Eine moderne Hexenjagd. Edition Amalia 2003
Verena Wodtge-Werner: Der Heilige Geist als weibliche Gestalt im christlichen Altertum und Mittelalter. Eine Untersuchung von Texten und Bildern. Centaurus 2001

Häresie und Ketzer

Peter Biller & Anne Hudson (Hg.): Heresy and Literacy 1000–1530. Cambridge UP 1994
Malcolm D. Lambert: Ketzerei im Mittelalter. Häresien von Bogumil bis Hus. Callwey 1981
Derselbe: Häresie im Mittelalter. Von den Katharern bis zu den Hussiten. Primus Verlag 2001
Gerd Lüdemann: Ketzer. Die andere Seite des frühen Christentums. Studienausgabe. Radius-Verlag 1996

Heilige

Kurt Benesch: Santiago de Compostela. Als Pilger auf dem Jakobsweg. Herder 2004
Monika Hauf: Der Jakobsweg. Das Mysterium der tausendjährigen Pilgerroute nach Santiago de Compostela. Langen Müller 2003
Jacobus de Voragine: Legenda aurea. Manesse 1982

Der Heilige Gral

Richard Barber: Der Heilige Gral. Geschichte und Mythos. Artemis und Winkler 2005

Franz Baumer: König Artus und sein Zauberreich. Langen/Müller 1991
Riane Eisler: Kelch und Schwert. Goldmann 1993
Heide Göttner-Abendroth: Fee Morgane – Der Heilige Gral. Die großen Göttinnen des keltischen Raumes. Helmer 2005
Hans-Jürgen Lange: Otto Rahn und die Suche nach dem Gral. Zeitenwende 1999
Marit Laurin, Wolfram von Eschenbach: Parzival auf der Suche nach dem Gral. Verlag Freies Geistesleben 1999
Sabina Marineo: Die Templer, der Gral und der Mann mit der eisernen Maske. Bohmeier 2005
Otto Rahn: Kreuzzug gegen den Gral. Zeitenwende 2000
Chrestien de Troyes: Der Percevalroman oder Die Erzählung vom Gral. Reclam 1991

Hexen und Hexenverfolgung

Wolfgang Behringer: Hexen und Hexenprozesse in Deutschland. dtv 2000
Jean C. Bologne: Magie und Aberglaube im Mittelalter. Patmos 2003
Rainer Decker: Hexen. Magie, Mythen und die Wahrheit. Primus 2004
Barbara Ehrenreich und Deirdre English: Hexen, Hebammen und Krankenschwestern. Frauenoffensive 1987
Heinrich (Institoris) Kramer und Jakob Sprenger: Der Hexenhammer (Malleus Maleficarum). Area 2004
Richard Kieckhefer: Magie im Mittelalter. C. H. Beck 2000
Brian P. Levack: Hexenjagd. C. H. Beck 2003
Arthur Miller: Hexenjagd. Fischer 1984
Harm Mögenburg und Uta Schwarz: Hexen und Ketzer. Der Umgang mit Minderheiten vom Mittelalter bis heute. Diesterweg 1991

Sönke Lorenz und Jürgen M. Schmidt: Wider alle Hexerei und Teuelswerk. Thorbecke 2004
Claire Singer: Hexen, Geschichte und Mythen. Tosa 2004
Friedrich von Spee: Cautio Criminalis oder rechtliches Bedenken wegen der Hexenprozesse, 1631. dtv 2000
Hans-Jürgen Wolf: Hexenwahn. Gondrom 1994

Historische Persönlichkeiten/Königshäuser/ Mittelalter

Haim Beinert: Geschichte der Juden. Atlas der Verfolgung und Vertreibungen im Mittelalter. Bechtermünz Verlag
Dieter Berg u. a.: Juden im Mittelalter. Vandenh. uR 1999
Javier Castano u. a.: Europas Juden im Mittelalter. Hatje Cantz Verlag 2004
Joachim Ehlert: Die Kapetinger. Kohlhammer 2000
Derselbe: Geschichte Frankreichs im Mittelalter. Kohlhammer 1997
Eugen Ewig: Die Merowinger und das Frankenreich. Kohlhammer 2001
Jean Favier: Geschichte Frankreichs. 6 Bde. Frankreich im Zeitalter der Lehnsherrschaft 1000–1515. Bd. 2. DVA 1989
Patrick Geary: Die Merowinger. Europa vor Karl dem Großen. C. H. Beck 2003
Derselbe: Europäische Völker im frühen Mittelalter. Fischer 2002
Martina Hartmann: Aufbruch ins Mittelalter. Die Zeit der Merowinger. Primus 2003
Bernd U. Hucher: Kaiser Otto IV. Hahnsche Buchhandlung 1990
Edward James: The Franks. Blackwell 1988
Reinhold Kaiser: Das römische Erbe und das merowingische Reich. Oldenbourg 2004

Reinhard Schneider: Das Frankenreich. Oldenbourg 2001

J. M. Wallace-Hadrill: The Long-Haired Kings. Medieval Academy Reprints 1982

Cornelia Wusowski: Katharina von Medici. Lübbe 2002

Isaac Newton

I. Bernard Cohen und Eberhard Böhringer: Geburt einer Neuen Physik. Desch 1960

Betty Jo Teeter Dobbs: The Foundations of Newton's Alchemy or The Hunting of the Greene Lyon. Cambridge UP 1975

James Gleick: Isaac Newton. Artemis und Winkler 2004

Alexander Roob: Alchemie und Mystik. Taschen 2005

Hans-Werner Schütt: Auf der Suche nach dem Stein der Weisen. Die Geschichte der Alchemie. C. H. Beck 2000

Richard Samuel Westfall: Never at Rest: A Biography of Isaac Newton. Cambridge UP 1983

Michael White: Isaac Newton: The Last Sorcerer. Perseus Books 1997

Johannes Wickert: Isaac Newton. Rowohlt 1995

Kreuzzüge/Templer/Ritterorden

Malcolm Barber: The Trial of the Templars. Cambridge University Press 1978

Derselbe: The New Knighthood. A History of the Order of the Temple. Cambridge UP 1994

Derselbe und Keith Bate: The Templars. Selected Sources translated and annotated. Mancester UP 2002

Peter Dinzelbacher: Die Templer. Herder 2002

Kaspar Elm: »Der Templerprozess.« In: Alexander Demandt (Hg.): Große Prozesse in der Geschichte. C. H. Beck 1996
Großer Bildatlas der Kreuzzüge. Herder 1992
Maria J. Krück von Poturzyn: Der Prozess gegen die Templer, Verlag am Goetheanum 2002
Jean Leclerq: Bernhard von Clairvaux. Neue Stadt 2005
Steven Runciman: Geschichte der Kreuzzüge. dtv 2001
Ernst Stähle: Johanniter und Templer, Weishaupt 1998
Dieter H. Wolf: Internationales Templerlexikon. Studienverlag 2003

Leonardo da Vinci und sein Werk

Daniel Arasse: Leonardo da Vinci. Dumont 2002 (beschäftigt sich intensiv mit den Kodizes)
Serge Bramly: Leonardo da Vinci. Rowohlt 1995
Walther Bühler: Das Pentagramm und der goldene Schnitt als Schöpfungsprinzip. Verlag Freies Geistesleben 2002
Kenneth Clark: Leonardo da Vinci. Rowohlt 2003
Sigmund Freud: Eine Kindheitserinnerung des Leonardo da Vinci. In: Studienausgabe Bd. X: Bildende Kunst und Literatur, Fischer 2000
Hermann Grothe: Leonardo da Vinci. Reprint Verlag, 2003 [technische und naturwissenschaftliche Studien]
Axel Hausmann: Der goldene Schnitt. Göttliche Proportionen und noble Zahlen. BoD GmbH 2001
Michael Ladwein: Leonardo, Das Abendmahl. Pforte Verlag 2004
Peter Plichta: Gottes geheime Formel. Die Entschlüsselung des Welträtsels und der Primzahlencode. Langen Müller 2003
Klaus Schröer, Klaus Irle: Ich aber quadriere den Kreis ... Leonardo da Vincis Proportionsstudie. Waxmann Verlag 1998
Leonardo da Vinci: Die Aphorismen, Rätsel und Prophezeiun-

gen. Schirmer/Mosel 2003 (gehen auf den Codex Leicester und andere Notizbücher ein)
Leonardo da Vinci: Sämtliche Gemälde und die Schriften zur Malerei. Schirmer/Mosel 1990

La Lingua Pura

Robert Claiborne: Our Marvelous Mother Tongue. The Life and Times of the English Language. Crown Publishing 1983
Hans Sauer: Englische Sprachgeschichte. Stauffenberg Verlag 2005
Wolfgang Viereck u. a.: dtv Atlas Englische Sprache. dtv 2002

Minnesänger/Mittelalter/mittelalterliche Musik

Bücher

Helmut Brackert: Minnesang, Fischer 1983
Peter Gülke: Mönche, Bürger, Minnesänger. Musik in der Gesellschaft des europäischen Mittelalters. Laaber-Verlag 1998
Walter Koschorrek: Minnesinger in Bildern der Manessischen Liederhandschrift. Insel 1988
Hugo Moser und Helmut Tervooren: Des Minnesängers Frühling. Bd. 1, Texte, Hirzel 1988
Regine Pernoud: Königin der Troubadoure. Eleonore von Aquitanien. dtv 1979
Günter Schweikle: Minnesang. Metzler 1995
Wilhelm Fr. Veltman: Sänger und Ketzer. Troubadourkult und Katharertum in der provencalischen Welt des Mittelalters. Wachhaus 1997

Ciarlatani u. a.: Minnesang – die Blütezeit. Various 1, Christophorus 2001
Judith Cohen: Dized' Ay, Trobadores! Technosaga 1984
Ensemble Lyra Wien: Troubadours und der Vierte Kreuzzug. Preiser 1997
Ensemble Perceval: Landshuter Hofmusiktage – Minnesänger, Troubadoure, Trouveren. Arte Nova 1998
Paul Hillier und Andrew Lawrence-King: French Troubadour Songs. Classical Express (harmonia mundi USA) 2001 (www.classicalexpress.com)
Kurtzweyl: kurzweil. Verlag der Spielleute 1989
Musiktheater Dingo: Minne, traute Minne. 2001 (www.musiktheater-dingo.de)
New Orleans Musica de Camera: The Cross of Red: Music of Love and War from the Time of the Crusades. Centaur CRC 2373
Knud Seckel: Minnesangs Fruehling. Ich zôch mir einen falken, 2004 (www.minne-saenger.de)
Peter Siche: Nach dir steht mein Verlangen. 23 Minnelieder. edition apoll 2004

Mysterienkulte des Altertums

Walter Burkert: Kulte des Altertums. C. H. Beck 1998
Adolf Ermann: Die Religion der Ägypter. Ihr Werden und Vergehen in vier Jahrtausenden. Gruyter 2001
Timothy Freke und Gisela Kretzschmar (Übers.): *Die Welt der Mystik*. Goldmann 2001
Marian Giebel: Das Geheimnis der Mysterien. Antike Kulte in Griechenland, Rom und Ägypten. Artemis/Patmos 1990
George Hart: Ägyptische Mythen. Reclam 1999

Theodor Hoepfner: Plutarch. Isis und Osiris. 2 Bde. Wissenschaftliche Buchgesellschaft 1967
Hans Kloft: Mysterienkulte der Antike. C. H. Beck 1999
Lexikon des alten Ägypten. Reclam 1998
David Ulansey: Die Ursprünge des Mithraskult. Theiss 2002

Mystik/Kabbala/Tarot

Hajo Banzhaf: Das Tarot-Handbuch. Goldmann 1998
Joseph Bernhart: Die philosophische Mystik des Mittelalters von ihren antiken Ursprüngen bis zur Renaissance. Wissenschaftliche Buchgesellschaft 1966
Ronald Decker, Thierry Depaulis und Michael Dummett: A Wicked Pack of Cards: The Origins of Tarot Occultism. Duckworth 1996
Michael Dummett und John McLeod: A History of Games Played with the Tarot Pack. The Game of Triumphs. Edwin Mellen Press 2004
Mark Patrick Hederman: Tarot: Talisman or Taboo? Currach Press 2003
Aryeh Kaplan: Sefer Jezira. Das Buch der Schöpfung. Übers. von Johann Friedrich von Meyer. Hg. von Eveline Goodman-Thau und Christoph Schulte (Jüdische Quellen 1), Akademie Verlag 1993
Rachel Pollack: Tarot – 78 Stufen der Weisheit. Irtis 2004
Peter Schäfer: Der verborgene und der offenbare Gott. Mohr Siebeck 1991
Gershom Scholem: Zur Kabbala und ihrer Symbolik. Suhrkamp 2001
Derselbe: Ursprung und Anfänge der Kabbala. Suhrkamp 2001
Derselbe: Die jüdische Mystik in ihren Hauptströmungen. Suhrkamp 2000

Barbara G. Walker: Die Geheimnisse des Tarot. Mythen, Geschichte und Symbolik. B. Martin Verlag 1985
Helmut Werner: Die Kabbala, Komet 2002

Das Papsttum/Päpste

Giuseppe Alberigo: Geschichte der Konzilien. Marixverlag 1998
Uta-Renate Blumenthal: Der Investiturstreit. Kirche und Monarchie vom neunten bis zwölften Jahrhundert. Kohlhammer 1981
Karlheinz Deschner: Kriminalgeschichte des Christentums. Bd. 8: Das 15. und 16. Jahrhundert. Vom Exil der Päpste in Avignon bis zum Augsburger Religionsfrieden. Rowohlt 2004
Gregor der Große: Fontes Christiani. Evangelienhomilien, 2. Folge, Bd. 28/1 und 28/2. Herder 2001
Karl Fink: Papsttum und Kirche im abendländischen Mittelalter. C. H. Beck 1996
Horst Fuhrmann: Von Petrus zu Johannes Paul II. Das Papsttum. Gestalt und Gestalten. C. H. Beck 1998
H. Müller: Die kirchliche Krise des Spätmittelalters. Schisma, Konziliarismus und Konzilien. Oldenbourg 2005
Peter Nichols: Die Politik des Vatikans. Lübbe 1969
Pierre Riche: Gregor der Große. Leben und Werk. Neue Stadt 1996
Bernhard Schimmelpfennig: Das Papsttum. Wissenschaftliche Buchgesellschaft 1996
Walter Ullmann: Kurzgeschichte des Papsttums im Mittelalter. Gruyter 1978

Danksagung

Die folgenden Personen waren bei den Nachforschungen für dieses Buch von unschätzbarem Wert. Sie haben ihr Bestes getan, sämtliche Irrtümer oder Missverständnisse liegen einzig und allein in meiner Verantwortung.

Stuart Beattie, Direktor des Rosslyn Trust, der mir bei der Vorbereitung meines Besuches in Rosslyn behilflich war und ein Foto der Kapelle ohne Baugerüst beschafft hat.

Professor Malcolm Barber von der Universität Reading, der den Eintrag über die Templer gelesen, wertvolle Vorschläge gemacht und für ein fabelhaftes Mittagessen in der Mensa gesorgt hat.

Olivia Hsu Decker, Eigentümerin des Château Villette, die sich großzügigerweise bereit erklärt hat, den Eintrag über das Château zu lesen, und mir zudem gestattet hat, ihre Fotos zu verwenden.

Diana di Nicola, ODAN, für ihre Informationen über Opus Dei. Sie hat ihre Erfahrungen in Sachen Organisation mit mir geteilt und sich überaus verständnisvoll gezeigt, wenn ich mal wieder zerstreut war.

Professor Harold A. Drake von der University of California in Santa Barbara, der mir alles beigebracht hat, was ich über römische Geschichte weiß, und mich außerdem zum Konzil von Nicäa beraten hat.

Aviva Cashmira Kakar, der all die Botengänge in Paris erledigt hat, für die mir die Zeit fehlte, und viel bessere Fotos schießen kann als ich.

Linda, Tomm, Thomas, Carl, Rachel und Rose, die mich nicht nur unterstützten und ermutigt haben, sondern auch mehrere Einträge gelesen haben, um deren Verständlichkeit zu verbessern.

Allison Newman, der ausgesprochen kurzfristig Grundrisse und Skizzen angefertigt hat.

Professorin Barbara Newman von der Northwestern University, die mich in Sachen heilige Weiblichkeit beraten hat. (Nein, leider sind wir nicht verwandt.)

Barbara Peters von der Poisoned Pen Press, die mir als Erste vorgeschlagen hat, dieses Buch zu schreiben.

M. Michel Rougé von der Gemeinde St. Sulpice, der mich an seinen umfangreichen Kenntnissen über die Kirche und ihre Geschichte hat teilhaben lassen.

Professor Emeritus Jeffrey Burton Russel von der University of California in Santa Barbara, der mein Wissen über Häretiker, Gnostiker und Hexen überprüft hat.

Dr. Georgia Wright von der National Coalition of Independent Scholars, die mir nicht nur Obdach gewährt hat, als ich die Bibliothek von Berkley aufsuchte, sondern ihre eigene Arbeit zurückgestellt hat, um mir bei meinen Forschungen zu da Vinci zu helfen.